MYTHOLOGIE DES ARBRES

D1574691

Du même auteur

Sur les arbres :

L'Arbre, Delpire, 1962.
Arbres d'Europe occidentale, Bordas, 1977.
Arbustes, arbrisseaux et lianes d'Europe occidentale, Bordas, 1979.
La Magie des plantes, Hachette, 1979.
Les Arbres de France. Histoire et légendes, Plon, 1987.

Sur la nature :

L'Ordre des choses, préface de Gaston Bachelard, réédition, Julliard, 1986.
L'Éphémère, Plon, 1960.
L'Insecte, Delpire, 1968.
L'Homme dans les bois, Stock, 1976.

JACQUES BROSSE

MYTHOLOGIE DES ARBRES

PLON
8, rue Garancière
Paris

© Librairie, Plon, 1989.

ISBN 2-259-02031-3

Tu trouveras plus dans les forêts que dans les livres. Les arbres et les rochers t'enseigneront les choses qu'aucun maître ne te dira.

SAINT BERNARD DE CLAIRVAUX.

L'étude de la mythologie... est nettement fondée sur la science des arbres et sur l'observation saisonnière de la vie des champs.

ROBERT GRAVES, *la Déesse blanche.*

AVANT-PROPOS

Depuis l'origine, le destin des hommes fut associé à celui des arbres par un lien si étroit et si fort que l'on peut se demander ce qu'il adviendra d'une humanité qui l'a brutalement rompu.

Les conséquences de la déforestation mondiale, nul ne peut aujourd'hui les ignorer, ni sa cause dérisoire, la consommation toujours croissante d'un papier détruit aussitôt qu'imprimé. C'est là une de ces absurdités dont nous nous refusons à prendre conscience.

Pourtant, si nous voulons survivre, il nous faudra bien, avant qu'il soit trop tard, restaurer ce que nous aurons saccagé, rétablir un équilibre, une harmonie plusieurs fois millénaires.

Dans *Les Arbres de France. Histoire et légendes*, j'ai fait allusion au rôle majeur que jouèrent les arbres dans les anciennes sociétés. Mais les exemples que j'ai donnés n'étaient que les éléments d'un ensemble plus vaste, auquel, depuis trente ans que j'écris sur les arbres, j'ai consacré une enquête aussi approfondie que possible. Le lecteur en trouvera ici les résultats.

Lorsque l'on étudie les religions de jadis, on rencontre, à peu près chez toutes, des cultes rendus à des arbres considérés comme sacrés, et singulièrement au plus vénéré d'entre eux, l'Arbre cosmique. Celui-ci constituait le pilier central, l'axe autour duquel s'ordonnait l'univers, naturel et surnaturel, physique comme métaphysique. Sous la mythologie, telle que d'ordinaire elle est exposée, on peut encore découvrir un fond très

archaïque, dans lequel les arbres étaient les agents privilégiés de la communication entre les trois mondes, les
souterrains abysses, la surface de la terre et le ciel, et
constituaient aussi les manifestations par excellence de la
présence divine.

De ce système cosmologique, unificateur, mais non du
tout réducteur, qui fut transmis par les traditions de
siècle en siècle, de civilisation en civilisation, ne subsistent aujourd'hui que de rares fragments dispersés,
devenus souvent méconnaissables et parvenus jusqu'à
nous dans un si grand désordre qu'il faut, pour en
débrouiller l'écheveau enchevêtré, autant de patience
que de circonspection.

Bien que la dendrologie constitue le préalable nécessaire à tout essai de reconstitution d'une mythologie des
arbres, puisque bien des problèmes qu'elle pose ne
peuvent être résolus que grâce à la connaissance précise
des différentes essences et de leurs particularités, elle ne
saurait suffire pour mener à bien une pareille tâche qui
recoupe plusieurs domaines d'ordinaire séparés et ayant
chacun sa discipline propre. Aussi n'aurais-je osé m'y
aventurer, si je n'avais eu quelques guides sûrs, au premier rang desquels je place Claude Lévi-Strauss, car c'est
de la « pensée sauvage » qu'ici fondamentalement il s'agit.

Notre recherche, apparemment fort éloignée de nos
préoccupations habituelles, finalement les rejoint à leur
source, puisque « en isolant l'homme de la création,
l'humanisme occidental l'a privé d'un glacis protecteur.
A partir du moment où l'homme ne connaît plus de limite
à son pouvoir, il en vient à se détruire lui-même [1] ». On
conçoit donc l'opportunité que pourrait avoir pour la
pensée contemporaine la redécouverte d'une mise en
ordre de l'univers, qui faisait s'accorder l'homme à la
nature, le profane au sacré, le quotidien au divin.

La Devinière – Le Verdier
1985-1988

Chapitre Premier

Au centre de la terre

Le frêne Yggdrasill – Des rois d'Uppsala au Minos
crétois – Poséidon, dieu du frêne – L'Arbre cosmique de par le monde – Une rêverie réaliste.

Au temps jadis, bien avant que l'homme apparaisse sur
la terre, un arbre géant s'élevait jusqu'aux cieux. Axe de
l'univers, il traversait les trois mondes. Ses racines
s'enfonçaient jusqu'aux souterrains abîmes, ses branches
atteignaient l'empyrée. Les eaux puisées dans le sol devenaient sa sève; des rayons du soleil naissaient ses feuilles,
ses fleurs et ses fruits. Par lui, descendait le feu du ciel; sa
cime, rassemblant les nuages, faisait tomber les pluies
fécondantes. Vertical, l'arbre assurait la liaison entre
l'univers ouranien et les gouffres chtoniens. En lui, le
cosmos perpétuellement se régénérait. Source de toute
vie, l'arbre abritait et nourrissait des milliers d'êtres.
Entre ses racines rampaient des serpents, les oiseaux se
posaient sur ses branches. Les dieux eux-mêmes faisaient
de lui leur séjour.

Cet Arbre cosmique, on le retrouve dans presque toutes
les traditions, d'un bout à l'autre de la planète, et l'on
peut supposer qu'il existait partout, même là où son
image s'est effacée.

Le frêne Yggdrasill

L'évocation la plus grandiose, la plus suggestive, qui en
soit parvenue jusqu'à nous se trouve dans les textes tradi-
tionnels de la mythologie germanique, tels qu'ils furent
transcrits au Moyen Age par les poètes scandinaves.

Dans l'*Edda* qui porte son nom, Snorri Sturluson,

homme d'État et écrivain islandais né en 1178 et mort en 1241, donne une description célèbre du frêne géant Yggdrasill, axe et support du monde. Bien que le texte de l'*Edda* de Snorri n'ait été écrit que vers 1220-1230, il reflète des traditions de beaucoup antérieures; il s'agit en effet d'un résumé en prose de la mythologie nordique, transmise oralement depuis des siècles, mais que l'on commençait à oublier. Snorri en avait systématiquement recensé tous les éléments qui subsistaient encore, tant dans sa patrie qu'au cours de ses voyages en Norvège.

La description qu'il donne d'Yggdrasill, unique en son genre, mais confirmée par d'autres textes, telle la *Völuspa* ou Prédiction de la voyante, saisissante évocation cosmogonique et eschatologique figurant dans les *Eddas*, est à tous égards d'une importance extrême, car si, sous la forme où nous le connaissons, le mythe de l'Arbre cosmique est sans doute relativement tardif, il n'en constitue pas moins « le principe directeur et unifiant de toute une poussière de mythes et de traditions sacrés dont il fallait faire un tout cohérent [1] * ».

Yggdrasill est le plus grand et le meilleur des arbres. Ses branches s'étendent au-dessus de tous les mondes et atteignent le ciel. Il a trois racines qui le maintiennent droit, elles sont extraordinairement larges. L'une plonge dans Aesir, le monde inférieur des Ases, des dieux; la seconde chez les « Thurses de givre », les géants de glace qui précédèrent l'espèce humaine; la troisième rejoint Niflheim ou Niflhel, le séjour des morts. Près de cette racine-là, jaillit la fontaine Hvergelmir, source de « tous les fleuves bruissants qui irriguent la terre » et la rendent habitable aux humains. L'eau souterraine, d'où naît toute vie, provient donc de l'habitat des morts; c'est là un motif fréquent dans les croyances populaires, où l'on trouve des exemples de femmes fécondées simplement pour s'être baignées dans une rivière sacrée. A côté de la seconde racine, coule la source de Mimir. A ceux qui y trempent les lèvres, elle donne science et sagesse, mais son accès est interdit par son possesseur, dont le nom veut dire Méditation, plein lui-même du profond savoir qu'il puise journellement dans ses eaux.

Sous la première racine qui, selon la tradition, attein-

* Les notes se trouvent en fin de volume.

drait, soit le domaine souterrain des dieux, soit leur résidence céleste, lesquels sont d'ailleurs unis par Bifrost,
l'arc-en-ciel, existe une troisième fontaine, la plus sacrée
de toutes, le puits sur lequel veille Urd, l'aînée des
Nornes. Dépositaires des lois et coutumes archaïques, les
Nornes seules sont capables de déterminer le sort, non
seulement des hommes, mais des dieux eux-mêmes, qui
ne sont pas éternels et ne peuvent échapper au sort
commun. A l'origine, Urd, la plus ancienne d'entre elles,
dont le nom signifie Destinée, était vraisemblablement
unique. Il est possible que, dans l'état où elles nous sont
parvenues, les légendes se rapportant aux Nornes, qui
sont trois et représentées comme des fileuses, aient subi
l'influence des Moires (la Destinée personnifiée) et des
Parques des mythologies grecque et latine. Comme ces
dernières, elles représentent aussi les trois phases de la
lune, croissante, pleine et décroissante, qui rythment la
vie de la nature et correspondent également aux trois
âges de la vie humaine, jeunesse, maturité et vieillesse.

Tous les jours, les Nornes puisent de l'eau de la fontaine d'Urd, avec le limon qui l'entoure, et en aspergent
le frêne, afin que ses branches ne se dessèchent ni ne
pourrissent. Toute chose qui tombe dans la source
devient aussi blanc que la membrane qui se trouve à
l'intérieur de la coquille de l'œuf, autrement dit, elle
retourne à sa pureté première, à son origine pré-natale.
De cette blancheur absolue est revêtu le couple de cygnes
qui habite la source et d'où provient « l'espèce d'oiseaux
qui porte ce nom ». La source d'Urd est donc une fontaine
de Jouvence. Près d'elle, les dieux se rassemblent, afin de
tenir conseil, de régler les conflits et de rendre la justice.
Ce puits du Destin représente le monde des virtualités,
des semences, des germes, un monde d'eaux et d'humus
nocturnes, à partir desquels sont façonnés tous les êtres
vivants.

Si, par ses racines, Yggdrasill permet l'émergence à la
surface terrestre des trois domaines chtoniens superposés, celui des dieux, celui des géants préhistoriques et
celui des ancêtres humains, le tronc du frêne traverse
l'étage médian situé entre ciel et terre, le Midgard, où
vivent les hommes, et sa cime s'élève jusqu'à Asgard, le
séjour céleste des dieux.

Aussi puissant qu'il soit, l'Arbre cosmique n'en est pas moins sans cesse menacé. Le gigantesque serpent Nioggrh ronge sournoisement la troisième racine, mais lui-même est attaqué tous les jours par l'aigle qui demeure sur les plus hautes branches. Quatre cerfs vont et viennent parmi la ramure, broutant les jeunes pousses au fur et à mesure qu'elles paraissent. La frondaison d'Yggdrasill abrite d'autres animaux, ceux-ci bénéfiques, la chèvre Heidrun qui nourrit de son lait les guerriers d'Odin, l'écureuil Ratatosk qui monte et descend, transmettant les défis mutuels que se portent le serpent et l'aigle. Celui-ci qui « sait beaucoup de choses », de sa position élevée surveille l'horizon, afin de prévenir les dieux, lorsque leurs adversaires de toujours, les géants, s'apprêteront à les assaillir. Dans certaines versions, à la cime de l'arbre se tient un coq d'or, commis au même office. On ne saurait exprimer de façon plus imagée que le monde est l'enjeu d'une lutte continuelle entre les forces de vie et les puissances de destruction.

Yggdrasill signifie coursier d'Ygg, l'un des noms d'Odin (Wodan), le premier et le plus ancien des Ases, le « père de tous les dieux ». Odin est d'abord un dieu de la guerre, mais il est devenu un maître de sagesse, de connaissance occulte. Seulement, cette science suprême, tout dieu qu'il est, il lui a fallu la gagner au moyen de trois épreuves initiatiques, dont deux sont en rapport direct avec Yggdrasill.

Interrogeant avidement tous ceux qu'il rencontrait, elfes, démons ou géants, Odin en vint à s'entretenir avec le plus sage de tous, Mimir, le gardien de la source. Mais celui-ci ne lui permit d'y boire qu'après avoir reçu de lui en gage son œil unique, qui fut caché dans la source. C'est dans l'autre monde qu'ensuite Odin dérobe l'« hydromel des poètes », d'origine divine, mais la troisième et la plus impressionnante des épreuves a lieu dans les branches mêmes du frêne.

Dans un poème des *Eddas*, appelé *Havamal*, Odin s'exprime ainsi :

> *Je fus pendu, je le sais*
> *A l'arbre battu du vent,*
> *Neuf jours et neuf nuits.*

Je fus frappé d'une lance
Et donné à Odin
Sacrifié moi-même à moi-même.

Comment ne pas penser à Jésus, pendu au bois de la Croix, le cœur transpercé par la lance du centurion? On croyait naguère que le récit du sacrifice d'Odin, dont les versions les plus anciennes sont de beaucoup postérieures à l'expansion du christianisme chez les Germains, avait été inspiré par la Passion du Christ. Les historiens ont depuis renoncé à cette interprétation, car ce n'est pas pour sauver l'humanité souffrante qu'Odin se pend, mais afin d'acquérir davantage de pouvoirs magiques. Il est de ce fait assimilable aux chamans de l'Irlande païenne qui pratiquaient un rituel semblable [2], et aussi à ceux de l'Asie du Nord, dont il possède plus d'un trait : le pouvoir de prendre instantanément les formes qui lui conviennent et de partir en quête sous ces apparences trompeuses, la faculté de s'entretenir avec les morts et d'obtenir d'eux les secrets; enfin, Odin monte un cheval à huit jambes, Sleipnir, le plus rapide des étalons, et il est accompagné par deux corbeaux qui l'informent de tout ce qui se passe dans le monde. Si Yggdrasill signifie le coursier d'Odin – c'est au sommet de l'arbre que le dieu attache sa monture –, le gibet est appelé le « cheval des pendus », et l'on sait que les victimes sacrifiées à Odin étaient pendues à des arbres.

Blessé par lui-même, Odin, en se privant d'eau et de nourriture, subit la mort rituelle, initiatique, celle à travers laquelle on obtient la connaissance suprême, ici les runes qui sont le langage secret de l'autre monde :

Ils ne me firent l'aumône
Ni de viande ni d'une goutte d'eau
J'abaissai les yeux,
Je les saisis en criant,
Puis je retombai.

Le vers « J'abaissai les yeux » constitue une bien curieuse image, puisque Odin n'a jamais eu qu'un seul œil et qu'il l'a remis à Mimir. Odin est donc alors aveugle. Comme il ne peut s'agir d'une inadvertance du poète, les

yeux d'Odin qui découvrent les runes ne sont plus ses
yeux, ou plutôt son œil, de chair, mais les yeux de l'esprit.
En renonçant à la vue physique, Odin est devenu un
voyant. Il s'agit là d'un motif fréquent dans toutes les traditions. Le poète itinérant, le barde, celte ou germain,
comme le rhapsode ou l'aède grec, tel Homère, est très
souvent aveugle, et aussi le devin. Leur cécité est donnée
soit comme la condition du pouvoir de voyance qu'ils ont
reçu des dieux, soit comme un châtiment infligé par
ceux-ci, parce qu'ils ont vu ce qu'ils n'auraient pas dû
voir, ainsi le devin Tirésias, privé de la vue par Athéna
qu'il avait regardée tandis qu'elle se baignait, ainsi Œdipe
qui se crève lui-même les yeux, en expiation de son
double crime et de l'inceste qu'il a involontairement
commis. C'est seulement parce qu'ils ne voient plus la
lumière physique que ces héros sont admis à contempler
la lumière divine.

Délivré par la force magique des runes, Odin, malgré
son abstinence, se sent soudain rempli d'une vigueur et
d'une jeunesse nouvelles, il est ressuscité, devenu le dieu
non seulement des guerriers, mais des poètes et des
sages, c'est-à-dire des chamans.

Cependant, lui, comme tous les autres dieux, suc-
combera, quand viendra *Ragnarök*, le « crépuscule des
dieux » célébré par Wagner, ou plus exactement le « destin des puissances », la fin du monde qu'évoque l'un des
plus beaux poèmes des *Eddas*, la *Völuspa*, daté des environs de l'an mille [3].

« D'abord, il arrivera un hiver effroyable. Des tourbil-
lons de neige tomberont de toutes les aires du vent et le
soleil ne luira point. Il y aura trois hivers à la file, et pas
d'été entre-temps. Ils seront précédés de trois autres
hivers terribles pendant lesquels il y aura des batailles
dans le monde entier. Alors, les frères s'entre-tueront par
appât du lucre et nul n'épargnera son père ou son fils, le
meurtre et l'inceste régneront... Le loup dévorera le soleil
et l'autre loup la lune. Les étoiles disparaîtront du ciel. Le
sol et toutes les montagnes trembleront, elles s'effondre-
ront les unes sur les autres et les arbres seront déracinés.
Tous les liens (qui jusqu'alors neutralisaient les forces du
mal) seront brisés et ces forces envahiront le monde
entier. Le loup géant Fenrir (le pire ennemi des dieux que

ceux-ci retenaient prisonnier) se débarrassera de ses chaînes et les dieux eux-mêmes seront en grand péril. »

Tel est leur destin, car ils ont accumulé, eux aussi, les injustices et les crimes. Alors, Odin chevauchant à la tête de ses troupes viendra jusqu'à la source de Mimir, afin de lui demander conseil. Mais Yggdrasill lui-même tremble et semble prêt de s'écrouler. Finalement, Odin périra, englouti par le loup Fenrir, et la plupart des dieux disparaîtront avec lui.

Pourtant, au milieu du cataclysme, Yggdrasill, seul, aura tenu bon. Après la tempête, « la terre sortira de la mer et elle sera verte et belle », un nouveau soleil paraîtra dans le ciel que peupleront des dieux, fils de ceux qui moururent, et, ressuscité, Balder, le dieu bon, dont l'assassinat avait été à l'origine de la catastrophe. Enclos dans le bois même du frêne que les flammes de l'incendie universel n'ont pu consumer, auront miraculeusement survécu un homme et une femme, Lif et Lifthrasir, qui auront eu pour toute nourriture la rosée du matin. Prenant possession de la terre restaurée, ils seront les ancêtres de l'humanité nouvelle.

Ce couple sorti de l'arbre constitue en somme la réplique des premiers humains qui, à l'origine des temps, furent façonnés dans deux souches d'arbres par les dieux Odin, Oenir et Lodur, après qu'ils eurent parcouru la terre encore déserte. Ils appelèrent l'homme Askr et la femme Embla, le mot Askr renvoie au frêne cosmique, Embla est à rapprocher de *elmla*, l'Orme. « Par eux fut engendrée la race des hommes. Elle habita Midgard, le monde intermédiaire qui s'étend sur terre entre le ciel et les profondeurs souterraines. » Cette idée de faire naître l'homme du bois est commune au patrimoine indo-européen. On la retrouve mentionnée par Homère et Hésiode dans l'expression : « deviser du chêne et du rocher », tenir des propos « autour du chêne et du rocher », ce qui pour eux signifiait : remonter jusqu'aux fables sur l'origine des hommes sortis du chêne et du rocher.

Cette association de l'arbre primordial et de la pierre sacrée, menhir, bétyle (le mot signifiant dans les langues sémitiques « maison de Dieu »), omphalos grec, « nombril du monde », ou linga indien, est courante dans la plupart des traditions[4]. L'un et l'autre de ces deux éléments étaient considérés comme des réservoirs d' « esprits » disponibles, de germes prêts à s'incarner, de potentialités d'existence; ils étaient à ce titre fécondateurs. Leur signification symbolique était à la fois opposée et complémentaire. Ainsi que le remarque Jean-Paul Roux[5], la pierre, semblable à elle-même « depuis que les ancêtres les plus reculés l'ont érigée ou ont, sur elle, gravé leurs messages, est éternelle, elle est le symbole de la vie statique, tandis que l'arbre, soumis à des cycles de vie et de mort », mais qui possède « le don inouï de la perpétuelle régénération » est « le symbole de la vie dynamique ». Il s'agit là d'une structure cosmique duelle, dont on retrouve la trace aujourd'hui encore chez les Berbères. L'interprétation qu'ils en donnent, traduite sur le plan individuel, permet de mieux comprendre l'un de ses deux aspects qui n'est pas toujours souligné. « L'union des deux âmes, principes essentiels de la personne humaine, est représentée par le couple arbre-rocher. L'un représente le principe femelle, l'autre le principe mâle. Dans les traditions populaires, l'arbre donne sans doute l'ombre et l'humidité à *nefs*, l'âme végétative, mais il est surtout le support de *rruh*, l'âme subtile, qui vient s'y percher "comme un oiseau". *Nefs* est présente dans le rocher ou dans la pierre. Les sources jaillissant des pierres ne sont que le symbole de la fécondité venue du monde d'en bas[6]. »

Des vestiges du culte rendu au couple arbre et pierre sont également décelables dans le plus lointain passé. Un article, publié en 1901[7], de Sir Arthur Evans, qui fouilla et restaura le site de Knossos, soulignait la solidarité entre la vénération de l'arbre et celle qui entourait les pierres sacrées. Il indiquait que ce culte conjoint était passé de Crète en Grèce, par exemple à Athènes, où l'on honorait ensemble un pilier et l'Olivier sacré d'Athéna. C'est certainement à de tels usages qui, de leur temps déjà, n'étaient plus que d'obscures survivances, qu'Homère et Hésiode font allusion.

Chez les Germains de l'époque historique, les croyances relatives au frêne cosmique se sont aussi longtemps perpétuées. Pour eux, l'univers était supporté par un arbre gigantesque. Certaines tribus élevaient sur les hauteurs des piliers faits du tronc d'un très gros arbre. L'un d'eux nous est bien connu, Irminsul, le pilier cosmique qui, pour les Saxons, soutenait la voûte céleste, l'*universalis columna quasi sustinens omnia* du chroniqueur Rudolf von Fulda, «idole» qui fut détruite en 772 par Charlemagne, au cours de son expédition contre les Saxons. C'est également autour d'un tronc équarri, sur lequel reposait toute la charpente, que les Germains édifiaient leurs habitations, lesquelles constituaient autant de microcosmes, le toit représentant la voûte céleste soutenue par l'Axe cosmique.

A la fin du Ier siècle de notre ère, Tacite décrit le sanctuaire des Semnones, peuple germanique qui occupait un vaste territoire entre l'Elbe, l'Oder, la Vartha et la Vistule. C'était «une forêt consacrée dès longtemps par les augures de leurs pères et une pieuse terreur; là, à des époques marquées, tous les peuples du même sang se réunissent par députations, et ouvrent, en immolant un homme, les horribles cérémonies d'un culte barbare... Tout, dans les superstitions dont ce lieu est l'objet, se rapporte à l'idée que c'est le berceau de la nation, que là réside la divinité souveraine, que hors de là tout est subordonné et fait pour obéir[8].» Le bois des Semnones était donc bien un «centre du monde» comme celui d'Uppsala, en Suède païenne, que nous connaissons par la *Description des îles de l'Aquilon* d'Adam, chanoine et écolâtre de Brême au XIe siècle.

«Dans ce temple, qui est tout recouvert d'or, on vénère les statues des Trois Dieux (Thorr, Odin et Freyr)... A proximité de ce temple, il y a un arbre extrêmement grand qui étend largement ses branches et reste vert aussi bien en hiver qu'en été. Nul ne sait quelle sorte d'arbre c'est. Il y a là également un bourbier près duquel les païens ont coutume d'exécuter leurs sacrifices et dans lequel ils précipitent un homme vivant. S'il ne remonte pas, c'est que le sacrifice est agréé par les dieux et que le souhait du peuple sera réalisé.» Ce bourbier était formé par une source qui jaillissait au pied de l'arbre. Cela ne rappelle-t-il pas la fontaine d'Urd qui coule près de la première racine d'Yggdrasill?

Mais il y a plus. Tous les neuf ans, les tribus venues du pays entier se réunissaient à Uppsala. Chacune devait apporter des offrandes, au nombre de neuf (sept et neuf sont les chiffres sacrés qui rythment la vie du frêne), « de chaque sorte de créature mâle ». C'étaient en l'occurrence des chevaux, des chiens et des hommes. Ces victimes étaient pendues dans le bois sacré proche du temple. Un chrétien assura à maître Adam qu'un jour il avait vu soixante-douze cadavres humains ainsi suspendus dans le plus grand désordre. Or soixante-douze égale huit fois neuf; ces cadavres réprésentaient donc l'offrande de huit tribus. La mise à mort des sacrifiés s'effectuait selon des règles très précises, que les traditions avaient rendues sacrées. La pendaison s'accompagnait le plus souvent d'un coup de lance; d'autres victimes étaient noyées dans un tonneau d'hydromel. Ces ~~Met~~ différentes particularités prouvent qu'elles étaient vouées à Odin. L'existence de sacrifices identiques est attestée à Leire au Danemark et à Skirringssal en Norvège. Ces massacres sanglants étaient accompagnés, d'après Adam de Brême, de « chants indécents » et, selon Saxo Grammaticus, historien danois du XIIe siècle par « des contorsions des femmes et des sonneries de cloches ».

Des rois d'Uppsala au Minos crétois

La réunion des tribus suédoises à Uppsala avait, semble-t-il, pour objet principal le renouvellement tous les neuf ans des pouvoirs du roi. Les victimes humaines, pendues à l'arbre sacré ou dans le bois qui l'entourait, remplaçaient probablement le fils du roi, lui-même substitut de son père, qui, à l'origine, était mis à mort au terme d'une période de neuf ans. De cet antique usage témoigne l'histoire d'Aun ou On, rapportée dans la *Ynglinga Saga* et l'*Heimskringla* de Snorri Sturluson [9]. Ce roi de Suède, voulant échapper à son sort, offrit à Odin son fils aîné. Le dieu agréa le sacrifice et fit savoir à Aun qu'il lui faudrait dorénavant immoler un autre de ses fils tous les neuf ans. Le roi en avait dix et son règne aurait pu se prolonger fort longtemps. Mais, quand fut venu le moment de sacrifier le huitième, Aun était déjà dans un tel état de faiblesse qu'il fallait le porter en litière. Il survécut cependant alité et, au bout de neuf autres années, ofrit son neuvième fils. Pendant les neuf années suivantes, il resta en vie, mais il était retombé en enfance au point qu'il fallait le nourrir au biberon. Quand fut venu le moment d'exécuter le dixième fils, les Suédois s'y opposèrent. Aun mourut et fut enterré sous un tertre à Uppsala. Il avait régné neuf fois neuf ans, donc quatre-vingt-un ans, et devait être plus que centenaire.

Les auteurs ne le précisent pas, mais l'importance donnée dans cette histoire au chiffre neuf, et accessoirement au sept, puisque c'est après le sacrifice de son septième fils que le roi se mit à décliner, montre que le règne était en rapport avec l'arbre sacré, ce que confirme la légende rapportée par Saxo Grammaticus [10] au sujet d'Odin, dont le roi d'Uppsala était le représentant. Irrités par ses méfaits, les autres dieux décidèrent de l'envoyer en exil et de mettre à sa place le magicien Ullr ou Oller, à qui ils décernèrent le nom du dieu déchu, ainsi que ses pouvoirs royaux et divins. Le nouvel Odin régna neuf ans, mais, au bout de ce temps, dut rendre la royauté au véritable Odin. Ce récit mythique explique les mystérieuses cérémonies d'Uppsala.

L'histoire des origines de la royauté en Scandinavie contient deux éléments pour nous essentiels, car nous les retrouverons dans d'autres contextes, particulièrement dans le monde égéen et en Grèce : d'une part, la durée limitée du règne qui, prenant fin au bout de neuf ou huit ans [11], se terminait à l'origine par la mise à mort du roi, puis par l'immolation d'un substitut qui fut d'abord son propre fils; d'autre part, la liaison étroite que l'on établissait entre le pouvoir royal et l'arbre sacré. Sur ce deuxième point, nous aurons à revenir [12]. A l'appui du premier, il nous faut d'ores et déjà mentionner quelques usages qui avaient cours dans le monde grec archaïque.

En Crète, le roi-prêtre, le *Wanax* – mot signifiant à la fois seigneur, protecteur et sauveur [13] –, qui portait le nom de Minos [14], était considéré comme le fils et, selon l'*Odyssée*, « le compagnon du grand Zeus [15] ». Il régnait pendant une période de neuf ans. Étant à la fois « maître du temps » – il fixait le calendrier – et « dispensateur de la fertilité », il fallait que ses forces fussent intactes. Au bout de ce laps de temps, la « puissance divine qui lui avait été insufflée [16] » était considérée comme épuisée; on devait donc la renouveler. «Chaque neuvième année, ou plutôt chaque centième mois», Minos gravissait l'Ida, la montagne sainte au centre de l'île. Là, l'enfant Zeus avait été élevé par trois nymphes oraculaires, formant une «triade lunaire», donc correspondant aux Nornes, les déesses de la destinée. L'une d'entre elles, la nourrice de Zeus nommée Adrastée, fut identifiée avec Némésis, d'abord déesse du frêne [17], devenue la justicière implacable de toute *ubris*, de tout excès, orgueil ou violence. Némésis veillait jalousement à l'exécution de la loi qui fait immanquablement succéder le malheur au succès triomphant, lequel place l'homme au-dessus de la condition humaine, l'amène à mépriser ses semblables et à se croire l'égal des dieux. Le personnage de Némésis dont le nom signifie «celle à laquelle nul ne peut échapper», tandis que celui d'Adrasteia a pour sens «conjurer la jalousie des dieux en faisant acte d'humilité [18]», ressemble donc à la Norne Urd.

En pénétrant dans l'antre de l'Ida, Minos était censé rencontrer face à face le dieu, son père. De lui, il apprenait les fautes qu'il avait commises, il se soumettait alors à son jugement et recevait les lois les meilleures pour la période à venir, le nouveau règne. Pendant le séjour de Minos dans la caverne, toute l'île vivait dans l'angoisse; partout, on offrait pour lui des sacrifices, probablement humains, les victimes étant des substituts du roi jadis mis à mort. Tel était le sort de sept jeunes gens et sept jeunes filles constituant le tribut exigé tous les neuf ans, offrande au Minotaure qui résidait dans la grotte de l'Ida, le labyrinthe. Quand Thésée eut vaincu le monstre, il «dansa autour de l'autel des cornes la danse de la grue», ce qui signifie qu'il devint roi à son tour. Nous retrouvons ici les chiffres du frêne sacré, neuf et sept.

Étant donné ces éléments, la question que l'on peut se poser est celle de savoir si c'était vraiment Zeus que Minos allait consulter à l'Ida. En effet, le Zeus de la montagne sainte n'était qu'un enfant, l'élève des nymphes et en particulier d'Adrastée-Némésis, déesse du frêne et du destin. C'est elle, plutôt, qui pouvait se prononcer sur le mérite ou le démérite du roi, elle qui pouvait l'absoudre ou le condamner, elle enfin qui, telle une Norne ou une Moire, était en mesure de lui attribuer un supplément de règne. Et ici comment ne pas faire le rapprochement avec le frêne sacré des Germains, et aussi avec la nymphe Egérie qui, dans le bois sacré de Némi, dictait au roi Numa les décrets qu'il devait prendre pour le bien du peuple romain?

Ces intervalles de neuf ou huit ans correspondaient à l'affaiblissement supposé du souverain. Ce cycle octaétérique ou ennéatique, dont la durée exacte était de quatre-vingt-dix-neuf mois révolus, soit huit ans et quatre mois, avait en Grèce une grande importance. Une ancienne coutume voulait, semble-t-il, qu'un homicide fût banni de son pays et fît pénitence pendant huit ou neuf ans. Selon Pindare, les morts qui avaient expié leurs crimes et s'étaient purifiés par un séjour de huit ans dans le monde inférieur renaissaient sur terre la neuvième année « sous l'aspect de rois glorieux, d'athlètes vainqueurs ou de sages [19] ». Les jeux Pythiques à Delphes se célébraient primitivement tous les huit ans et il est probable que les jeux Olympiques, lesquels passaient pour avoir été fondés par les Dactyles de l'Ida crétois, avaient lieu à semblable intervalle, avant que celui-ci fût divisé par deux. Au IIIe siècle, l'astrologue latin Censorinus pouvait encore écrire que les grandes solennités cultuelles des Grecs obéissaient à ce rythme. Qui plus est, ce cycle était dans la haute antiquité en rapport étroit avec la monarchie. La fête du Couronnement à Delphes [20], celle du laurier à Thèbes [21], qui correspondaient probablement au renouvellement des pouvoirs du roi, étaient solennisées chaque neuvième année. A Sparte, tous les huit ans, les éphores devaient se réunir par une nuit claire et observer le ciel. S'ils apercevaient un météore, ils en concluaient que le roi avait offensé les dieux et le suspendaient de ses fonctions.

On s'est demandé ce qui avait pu déterminer une telle périodicité [22]. Le problème semble aujourd'hui résolu. La question, remarque Paul Faure, « était de savoir au bout de combien de mois exactement les grands luminaires reviennent à leur place d'origine dans le ciel, autrement dit de faire coïncider la fin d'une année solaire avec la fin d'une année lunaire ». Or, « le cycle octaétérique de quatre-vingt-dix-neuf mois... est le seul capable de mettre à peu près d'accord la marche des saisons, donc du soleil avec celle de la lune, de *réconcilier le cours de la nature* (la lune) *avec celui de la vie sociale que le roi* (le soleil) *représente* ». La fixation du calendrier, dont dépend la prospérité agricole, constituait le principal devoir du souverain et il était en conséquence tenu de s'y soumettre le premier. « Tandis qu'il restaurait le temps, le roi restaurait la société [23]. » Avec le renouvellement du cycle, était censée commencer une nouvelle génération.

Pour ce qui concerne l'objet propre de notre étude, il semble donc que l'on puisse rapprocher le statut des rois d'Uppsala de celui des souverains préhelléniques et de la Grèce archaïque, et même établir un lien entre leurs règnes et le frêne.

Poséidon, dieu du frêne

Dans la mythologie grecque, le frêne était consacré à Poséidon [24], comme le chêne à Zeus. Le nom du frère du maître de l'Olympe, qui n'a pas d'étymologie connue, ce qui est signe d'archaïsme, s'écrivait aussi Potidon et, selon R. Graves [25], était lu par les Grecs comme signifiant : « celui qui donne à boire dans la montagne boisée », de *potidzo*, donner à boire et *ida*, montagne boisée, ce qui implique une divinité des sources, des torrents, divinité certainement fort ancienne, puisque son nom apparaît déjà sur les tablettes mycéniennes de Knossos et de Pylos. Lors du partage du monde entre les trois fils de Cronos, Hadès, Poséidon et Zeus, le dernier-né dans la *Théogonie* d'Hésiode [26], le « Zeus de la mer » n'en continua pas moins de régner sur les sources et les rivières, ainsi que sur la végétation née de ces eaux. Mais Poséidon fut d'abord un dieu chtonien, ce que souligne l'épithète *gaiéchos*, que Plutarque interprète comme voulant dire « qui possède la terre », « maître de la terre ». Même lorsqu'il fut devenu dieu marin, Poséidon demeura en effet le dieu des séismes, le « retentissant branleur du sol [27] », conformément à sa vocation première de « puissance active qui met en branle la terre, qu'il s'agisse de la sève vitale ou des secousses sismiques [28]. L'antériorité de Poséidon s'exprimait encore, aux temps classiques, par le fait que pour les mythographes grecs, comme pour leurs prédécesseurs babyloniens, la terre reposait sur les eaux. Lorsque les trois Cronides se furent mis d'accord pour que Zeus règne dans le ciel, Hadès dans le monde souterrain et Poséidon sur les eaux, la terre resta indivise et toute l'histoire que la mythologie attribue à ce dernier est celle de ses tentatives pour reconquérir le milieu terrien, tentatives qu'expriment à leur manière les séismes et les raz de marée qui lui étaient attribués. Poséidon a découpé les rivages sinueux de la Grèce, y a creusé des golfes et des baies, il en attaque les falaises; il suscite les éruptions sous-marines d'où naquirent Cyclades et Sporades, mais qui peuvent aussi engloutir des îles, témoin la submersion de l'Atlantide due au courroux du dieu.

Sa nature primitivement chtonienne explique que le cheval lui ait été consacré. Le lien est même si étroit, si originel que Poséidon passait pour n'avoir échappé à la voracité de Cronos que parce que Rhéa lui avait substitué un jeune poulain[29]. Selon une tradition à peu près universelle, le cheval, fils de la nuit et du mystère, est censé surgir des entrailles de la terre. Son galop, qui fait résonner le sol, évoque le bouillonnement du sang, celui de la sève. Créature de feu, liée aussi à l'eau torrentielle, comme le frêne qui attire la foudre et provoque la pluie, le cheval par son impétuosité irrésistible, ses brusques et redoutables colères, rappelle le caractère que la mythologie prête à Poséidon. Or Yggdrasill, le frêne cosmique, est le coursier d'Odin, lequel, avant de régner sur la terre, fut un «démon de la tempête» et des orages nocturnes[30]. Nous avons vu qu'il acquit finalement, grâce à Mimir, l'initiateur, et aux runes sacrés, le pouvoir de divination. De son côté, Poséidon prophétisait à Delphes même, bien avant Apollon, par le truchement d'un interprète appelé Pyrkôn[31], ce qui semble indiquer un mode de divination par le feu, peut-être par la foudre attirée par le frêne sacré. Si le dieu germain périt à la fin du cycle et laisse la place à ses descendants, Poséidon, déchu de ses anciens pouvoirs, doit se soumettre, mais non sans résistance, non sans tentatives de révolte, à la loi nouvelle, à la domination de Zeus, son cadet.

D'après les traditions qui relatent les successives invasions des Hellènes en Grèce, les Éoliens, finalement soumis par les Achéens dont les chefs étaient les protégés de

Zeus, furent les adeptes de Poséidon, le défenseur de Troie [32]. Certains des rois qui tenaient de lui leur pouvoir passaient pour s'être réfugiés dans l'Atlantide, l'île de Poséidon, Platon indique que ses souverains étaient les descendants du dieu [33]. De cette ancienne royauté renversée par les Achéens, on trouve également la trace dans les légendes se rapportant à la Toison d'or et dont le héros est le roi éolien Athamas. Le bélier portant la toison d'or, et mis à mort par Arès, était le fils de Théophané, « manifestation du dieu », et de Poséidon lui-même, lequel, l'aimant d'un amour exclusif, transporta la jeune fille dans l'île de Crumissa (l'île glacée), afin de la mettre hors de portée de ses nombreux prétendants. Ses soupirants l'y ayant suivie, Poséidon la transforma en brebis. La Toison d'or que partit chercher, en compagnie des Argonautes, Jason, frustré de ses droits au trône qu'avait possédés son père Eson, mais qu'usurpait son oncle Pélias, était l'emblème de l'ancienne royauté qu'il voulait reconquérir. Enfin, il faut rapprocher des Éoliens, peuple de Poséidon, ce qu'Hésiode dit [34] de la troisième race, celle de bronze, « issue des frênes » : « Ces hommes n'aimaient que les travaux d'Arès, sources de pleurs, et les œuvres de violence; ils ne mangeaient pas de pain [35], mais ils avaient un cœur dur comme l'acier rigide; ils étaient redoutables. Puissante était leur force, invincibles les bras qui s'attachaient aux épaules de leurs corps vigoureux. Leurs armes étaient de bronze, de bronze leurs maisons, avec le bronze ils labouraient, car le fer noir n'existait pas [36]. » Ce rapprochement établi par Hésiode entre le frêne et le bronze, tous deux symboles de dureté, correspond à l'armement des anciens Hellènes, dont les armes de bronze possédaient des manches en frêne, le bois de cet arbre étant encore aujourd'hui renommé pour sa ténacité en même temps que pour son élasticité qui l'empêche de se rompre. En grec, *melia* n'a que deux acceptions, le frêne et la lance (en bois de frêne), souvent mentionnée dans l'*Iliade* et l'*Odyssée*.

Cette race de bronze, restée insoumise dans la lointaine Atlantide, périt avec le cataclysme qui engloutit l'île et peut être comparé avec celui, dépeint par la mythologie germano-scandinave, qui mit fin au règne d'Odin. De même qu'avec la venue du « crépuscule des dieux », les hommes s'entre-tuent et finalement disparaissent de la surface de la terre, de même, selon Hésiode, les hommes de bronze « succombèrent, terrassés par leurs propres bras et partirent, frissonnants vers la demeure humide et glacée d'Hadès », évocation que l'on ne peut pas ne pas rapprocher de celle de *Ragnarök*, le grand hiver universel des *Eddas*.

L'Arbre cosmique de par le monde

Le développement jusque dans ses plus lointains prolongements d'un exemple unique, celui du frêne, a permis de définir concrètement les traits essentiels de l'Arbre cosmique et de montrer que le complexe de croyances et d'institutions qui s'y rattachait se retrouvait, au moins à l'état de traces encore lisibles, d'une civilisation à une autre qui, pour des raisons de temps comme d'espace, ne pouvaient guère avoir hérité directement l'une de l'autre. De telles ressemblances procéderaient plutôt d'un mode de pensée, sinon identique, du moins comparable que nous allons retrouver dans de tout autres contextes. A la lumière de ces différents exemples, l'Arbre cosmique apparaîtra peut-être comme l'un des mythes les plus frappants, les plus féconds et aussi les plus universels qu'ait conçu l'humanité, afin d'expliquer la constitution de l'univers et la place que l'homme doit y occuper.

Dans l'Égypte des pharaons, où les arbres étaient fort rares [37], les dieux trônaient au levant sur le haut sycomore sacré [38], dont le bois « les contenait » et « faisait leur subsistance [39] ». A l'opposé, au couchant, siégeait, à la limite du désert, la « Dame du sycomore », la divine vache Hathôr, qui a créé le monde et tout ce qu'il contient, y compris le soleil. Suprêmement compatissante, elle émergeait du feuillage de l'arbre pour accueillir ceux qui venaient de mourir, leur offrant l'eau et le pain de bienvenue. Sur les branches du sycomore, les âmes, sous forme d'oiseaux, venaient se percher, et son bois imputrescible servait de dernière demeure aux corps momifiés. Par l'entremise de l'arbre sacré, les esprits faisaient retour au sein du monde divin des essences éternelles qu'ils n'avaient quitté que pour le temps d'une vie.

Sycomore : Maulbeerfeigenbaum

A Éridu, en Mésopotamie, se dressait le *kiskanu*, dont un hymne babylonien, reflétant lui-même une tradition sumérienne très antérieure, dit :

Dans Éridu a poussé un kiskanu *noir, en un lieu saint il a été créé*
Son éclat est celui du lapis-lazuli brillant, il s'étend vers l'apsu
C'est le déambulatoire d'Éa dans l'opulente Éridu,
Sa résidence est un lieu de repos pour Bau [40]*...*

Éridu était la ville sainte du dieu Éa, dont le nom sumérien « Demeure des eaux » fut conféré par les Sémites à celui que leurs prédécesseurs appelaient Enki, « Seigneur de la Terre » et qui portait les titres de « Père des dieux », de « Créateur de l'univers » et de « Maître du destin ». Éridu était le centre du monde; là jaillissaient les sources qui irriguaient tout le pays. Le *kiskanu* est d'origine céleste, le lapis-lazuli représentant la nuit bleu sombre, constellée d'étoiles; ses branches s'étendent en direction de l'Océan encerclant les terres qui reposent sur lui. Les racines de l'arbre descendent jusqu'à l'*apsu*, l'abîme primordial, dont il est sorti le premier. *Kiskanu* est la demeure du dieu de la fertilité, de l'agriculture et des arts, en particulier de l'écriture, mais aussi de sa mère Bau, elle-même divinité de l'abondance des champs et reine des troupeaux [41].

Kiskanu est le prototype des arbres de vie, si souvent représentés dans l'iconographie mésopotamienne [42]. Ils y sont d'ordinaire escortés de créatures terrestres qui tirent d'eux leur existence, capridés, oiseaux et serpents, entourés d'astres ou d'êtres ailés, car c'est vers le ciel, leur origine, qu'ils se dressent. Chacun de ces emblèmes a un sens bien déterminé qui précise le rôle cosmologique de l'arbre [43].

Cet arbre primordial, les archéologues l'ont découvert aussi à Mohenjo-Daro, la ville principale de la civilisation de l'Indus, contemporaine des cités-États sumériennes de la vallée de l'Euphrate. S'il est schématisé à la manière de l'arbre mésopotamien et accompagné des mêmes symboles, il s'agit ici du figuier, dans le feuillage duquel se produit l'épiphanie de la déesse nue. Ces représentations serviront ensuite de modèles à celles qui décorent les monuments du sud de l'Inde, édifiés par les Dravidiens qui occupaient le pays bien avant que l'invasion aryenne les refoule vers le sud. *Ficus religiosa* demeurera en Inde l'arbre sacré; à son pied, le Bouddha parviendra à l'illumination.

De l'arbre de vie mésopotamien procédera, par ailleurs, celui qui, selon la *Genèse*, croît au milieu du jardin planté dans l'Éden par Yahvé pour y accueillir Adam. Jaillissent de ses racines les quatre fleuves qui irriguent le paradis terrestre.

Pour les Chinois, le centre de l'univers, le lieu où devrait se trouver la Capitale parfaite, est marqué par *Kien-mou*, «Bois dressé». Ce nom a son importance, puisqu'en Chine, le bois est considéré comme un des éléments, le cinquième, au même titre que l'air et la terre, l'eau et le feu. Il correspond à l'est et au printemps, ainsi qu'au trigramme *tch'en*, l'ébranlement, du *Yi king*, car la végétation sort de terre en même temps que le tonnerre qui s'y tenait caché. *Kien-mou* est l'arbre du renouveau, donc aussi du commencement absolu, celui du monde. «Il réunit les Neuvièmes Sources (séjours des morts) aux Neuvièmes Cieux, les Bas-Fonds du monde à son Faîte... et l'on dit qu'à midi rien de ce qui, auprès de lui, se tient parfaitement droit ne peut donner d'ombre. Rien non plus n'y donne d'écho [44].» Par son tronc qui est creux, montent et descendent les souverains, soleils des hommes, médiateurs entre le ciel et la terre. De part et d'autre de *Kien-mou*, se dressent au levant *P'an mou*, un immense pêcher, «situé près de la porte des Génies», dont les fruits confèrent l'immortalité, et au couchant l'arbre Jo, sur lequel les Dix mille soleils viennent se percher le soir. En d'autres représentations de l'univers, le rôle principal est dévolu à *K'ong-sang*, le mûrier creux, résidence au levant de la Mère des Soleils, d'où s'élève le matin notre soleil. Le mûrier sacré était considéré comme hermaphrodite, antérieur à la partition du *yang* et du *yin*, du mâle et de la femelle, du clair et de l'obscur, du ciel et de la terre. Il symbolisait, par conséquent, le Tao lui-même, l'ordre cosmique, le Principe universel. Une forêt de mûriers sacrés *(sang-lin)* était plantée devant la porte Est de la capitale impériale.

Nous ne saurions conclure ce rapide tour d'horizon des grandes civilisations proto-historiques qui, parti de l'Égypte, aboutit à la Chine archaïque, sans mentionner une image qui n'a pu être influencée par les précédentes, puisqu'elle provient du « Nouveau Monde », la remarquable représentation de l'Arbre cosmique qui, dans le Codex Borgia, illustre les croyances des anciens Mexicains [45].

Au centre, c'est-à-dire dans la cinquième dimension de l'espace, « le lieu de croisement des autres directions, le lieu de rencontre du haut et du bas », se dresse l'arbre multicolore qui jaillit du corps d'une déesse terrestre représentant l'ouest. Il est flanqué d'un côté par Quetzalcoatl, le « Serpent à plumes » à la fois chtonien et ouranien, dont « l'histoire mythique est celle de la mort et de la renaissance », le dieu qui s'est sacrifié sur un bûcher afin de donner vie au soleil et à la planète Vénus, de l'autre côté par Macuilxochitl, « jeune dieu de la végétation renaissante, de l'amour, du chant et de la musique », lequel est « identique à Xochipilli, le prince des fleurs », et semblable à Xipe Totec, « notre seigneur l'Écorché », revêtu de la peau d'un humain sacrifié, symbolisant la robe neuve que revêt la terre au printemps [46]. Dans cette miniature du Codex Borgia se concentrent quelques-uns des thèmes majeurs qui feront l'objet des chapitres suivants. Née d'une civilisation sans contact avec les autres, elle en démontre l'universalité.

Ce symbolisme multiple, mais convergent, suppose un certain état d'esprit, une certaine manière de concevoir le monde, d'en expliquer la genèse, car, ainsi que le remarque Mircea Éliade [47], « en tant que " objet naturel ", l'arbre ne pouvait pas suggérer *la totalité de la vie cosmique*; au niveau de l'expérience profane, son mode d'être ne recouvre pas le mode d'être du cosmos dans toute sa complexité ». La vie végétale ne révèle qu'une suite de « naissances » et de « morts ». C'est la vision religieuse de la Vie qui permet de « déchiffrer » dans le rythme de la végétation d'autres significations en premier lieu « des idées de régénération, d'éternelle jeunesse, de santé, d'immortalité ». L'arbre devient alors non seulement un modèle pour l'homme, mais son plus lointain ancêtre, son origine même.

A des conclusions toutes proches, mais plus schéma-
tiques, aboutissent les auteurs qui ont étudié, dans une
aire bien déterminée, les mêmes croyances. Au sujet des
représentations de l'arbre sacré en Mésopotamie et en
Elam, Nell Parrot écrit : « Il n'y a pas de culte de l'arbre
en lui-même; sous cette figuration se cache toujours une
entité spirituelle [48]. Les recherches menées par Hélène
Danthine dans un domaine tout proche l'amènent à
conclure que l'arbre sacré ne devient objet de culte que
parce qu'il a d'abord été ressenti comme un archétype :
« ce n'est pas la copie d'un arbre réel plus ou moins enri-
chi d'ornements, mais bien la stylisation entièrement artificielle et, plutôt qu'un véritable objet culturel, il nous
paraît être un symbole doué d'une grande puissance
bénéfique [49] ». Cette formulation, dont il faut tenir
compte, ne peut cependant être admise sans réserves;
elle intellectualise une réaction dont nous venons de voir
qu'elle est universelle et qui est de l'ordre de l'intuition,
non du raisonnement, de la sensibilité biologique plutôt
que du mental. Il s'agit d'une vision spontanée, d'une
sorte d'illumination venue du dedans, qui dévoile le sens
du monde, et, en définitive, d'une communion. Car si,
avec Mircea Éliade, on peut en effet admettre que
« jamais l'arbre n'a été adoré *rien que* pour lui-même », il
faut aussi nuancer cette affirmation, comme le fait d'ailleurs cet historien des religions, en ajoutant « mais toujours pour ce qui, à travers lui, se révélait [50] ».

Bien qu'elles trouvent encore en nous un écho, les
idées-forces qu'a engendrées l'arbre nous demeureraient
étrangères, si nous ne nous remettions en mémoire les
bienfaits que jadis il procurait aux hommes et que nous
ne lui demandons même plus. Comme toutes les mythologies, celle de l'arbre repose sur des constatations tout à
fait concrètes.
   Si les paléontologistes ont qualifié d'hommes de la
pierre nos plus lointains ancêtres, c'est seulement parce
que le bois qu'ils utilisèrent bien davantage a disparu sans
laisser de traces et que les silex taillés ou polis constituent les seuls vestiges de leur industrie. Mais, pour les
humanités anciennes, le bois était le matériau par excel-

lence, facile à travailler et capable de rendre des services si nombreux qu'il serait oiseux de les énumérer. Encore faut-il souligner le plus important d'entre eux : c'est de bois que les hommes bâtissaient leurs demeures et celles de leurs dieux. Dans ces dernières, l'arbre équarri, devenu colonne, rappelait le sanctuaire originel, le bois sacré. Pendant longtemps, les plus anciens temples de pierre reproduisirent les structures que rendait nécessaires l'emploi du bois, ainsi en Inde où ils ont survécu jusqu'à nos jours. La maison primitive, la cabane en bois subsiste encore, elle est devenue le toit, la charpente dont les poutres étaient naguère des arbres entiers.

Par l'entremise de l'arbre foudroyé et de l'incendie qui gagnait la forêt, parvint aux hommes le feu, don du ciel. Dans bien des traditions, l'arbre est dénommé le « Père du Feu », en effet, il l'engendre si l'on frotte l'un contre l'autre des fragments de branches sèches, ce qui, dans le passé, était la seule manière de faire surgir la flamme. L'arbre en fournissait l'aliment, le bois et le charbon de bois furent les seuls combustibles jusqu'à une époque récente. Du feu contenu dans l'arbre, naissait aussi la lumière qui chasse les ténèbres de la nuit; on s'éclaira d'abord avec des torches, puis avec des lampes où brûlait l'huile de l'olivier. Quand on utilisa la cire, elle venait encore de l'arbre dans les creux duquel nichent les abeilles, créatures nées du feu céleste, qui, à partir du nectar des fleurs, distillent le miel, non seulement indispensable aux anciens qui ne connaissaient pas d'autre sucre, mais tenu pour une nourriture initiatique; du miel fermenté, ils tiraient l'hydromel, le divin « nectar », boisson d'immortalité.

Dans toutes les histoires mythiques de l'humanité, il est raconté qu'elle subsista d'abord des fruits de l'arbre, point seulement des drupes et des baies, dont certaines pouvaient être séchées pour l'hiver, mais surtout des akènes qui, moulues en farine, donnèrent du pain, bien avant que l'on cultivât les céréales. Telle fut, selon les auteurs de l'Antiquité[51], la nourriture principale des peuples primitifs.

Enfin, de certains arbres, les conifères, on sut très tôt extraire les résines qui perlent en gouttes translucides et ambrées sur l'écorce du tronc. Suivant les essences, elles fournissaient toutes sortes de produits, depuis la poix et les goudrons jusqu'aux parfums, aux aromates, à l'encens dont la fumée odorante montant jusqu'au ciel réjouissait les cœurs des dieux. Longtemps, l'homme a vécu en une telle symbiose avec l'arbre, protecteur et nourricier, qu'il lui semblait tenir de lui son existence, qu'il y voyait même l'origine de l'univers.

Une rêverie réaliste

L'arbre semble en effet le support le plus approprié de toute rêverie cosmique; il est la voie d'une prise de conscience, celle de la vie qui anime l'univers. Devant l'arbre qui conjoint deux infinis opposés, unit les deux profondeurs symétriques et de sens contraire, l'impénétrable matière souterraine et ténébreuse et l'inaccessible éther lumineux, l'homme se prend à rêver. S'il s'appuie à son tronc, immobile et silencieux comme lui, il s'identifie à l'arbre dont il croit entendre les mouvements internes. « C'était comme si, de l'intérieur de l'arbre, des vibrations presque imperceptibles avaient passé en lui..., écrit Rilke. Il lui semblait n'avoir jamais été animé de mouvements plus doux, son corps était en quelque sorte traité comme une âme et mis en état d'accueillir un degré d'influence qui, dans la netteté ordinaire des conditions physiques, en réalité n'aurait même pas été ressenti. A cette impression s'ajoutait ceci que, pendant les premiers instants, il ne réussissait pas bien à définir le sens par lequel il recevait un message à la fois aussi ténu et aussi étendu; de plus, l'état que cette communication dégageait de lui était si parfait et si continu, différent de tous les autres, mais si impossible à représenter par le renforcement ou l'aggravation d'événements déjà vécus, qu'en dépit de tout cet enchantement, on ne pouvait pas songer à l'appeler une jouissance. N'importe. Appliqué à se rendre compte à lui-même justement des impressions les plus légères, il se demanda avec insistance ce qui lui arrivait là, et trouva presque aussitôt une expression qui le satisfaisait en se disant à lui-même qu'il était porté de l'autre côté de la nature [52]. »

A celui qui s'abandonne à « la lente volonté générale [53] »

le monde, grâce à cet intermédiaire privilégié qu'est
l'arbre, devient spontanément intelligible, le méditant retrouve en soi-même les origines, la genèse de toute vie.
La rêverie devant l'arbre – ou, mieux, au creux de l'arbre
– engendre un imaginaire dynamique, dynamisant, mais
aussi rassurant. Pour l'homme, l'arbre est un modèle
unique de sérénité, de sagesse. Lorsque le soleil descend
sur l'horizon et que le froid gagne la terre, l'arbre, s'il
perd ses feuilles, entre dans une longue période de repos,
ou plutôt d'hibernation, mais, à la différence des animaux
qui disparaissent de la surface du sol pour dormir
jusqu'au printemps, l'arbre est à la fois présent et absent,
son sang, sa sève, cessant de circuler dans les branches,
s'est réfugiée, toute chaude encore, en bas du tronc, au
départ des racines, donc dans le sol. Dépouillé de tout ce
qui en lui était tendre et fragile, l'arbre n'est plus alors
qu'une grande carcasse, un squelette. A l'arbre à feuilles
caduques, s'oppose sur ce point le résineux qui lui ne les
perd point. Aussi, l'un symbolise-t-il le cycle des morts et
des renaissances successives, l'autre l'immortalité de la
vie, mais ces deux leçons d'existence ne sont nullement
contradictoires, elles se complètent l'une l'autre, car ce
ne sont que deux modalités d'une vie unique.

Que le soleil amorce sa remontée au zénith, alors,
l'arbre qui semblait mort ressuscite. Au moment où les
oiseaux revêtent les vives couleurs de la pariade, il se
couvre de feuilles toutes fraîches, aux teintes alors
exquises, et bientôt fleurit. Pour l'homme qui assiste à ce
spectacle, à cette représentation que se donne l'arbre à
lui-même, sa vie apparaît comme plus facile que la nôtre,
peut-être parce qu'elle est plus intérieure, plus discrète,
plus secrète, peut-être parce qu'elle se déroule en silence,
mais surtout parce qu'elle obéit aux grands rythmes naturels.

Qui n'a rêvé devant un arbre au printemps? Qui n'a ressenti son calme épanouissement comme une invite?
Même l'homme moderne, qui a perdu la faculté de
s'émerveiller, sauf peut-être et pour un temps devant les
inventions nées de son cerveau, ne peut y rester insensible. Mais que l'on imagine l'humain des temps anciens,
vivant au sein de la nature, pour qui l'alliance avec elle
n'était point soumission, comme on veut nous le faire

croire, mais harmonie, ou, mieux encore, que l'on pratique la méditation, alors une telle rêverie retrouve son utilité première, elle redevient ce qu'elle était, vitale, elle constitue un mode d'être, le plus authentique, le plus clairvoyant qui soit. Ainsi, au pied de l'arbre, rêve le Bouddha, et il s'éveille du trop humain cauchemar. Durant la méditation devant le figuier sacré, surgit du tréfonds de l'être la compréhension intuitive de l'univers dont l'individu cesse d'être séparé, celle de la place qu'il y occupe, du rôle qu'il doit y jouer, compréhension spontanée, nécessaire et suffisante, que possède tout vivant et qui n'est refusée qu'à l'homme, ou plutôt que l'homme seul se refuse.

Par le canal que lui offre l'arbre unissant terre et ciel, conscient et inconscient, le méditant peut monter et descendre, passer de la matière obscure et souterraine, d'où il est un jour issu, à la pure énergie lumineuse qui l'anime et vers quoi il tend. Il peut alors redécouvrir son origine, et même l'en deçà de son origine, grâce à l'arbre généalogique dont les rameaux sont ses ancêtres, retrouver l'humanité tout entière dans l'arbre de l'évolution qui le rattache à la vie en son expansion. Ainsi guidé, l'homme reprend racine, il puise à la source, aux eaux primordiales, dans le fond inépuisable commun à toute vie.

Parvenu là, il sent se retracer en lui l'esquisse d'une genèse, comme si, ayant remonté le cours du temps, il avait acquis le privilège de contempler le monde en formation, un monde que seule la présence de l'arbre a rendu pour lui habitable.

Rien de plus réaliste que cette rêverie, puisque ce que l'imagination fait resurgir en nous ne diffère en rien des résultats de la longue enquête menée par la paléobiologie. Que nous enseigne-t-elle en effet, sinon que les premiers vivants furent, de toute nécessité, des plantes, car tout animal, quel qu'il soit, ne peut vivre sans elles, même s'il est carnivore, puisque c'est d'herbivores qu'alors il se repaît. Seule, la plante ne dépend que des éléments eux-mêmes, car seule elle est capable de les assimiler en les transformant. Si elle aspire dans le sol l'eau et les sels dissous qu'elle contient, elle se nourrit aussi directement de l'énergie solaire, grâce à l'assimilation chlorophyllienne, laquelle dégage de l'oxygène, celui

que nous respirons. Des plantes, les algues, avant même
de quitter la mer natale, avaient entouré la planète de la
couche d'air respirable, nécessaire à toute autre vie.
Lorsqu'elles purent conquérir les terres, tout y changea.
Alors, au terme de métamorphoses successives, commen-
cées en milieu marin, s'éleva l'arbre, cime de l'évolution
végétale. Organisme géant, prodigieux condensateur
d'énergie et transformateur biochimique, l'arbre draine
les eaux et, n'en utilisant que fort peu distille le surplus
dans l'atmosphère, sous forme de ces vapeurs qui,
condensées en nuages, retomberont en pluie bienfai-
sante. Ses feuilles mortes engendrent l'humus, la future
terre cultivable [54].

De cet ample processus vital, l'arbre cosmique des
légendes est le symbole. Comment l'humain des premiers
âges n'aurait-il pas eu une vénération reconnaissante,
une admiration profonde pour cet être énorme qui survivait, pas seulement à lui, mais à ses descendants. Car
l'arbre vit très vieux, plus vieux qu'aucun autre être. Il
existe des essences qui, dépassant le millénaire,
semblent, à vue humaine, immortelles. Cet ancêtre,
l'ancêtre par excellence, est aussi de tous les vivants le
plus grand, le plus majestueux. Aucun animal, jamais,
même parmi les géants préhistoriques disparus, n'atteignit pareille taille, pareil poids. Pour le sauvage, qui est
au sens premier de ce mot l'homme de la forêt, comme
pour le savant, l'arbre est véritablement la première des
créatures terrestres; pour celui-là, c'est aussi le vivant le
plus proche du ciel qu'il unit à la terre, la voie
qu'empruntent naturellement les dieux.

Chapitre 2

L'échelle mystique

Le bouleau des chamans – Sainte Brigitte et la
Chandeleur – Bouleau, amanite et *Soma* – Le
figuier sacré de l'Éveil – Açvatta, l'arbre à l'envers
– L'arbre des Sephiroth

Notre enquête nous reconduit maintenant au septentrion de l'Eurasie, mais vers l'est, vers la Sibérie, patrie du chamanisme, où ce phénomène archaïque, jadis à peu près universel [1], s'est maintenu jusqu'à nos jours. Nous avons noté qu'afin d'acquérir les pouvoirs occultes, Odin s'était conduit comme un chaman. Son auto-sacrifice correspond, en effet, aux rêves qui dévoilent aux futurs initiés leur vocation. Le jeune Yakoute ou le jeune Bouriate rencontre alors des esprits qui lui coupent la tête et divisent son corps en petits morceaux qu'ils placent sur le feu, dans l'eau d'une marmite [2]. Le novice, qui se croit mort, voit son propre squelette démantelé. Après quoi, les esprits réajustent les os et les recouvrent de chair. Souvent, ils reforgent la tête du néophyte et lui montrent « comment on peut lire les lettres qui se trouvent dedans ». Ils changent aussi les yeux du futur chaman. Désormais, lorsqu'il sera en transe, ce ne sera plus avec ses yeux de chair qu'il verra – il les tient d'ailleurs fermés – mais avec les yeux de l'esprit. C'est dans sa propre tête, grâce à ses yeux nouveaux qu'Odin découvre les runes.

Dans le récit de Snorri, il est dit de lui : « Son corps gît comme s'il dormait ou comme s'il était mort, mais il devient un oiseau ou une bête sauvage, un poisson ou un dragon, et voyage en un clin d'œil dans de très lointains pays... » De même, les magiciens nordiques luttent souvent entre eux sous des formes animales, tandis que leurs corps humains restent inanimés. Non seulement Odin reste pendu au Frêne durant « neuf jours et neuf nuits » – le chiffre neuf est celui de l'Arbre cosmique –, mais, chevauchant son coursier Sleipnir, il descend les neuf étages souterrains qui se trouvent situés sous la troisième racine d'Yggdrasill et conduisent à Niflhel, l'Enfer, où Odin ordonne à une prophétesse morte depuis longtemps de se lever de sa tombe et de répondre à ses questions. Pareille forme de nécromancie[3] est courante chez les chamans sibériens qui consultent les crânes de leurs défunts prédécesseurs. Enfin, le cheval à huit jambes est la monture par excellence des chamans lors de leur voyage dans l'au-delà et les deux corbeaux Huginn (« Pensée ») et Muninn (« Mémoire ») qu'Odin envoie enquêter aux quatre coins du monde sont analogues aux « esprits auxiliaires » qui assistent les chamans.

Un passage de Tacite atteste que le chamanisme existait chez les Germains de son temps : « Chez les Naharvales (tribu lygienne habitant près de la Vistule), on montre un bois consacré dès longtemps par la religion. Le soin du culte est remis à un prêtre qui porte des vêtements de femme[4]. » Il s'agissait d'un chaman, chez qui ce travestissement n'est pas rare. Nombre d'entre eux revêtent en effet une tenue féminine et ont une conduite sexuelle ambiguë. Il ne s'agit pas le plus souvent d'inversion à proprement parler, mais plutôt de la manifestation d'un statut androgyne. « Il arrive au chaman de cumuler symboliquement les deux sexes : son costume est orné de symboles féminins, et dans certains cas, il s'efforce d'imiter le comportement des femmes. Mais on connaît des exemples où la bisexualité est rituellement, donc concrètement attestée : le chaman se conduit comme une femme, s'habille de vêtements féminins, parfois même prend un mari[5]. Cette bisexualité – ou asexualité – rituelle est censée être à la fois un signe de spiritualité, de commerce avec les dieux et les esprits –, et une source de puissance sacrée[6]. » La mise en valeur de l'androgynie originelle et fondamentale de l'être humain, courante dans les « rites de passage » au cours desquels « le principe féminin est affirmé chez le candidat au moment même où il va le dépouiller[7] », est associée par toutes les traditions à l'acquisition de pouvoirs dépassant la condition commune et donc la séparation des sexes. Ainsi, dans le monde antique, les devins étaient souvent assimilés à des androgynes, car on pensait qu'il existait une corrélation entre « l'état bisexuel et la lucidité exemplaire [8] ». Le chaman tient ses dons de l'Arbre cosmique qui est par nature hermaphrodite, comme le sont aussi les dieux créateurs, lesquels possèdent la sexualité totale et donc l'intégralité d'une puissance encore indivise [9].

Comme les Germains et les Scandinaves, les populations sibériennes [10] croient à l'existence d'un arbre sacré dressé au centre du monde. Pour les Altaïques, « au nombril de la Terre, pousse l'arbre le plus élevé, un sapin géant [11], dont les branches se dressent jusqu'à la demeure de Baï-Ulgän [12] », la divinité protectrice qui siège à l'empyrée. Cet arbre relie les trois zones superposées du cosmos. Pour les Ostiaks-Vasjugan, sa cime pénètre dans le ciel, tandis que ses racines plongent dans les Enfers. Les Tatars sibériens disent qu'une réplique de l'Arbre céleste se trouve en Enfer : un sapin à neuf racines s'élève devant le palais d'Irle Khan, le roi des morts; celui-ci, comme Odin, attache son cheval à son tronc. Pour les Goldes, il existe trois Arbres cosmiques, le premier dans le ciel – et les âmes des morts viennent se poser sur ses branches, tels des oiseaux [13], dans l'attente de leur réincarnation –, le second sur la terre et le troisième en Enfer. Selon les légendes des Tatars Abakhan, au sommet d'une montagne de fer, croît un bouleau blanc dont les sept branches symbolisent « vraisemblablement les sept étages du ciel ». Les Mongols se représentent la Montagne cosmique comme une pyramide à quatre faces au sommet de laquelle se hausse l'Arbre cosmique dont les dieux se servent comme d'un piquet pour attacher leurs chevaux [14]. On pourrait multiplier les exemples, nous n'en citerons qu'un autre, particulièrement significatif. Il s'agit de l'Arbre du monde des Yakoutes sibériens. Il se dresse « au nombril d'or de la Terre ». « La couronne de l'arbre répand un liquide divin d'un jaune écumant. Quand les passants en boivent, leur fatigue se dissipe et leur faim disparaît... Lorsque le premier homme, à son apparition dans le monde, désira savoir pourquoi il était là, il se rendit près de cet arbre gigantesque dont la cime traverse le ciel... Il vit alors dans le tronc de l'arbre merveilleux... une cavité où se montra jusqu'à la ceinture une femme qui lui fit savoir qu'il était venu au monde pour être l'ancêtre du genre humain [15] », et le nourrit de son lait. De même, lorsqu'il veut découvrir le secret du monde, Odin vient trouver le frêne Yggdrasill et c'est à son pied que lui sont révélés les runes. Quant à la femme apparue à mi-corps, elle rappelle à la fois Hathôr, la nourricière de la mythologie égyptienne et la théophanie des déesses crétoises [16]. Deux autres légendes yakoutes relient les chamans à cet arbre primordial. Selon l'une, l'arbre Yjyk-Mar qui, lui, n'a pas de branches, monte jusqu'au neuvième ciel et les âmes des chamans s'abritent dans les nœuds du bois. Suivant l'autre, elles prendraient naissance sur un sapin géant, très loin dans le nord, et se tiendraient ensuite dans des nids posés sur ses branches, les plus grands chamans occupant les plus hautes.

Lors des rêves initiatiques qui dévoilent au chaman sa vocation, il lui arrive de rencontrer « l'Arbre qui donne la vie à tous les humains ». Tel est le cas du chaman samoyède dont A.A. Popov [17] rapporte le récit : « Malade de la petite vérole, celui-ci resta trois jours inconscient, presque mort, à tel point qu'il faillit être enterré le troisième. C'est pendant ce temps qu'eut lieu son initiation. Au cours d'un long voyage aux péripéties multiples, il fut transporté au bord des "Neuf Mers". Au milieu de l'une d'elles se trouvait une île et, au centre de l'île, un jeune bouleau qui s'élevait jusqu'au ciel. C'était l' "Arbre du Seigneur de la Terre". Près de lui, poussaient neuf herbes, "les ancêtres de toutes les plantes". Sur les branches de l'arbre, se tenaient des hommes, les "pères de plusieurs nations". Comme, après avoir fait le tour du bouleau, le néophyte s'éloignait, le Seigneur de l'Arbre le rappela : "Un de mes rameaux vient de tomber. Ramasse-le et fais-en un tambour qui te servira toute ta vie." » C'est donc le Seigneur de l'Arbre lui-même qui investit le chaman, puisque la caisse du tambour, qui joue un rôle essentiel dans les cérémonies chamaniques, « est tirée du bois même de l'Arbre cosmique ». En le faisant résonner, le chaman « est projeté magiquement près de l'Arbre », donc au centre du monde, seul point d'où l'on peut atteindre les cieux.

Le bouleau des chamans

Si, dans l'Asie du Nord, l'Arbre cosmique est le plus souvent un sapin, c'est le bouleau qu'utilisent toujours les chamans sibériens. Dès le rituel de l'initiation, il joue un rôle important, par exemple chez les Bouriates. La cérémonie commence par la purification du candidat, au cours de laquelle un balai fait de rameaux de bouleau est trempé par le « chaman-père », l'initiateur, dans la marmite où l'on a mis à bouillir différents ingrédients, du thym, du genévrier et de l'écorce de sapin. Avec ce balai, le chaman-père, imité par les « chamans-fils », ses disciples, touche le dos nu de l'apprenti. Chez certaines tribus, le chaman-père et ses neuf « fils » se retirent ensuite sous une tente afin de se préparer à la première consécration, *Khärägäkhulkhä*, et jeûnent pendant neuf jours. Nous retrouvons ici la durée de l'abstinence d'Odin, en relation avec le chiffre de l'Arbre cosmique.

« A la veille de la cérémonie (d'initiation), une quantité suffisante de bouleaux solides et droits est coupée par les jeunes gens sous la direction du chaman. L'abattage a lieu dans la forêt où sont enterrés les habitants du village [18]. » Ces arbres abritent les âmes des ancêtres qui sont ainsi conviées à la fête. Dans la matinée qui suit, on dispose les bouleaux, chacun à une place déterminée. Au centre de la yourte du candidat est fixé le plus vigoureux d'entre eux, les racines dans l'âtre et la cime traversant l'orifice supérieur par où sort la fumée. Ce bouleau est nommé *udeshi burkan*, le « gardien de la porte », car il ouvre au chaman l'entrée du ciel. Il restera toujours dans sa tente, servant de marque distinctive à la demeure de l'initié. Celle-ci devient donc à son tour un « centre du monde ».

« Les autres bouleaux sont placés loin de la yourte, là où aura lieu la cérémonie d'initiation. Ils sont plantés dans un ordre strict. Un premier groupe est formé par trois arbres appelés "piliers", auxquels on a conservé leurs racines. Devant le premier, on dépose les offrandes, au second sont attachées une cloche et la peau d'un cheval sacrifié, le troisième, solidement planté en terre, servira à l'ascension du néophyte. » Le bouleau qui se trouve à l'intérieur de la yourte est relié à tous les autres par deux rubans, l'un rouge, l'autre bleu, qui symbolisent l'arc-en-ciel, voie par laquelle le chaman atteindra la résidence supra-terrestre des esprits.

Après avoir consacré les instruments chamaniques, offert les sacrifices et invoqué les «protecteurs» du futur initié, dont les chamans défunts, le groupe, ayant à sa tête le père-chaman, suivi du candidat et de ses neuf fils, se dirige processionnellement vers la rangée de bouleaux. Devant eux, on sacrifie un bouc et le candidat, torse nu, est oint de son sang à la tête, aux yeux et aux oreilles, pendant que les initiateurs jouent du tambour. C'est ensuite qu'a lieu le rituel de l'ascension au ciel. Le père-chaman gravit un bouleau et opère neuf incisions à son sommet. Il descend et prend place sur un tapis que ses fils ont apporté au pied de l'arbre. Le candidat monte à son tour, suivi par les autres chamans. En grimpant, ils entrent tous en extase. «Chez les Bouriates de Balagansk, le candidat, assis sur un tapis de feutre, est porté neuf fois autour des bouleaux; il monte sur chacun d'entre eux et fait à leurs cimes neuf incisions. Pendant qu'il se trouve en haut, il chamanise; à terre, le père-chaman fait, lui aussi en transe, le tour des arbres.» Ces neuf bouleaux, comme les neuf entailles, symbolisent les cieux superposés jusqu'au neuvième où siège Baï-Ulgän.

Nous avons vu précédemment que *Kien-mou*, l'Arbre cosmique chinois, réunissait les «Neuvièmes Sources (séjour des morts) aux Neuvièmes Cieux» et que le chiffre neuf rythmait les assemblées des tribus suédoises à Uppsala, autour de l'arbre sacré représentant Yggdrasill, lesquelles correspondaient au renouvellement, tous les neufs ans, des pouvoirs du roi. Nous venons de voir que le chiffre neuf était en étroite relation avec le bouleau des chamans. Ajoutons encore que les Yakoutes placent neuf coupes sur l'autel des sacrifices, que les Tchérémisses offrent neuf pains et neuf coupes d'hydromel au Dieu du Ciel, qu'enfin les Tchouvaches de la Volga «classent leurs dieux par groupes de neuf, et observent des rites sacrificiels comprenant souvent neuf sacrificateurs, neuf victimes, neuf coupes, etc. [19]» Une telle constance dans l'emploi de ce chiffre montre qu'il est en rapport avec l'Arbre cosmique, quelle que soit d'ailleurs son espèce: frêne, sapin à neuf racines ou bouleau.

Un autre nombre sacré intervient, mais moins souvent, les cieux que permet d'atteindre l'ascension de l'arbre étant tantôt neuf, chez les Chinois comme chez la plupart des populations altaïques, tantôt sept, ce qui correspond aux sept cieux planétaires. Comme le fait remarquer Mircea Éliade, il s'agit là d'un emprunt aux très anciennes spéculations mésopotamiennes sur les sept planètes, tandis que « le neuf ferait partie d'un symbolisme plus archaïque », étant d'ailleurs le cube de trois, représentant les trois régions du cosmos. Neuf, qui est le nombre des sphères célestes et, symétriquement, des cercles infernaux, est, en conséquence, le véritable chiffre de l'Arbre cosmique, puisque celui-ci permet de circuler des uns aux autres [20].

La première initiation chamanique que nous venons d'évoquer est le plus souvent renouvelée, souvent jusqu'à neuf fois, dans les temps anciens, ou deux fois, après respectivement trois et six ans, ce qui forme encore le chiffre neuf. L'ascension rituelle des arbres est une constante des rites d'initiation chamanique qui se rencontre aussi en Amérique du Nord et en Inde, où le sacrificateur védique montait à un poteau sacré afin d'atteindre le ciel, résidence des dieux.

Ayant acquis les pouvoirs nécessaires, le chaman peut désormais communiquer avec les dieux en entreprenant le voyage qui conduit jusqu'à leur demeure. Très souvent, celui-ci est précédé par le sacrifice d'un cheval de couleur claire [21]. « Animal funéraire et psychopompe par excellence », le cheval qui « porte les trépassés dans l'au-delà » permettra à l'initié de sortir de lui-même [22], de s'envoler dans les airs en chevauchant l'âme du cheval et d'atteindre ainsi le ciel. Le chaman invoque les esprits, ses protecteurs et ses guides, et les invite à « rentrer dans son tambour ». « Ce tambour lui servira de monture, car ce sont ses battements prolongés qui rassemblent et concentrent les énergies requises pour son entrée dans le monde spirituel. Le tambour est le bien le plus précieux du chaman. Son châssis de bois est censé venir d'une branche que le dieu des dieux, Baï-Ulgän, laissa tomber de l'Arbre cosmique. C'est donc sur cet arbre qu'aura lieu l'ascension; car, le soir suivant, commence la partie la plus importante de la cérémonie : un rituel interminable au cours duquel le chaman, en extase croissante, escalade symboliquement le bouleau. Et tandis qu'il s'élève par degré, d'encoche en encoche, il chante :

> *J'ai escaladé une marche,*
> *Je suis monté d'un niveau,*

et, une fois parvenu plus haut :

> *J'ai débouché sur le second étage,*
> *J'ai franchi le second niveau,*
> *Voyez le sol a volé en éclats.*

Puis il continue l'ascension, coupée de plusieurs arrêts au cours desquels il conte des aventures et des épisodes extraordinaires touchant les personnages qu'il rencontre en chemin[23]. Dans le cinquième ciel, il s'entretient avec le puissant Yayutschi (le « Créateur ») qui lui révèle les secrets de l'avenir. Dans le sixième, il s'incline devant la Lune; dans le septième devant le Soleil. Passant de ciel en ciel, il arrive au neuvième, où réside Baï-Ulgän, dieu de l'atmosphère, de la fertilité, de la fécondité, et protecteur des hommes. De Baï-Ulgän, il obtient des prédictions sur le temps qu'il fera et les futures récoltes. « C'est le point suprême de l'extase, après quoi le chaman s'effondre, épuisé, et reste quelques instants sans mouvements et sans voix. Puis il s'éveille, se frotte les yeux et accueille ceux qui sont là comme après une longue absence. »

Pourquoi le bouleau joue-t-il un tel rôle, plutôt que le sapin, par exemple, souvent considéré par les peuples du nord de l'Asie comme l'Arbre cosmique? Il est en effet fort loin d'avoir sa haute taille, *Betula verrucosa* Ehrh. ne dépasse pas 25 m, *Betula pubsecens* est un peu plus petit, 15-20 m. Si leur croissance est rapide, ils ne vivent pas plus d'une centaine d'années, alors que le sapin peut atteindre au moins 700 ans. Seulement, outre sa légèreté, son élégance, la beauté de son écorce d'un blanc argenté, de plus en plus pur vers la cime, le bouleau possède des qualités que lui reconnaissent toutes les traditions. C'est essentiellement un arbre de lumière.

Sainte Brigitte et la Chandeleur

Aussi bien, dans l' « Alphabet des arbres », le calendrier sacré des Celtes[24], est-ce le bouleau qui préside au premier mois de l'année solaire (du 24 décembre au 21 janvier). Le bouleau est donc en rapport avec la renaissance du soleil. Bien que généralement consacré à la lune, sa peau délicate évoquant l'éclat argenté de la pleine lune, il l'est parfois au soleil et à la lune, mais, dans ce cas, il est double, mâle et femelle. Lors de la fête qui célèbre la remontée de la lumière, notre Chandeleur, le bouleau est particulièrement à l'honneur, en la personne de sainte Brigitte, dont le nom, *Birgit*, vient de la racine indo-européenne *Bhirg*, le bouleau, qui a donné *birch* en anglais et *die Birke* en allemand. Sainte Brigitte de Kildare, née dans la seconde moitié du ve siècle, donnée par ses hagiographes comme la fille d'un chef de clan païen et devenue l'une des patronnes de l'Irlande, était à l'origine une ancienne divinité celtique de la renaissance du feu et de la végétation, la propre fille de Dagda, le dieu suprême vénéré par les druides irlandais. La sainte Brigitte, qui se célèbre solennellement, par exemple dans les Highlands d'Écosse[25], le 1er février, veille de la Chandeleur, était une des quatre grandes fêtes irlandaises mentionnées par Cormac, évêque de Cashel au xe siècle. En Angleterre, on entretenait un feu perpétuel dans le temple d'une déesse que les Romains identifiaient avec Minerve, mais qui était en fait Birgit, à la fois guérisseuse et patronne des bardes – lesquels peuvent être, à certains égards, comparés aux chamans –, et des forgerons. Cette tradition survécut fort longtemps, puisqu'au xvie siècle encore, jusqu'à la suppression des monastères par Henri VIII, les religieuses de Sainte-Brigitte, à Kildare en Irlande, conservaient un feu qui se serait allumé de lui-même sur la tombe de la sainte, aussitôt après son enterrement. Il ne devait jamais s'éteindre et possédait certaines propriétés magiques. Kildare signifie « église des chênes », l'endroit était auparavant un *nemeton*, un bois sacré païen. Les religieuses, au nombre de dix-neuf, veillaient à tour de rôle sur le feu pendant la nuit. La dernière, le vingtième soir, empilait des bûches sur le feu et le laissait en disant : « Brigitte, prends soin de ton feu, car cette nuit t'appartient. » Le lendemain matin, les sœurs trouvaient le feu toujours allumé [26].

La sainte Brigitte ouvrait le mois de février qui, de toute antiquité, était celui des purifications. En latin, *februare* signifie « purifier, faire des expiations religieuses ». A Rome, dans l'ancien calendrier qui eut cours jusqu'à sa réforme par Jules César, février, qui terminait l'année, était le mois des morts, celui aussi au cours duquel on s'efforçait d'éliminer les mauvais influx accumulés au cours de l'année qui s'achevait. On y célébrait les Fébruales que l'on disait avoir été instituées par Numa, successeur de Romulus et organisateur de la vie religieuse de la cité. Cette très ancienne fête des morts se célébrait de nuit, à la lumière des torches, tous les temples étant fermés, hormis celui de *Februus*, divinité que l'on a parfois identifiée avec le *Dis Pater*, dieu des morts étrusque. Le 15 février, avaient lieu les Lupercales, en l'honneur de *Lupercus*, le tueur de loups dont le temple, le Lupercal, était, sous le mont Palatin, la grotte où Romulus et Rémus avaient été allaités par la Louve. Considéré comme l'équivalent du dieu grec Pan, Lupercus était aussi appelé *Faunus*, en tant que protecteur des troupeaux et dieu de la fécondité. Lors des Lupercales, les prêtres du dieu, nus et portant sur les épaules une peau de bouc, parcouraient les rues de Rome en frappant la foule avec des lanières découpées dans le cuir du bouc qui venait d'être sacrifié. Les femmes stériles leur tendaient les mains et le dos, dans l'espoir d'être ainsi fécondées. La célébration des morts était donc mise en corrélation avec les promesses de fécondité future, les nouveau-nés n'étant que des morts réincarnés. Avant le commencement de l'année, il importait d'expier les fautes anciennes – Lupercus passait pour avoir tué la Louve, nourrice de Romulus et Rémus – et de se purifier.

C'est évidemment ce seul aspect qui a survécu dans le calendrier chrétien. Les Lupercales ne furent supprimées qu'en 494 par le pape Gélase qui les remplaça par la fête de la Purification de la Vierge, la Chandeleur ou fête des chandelles, car on y procédait à la bénédiction solennelle des cierges, de la lumière nouvelle, rite emprunté à une autre source païenne, mais d'origine celte.

Dans la mythologie germanique, le bouleau était l'arbre de Donar-Thor, dieu de la foudre et de la guerre, considéré comme la divinité suprême, plus puissant qu'Odin lui-même, dans les pays du nord, particulièrement en Norvège. On sait que dans le folklore russe, le bouleau joue un rôle important. Chez les Germano-Scandinaves ou les populations altaïques, comme chez les Celtes ou les Slaves du nord, les croyances concernant ses propriétés sont à peu près identiques [27]. Selon les proverbes russes recueillis par Dal [28], le bouleau fait bien quatre choses : il donne la lumière au monde, il étouffe les cris, il guérit les maladies, enfin il nettoie, ce qui correspond à ses quatre principales utilisations : de ses branches, on fait des torches, car elles donnent de grandes flammes claires, ainsi que des balais et les verges dont on se fustige tout le corps dans les saunas scandinaves comme dans les bains de vapeur russes. Du bois du bouleau, on tire le goudron qui empêche les roues des chariots de grincer. Enfin, sa sève, le « sang de bouleau », est très utilisée dans la thérapeutique populaire et aujourd'hui en phytothérapie.

Bouleau, amanite et *Soma*

Mais le secret du rôle que joue le bouleau dans les cérémonies chamaniques réside plutôt dans son association avec l'amanite tue-mouche (*Amanita muscaria* L.) qui est consommée par les chamans pour entrer en transe. Ce champignon pousse en relation mycorhizale avec les racines de certains arbres, mais l'espèce qu'il préfère est le bouleau et c'est au pied de celui-ci que l'on a le plus de chance d'en trouver. En second lieu, vient le sapin qui est souvent aussi, comme on l'a vu, l'Arbre cosmique des populations sibériennes. La consommation de l'amanite entraîne d'abord une période de somnolence, après quoi « le sujet se trouve stimulé pour accomplir les hauts faits physiques que l'on trouve célébrés » non seulement en Sibérie, mais en Inde, dans les hymnes du *Rig-Véda* [29]. « Les premiers effets se font sentir une heure après l'ingestion. Le visage du patient s'éclaire; son corps est parcouru de légers tremblements; puis il entre dans un état de bruyante excitation, accompagnée parfois d'effet aphrodisiaque. Il danse, émet des rires sonores, auxquels succèdent de brusques accès de colère ponctués de hurlements et d'injures. Des hallucinations auditives et visuelles se manifestent : modification de la forme des objets, dédoublement de leur contour. Puis le patient devient pâle et se fige dans une immobilité totale, comme plongé dans une intense stupeur. Il reprend conscience après quelques heures, sans se souvenir de l'accès dont il a été l'objet [30]. » En Europe occidentale, l'amanite tue-mouche a toujours été tenue pour maléfique. Dès le XVIᵉ siècle, le botaniste Jean Bauhin rapporte qu'en Allemagne, on l'appelait le « champignon des fous ». Les croyances populaires la lient souvent au crapaud, l'animal des sorcières qui, dans les traditions, est en rapport, comme elle, d'une part avec les ténébreuses puissances infernales et, d'autre part, avec la lune et la pluie. En anglais, l'un des noms vernaculaires de l'amanite est « trône de crapaud ». Toutes ces données, apparemment hétéroclites, ont un point de convergence, l'utilisation chamanique du champignon.

Malgré sa mauvaise réputation, il n'est pas véritablement vénéneux. Les troubles qu'il provoque – ceux que recherchent les chamans –, s'ils peuvent inquiéter les consommateurs qu'ils surprennent, n'ont aucune suite néfaste. L'amanite n'en était pas moins, en certaines régions de Sibérie, l'objet d'un interdit sévère. Chez les Vogouls de la vallée de l'Ob, son ingestion était exclusivement réservée aux chamans, « quiconque d'autre à s'y risquer encourait un danger mortel ». En Sibérie, ce champignon n'en était pas moins fort apprécié : « Dans les régions où il est rare, il peut atteindre des prix exorbitants : les Koriaks, dit-on, n'hésiteraient pas à échanger un renne contre un champignon et l'on retrouve ici le lien étroit qui unit l'usage des hallucinogènes à la civilisation du renne [31]. »

Pour les Orotch, peuple tongouse, les âmes des morts se réincarnaient dans la lune sous forme d'amanites et redescendaient ainsi métamorphosées sur la terre, ce qui confirme ce que nous avons dit plus haut de la relation entre la lune et le bouleau. Une croyance populaire très répandue en Sibérie est rapportée par l'historien fin landais Uno Holmberg-Harva, auteur d'importantes études sur les religions altaïques, dans sa *Mythologie sibérienne* [32]. L'esprit du bouleau est une femme d'âge mûr qui apparaît parfois entre ses racines ou sortant de son tronc, en réponse à l'invocation d'un fidèle. Elle se montre jusqu'à la taille, les cheveux dénoués, et tend les bras tandis que ses yeux fixent gravement le dévot à qui elle présente son sein nu. Après avoir bu son lait, l'homme sent ses forces décuplées. Comme le remarque R. Gordon Wasson [33], il est à peu près certain qu'il s'agit en fait de l'esprit de l'amanite. « Ces seins sont-ils autre chose que la mamelle *(ūdhan)* du Rig-Véda, le chapeau lactifère du champignon? Dans une variante du même conte, l'arbre dispense une " liqueur jaune céleste ". Ne s'agit-il pas du *pavamāna* " jaune roux " du *Rig-Véda?* » R. Gordon Wasson, qui s'est livré à de longues expériences sur les effets des différents – et nombreux – champignons psychédéliques partout dans le monde, a en effet acquis la conviction d'avoir réussi à identifier la plante, restée jusqu'à ce jour mystérieuse, d'où provenait le Soma. Considéré par les Aryens comme une divinité et célébré par cent vingt hymnes du *Rig-Véda*, le Soma est « roi des plantes et des herbes, roi et guide des eaux – mais aussi leur germe – (leur source universelle), parfois aussi roi des dieux et des mortels ou de tout ce que voit le soleil, roi du monde [34] ». Son jus est la pluie qui fait pousser les végétaux, la sève de ceux-ci, « l'élément vital, le modèle et l'essence de tout liquide porteur de vie, principe nourricier des aliments et des boissons », donc aussi le « lait de la vache » et la « semence du cheval étalon en sa mâle vigueur ». Cette mention du cheval doit être soulignée, car non seulement il est à la fois lié au Frêne cosmique et sacrifié lors de l'initiation du chaman en certaines régions de la Sibérie, mais chez les Aryens sa mise à mort n'est passée au second plan qu'en faveur du sacrifice du Soma considéré comme l'offrande la plus capable de propitier les dieux, puisqu'il était l' « élixir de vie » *(Amrtan)*, le breuvage d'immortalité dont les dieux avaient « besoin autant que les hommes ». Il accroissait leur force vitale, leur sagesse et leur pouvoir de voyance, exaltait leur énergie jusqu'à l'enthousiasme, jusqu'à l'ivresse sacrée. Consommé à la fois par les dieux et les prêtres, le Soma créait entre eux un lien plus étroit, plus intime que tout autre, il unissait « d'amitié la terre et le ciel ». Symbole, mais aussi agent de l'ivresse divine, le Soma est ainsi célébré :

Nous avons bu le Soma, nous sommes devenus immortels,
Arrivés à la lumière, nous avons trouvé les dieux [35].
Qui peut désormais nous nuire, quel danger peut nous
  atteindre,
Ô Soma immortel !...
Enflamme-moi comme le feu qui naît de la friction,
Illumine-nous, fais-nous plus fortunés...
Boisson qui a pénétré nos âmes,
Immortel en nous mortels [36]...

L'*agnistoma*, le sacrifice du Soma, rituellement pressuré avant de leur être offert, était destiné à « désaltérer » les dieux, et en particulier Indra, divinité de la foudre et des guerriers [37], qui l'aimait jusqu'à en abuser, mais c'était aussi « une cérémonie magique » extrêmement importante : « Le soma gouttant et coulant fait pleuvoir le ciel [38]. » En rapport donc avec la foudre et la pluie, le Soma, au cours de l'*agnistoma*, était célébré en même temps qu'Agni, comme l'atteste le nom de ce rite. Avec Agni, le dieu du feu descendu du ciel, le Soma avait « un rapport de polarité », formait avec lui un couple. Par ailleurs, le Soma était identifié avec la lune, en tant que séjour des âmes des morts. Autrement dit, le dieu soma possédait bien des traits propres à l'Arbre cosmique, et en particulier à l'arbre des chamans, le bouleau. C'est là probablement ce qui a égaré si longtemps les chercheurs, encore que les équivalences soma-lune et lune-bouleau eussent pu les mettre sur la voie.

La solution de l'énigme serait donc, selon R. Gordon Wasson, l'amanite tue-mouche associée au bouleau. A l'appui de sa thèse, ce mycologue fait valoir de nombreux arguments dont les principaux sont les suivants. Nulle part ne sont mentionnés, dans le *Rig-Véda*, les racines, les feuilles, les fruits ou les graines de la plante. « Le *Rig-Véda* dit même explicitement que le Soma n'est pas né d'une graine : les dieux en ont déposé le germe [39]. » De son côté, un spécialiste du védisme, J. Gonda, mentionne la croyance selon laquelle « son jus a été apporté du ciel par un faucon ou par un aigle [40]. » Le Soma ne se trouve qu'en haute montagne, particulièrement dans l'Himalaya. On pourrait ajouter que, d'une part, l'Himalaya est la montagne cosmique par excellence et que, d'autre part, y vivent plusieurs espèces de bouleaux, dont *Betula utilis* D. Don et *Betula Jacquemontiana* Spach, une essence qui n'existe dans aucune autre région de l'Inde. On peut donc supposer que les conquérants de race blanche qui se scindèrent en deux groupes – dont l'un oriental déferla dans la vallée de l'Indus et dont l'autre, qui pénétra à l'Occident, en Iran, connaissait aussi l' « haoma » (Soma), considéré par l'*Avesta* comme la plus grande des offrandes – apportaient avec eux le Soma des régions plus nordiques de la Haute-Asie, d'où ils provenaient, ou qu'ils avaient traversées.

La description que donnent de la plante les anciens textes sanskrits s'applique fort bien, selon R. Gordon Wasson, à l'amanite tue-mouche. Dans le *Rig-Véda*, elle est comparée à une mamelle (*ūdhan*), éclaboussée par les gouttes de son lait divin (*pavamāna*), ce qui correspond à la moucheture d'écailles blanches, restes de l'enveloppe, qui parsèment le chapeau. Or, c'est dans la cuticule de celui-ci que se concentre surtout la muscarine, responsable des troubles provoqués par l'ingestion du champignon. « Les hymnes comparent l'épiderme rouge et brillant de la plante » à « la peau du taureau rouge [41] », sur laquelle était placé le Soma lors du premier acte du sacrifice. « Les hymnes disent encore que le Soma est resplendissant le jour, et la nuit d'une blancheur argentée. Le jour, l'amanite tue-mouche présente le spectacle féerique de ses couleurs éclatantes, et la nuit ses couleurs se ternissent, tandis que les fragments de l'enveloppe blanche restent seuls visibles dans la clarté de la lune [42] », comme d'ailleurs l'écorce du bouleau. Il est enfin une propriété très particulière, « et peut-être unique dans le monde végétal », de l'amanite, qui confirmerait curieusement cette identification. Le principe psychédélique actif, la muscarine passe rapidement dans l'urine de ceux qui la consomment. Les populations du nord-est de la Sibérie connaissent si bien cette particularité qu'elles avaient pris l'habitude, à l'exemple probable des rennes, ama-

teurs d'urine autant que d'amanite, de boire l'urine de
ceux qui avaient consommé le champignon, les effets de
celui-ci restant actifs jusqu'à la quatrième, ou même cinquième « génération » de buveurs. Or, dans le *Rig-Véda* il
est dit à plusieurs reprises que les dieux, et principale-
ment Indra, « pissent » d'abondance le Soma. Il est donc
possible que ce soit l'urine des dieux, contenant le Soma
qui avait traversé leurs corps, qu'étaient censés consommer les prêtres védiques.

Fermons ici cette parenthèse, que nous avons crue
nécessaire, car l'hypothèse de Gordon Wasson qui lie
indirectement le bouleau au Soma et la communion
védique avec les dieux aux transes des chamans est relativement peu connue, mais fort intéressante dans le cadre
de notre étude, et retrouvons les chamans sibériens dont
il reste à préciser le rôle qu'ils jouent dans la société. Il
ne faudrait surtout pas les confondre avec des sorciers ou
des magiciens. La vocation du chaman n'est jamais volontaire, elle lui est imposée par les esprits qui l'ont élu et
qui, pour qu'il l'accepte, tourmentent dès l'enfance celui
qui devra « jouer » avec eux. Le jeune garçon a un caractère anxieux qui l'empêche de se mêler aux autres, il est
souvent atteint de dépression aiguë, fait des fugues,
délire, se plaint de douleurs imprécises, mais intolé-
rables, se débat contre des troubles qu'il interprète
comme des pressions venues de l'invisible. Tels sont les
signes de sa vocation. Généralement, le garçon tente
d'abord de lui échapper, car elle n'a rien d'enviable, elle
lui apportera beaucoup de peine et peu de profit. Il devra
traverser d'interminables épreuves, subir luttes et souffrances toute sa vie, payer en somme la rançon de ses
dangereuses relations avec les esprits. « Se dérober à
l'appel est toutefois quasi impossible. S'ils n'en font pas
un chaman, les esprits feront de lui un fou, un infirme, ou
le tueront [43]. » Cette vocation forcée une fois assumée, le
chaman l'accomplit non seulement avec courage, mais
selon des principes moraux très stricts. Il en fait d'ailleurs
le serment lors de son initiation, promettant « de servir
les esprits qui l'ont élu et d'intercéder pour les humains
auprès d'eux, de secourir les affligés et de préférence les
pauvres aux riches [44] ».

Dans la société, une des fonctions essentielles du chaman est la guérison de la maladie, car celle-ci n'a jamais une cause naturelle, elle est provoquée « par l'introduction d'un principe nocif et par la perte de l'âme, et le chaman aura donc à assurer la double tâche d'extraire l'un et de récupérer l'autre », ce qui nécessite le voyage dans l'autre monde auprès des dieux, pour demander leur appui, présenter les sacrifices ou les offrandes et obtenir la libération de l'âme, voyage ascensionnel que le chaman effectuera en jouant du tambour jusqu'à ce qu'il atteigne la transe, et en escaladant le bouleau. En qualité d'intermédiaire avec le surnaturel, il est aussi le garant du bon fonctionnement du groupe, il doit veiller à l'abondance du gibier et du poisson, ainsi qu'à l'accroissement du bétail. Sa raison d'être est toujours de venir « au secours de ceux qui souffrent de la maladie ou de la faim », et « c'est ainsi que toutes les légendes d'origine motivent l'apparition sur la terre du premier chaman, né pour secourir une humanité qui, sans lui, serait submergée et impuissante. C'est parfois le grand dieu qui l'aurait créé dans cette intention et il a une origine semi-divine. Cependant, le chaman n'hésitera pas à se dresser contre la divinité s'il la voit indifférente, laissant régner le mal ou même le favorisant. Désigné par les esprits, le chaman défendra d'abord les intérêts de l'humanité ».

Cette attitude est, somme toute, assez proche de la compassion, vertu cardinale du moine bouddhiste; on pourrait même dire qu'une telle intrépidité dans la compassion n'est pas éloignée de celle que manifestent les bodhisattvas qui, parvenus à l'Éveil, n'hésitent pas à affronter les périls de la vie terrestre à laquelle ils pourraient renoncer, afin de guider vers la libération suprême les êtres vivants [45]. Le Bouddha lui-même déclarait qu'il n'était revenu sur terre que pour guérir les hommes de leur souffrances. Sans doute, ne peut-on faire du moine bouddhiste l'équivalent du chaman, ne serait-ce que parce que les moyens employés sont différents; au moine est, en principe, interdit l'usage des pouvoirs magiques, comme d'ailleurs celui de tout stupéfiant. Moine et chaman n'en possèdent pas moins en commun quelques traits essentiels, ce que souligne le fait qu'en tokharien – langue parlée dans une contrée de l'Asie centrale, en contact aussi bien avec le chamanisme qu'avec le bouddhisme –, le mot *samâne*, qui se prononce shamane, désigne justement les moines bouddhistes.

On sait que le bouddhisme du nord, en particulier celui du Tibet et surtout peut-être celui de la Mongolie, d'où sont originaires plusieurs populations sibériennes adonnées au chamanisme, les Bouriates et les Tongouses, par exemple, n'a pas été sans influencer le chamanisme du grand nord asiatique. « L'idéologie et les pratiques lamaïstes ont pénétré profondément dans l'Asie centrale et septentrionale, contribuant à donner à nombre de chamanismes sibériens leur physionomie actuelle [46]. » Ce courant, qui est relativement récent, était, dans le passé lointain, inverse, en ce sens que le bouddhisme, lorsqu'il a pénétré au Tibet et en Mongolie, y a rencontré une religion établie de type chamanique [47] et s'est amalgamé avec elle.

Au Tibet, par exemple, les anciens rituels Bön – mot qui désigne les pratiques religieuses autochtones – ont souvent survécu dans les cérémonies bouddhistes. On a même pu écrire que « le lamaïsme (avait) conservé presque intégralement la tradition chamanique des Bön [48] ». Ainsi, le rite tantrique *tchöd* correspond exactement au rêve initiatique du chaman sibérien. Le célébrant offre sa propre chair aux démons qu'il a convoqués, « au son du tambour fait de crânes humains et de la trompette taillée dans un fémur [49] ». Par « la puissance de sa méditation, il fait surgir une divinité féminine... Celle-ci s'élance hors de sa tête par le sommet du crâne, tenant un sabre à la main. D'un coup rapide, elle lui tranche la tête. Puis, tandis que des troupes de goules s'assemblent, dans une attente gourmande, elle détache ses membres, l'écorche et lui ouvre le ventre. Les entrailles s'en échappent et le sang coule à flots... [50] ». De même, la contemplation de son propre squelette est un exercice mystique tibétain, aussi bien que chamanique. Le *Bardo-Thödol*, le Livre tibétain des morts [51], reflète lui-même des structures chamaniques. « On peut comparer le rôle du prêtre qui récite, à l'usage du trépassé, des textes rituels », lui indiquant l'itinéraire qu'il lui faut suivre pour parvenir à la libération, « avec la fonction du chaman altaïque ou golde qui accompagne le mort dans l'au-delà [52] ».

Il n'est pas jusqu'à la vie du Bouddha Çakyamuni, lui-même, dont il ne faut pas oublier qu'il est né dans le Téraï népalais, non loin de l'Himalaya, qui ne comporte un curieux épisode chamanique, le miracle évoqué même par le grand poète Açvagosha [53]. Lorsque après son illumination, le Bouddha revint pour la première fois dans sa ville natale, Kapilavastu, afin, nous dit-on, de préparer les siens à la conversion, en faisant montre des pouvoirs qu'il avait acquis, il s'éleva dans les airs, coupa son corps en morceaux, pour les réunir ensuite sous les yeux émerveillés des spectateurs. C'est là un des prodiges les plus impressionnants exhibés par les fakirs de l'Inde, qui font monter un jeune disciple à une corde jusqu'à ce qu'il échappe aux regards, lancent alors leur couteau en l'air, et les membres du jeune garçon tombent l'un après l'autre sur le sol. On ne peut pas ne pas rapprocher un tel phénomène de deux rites chamaniques : le dépècement du futur chaman par les esprits et l'ascension au ciel, en se servant du bouleau comme d'une échelle. Or, c'est grâce à l'Arbre cosmique indien, le figuier sacré ou **Pipal** (*Ficus religiosa*), que le Bouddha, s'élevant au-dessus de la condition humaine, parvint à ce que nous appelons l'illumination, mais que les bouddhistes préfèrent nommer l'Éveil.

Le Figuier sacré de l'Éveil

Ayant quitté son foyer et abandonné ses privilèges princiers, Siddhârta Gautama, le futur Bouddha, devint un ascète errant en quête de l'ultime vérité, allant de maître en maître, toujours insatisfait de leurs réponses, puis pratiquant seul la méditation immobile. N'ayant pas obtenu le résultat recherché, le Renonçant essaya, pendant six années, d'une autre méthode, celle des austérités qui l'eussent conduit au trépas, s'il n'avait finalement pris conscience de leur inutilité par rapport à la libération qu'il voulait atteindre. Émacié, au seuil de l'extinction, il décida de rompre son jeûne et de suivre dorénavant la « voie du milieu », entre les extrêmes, qui deviendra le bouddhisme.

En cet instant crucial, Çakyamuni se souvient d'un épisode de son enfance, le bonheur sans pareil qui le pénétra, alors qu'il se tenait assis à l'ombre fraîche d'un *G'ambu* (un « pommier-rose »), tandis que son père labourait. Parcourant le Maghada, il arrive à Uruvela, où, au bord de la rivière Naïranjanâ, s'élève un bois sacré que domine de sa haute stature Açvatta, l'Arbre cosmique, le figuier des ascètes, avec à son pied l'autel destiné au culte populaire des divinités de la fertilité (les Yaksas). En ayant fait rituellement sept fois le tour, le tenant à main droite en signe de respect, Çakyamuni répand sur l'autel une brassée d'herbe *kouça*, dont se servent encore aujourd'hui les brahmanes afin d'y déposer les offrandes du sacrifice, et s'y assied dans la posture des yogis, face au soleil levant, prenant la ferme résolution : « Que sur ce siège, mon corps se dessèche et que ma peau, mes os, ma chair se dissolvent. Tant que je n'aurai pas atteint l'Éveil, si long, si difficile à obtenir, je ne bougerai pas de ce siège. » Autrement dit, par son geste et par ces paroles, le futur Bouddha, sous l'Arbre cosmique, s'offre lui-même en sacrifice. Et, en effet, survient bientôt Mâra, le dieu de la mort, qui est aussi Kâma, le Désir, le Maître de l'univers sensible et sensuel, dont le Bodhisattva prétend s'affranchir et affranchir les autres hommes. Mâra tentera de l'exterminer, après avoir essayé, mais en vain, de le séduire. Déjà, alors qu'il s'apprêtait à quitter Kapilavastu, Mâra était apparu au futur ascète, lui disant : « Ne pars pas. Dans sept jours, le joyau de la roue (du Dharma, l'ordre cosmique) se manifestera pour toi, et tu obtiendras la souveraineté des quatre grands continents avec leur cortège de deux mille petits continents. Reviens sur tes pas. » En effet, le Bodhisattva avait, selon son *karma*, le choix. Il pouvait devenir soit un empereur universel, soit un Bouddha. Il interrogea alors l'apparition : « Qui es-tu ? » Celle-ci lui répondit : « Je suis le Puissant. » Alors le Bodhisattva lui dit : « Mâra, je sais fort bien que je verrai se manifester la roue (du Dharma), mais je n'ai que faire de la royauté. Ce que je veux, c'est devenir un Bouddha pour la plus grande joie des dix mille univers. » Désormais, Mâra s'attacha à lui, « comme l'ombre suit le corps ». On n'a pas manqué de rapprocher cette tentation de celle que subit Jésus au désert, comme Çakyamuni, au moment de suivre sa vocation propre et après avoir quitté les siens, et l'on a même pu mettre en parallèle les ver-

sions des deux épisodes [54]. Cette équivalence en effet
s'impose, mais plus encore l'analogie existant entre l'attitude de Çakyamuni et celle d'Odin, puisque tous deux,
après une longue période d'abstinence absolue, se sacri-
fient eux-mêmes à eux-mêmes afin d'obtenir la connaissance suprême.

Encore convient-il de préciser que si l'auto-sacrifice du
futur Bouddha semble moins radical que celui du dieu
germain et, somme toute, plutôt symbolique, il n'est que
la conclusion et la récapitulation d'une série de sacrifices
réels, et même parfois sanglants, accomplis par le Bodhisattva au cours de ses vies antérieures [55], lorsqu'il fit
« abandon de tout, de ses biens, de ses mains et de ses
pieds, de ses yeux, de son sang, de sa tête », allant jusqu'à
offrir son corps à une tigresse affamée, en quête de nourriture pour ses petits, « et cela sans autre but que le salut
des êtres ».

Tandis qu'il repose sous le figuier, assis jambes croi-
sées, plantes des pieds tournées vers le ciel, mains
ouvertes, posées l'une sur l'autre sur son giron, apparaît
Mâra, le Souverain de notre monde, le démon créateur
de la matière, justement alarmé par l'imminence de l'illumination de son ennemi juré. Mâra, étant aussi Kâma, se
présente sous un aspect séducteur, amenant ses trois
filles qui dansent et chantent devant l'ascète, ne négli-
geant aucun moyen pour susciter en lui l'aveugle passion.
Mais Çakyamuni demeure impassible. A cette Tentation
de saint Antoine succède la grande perturbation cosmique qui évoque plutôt *Ragnarök*, le crépuscule des
dieux germaniques. Mâra « convoque ses mille fils et ses
généraux et décide de mobiliser son armée : armée terrible, inouïe, invue, composée des monstres les plus
affreux, langues pendantes, crocs proéminents, yeux de
braise, corps difformes, tantôt sans bras, tantôt à mille
bras, tantôt sans tête et tantôt à mille têtes, ou encore à
têtes d'animaux féroces, etc. [56] ». Se déchaînent alors des
ouragans, le vent souffle, la pluie tombe à torrent, du sol
surgissent des laves enflammées, des rivières de boue
fumante menacent le figuier. Les créatures diaboliques
lancent sur l'ascète quartiers de roc et arbres déracinés.
Pendant ce temps, la terre bascule vertigineusement vers
les quatre points cardinaux, mais à chaque fois elle se

redresse et les projectiles infernaux, dès qu'ils entrent dans le champ de méditation du Bodhisattva, se métamorphosent en fleurs. Et celui-ci supporte, sans même frémir, ces effrayants assauts. « Enfin, de guerre las, rebutés par l'inutilité de leurs efforts, les noirs bataillons du Mal se dispersent, tandis que leur chef, le cœur brûlant d'une secrète blessure, reste songeur, à l'écart et, de la pointe d'une flèche, écrit sur le sol : " Le religieux Gautama va détruire mon empire ". »

En réalité, il s'agit ici, comme le lecteur l'aura deviné, d'une descente aux Enfers par le canal de l'Arbre cosmique. Après être venu à bout des forces souterraines du Mal, le Bodhisattva est encore aux prises avec les dénégations de Mâra qui refuse de s'avouer vaincu. Mais il lui répond : « O Malin, cette Terre, mère impartiale de tous les êtres, est mon garant. » Nul en effet n'a été témoin de sa victoire, nul ne peut l'attester, sinon Elle. Aussi, allongeant la main, dans le geste maintes fois reproduit dans l'iconographie bouddhique, Çakyamuni touche-t-il la terre du bout de ses doigts. Aussitôt, celle-ci tremble et résonne comme un gong. « Et la Grande Terre, de son nom Sthâvanâ, fendant le sol à proximité du Bodhisattva, se montre à mi-corps, parée de tous ses atours, et, s'inclinant pour le saluer, elle proclame : " Il en est bien ainsi, ô grand homme, il en est bien ainsi ; il en est comme tu l'as affirmé, j'en suis témoin oculaire ". »

L'action qui s'était déroulée jusqu'alors dans les profondeurs de la terre, puis à sa surface, peut désormais se tourner vers le ciel, à la cime de l'Arbre.

Entre-temps, le soleil a disparu à l'horizon et monte dans le ciel la pleine lune d'avril. Se succèdent ensuite les trois veilles au terme desquelles Çakyamuni atteindra l'Éveil, le Bodhisattva deviendra un Bouddha. Au cours de la première, il acquiert, comme Odin, « l'œil divin, purifié, surhumain », qui lui permettra « d'embrasser d'un seul regard tantôt l'infini du temps, tantôt l'infini de l'espace. » Il voit alors l'univers entier et tous les êtres qui le peuplent. A la fois lucide et compatissant, il examine la destinée humaine dans son innombrable multiplicité en même temps qu'en son unité. Durant la seconde veille, il perçoit, dans un temps infini, la totalité des existences antérieures qui expliquent la présente, la sienne d'abord, mais aussi celle de tous les autres humains. Enfin, pendant la troisième veille, se présente à lui la synthèse, justification de la souffrance universelle, les douze étapes de la « production conditionnée » par le désir, qui engendre toute existence, laquelle doit les parcourir l'une après l'autre. Puis, reprenant en sens inverse et sous forme négative la séquence des douze conditionnements, il découvre comment faire cesser ce cycle interminable, comment parvenir à la fin de toute douleur, à l'apaisement de l'inextinguible soif. Illuminé, il proclame alors les « quatre nobles vérités », sur la vraie nature de la souffrance, sur l'origine de la souffrance, sur la suppression de la souffrance et sur la voie qui conduit à cette suppression. C'est ainsi qu'à la dernière veille de la nuit, à la pointe de l'aube, « le Bodhisattva s'illumina de la suprême et parfaite illumination ».

On comprend dès lors qu'un des biographes occidentaux du Bouddha [57] ait pu écrire : « Quand devant un fond de tableau sillonné d'éclairs se ruent sur lui les hordes démoniaques, comment ne pas se rappeler... l'Arbre des nuées des vieux hymnes védiques, frère du frêne Yggdrasill des bardes scandinaves, et le grand drame de l'orage entre les puissances des ténèbres et le Soleil ? » On conçoit aussi la vénération dont, à travers les siècles, fut entouré par les bouddhistes l'Arbre du combat suprême et de la victoire finale.

Ayant renoncé à son individualité souffrante, impermanente, transitoire, et ainsi réunifié avec l'univers entier, le Bouddha ne se distinguait plus de l'Arbre cosmique, il était « caché en lui [58] ». Dans les croyances hindouistes, bien antérieures à Çakyamuni, le contact avec l'arbre suffisait à réveiller dans la conscience de celui qui en approchait la mémoire endormie de ses existences antérieures. C'est par l'arbre qu'on venait à la vie, par lui que l'on redécouvrait ses origines, par lui aussi que, les ayant retrouvées, on parvenait à l'immortalité. Le Bouddha est donc « plus véridiquement représenté par l'image même de l'Arbre cosmique. De plus, l'arbre, avec l'éventail de ses racines souterraines, son tronc étroit et son feuillage largement étalé, est l'image parfaite du processus même de l'illumination, de l'éveil, du rassemblement et de la concentration des énergies latentes nécessaires à la transformation spirituelle. Voilà pourquoi, dans les premiers textes bouddhiques, c'est l'Arbre de la Bodhi et non le Bouddha lui-même qui est décrit comme le Grand Éveilleur [59] ». Les plus anciens monuments du bouddhisme ne représentent jamais Çakyamuni au cours de sa méditation, mais seulement l'arbre Bo, ou le « trône de diamant » élevé devant lui. On peut le constater à Bodh-Gaya, dans les sculptures qui ornent la balustrade entourant le figuier sacré et datent des années 184-172 avant Jésus-Christ [60].

Nous avons indiqué quelle était l'essence de l'arbre Bo, encore nous faut-il décrire sommairement l'aspect du pipal (*Ficus religiosa*). C'est un arbre majestueux de 30 m de haut, à la cime touffue et dont la ramification s'étend beaucoup en tous sens. Comme chez tous les figuiers dits « des pagodes », car ces arbres sont souvent plantés au voisinage des sanctuaires, de ses branches pendent de longues racines aériennes qui, atteignant le sol, y donnent naissance à de nouveaux troncs entourant le fût principal. Parvenu à un certain âge, chaque arbre forme à lui seul un bosquet, un petit bois sacré, très ombreux, auquel ces multiples troncs colonnaires donnent l'aspect d'une sorte de temple naturel. Les feuilles longuement pétiolées, en forme de cœur à la base et terminées par une pointe effilée, s'agitent au moindre souffle. Les jeunes feuilles d'un vert vif ont des nervures roses; elles deviennent ensuite d'un vert bleuté, tandis que les nervures blanchissent. Les fruits, petits, sont groupés par deux et de couleur pourpre.

Environ deux cents ans après le *Parinirvâna* (la mort) du Bouddha, l'empereur Açoka, converti au bouddhisme et qui fut probablement le seul souverain de l'Histoire à en appliquer les principes pacifiques au gouvernement de l'État, se rendit en pèlerinage à Uruvela, devenu Bodh-Gaya. Il fit entourer le figuier d'un temple à ciel ouvert et marqua l'emplacement de la méditation par un trône de pierre dont la dalle supérieure, ornée d'un décor sculpté, s'est conservée jusqu'à nos jours. On l'appelle *Vadj-râsana*, mot que l'on rend habituellement par « Trône de diamant », mais que l'on pourrait également traduire par « Trône de foudre », (*Vadjâ* signifiant à la fois diamant et foudre) expression plus évocatrice de ce qui s'est passé sous l'Arbre et en lui. Une légende raconte que l'empereur Açoka avait conçu pour l'Arbre des sentiments très vifs, car la nymphe qui l'habitait lui était apparue. Son épouse favorite en conçut de la jalousie. Elle fit envoûter par une sorcière l'arbre qui dépérit aussitôt, et Açoka avec lui. Aussi la reine dut-elle faire rompre le charme. Le figuier survécut et prospéra, et avec lui le bouddhisme. Açoka envoya des missionnaires propager la doctrine dans tout le pays et jusqu'à Sri Lanka, où débarqua son propre fils, le prince Mahinda, accompagné de quarante moines. La princesse Sanghamitta, fille d'Açoka, avait apporté avec elle une branche du figuier sacré, qui fut plantée par le roi cinghalais converti, Devanampiya Tissa, au centre de sa capitale, Anurâdhapura. Aussitôt, la branche devint miraculeusement un arbre adulte et Tissa prophétisa qu'il fleurirait éternellement et serait toujours vert. Le figuier sacré d'Anurâdhapura, qui vit encore, aurait donc 2 300 ans.

Quant à celui de Bodh-Gaya, il fut détruit à la fin du vie siècle par Caçanka, roi du Bengale, qui persécutait le bouddhisme. Mais, malgré les précautions prises par son ennemi qui le brûla et fit arroser ses racines avec du jus de canne à sucre, l'arbre sacré repoussa de plus belle. Cinquante ans plus tard, le pèlerin chinois Hiuan-tsang [61] put vénérer un fût déjà haut de quarante à cinquante pieds. En 1811, le voyageur botaniste anglais Buchanan-Hamilton le trouva en pleine vigueur. Mais, en 1867, le général Cunningham constatait sa décrépitude et, en 1876, le figuier fut abattu par un orage. Cependant, de nouvelles pousses se pressaient déjà pour le remplacer et, le sol s'étant exhaussé de plusieurs mètres, l'une d'elles fut replantée auprès du « Trône de diamant ». On peut les voir aujourd'hui, ayant acquis en un siècle une taille déjà majestueuse. Jamais véritablement détruit, le pipal de Bodh-Gaya a donc été vénéré depuis 2 500 ans. La survie de l'arbre Bo a pour les dévots bouddhistes une importance extrême, car ils croient que le destin de la Doctrine lui est lié. La mort de l'arbre serait pour eux un sinistre présage, conviction qui était partagée par leurs adversaires, ainsi qu'en témoignent les tentatives du roi Caçanka pour le détruire.

L'équivalence Arbre cosmique-illumination explique

rétrospectivement que tous les grands moments de la vie
de Çakyamuni, tous ceux qui annoncent dès avant sa naissance que, par son *karma*, il est destiné à parvenir à la
libération finale, ont lieu à l'ombre d'un arbre et, en
outre, d'un arbre d'une espèce déterminée, ce qui ne
peut être le fait du hasard. Or, ses biographes occidentaux
ont toujours négligé cette particularité, tenant pour
« mythiques » de telles rencontres, les imaginant nées de
la trop féconde imagination de leurs lointains devanciers
orientaux, alors qu'il eût suffi de se reporter à ce que les
textes sacrés nous apprennent des différents arbres sacrés
de l'Inde, en utilisant les données que nous fournit par
ailleurs la botanique, pour en comprendre la signification, en effet mythique.

Dès l'apparition des douleurs qui annoncent à Mâyâ
que le moment de la naissance est proche, se manifeste
cette rassurante et symbolique présence végétale. La
reine se rend alors dans le jardin de Lumbini, à quelque
distance de la capitale, Kapilavastu, car c'est dans un bois
sacré qu'elle doit mettre au monde le futur Bouddha. Et,
là, debout, se tenant d'une main à une branche de l'arbre
Asoka, elle accouche.

Jonesia asoka ou *Saraca indica*, arbre aux feuilles pendantes, d'un vert foncé, dont la cime très large, en forme
de dôme, ne dépasse pas 10 m de haut, porte des fleurs
qui sont parmi les plus belles de l'Inde. Très grandes,
d'un rouge orangé vif, elles répandent un parfum suave,
mais intense, en mars et avril, surtout pendant la nuit.
Qualifié d'*añganâpriya*, « cher aux femmes », l'asoka n'est
pas, de son côté, insensible à leurs charmes, puisqu'il suffit du contact du pied d'une jolie femme pour le faire fleurir. Il représente en effet Kâma, le dieu du désir, cause et
mobile de toute incarnation, mais son nom signifie aussi,
du moins selon son étymologie populaire, le « sans douleur » et même le « destructeur de la douleur », ce qui évidemment s'applique aussi au Bouddha, dont l'arbre pré-
sida à l'apparition sur terre. Selon le *Lalita Vistara*[62],
lorsque le Bouddha vit le jour, fleurit aussi l'*Udumbara*.
Or, cet arbre, qui est, comme Açvattha, un *Ficus (Ficus
glomerata)*, porte en sanskrit les qualificatifs de *pavitraka*,
« purificateur » et de *yagniya*, « sacrificiel ».

Quant à l'arbre de l'Illumination, il serait apparu sur

terre en même temps que le petit Siddharta. A l'heure où il naquit, auraient surgi, autour de Kapilavastu, des bois magnifiques et, au milieu d'eux, une tige miraculeuse de l'Açvattha, marquant le centre de l'univers. Selon le *Majjhimanikāya* 63, aussitôt né, le Bodhisattva pose ses pieds à plat sur le sol et... fait sept enjambées... Il considère toutes les régions alentour et dit de sa voix de taureau : « Je suis le plus haut du monde... Ceci est ma dernière naissance; il n'y aura plus désormais pour moi de nouvelle existence.» Comme le remarque Mircea Éliade 64, les sept pas qui « portent le futur Bouddha au sommet du monde» correspondent aux sept, ou neuf, encoches du bouleau cérémoniel grâce auxquelles le chaman gagne le ciel. Partant du centre de l'univers, où pousse Açvattha, le Bodhisattva en atteint la cime, il devient alors « contemporain du commencement du monde».

Nous avons mentionné plus haut le «Pommier-rose», ainsi dénommé parce que son fruit, une petite pomme jaunâtre, qui paraît d'abord insipide, répand ensuite dans la bouche une saveur exquise de rose. C'est à son ombre que Siddharta enfant goûta les délices d'une première et précoce illumination. Cet arbre, le *G'ambu* indien (*Eugenia jambolana* Lamk.), est un des principaux arbres cosmogoniques des Hindous. Dans la forêt légendaire de l'Himalaya, il atteindrait une taille gigantesque; quatre grands fleuves, ceux qui irriguent l'Asie sub-himalayenne, prendraient naissance à son pied. C'est donc l'arbre du Paradis et son fruit confère l'immortalité. «Il porte durant tout le *kalpa* de la rénovation un fruit immortel, semblable à l'or...; ce fruit tombe dans les rivières et ses pépins produisent des grains d'or qui sont entraînés dans la mer, et que l'on retrouve parfois sur ses rivages. Cet or a une incalculable valeur; il n'a point dans le monde son pareil 65.»

Lorsqu'il eut quitté le « trône de diamant», après l'illumination sous l'arbre de la Bodhi, le Bouddha vit s'ouvrir devant lui une allée superbe tracée par les dieux et vint s'asseoir sous l'arbre Vaṭa, afin de recevoir l'hommage qu'ils voulaient rendre à celui qui était parvenu à se libérer soi-même. Brahmā, le Créateur, père des dieux et des hommes, descendu du ciel, supplia à trois reprises le nouveau Bouddha de ne pas garder pour lui sa découverte, mais de la révéler à l'humanité souffrante. Le *Vaṭa* ou *Nyagrodha* est le fameux figuier des banyans, qui doit son nom – *banyan* signifie marchand – au fait que les petits marchés locaux se tiennent à l'ombre de son feuillage. *Ficus benghalensis* est le géant du genre, non par sa hauteur – il ne dépasse guère 30 m – mais en raison de la circonférence (jusqu'à 600 m) qu'il peut couvrir, car, plus encore que chez le figuier sacré, à partir du tronc d'origine naissent, grâce aux racines aériennes poussant sur les branches à partir de graines apportées par les oiseaux, une multitude de troncs secondaires, tous reliés au premier, qu'ils entourent en tout sens.

Dans la légende du Bouddha, *Ficus religiosa* et *Ficus benghalensis*, qui sont l'un et l'autre des arbres cosmiques, jouent chacun un rôle différent. Avec le premier, Çakyamuni s'identifie, c'est l'arbre du Destin, du *Karma* – mais on peut aussi par lui les maîtriser, s'en affranchir définitivement –, tandis que le figuier des banyans, modèle de la luxuriance, de la prolifération infinie de la vie, est la résidence terrestre des dieux créateurs. Libéré de lui-même par lui-même, le Bouddha échappe à leur puissance et ceux-ci lui doivent désormais hommage.

Il est dit qu'ensuite, pendant la période de réflexion que le Bouddha s'accorda avant d'entreprendre la mission que les dieux l'avaient supplié d'accepter, – période qui dura quarante-neuf jours, c'est-à-dire sept fois sept, le nombre de l'Açvattha –, le Bouddha médita au pied de l'arbre Târâyana, la «voie du salut» qui, dans les textes, est donné pour «l'arbre du passage». Autrement dit, il symbolise l'enseignement que le Bouddha se prépare à répandre, sa vocation qui consiste à aider les hommes à traverser le courant et à gagner «l'autre rive». Il se définira lui-même comme le «passeur» ou même comme le radeau qui permet de poser le pied sur la terre ferme.

Enfin, quand il sent ses forces l'abandonner et qu'approche la mort, pour lui l'absolue Délivrance, le *Parinirvâna*, qu'il n'a retardé que pour accomplir sa mission terrestre, Çakyamuni fait un ultime effort et dit au fidèle disciple qui l'accompagne; «Allons, Ananda, sur l'autre rive de la rivière Hiranyavati, à Kuçinagara [66], dans le bois d'arbre *Sâla*.» C'est dans un bois sacré que le Bouddha s'est incarné, c'est dans un bois sacré qu'il doit quitter son corps. Parvenu là, le Bouddha est de nouveau terrassé par la fatigue et il enjoint à son disciple : « Dispose-moi une couche, la tête au nord, entre ce couple de sâlas », et il lui annonce : « Aujourd'hui, au milieu de la nuit, je m'éteindrai complètement. » C'est sous ces arbres jumeaux, « leur double feuillage ombrageant à la fois sa tête et ses pieds [67] », que le Bouddha quittera ce monde. De même que, malgré les objurgations indignées d'Ananda, le Bouddha a choisi cette humble bourgade pour y mourir, veillé par un seul de ses nombreux disciples, de même les arbres qui l'abritèrent alors appartiennent à une espèce, *Shorea* ou *Vatica robusta*, qui ne joue aucun « rôle rituel ou légendaire dans la religion de l'Inde antique ». « Ainsi, remarque A. Bareau, le Bouddha se serait éteint dans une ville de peu d'importance, entre deux arbres d'une espèce quelconque. L'insignifiance de ces détails... ne fait que renforcer l'impression de vraisemblance qu'ils nous donnent. » Mais cette insignifiance même n'est pas, pour les bouddhistes, justement dépourvue de sens.

Au moment où le Bouddha, entré en méditation profonde, atteignait le stade ultime, le *Parinirvâna*, les deux arbres Sâla se mirent soudain à fleurir hors saison et laissèrent tomber sur le corps inanimé leurs fleurs qui se mêlèrent à la pluie de celles que les dieux faisaient tomber du ciel.

Açvatta, l'arbre à l'envers

A travers l'itinéraire terrestre du Bouddha, nous avons pu saluer au passage les plus importants des arbres auxquels les Indiens rendent encore aujourd'hui un culte. Le premier d'entre eux est toujours le pipal, *(Ficus religiosa)*, associé suivant les lieux à différentes divinités, Krishna, avatar de Vishnou, Ganesha ou Ganapati, fils de Shiva, dieu à tête d'éléphant de la prospérité, mais aussi de la sagesse et des lettrés, ou même Hanuman, le dieu singe, ami et serviteur de Rāma, autre avatar de Vishnou. Au pied de ces arbres est dressé un petit autel portant la statue du dieu, on dépose à sa base les offrandes de fleurs et de fruits apportées soit par les prêtres, soit, le plus souvent, par des villageoises venues honorer *kalpavrik-sha*, « l'arbre aux faveurs ». En certains sites, par exemple à Prabhapatta, au Gujarât, là où Krishna aurait quitté son corps pour regagner les cieux, le Pipal est entouré, comme l'arbre de la Bodhi, d'une balustrade sculptée. Tout lieu saint comporte en Inde un arbre cosmique, une pierre, réduction de la montagne sacrée, centre de l'univers, et un point d'eau, si possible une source. Le *Ficus religiosa* semble prédestiné par la nature au rôle qu'il joue grâce à son étrange et spectaculaire faculté de renouvellement perpétuel, révélant de manière manifeste l'ininterrompue régénération de l'univers.

Açvatta, l'Arbre cosmique de la mythologie indienne, était bien avant la venue du Bouddha, l'arbre ascensionnel par excellence. Il l'était peut-être déjà à l'époque de la civilisation pré-aryenne de l'Indus, la première civilisation connue de l'Inde, redécouverte au début du xxe siècle par les archéologues. On a en effet retrouvé sur ses sites, outre des représentations de l'arbre sacré, la figure d'une divinité cornue qui serait un prototype de Shiva, assis dans la posture de la méditation qui fut celle du Bouddha historique, mais lui est antérieure de près de deux mille ans au moins.

Dans l'Inde brâhmanique, on considérait que le sacrifice « n'a qu'un point d'appui solide, qu'un seul séjour, le monde céleste [68] ». En conséquence, le rite comportait l'utilisation d'un poteau sacrificiel, fait d'un arbre assimilé à l'Açvatta, soigneusement choisi par le prêtre dans la forêt et consacré par la formule : « De ton sommet tu supportes le ciel, ta partie médiane emplit l'atmosphère, de ton pied tu affermis la terre [69]. » Le sacrificateur, souvent accompagné de son épouse, montait au poteau grâce à une échelle et, parvenu au sommet, proclamait, comme le shaman, comme le Bouddha à sa naissance : « J'ai atteint le Ciel, les dieux ; je suis devenu immortel [70]! » « " Grimper à un arbre " est devenu dans les textes brahmaniques une image assez fréquente de l'ascension spirituelle [71]. »

Pourtant, c'est à l'envers, plongeant ses racines dans l'empyrée et couvrant de ses branches la terre entière, qu'est représenté le plus souvent Açvatta. Déjà, dans le *Rig-Véda* [72], il est dit de lui : « C'est vers le bas que se dirigent ses branches, c'est en haut que se trouve sa racine, d'en haut que ses rayons descendent sur nous.» La *Katha Upanishad*[73] déclare : «Racines vers le haut, feuillage vers le bas, voilà le figuier éternel. C'est lui le Pur, le Brahman. Lui qu'on appelle la Non-Mort. Tous les mondes prennent appui sur lui.» Et la *Maitri Upanishad*[74] précise : «Ses branches sont l'éther, l'air, le feu, l'eau, la terre...», c'est-à-dire les cinq éléments, lesquels manifestent ce «Brahman dont le nom est Açvatta». Rappelons que le mot Brahman représentait à l'origine la prière sacrificielle, puis, «comme elle était toute puissante et assurait le maintien de l'ordre universel», Brahman en vint à désigner l'énergie cosmique elle-même, «la Totalité, la Potentialité d'où tout découle, qui contient tout ce que tout reflète[75]».

Par voie de conséquence, c'est à Açvatta que doit s'attaquer l'ascète, le renonçant, s'il veut transcender sa condition d'homme incarné, se retirer définitivement du cycle des naissances et des morts dont il se considère comme le prisonnier. Aussi est-il déclaré dans la *Bhagavad-Gîtâ*[76] : «Il faut, avec l'arme solide du renoncement, trancher d'abord cet Açvatta aux puissantes racines, puis rechercher le lieu d'où l'on ne revient pas.» Un commentaire[77] ajoute : «Ayant sa source dans le non-manifesté, émergeant de lui comme d'un support unique, son tronc est *buddhi* (l'intelligence discriminative), ses cavités intérieures (sont) des canaux pour les sens, les éléments ses branches, ses feuilles et ses fleurs le bien et le mal, ses fruits le plaisir et la souffrance. Cet éternel Arbre-Brahman est source de vie pour tous les êtres... S'il coupe et brise l'Arbre au moyen de l'arme de la connaissance métaphysique et s'il jouit ainsi dans l'Esprit, (le renonçant) ne retournera plus (en ce monde).» Autrement dit, par l'arbre et en lui, le méditant remonte jusqu'à ses propres racines célestes et c'est seulement ainsi qu'il peut échapper.

«L'arbre Açvatta représente ici dans toute sa clarté la manifestation du Brahman» et sa réalisation «dans le Cosmos, c'est-à-dire la création comme mouvement descendant[78]», le flux qui, dirigé de haut en bas, fait se métamorphoser la pure Énergie en matière, courant que remonte en sens inverse le renonçant qui, matérialisé en naissant, entend retourner à sa source, l'Énergie non-manifestée. L'arbre renversé est donc le symbole de la « réciprocité cyclique[79] », qui fait de la création une descente et de la rédemption une remontée. Dans le christianisme, à la chute d'Adam au sein de la matière correspond l'élévation du Christ sur la Croix, prélude dramatique à son Ascension.

L'arbre figuré les racines en haut et la cime tournée vers le bas fait partie du symbolisme universel. On le retrouve aussi bien chez les Lapons ou les aborigènes d'Australie[80] que dans la tradition islamique, chez Dante[81] comme chez Platon[82], mais surtout dans le schéma de la création telle que la conçoit l'ésotérisme judaïque.

L'arbre des Sephiroth

Pour représenter son système ésotérique d'interprétation physico-mystique du monde, qui ne vise à rien moins qu'à dévoiler le secret de ce dernier à l'initié – cette révélation n'est en effet pas accessible à tous et ne le devient que sous certaines conditions –, la Kabbale hébraïque recourt à une sorte de tableau schématique, appelé « Arbre de Vie », qui se trouve figuré à l'envers, comme Açvatta, puisque la Création divine ne peut être que descendante. Dans le *Livre Bahir (Sefer ha-bahir)*, le plus ancien texte kabbalistique connu, composé vers 1180 dans le sud de la France, il est affirmé que « toutes les puissances divines forment comme l'arbre une succession d'anneaux concentriques », et dans le *Sefer ha-Zohar* (le « Livre de la Splendeur »), le plus important des ouvrages kabbalistiques, écrit au XIIIe siècle et attribué au Juif espagnol Moïse de Léon, on peut lire : « Oui, l'Arbre de Vie s'étend du haut vers le bas, il est le soleil qui illumine tout[83]. »

Selon un Kabbaliste contemporain, Z'ev ben Shimon Halevi[84], « l'Arbre de Vie est analogue à l'Absolu, à l'Univers et à l'Homme ». Il est « une image de la Création. C'est un diagramme objectif des principes à l'œuvre dans tout l'Univers. Dressé sous la forme analogique d'un arbre, il illustre la descente des énergies divines en ce bas monde et leur remontée. Il contient l'intégralité des lois cosmiques et leur interaction. C'est également un tableau de l'humanité », et un portrait de l'être humain en tant qu'individu. « Point de jonction en réduction, complet, mais non réalisé, moins élevé que les anges, il revient à ce dernier de choisir la voie de l'ascension intérieure, et d'ainsi cueillir le fruit ultime. » En d'autres termes, l'énergie divine descend des racines vers les branches de l'arbre inversé, aussi l'énergie qui est déposée dans l'homme doit-elle remonter à sa source, afin de s'épanouir au sein de son Créateur.

Tout au sommet de l'arbre, donc à sa racine, invisible pour l'homme « non réalisé », dont les yeux de l'esprit ne sont pas encore ouverts, hors de portée de toute connaissance, se situe *Kether*, la Couronne, au centre de trois cercles concentriques qui l'entourent et qui sont du dehors vers le dedans, de la diffusion à la concentration : *Aïn*, le Vide absolu, *Aïn Soph*, sa première qualification, donc détermination relative, l'Infini et *Aïn Soph Aur*, la Lumière illimitée, laquelle se concentre dans *Kether*, le point lumineux, source de la manifestation, « Graine cachée », « Racine des Racines », dont le *Zohar* écrit : « Quand le Grand Être caché voulut se révéler, il traça d'abord un seul point : l'Infini était inconnu et ne diffusait aucune lumière, avant que ce point lumineux fît irruption dans notre vision. Au-delà de ce point, il n'est rien de connaissable, aussi le nomme-t-on *reshith*, le commencement, le premier des mots créateurs par lesquels l'univers fut engendré. »

De *Kether* procède une série de neuf autres émanations divines, les Sephiroth ou sphères de Dieu. Conçus comme des points irradiants, réunis l'un à l'autre par l' « Éclair étincelant » (la foudre) qui descend de Kether, les Sephiroth représentent les attributs, pouvoirs et potentialités du Divin, qui se manifestent en partant de la pure Énergie primordiale et en descendant, degré par degré, vers la matière, l'incarnation. L'arbre est formé de trois colonnes verticales : le Pilier de droite, portant au sommet *Hochma*, la Sagesse, procédant directement de *Kether*, et qui est aussi *Abba*, le Père cosmique ou principe masculin; le Pilier de gauche, vers lequel, venant de *Hochma*, se dirige ensuite l' « Éclair étincelant », est dominé par *Binah*, la Compréhension, qui est aussi *Aïma*, la Grande Mère. *Hochma* et *Binah*, le mâle et la femelle, constituent la première division, la première dualité du Principe qui est donc par nature androgyne; quant au Pilier central, couronné par *Kether*, il constitue le lieu de la synthèse et aboutit à *Malkuth*, le royaume, issu d'*Yesod*, la fondation. *Malkuth* est la cime inversée de l'arbre dont *Kether* est la racine, c'est la manifestation réalisée, matérialisée et, lorsque l'arbre représente l'homme, le corps de celui-ci.

Si l'on interprète les Sephiroth sur le plan horizontal, on y retrouve la figuration des trois mondes que l'arbre relie, Dieu, l'univers et l'homme, dont il révèle l'identique fonctionnement interne. L'homme et l'univers sont le reflet l'un de l'autre et tous deux reflètent l'Infini, pour eux inconnaissable puisque existants ils sont dans le domaine du fini, mais d'où ils procèdent et dans lequel ils sont l'un comme l'autre immergés.

Un autre symbole, exotérique celui-là, du judaïsme, est le chandelier à sept branches, ou *menorah*, dont Dieu lui-même donna le modèle à Moïse[85], et qui devint l'un des principaux objets sacrés du Tabernacle. La forme de la *menorah* reproduit celle de l'Arbre de Vie mésopotamien, ses sept branches correspondent aux sept corps planétaires connus à l'époque. Quant aux sept lampes, elles sont les « sept yeux du Seigneur », tels qu'ils apparurent au prophète Zacharie, illuminant le candélabre d'or qui se dressait entre deux oliviers, dont les fruits fournissaient l'huile pour les lampes[86].

Chapitre 3

Le chêne oraculaire

Le sanctuaire de Dodone – Du Zeus Naios au Zeus
crétois – Chênes sacrés de Grèce et d'Italie – Le
culte du chêne en Europe – Le gui des druides et
le dieu Balder.

Le sanctuaire de Dodone

En Épire, au nord-est de la Grèce, dans une région très
éloignée des grandes cités et appelée dans l'antiquité
Thesprotie, se trouvait le plus ancien des oracles grecs, le
chêne sacré de Dodone. Le site avait – et il a toujours – un
aspect farouche et dramatique. Le sanctuaire de Zeus, qui
devint aux IVe-Ve siècles une église chrétienne, siège d'un
évêché, s'élevait au pied du mont Tamaros, sur les pentes
duquel poussent encore de très vieux chênes. L'endroit
était renommé pour la violence de ses orages et aussi en
raison du froid qui y régnait. Homère parle de « Dodone
aux deux hivers [1] ».

Bien connu dès les temps homériques, l'oracle semble
avoir subi une éclipse aux VIe-Ve siècles, alors que triom-
phait celui de Delphes, mais, au pied du Parnasse, Apollon lui-même se présentait comme le « prophète » de son
père, reconnaissant ainsi la priorité et la prééminence de
Dodone. Les activités de l'oracle, passées au second plan,
mais ininterrompues, revinrent en vogue à l'époque
macédonienne, et le temple, détruit en 220 avant J.-C., fut
reconstruit peu après. Mais la relative défaveur que
connut Dodone fait que nous disposons de peu de textes à
son sujet. L'oracle n'est que mentionné par Sophocle [2] et
Platon [3]. Hérodote [4] en parle plus longuement, mais nous
n'en connaissons le fonctionnement que grâce à une citation par Pausanias [5] (IIe siècle après J.-C.) d'un texte,

depuis lors disparu, de Polémon le Périégète (IIᵉ siècle
avant J.-C.).

« A Dodone, il y avait un chêne consacré à Zeus, et dans
ce chêne était un oracle dont des femmes étaient les prophétesses. Les consultants s'approchaient du chêne, et
l'arbre s'agitait un instant, après quoi les femmes prenaient la parole, disant: "Zeus annonce telle ou telle
chose ". »

Ces prêtresses se nommaient les Péléiades ou les Péri-
stères, c'est-à-dire les colombes. Elles étaient trois, nous
apprend Hérodote: l'aînée s'appelait Proménéia, « l'âme
d'avant », la seconde Timarité, « la vertu honorée », la
plus jeune Nicandra, « victorieuse des hommes ». Par quel
procédé les Péléiades interprétaient-elles les rumeurs qui
résultaient du mouvement des feuilles? Selon Platon, les
prophétesses de Dodone auraient vaticiné comme la
Pythie de Delphes; autrement dit, elles auraient reçu le
message du dieu au cours d'une extase.

La dendromancie n'était pas le seul mode de divination. Des prophètes, les Selloi, « serviteurs du bassin qui
ne se tait jamais », selon Callimaque, traduisaient les sons
que faisaient en se heurtant plusieurs chaudrons de
bronze, lorsqu'ils étaient agités par le vent. Comme ils
étaient suspendus les uns à côté des autres, leur tinte-
ment se répercutait indéfiniment.

Ce qu'il faut d'abord remarquer, c'est que, dans les
deux cas, l'agent moteur était le même. Le vent faisait
remuer les feuilles comme les chaudrons. Quant aux sons
produits par ceux-ci, ils évoquaient évidemment le tonnerre. Or, nous savons que ce dernier était considéré
comme « le présage le plus grand », il annulait ou confir-
mait tous les autres, puisqu'il émanait de Zeus, le dieu de
l'orage, porteur de foudre. Zeus vient de la racine indo-
européenne qui signifie « briller » et désigne l'éclair. Les
Selloi étaient ses serviteurs.

De la bouche même des prêtresses de Dodone, Hérodote[6] affirme avoir recueilli le récit de l'origine de
l'oracle: « deux colombes de couleur sombre ayant pris
leur vol à partir de Thèbes des Égyptiens gagnèrent, l'une
la Libye, l'autre leur pays; celle-ci se posa sur un chêne,
et, parlant avec une voix humaine, déclara qu'il fallait
établir en ce lieu un oracle de Zeus; les gens de Dodone

pensèrent que cet ordre leur venait d'un dieu, et par suite s'y conformèrent. Quant à la colombe arrivée en Libye, elle enseigna aux Libyens, disent les prêtresses de Dodone, à fonder un oracle d'Ammon, qui est également un oracle de Zeus». Sur le même sujet, Hérodote avait précédemment consulté les prêtres égyptiens à propos du « Zeus thébain », c'est-à-dire Ammon. Selon eux, il se serait agi, non de deux colombes, mais de deux femmes « consacrées au service du dieu », qui auraient été enlevées par des Phéniciens et vendues par eux, l'une en Libye, l'autre en Grèce. Ces deux femmes, « les premières, introduisirent les oracles chez les deux peuples », ce qui démontre la priorité absolue de l'Égypte dans ce domaine, comme d'ailleurs dans tout le champ de la religion, priorité dont Hérodote est convaincu.

A ces récits, l'auteur de l'*Enquête*, à l'esprit critique et résolument rationaliste, ajoute son « opinion personnelle ». Pour lui, les colombes seraient bien deux femmes. Celle qui vint en Grèce, dut « être vendue dans une région qui fait aujourd'hui partie de la Grèce, mais que l'on appelait autrefois la Pélasgie, chez les Thesprotes. Esclave en ce pays, elle établit un sanctuaire de Zeus sous un chêne qui avait poussé là : il était normal que, prêtresse à Thèbes d'un temple de Zeus, elle en gardât le souvenir dans le pays où elle était arrivée; puis elle institua un oracle, dès qu'elle connut la langue grecque ».

Quant à ce nom de colombes que portent les prophétesses de Dodone, le sceptique Hérodote pense qu'il « leur fut donné par les Dodonéens parce qu'elles étaient des étrangères et que leur langage était pour eux semblable au ramage des oiseaux. Plus tard, disent-ils, la colombe prit une voix humaine : c'est lorque cette femme se servit d'un langage qu'ils comprenaient; mais tant qu'elle leur parlait dans sa propre langue, elle leur semblait proférer, comme les oiseaux, des cris inintelligibles. Comment, d'ailleurs, une colombe pourrait-elle prendre une voix humaine[7]? ». Mais Hérodote semble oublier que ces Péléiades sont les Pléiades, les sept nymphes, filles d'Atlas et de Pléione qui furent aimées des dieux, dont trois par Zeus : Maia, la mère antique, déesse du mont Cyllène, Taygète, dont le nom est étymologiquement inconnu, mais est donné à un autre mont, et Électre, celle qui brille comme du feu. Or les Péléiades au service de Zeus à Dodone sont, elles aussi, trois. Rappelons que les sept nymphes, poursuivies sur les montagnes de la Béotie par le chasseur Orion, ne lui échappèrent que grâce à l'intervention de Zeus qu'elles avaient invoqué. Elles furent alors changées en ramiers, puis transportées au ciel d'où, devenues constellation, elles annonçaient, en apparaissant au milieu du mois de mai, la fin des pluies et l'été, peut-être aussi l'épanouissement des feuilles du chêne, qui est, comme l'on sait, tardive [8].

Leurs sœurs, les Hyades, filles comme elles d'Atlas et de Pléione ou d'Æthra, étaient au contraire, des nymphes de la pluie, Hyades signifie les « Pluvieuses ». Les Hyades étaient en rapport plus direct encore avec Dodone. Elles y auraient, en effet, élevé Zeus enfant [9], lequel, en reconnaissance de leurs services, fit d'elles aussi un groupe d'étoiles, situé dans la constellation du Taureau. Leur montée dans le ciel correspondait au début de la saison des pluies. Pléiades et Hyades agissent donc en sens contraire, elles sont complémentaires les unes des autres. En termes prosaïques, on pourrait dire que les Hyades représentent les pluies fécondantes qui nourrissent l'arbre sacré qu'évoquent, à la belle saison, quand il porte tout son feuillage et abrite les nids des pigeons ramiers les Péléiades.

Quelle que soit la signification – sur laquelle nous aurons à revenir – de ces traditions et de ces mythes, ils expriment en tout cas la très haute antiquité que les Grecs assignaient à Dodone. Pour eux, l'oracle remontait aux Pélasges, aux anciens habitants du pays que les Hellènes rencontrèrent lorsqu'ils envahirent la Grèce. Sans doute, les Pélasges n'en étaient-ils pas les premiers occupants; ils s'étaient mêlés eux-mêmes aux autochtones. L'oracle, lié au site, existait probablement avant eux. Pour les Grecs, il était si ancien qu'à Héraclès, il aurait prédit le terme de ses travaux et donc sa mort [10]. Dionysos serait venu à Dodone et y aurait obtenu la guérison de ses maux. Enfin, Jason, lors de la construction du vaisseau *Argo, avait enchâssé dans ses flancs un fragment de bois provenant du chêne oraculaire.*

Si l'on pousse un peu plus loin l'enquête, on s'aperçoit que les Selloi ou Helloi se recrutaient dans la population locale et donnèrent leur nom à la région, l'Ellopia, qui pour Aristote est la plus ancienne Hellade. En effet, bien avant les Doriens, une première vague d'Hellènes avait pénétré autour de Dodone. Ce sont eux qui durent introduire dans ce sanctuaire déjà très ancien les vases d'airain qui, en se heurtant, imitaient le bruit du tonnerre, donc la voix du dieu qu'ils avaient amené avec eux. Cette mantique n'est d'ailleurs mentionnée ni par Homère, ni par Hésiode, ni même par Sophocle. N'étant pas directement associée au chêne [11], elle est accessoire et surajoutée, le véritable oracle était celui rendu par le chêne lui-même et interprété par les Péléiades.

C'est ce que laisse entendre Hérodote qui les fait venir d'Égypte, origine pour lui de tous les cultes et, en tout cas, de tous les oracles. Il écrit même qu' «en fait, la Grèce a reçu de l'Égypte presque tous les noms de ses divinités», et précise: «Les Pélasges sacrifiaient primitivement aux dieux et les priaient, ai-je appris à Dodone, sans les désigner aucun par un surnom ou un nom particulier; car jamais encore ils ne les avaient entendu nommer.» Que cette affirmation d'Hérodote soit exacte ou non, peu importe ici, ce que nous avons à retenir, c'est qu'à Dodone les dieux restaient innommés.

Or nous savons par ailleurs que l'on appelait le dieu dodonéen Zeus Naios, mais naios semble provenir du verbe *naiô*, «habiter, bâtir un temple». Zeus Naios pourrait donc bien être la divinité à laquelle les Hellènes consacrèrent un temple dans un site qui n'en contenait pas, puisque c'était simplement un bois sacré. Quant au dieu ancien, au dieu du sol, s'il n'avait pas de nom, c'est soit, comme le dit Hérodote, qu'il n'en a jamais eu, soit, ce qui est plus vraisemblable, que ce nom a été oublié ou plutôt tenu secret vis-à-vis des envahisseurs.

Les Péléiades, elles, n'étaient pas les prêtresses de Zeus, mais de Dioné, la déesse que Zeus aurait épousée à Dodone. Or Dioné, pour Hérodote, pouvait passer pour un dérivé de *dios*, le génitif de Zeus, il l'entendait sans doute comme signifiant «celle de Zeus». Donc, pas plus que le Zeus de Dodone, la déesse des Péléiades n'avait de nom. Et peut-être Dodone non plus, qui peut bien être un redoublement de Dioné, les deux mots s'écrivant avec des omégas.

Pourtant, Dioné a une identité mythologique chez les Grecs, bien floue, il est vrai, car il s'agit d'une déesse archaïque. Elle n'est mentionnée que par les auteurs les plus anciens, qui la donnent comme préhellénique. Archaïque, elle l'est également par la place qu'elle occupe dans les cosmogonies, où elle apparaît tout au début de la formation du monde. Dans le mythe pélasge, tel que l'on a cru pouvoir le reconstituer [12], Dioné est une Titanide qui, associée au Titan Crios, règne sur la planète Mars. Dans les cosmogonies helléniques postérieures, par exemple dans la *Théogonie* d'Hésiode, Dioné est la fille d'Okéanos et de Thétys, elle-même fille d'Ouranos et de Gaia, et mère des Fleuves et des trois mille nymphes des eaux. Dans le mythe orphique, rapporté par Platon [13], Okéanos et Thétys formeraient même le couple primordial qui a donné naissance aux dieux et à tous les êtres [14]. Cette origine de Dioné pourrait faire postuler qu'au pied du chêne de Dodone, comme aux racines du frêne Yggdrasill, se trouvait une source sacrée. Les mythographes comparent Dioné à Rhéa, épouse de Cronos et mère de Zeus, à qui était consacré le chêne; en effet Dioné était, à Dodone, une déesse du culte du chêne et des colombes. D'après Homère [15], s'étant unie à Zeus à Dodone, Dioné conçut de lui Aphrodite, associée à la colombe, Aphrodite est d'ailleurs appelée parfois Dioné [16]. Enfin, parmi les noms attribués à la mère de Dionysos, fils de Zeus, figure celui de Dioné. Or, comme nous venons de le voir, Dionysos serait venu à Dodone pour y demander du secours. Était-ce son père ou sa mère qu'en l'occasion il implora?

La déesse de Dodone était aussi appelée *Dia* (« du ciel ») et de ce fait assimilée à l'épouse d'Ixion, séduite par Zeus. Ixion (d'*ixia*, le gui) était un roi du chêne, mis à mort rituellement, comme l'était probablement à l'origine le personnage mystérieux étudié par Frazer dans *Le Rameau d'or*, le roi du bois sacré de Némi, consacré à Diane.

Voici, pensera-t-on, des données hétéroclites, dont se dégage assez mal une physionomie divine que l'on ne peut ni déterminer ni situer. Cependant, presque toutes ramènent directement ou indirectement à un thème, celui du chêne sacré et des colombes qui y font leurs nids. Ces colombes, ce sont les Péléiades, les prêtresses de Dioné, qui n'utilisent pas les instruments de bronze, certainement pas originels, mais interprètent le frémissement du feuillage du chêne.

Cette forme de divination est non seulement plus ancienne, mais très probablement primitive. Or, tous les éléments qui concernent Dioné démontrent l'antiquité de cette figure préhellénique et sans doute même prépélasgique. Il est donc évident que, dans le couple dodonéen, la divinité première, et principale, est la déesse, non le dieu, Zeus et ses chaudrons de bronze postérieurs à l'arrivée des Hellènes. Pas plus qu'Homère, Hérodote ne mentionne la divination par le bronze, ni les Selloi, alors qu'il parle longuement des Péléiades et insiste sur la très grande antiquité de l'oracle.

A Dodone, Zeus aurait épousé Dioné. C'est là une des très nombreuses aventures galantes qu'on lui prête. On sait que de tels exploits amoureux dissimulent souvent une donnée historique, ou plutôt protohistorique. Comme chez bien d'autres peuples envahisseurs, par exemple les Aryens en Inde, le conquérant s'empare aussitôt des anciens sanctuaires et y installe ses propres dieux, mais sans en exclure les anciens. La méthode la plus simple, quand il s'agit d'une déesse, consiste à la faire s'unir avec un dieu appartenant au panthéon des conquérants[17]. Parfois, à cette union forcée, l'ancienne divinité résiste, et le dieu la viole. Ainsi dans l'histoire de Dia où, pour venir à bout de l'épouse d'Ixion, Zeus est obligé de se métamorphoser en étalon; ainsi, sur le mont Cyllène, en Arcadie, où, peut-être sous la forme d'un pic noir, il abuse de la déesse locale, Maia[18], une Titanide comme Dioné, dont il a un fils, Hermès. Selon R. Graves, ces mariages opportuns avaient pour effet de « donner le nom de Zeus aux rois sacrés du culte du chêne ».

Le dieu nouveau ne fait alors que se substituer à l'ancien, il fusionne avec lui, jouant auprès de la déesse le même rôle. Il nous reste à déterminer qui était le dieu, caché sous le nom de Naios. A propos du culte rendu à Némi, où le roi du bois représente Jupiter, Frazer écrit : « Ainsi, à Dodone, on adorait Zeus, dieu du chêne, uni à Dioné, dont le nom est, sauf une simple différence dialectale, celui de Junon, ainsi encore, sur le sommet du Cithéron... on mariait périodiquement le dieu suprême à

une image de Héra faite en bois de chêne.» Plus loin,
l'auteur du *Rameau d'or* ajoute : «Le même couple de déi-
tés était connu sous des noms différents parmi les peu-
plades grecques et italiennes, c'étaient Zeus et Dioné [à
Dodone], Jupiter et Junon, ou Dianus (Janus) et Diana
(Jana) [à Némi]. Ces noms étaient identiques en substance, mais variaient de forme selon le dialecte de la
tribu qui leur dédiait un culte [19].»

Est-on en droit d'assimiler sans plus Dodone et Némi?
Car enfin, Dodone est d'abord un oracle; rien de tel,
semble-t-il, à Némi. En apparence seulement, puisqu'à ce
lieu est attachée l'histoire de Numa Pompilius et de la
nymphe Égérie que ce roi consultait justement comme
un oracle. Selon Plutarque [20], Égérie était une dryade,
une nymphe du chêne, alors que Diane était une déesse
des bois en général. En latin, le nom vient du verbe *egero*,
épancher, exhaler, mais aussi évacuer, faire sortir, et Égérie passait pour faciliter la délivrance des femmes en
couches. L'équivalent grec, *egeirô*, signifie «éveiller» [21].
Le peu que nous sachions de cette nymphe conduit Frazer à se demander si elle n'était pas aussi la divinité d'une
source, surgie du pied du chêne sacré. Il ajoute [22] : «On
dit qu'une fontaine jaillissait au pied du grand chêne de
Dodone, et que la prêtresse tirait des oracles de son cours
et de son murmure.» Bien qu'il n'y ait pas de texte décisif
quant à l'existence d'une source à Dodone, elle est en
effet probable, car tout bois sacré devait en contenir une.
Nous avons mentionné l'importance de ce jaillissement
des eaux souterraines à propos du frêne Yggdrasill,
comme des arbres sacrés de l'Inde.

Évoquant les entretiens du roi Numa et de son égérie,
Tite-Live n'y voit qu'un subterfuge. Numa «résolut d'inspirer (aux Romains) la crainte des dieux... Mais il n'était
pas possible de la faire pénétrer dans les esprits sans
recourir à un miracle. Il affirma qu'il avait des entrevues
nocturnes avec la déesse Égérie, que c'était d'après ses
avis qu'il établissait les sacrifices les plus agréables aux
dieux, qu'il assignait à chaque divinité des pontifes parti-
culiers [23]». Il est bien certain que le second roi de Rome,
qui n'était pas romain, mais sabin, avait besoin d'une cau-
tion surnaturelle pour appuyer l'œuvre qui marqua son
règne : organiser la vie religieuse de la nouvelle cité. La

meilleure façon de se l'assurer n'était-elle pas de consulter un oracle déjà vénéré?

Du Zeus Naios au Zeus crétois

Cette parenthèse refermée, revenons-en à la question que nous nous posions : qui était ce Naios que Zeus supplanta à Dodone? Nous avons noté au passage que, selon une antique légende, les sœurs des Péléiades, les Hyades, nymphes de la pluie, auraient élevé Zeus enfant à Dodone. Mais, d'après les mythographes classiques, c'est sur l'Ida (le mot signifie « montagne boisée »), en Crète, que le petit Zeus – transporté dès sa naissance loin de son père Cronos qui voulait le dévorer et caché d'abord dans l'antre de Dicté dans un berceau d'or, suspendu aux branches d'un arbre, certainement un chêne sacré, représentant sa mère absente, Rhéa, laquelle était une déesse du chêne et de la colombe –, fut soigné par trois nymphes, Adrastée et Io, filles de Mélisseus, roi de Crète, et Amalthée, la nymphe-chèvre; autrement dit, l'enfant fut nourri de lait et de miel (*melisseus* veut dire « apiculteur »). Si Adrastée, identifiée avec Némési, nymphe du frêne, devenue la déesse de la vengeance divine, rappelle évidemment Urd, la Norne, associée à Yggdrasill dans la mythologie germanique, la chèvre Amalthée correspond à Heidrun qui vit dans le frêne et nourrit de son lait Odin. Sans nous engager dans les longues errances d'Io, la génisse blanche, nous ne pouvons pas ne pas souligner au passage que Zeus, devenu adulte, s'éprit de son ancienne nourrice, donc d'un substitut de sa mère. Quant à la chèvre Amalthée, dont le nom signifierait « la Tendre », Zeus, en reconnaissance, la plaça parmi les étoiles, où elle forme la constellation du Capricorne [24]. Le père d'Adrastée et d'Io, Mélisseus, l'homme du miel, pourrait fort bien, selon l'hypothèse de R. Graves [25], être leur « mère, Mélissa, (l'abeille), la Grande Déesse, qui tuait tous les ans son consort mâle », ce qui correspond, chez ces hyménoptères, à la mort du bourdon fécondateur après le vol nuptial. Or, les abeilles sont associées au Chêne sacré [26]; en outre, elles représentent la puissance royale [27] et plus particulièrement le fils du roi, l'héritier du trône, ce qu'était Zeus sur l'Ida. Les courètes qui veillaient sur lui formaient la garde royale; les Grecs les qualifiaient de *gégéneis*, « enfants de la Terre », ou de *Imbrogéneis*, « enfants de la pluie », ce qui rappelle les Hyades, les nymphes de la pluie qui élevèrent Zeus à Dodone.

En analysant les rares données fournies par les mythographes sur Dodone et celles, bien plus abondantes, concernant l'enfance de Zeus sur l'Ida, on trouve trop de rapprochements et même de similitudes pour ne pas être tenté de combler les lacunes du mythe dodonéen, pour ne pas se demander s'il ne s'agit point au fond des mêmes éléments, mais disposés d'une manière différente.

Selon R. Graves [28], les trois fils de Cronos, Hadès, Poséidon et Zeus incarneraient les trois invasions successives des Hellènes, connues sous le nom d'invasions ionienne (les enfants d'Io), éolienne et achéenne. Les premiers rois helléniques auraient porté les noms de Poséidon et de Zeus, en tant que rois du culte du frêne et du chêne. Ces rois étaient mis à mort rituellement lorsque leurs forces déclinaient [29]. Un tel usage, si l'on s'en rapporte aux très nombreux exemples fournis par Frazer à l'appui de l'analyse de la royauté sacrée qu'il propose dans *Le Rameau d'or*, est bien attesté en ce qui concerne les origines helléniques et préhelléniques; dans la Grèce archaïque, comme à Uppsala en Suède, le sacrifice du roi était lié au culte des arbres. Seule la victoire des Achéens, représentés par Zeus, aurait mis fin au sacrifice rituel du roi.

Sur l'Ida et sur le mont Dicté, les tombes de Zeus étaient l'objet d'une grande vénération. Pour les Crétois, Zeus naissait et mourait chaque année, puisque c'était un dieu de la végétation, mais un dieu du chêne qui ne perd ses feuilles que très tard en hiver, parfois juste avant la renaissance printanière. Les Grecs avaient cessé de le comprendre et, dans son *Hymne à Zeus*, Callimaque indigné s'exclame : « Les Crétois mentent toujours; ils ont même construit ta tombe; mais tu n'es point mort, car tu es éternellement vivant. »

Cette figure d'un dieu jeune et mortel, d'un dieu du chêne sacré, incorporée au prix de distorsions sensibles dans la mythologie olympienne des dieux immortels, est donc préhellénique. Nous la retrouvons clairement évoquée dans ce que l'archéologie – et elle seule – nous a fait connaître de la religion crétoise. Il y eut en effet en Crète un dieu arbre, prédécesseur de Zeus, celui qu'un glossateur tardif appelle « Velkhanos, Zeus chez les Crétois [30] ». Ce Velkhanos est identique à Volcanus, l'un des plus anciens dieux des Latins, antérieur même à Jupiter. Ce « premier Jupiter de Rome [31] » était un dieu de la foudre et des incendies dont il pouvait arrêter les ravages. Il formait un couple tantôt avec Junon, tantôt avec Maia, incarnation de la Terre Mère, tantôt avec Vesta, déesse latine de la terre, avant que les Romains fassent d'elle une divinité du feu. Volcanus était donc un personnage beaucoup plus important que le sera plus tard Vulcain. Quant au « petit Jupiter » dont, selon d'antiques légendes, Volcanus aurait protégé la naissance, c'est le mystérieux Vejovis, qui avait au Capitole son temple et sa statue de culte. Celle-ci le représente comme un adolescent nu, ayant auprès de lui la « chèvre crétoise [32] ». La découverte en 1939 en un tel lieu de ce dieu latin, juvénile et tellurique, a attiré l'attention sur la persistance jusqu'à une époque tardive du Zeus Crétagénès de l'Ida, d'où les « aspects chtoniens qu'ont présentés un certain nombre de Zeus helléniques en pleine époque classique [33] ». Sur les monnaies crétoises, Zeus apparaît sous la forme d'un « jeune homme imberbe assis au milieu des rameaux effeuillés (d'un saule?) et tenant un coq [34] ». Or, « dans un saule était suspendu, devant la caverne sacrée de l'Ida, le berceau de l'enfant divin, chaque fois que l'on commémorait la naissance du dieu Zeus ». D'autres représentations montrent Velkhanos assis sur la fourche des branches, comme s'il s'agissait d'une théophanie dans l'arbre. Au revers de ces monnaies, un taureau fait de lui une préfiguration de Zeus. La tombe du dieu, proche de la caverne, était abritée par un peuplier blanc, qui est un arbre funéraire, mais surtout de régénération, de résurrection [35]. Enfin, c'est sous, ou plutôt à l'intérieur d'un platane à feuillage persistant, « espèce particulière à la Crète », que Zeus épousa Europe à Gortyne [36]. Notons encore que jusqu'au sommet de l'Etna montait, comme sur les pentes dodonéennes, une forêt de chênes.

Au mont Dicté, le dieu juvénile de l'arbre est qualifié de *megistos kouros* [37], « le plus grand des garçons ». Ce nom de *kouros* provient, comme l'a démontré H. Jeanmaire [38], de celui de Courètes; ici Zeus n'est, comme eux, qu'un garçon, même s'il est le plus grand de tous. Zeus a donc été d'abord en Crète l'un de ces dieux secondaires, enfants ou adolescents, dont la vie et la mort étaient étroitement liées au cycle de la végétation, tel le mortel Hyacinthe, de qui la légende présente quelques analogies avec celle du Zeus Crétagénès : il est, lui aussi, abandonné par sa mère et élevé par Artémis, déesse des forces de la nature sauvage, tel le Dionysos enfant, lui aussi d'origine crétoise, qui à Eleusis devint Ploutos [39]. C'est du Zeus Crétagénès que Dionysos d'ailleurs tenait certains de ses caractères chtoniens. Dans le culte de l'arbre sacré, le dieu n'intervient qu'en second, la véritable divinité de l'arbre est toujours une déesse, la Grande Mère, la Terre, maîtresse de la végétation, source première de toute nourriture, figurée sous l'arbre, parée de fleurs et soutenant ses seins gorgés de lait. Même lorsqu'elle est représentée en tant que divinité marine, l'arbre ne la quitte pas; il s'élève dans le bateau qui la porte, au-dessus d'un autel. La déesse est souvent accompagnée de colombes, et de serpents, animaux chtoniens, sacrés en Crète. On la figurait aussi sous la forme de statues-colonnes, dont le corps est «conventionnellement cylindrique au-dessous de la ceinture [40]», à la façon d'un tronc d'arbre d'où émerge le buste de la déesse. Cette «Grande Mère» que nous ne connaissons que par ses noms locaux, telles Dictynna, la Dame du mont Dicté, ou la Dame de l'Ida, toutes deux divinités des montagnes boisées, a depuis toujours été assimilée à Rhéa-Cybèle, mère du Zeus Crétagénès, pour les mythographes anciens.

Dans le couple de la Grande Mère et du dieu adolescent, ce dernier joue le rôle du fils amant, que nous retrouverons incarné en Phrygie par Attis, amant de sa mère Cybèle. Or, dans la tradition, Rhéa, mère de Zeus, disparaît après sa naissance [41], mais elle se manifeste par la suite sous la forme de Cybèle, dont le culte fut introduit en Grèce et avec laquelle elle se confondit. On peut donc se poser la question de savoir si le Zeus crétois ne fut pas lui aussi l'amant de sa mère. Il existe sur ce sujet une légende à laquelle font allusion Hésiode dans sa *Théogonie* [42] et un fragment orphique [43] : «Lorsque sa mère Rhéa prévoyant les difficultés que créeraient les désirs amoureux (de Zeus), lui interdit de se marier, il fut pris de colère et menaça de la violer. Bien qu'elle se fût changée sur-le-champ en un serpent menaçant – le serpent était un des attributs de la déesse crétoise –, Zeus ne fut pas effrayé, il se changea en serpent mâle et, s'unissant à elle en un nœud indissoluble, mit sa menace à exécution. C'est alors que commença la longue série de ses aventures amoureuses.» Sous ce voile, ne doit-on pas discerner la jalousie de la déesse vis-à-vis de son parèdre adolescent? S'il veut connaître d'autres femmes, il faut d'abord qu'il la connaisse elle-même. L'inceste seul peut délivrer le jeune dieu de l'interdit qu'elle lui a d'abord imposé. D'ailleurs, la complicité de Rhéa et de son plus jeune fils remonte à plus haut. Zeus propose à sa mère de la venger de Cronos qui a dévoré les enfants nés avant lui, ses trois sœurs, Hestia, Déméter et Héra, et ses deux frères, Hadès et Poséidon. Et Rhéa l'aide alors volontiers.

En Dioné, la déesse de Dodone, il faut sans doute reconnaître la divinité crétoise des montagnes boisées, du chêne sacré et des colombes, au culte extatique, qui, dans le panthéon hellénique, correspond à Rhéa – le nom de cette dernière provient probablement d'une métathèse du mot archaïque *era* ("ερα), la Terre –, plutôt que sa fille Héra, (Héra est l'anagramme de Rhéa et a la même étymologie). Mais, en Héra elle-même, déesse irritable et hautaine qui siège sur les monts au-dessus desquels s'accumulent les nuées et se forment les orages, on peut reconnaître un autre avatar de la Grande Mère crétoise. Si Héra, à l'époque classique, a pris la place et jusqu'aux traits de Rhéa, devenue déesse archaïque, celle-ci s'était elle-même substituée à sa propre mère, la Gaea pélasgique, la divinité véritablement première, puisque, émergeant seule du Chaos primordial, elle est le principe d'où sortit la création tout entière[44]. Gaea n'avait pu avoir pour époux que son propre fils, Ouranos, le Ciel. Elle n'était pas, malgré son nom – *gaea* est une forme ancienne et poétique de *gè*, la terre, qui a probablement remplacé le mot *era* qui la désignait antérieurement – la déesse de cette planète, mais bien celle de l'univers, du cosmos. Créatrice universelle, Gaea était aussi la toute-connaissante et à ce titre possédait la faculté divinatrice par excellence; l'oracle de Delphes lui avait appartenu avant qu'Apollon prenne sa place, et un sanctuaire lui était consacré à Dodone. Il se peut que, dans la nuit des temps, elle ait été la divinité originelle du lieu, mais, à l'époque historique, elle fut remplacée par sa fille, qui est, elle, véritablement la Terre, vénérée sous la forme du chêne sacré. Si Héra emprunte à sa mère Rhéa quelques-uns de ses traits les plus archaïques, il en va de même de Rhéa par rapport à Gaea, dont la personnalité s'était à la longue effacée, ou, plus exactement, avait reculé loin du monde des hommes. De telle sorte que l'on peut se demander s'il ne s'agit pas des trois avatars successifs d'une déesse unique, représentant trois générations divines et vénérés par les trois populations qui se succé-dèrent elles aussi dans le temps, les Pélasges, les Égéens et les Hellènes.

Toujours est-il que le mariage supposé de Héra (Rhéa) [45] à Dodone représente l'union forcée de deux cultes, l'un autochtone, l'autre apporté par des envahis-seurs. La subordination de la déesse à celui qui n'était auparavant que son consort explique l'hostilité manifes-tée si souvent par Héra à son époux. Ce serait là un ves-tige de la résistance qu'opposèrent les adorateurs de la Grande Déesse à l'intrus qui l'avait supplantée. On connaît d'autres substitutions du même genre, par exemple à Olympie, dont le sanctuaire fut d'abord un bois sacré, situé près de Pylos, le port fréquenté par les marins crétois, où furent adorées les divinités du mont Ida, Rhéa et son fils, le Zeus Crétagénès, avant qu'y règne le Zeus olympien en compagnie d'Héra. Autrement dit, le légen-daire de Dodone témoigne du passage d'un culte célébré par des femmes, comme dans la religion créto-égéenne (les Péléiades) à un culte dont les desservants furent des hommes (les Selloi), avec cette particularité nullement unique dans le monde grec que l'un et l'autre ont subsisté côte à côte et que même, dans ce cas, le mode de divina-tion archaïque n'a cessé d'être préféré, puisque le pres-tige de Dodone reposait essentiellement sur son anti-quité.

Partant du chêne oraculaire, si mystérieux que l'on n'a guère pris la peine de l'étudier, nous avons pu remonter aussi haut que possible vers les origines de la vénération de l'Arbre sacré, émanation de la Grande Déesse et lieu par excellence de ses épiphanies, en procédant avec une méthode quelque peu différente de celle des mythographes, car, même si elle nécessite une circonspection égale à la leur, notre démarche a un tout autre objet.

Chênes sacrés de Grèce et d'Italie

Il a existé en Grèce d'autres arbres oraculaires, mais aucun n'a connu une carrière aussi longue que le chêne de Dodone. A l'époque classique, ils étaient quelque peu oubliés, n'ayant sans doute plus d'importance que locale; aussi ne sont-ils qu'à peine mentionnés par les textes venus jusqu'à nous. A Pagae, on consultait un peuplier noir, arbre qui, bien que funéraire, était dans ce site consacré à Héra. Par contre, c'est à Perséphone, déesse des morts, qu'était attribué un autre oracle par les peupliers noirs à Ægeira, en Achaïe. Ægeira, qui signifie peuplier noir, est le même mot qu'Égérie, le nom de la nymphe du fameux bois sacré de Némi, à Aricie près de Rome. Mais, selon Plutarque, Egérie aurait été, nous l'avons vu, une dryade, une nymphe du chêne. Peut-être faut-il en conclure qu'elle était une nymphe du peuplier noir oraculaire, poussant près du bosquet sacré de chênes appartenant à Diane-Dioné. En Grèce, on connaissait d'autres chênes sacrés. Sur le mont Lycée, en Arcadie, le prêtre de Zeus trempait un rameau de l'un de ces arbres dans une source, qui devait se trouver à son pied, afin de faire tomber la pluie; en l'occurrence, Zeus était donc bien considéré comme le dieu de l'orage et de la pluie fécondante [46].

Tous les quatre ans, les habitants de Platée en Béotie célébraient une fête appelée les Petites Dédalies, en l'honneur de Dédale, le constructeur du labyrinthe, c'est-à-dire de l'antre de l'Ida, où fut élevé le Zeus Crétagénès. Le jour de la fête, les Platéens se rendaient « dans une vieille forêt de chênes aux troncs gigantesques [47] » et déposaient à leurs pieds des morceaux de viande bouillie, puis observaient les oiseaux qu'ils attiraient. Quand on voyait une corneille en emporter un et se percher sur un chêne, on la suivait et on abattait l'arbre ainsi désigné. En effet, Coronis (la corneille), mère d'Asclépios par Apollon et sœur d'Ixion (*ixia* veut dire gui), était une demi-déesse qui guérissait en utilisant le gui du chêne. Dans le bois de l'arbre abattu, on taillait une statue que l'on habillait en mariée. Puis, portée sur un char tiré par des bœufs, on la promenait solennellement jusqu'au bord du fleuve Asopos. Ensuite, on la mettait de côté jusqu'aux Grandes Dédalies qui avaient lieu tous les soixante ans. Une procession conduisait alors toutes les statues – il y en avait quatorze – sur la rive de l'Asopos, puis au sommet du Cithéron, où était honoré un chêne sacré. Là, on élevait un autel formé de blocs de bois assemblés, sur lesquels étaient entassées des broussailles (on peut supposer qu'il s'agissait de bois et de branchage de chêne). Sur cet autel, on brûlait d'abord les animaux du sacrifice, puis l'autel lui-même et les statues étaient consumés par les flammes. Le feu alors, dit-on, s'élevait à une hauteur prodigieuse.

Selon Pausanias [48], ce curieux rite commémorait une des nombreuses aventures amoureuses de Zeus. Héra s'étant querellé comme à l'ordinaire avec lui, son époux, pour la faire revenir à de meilleurs sentiments, lui annonça qu'il allait épouser la nymphe Platée, fille du fleuve Asopos. Afin de donner quelque vraisemblance à son propos, il abattit un beau chêne, le tailla, l'habilla comme une mariée et le fit traîner sur un char à bœufs. Folle de jalousie, la déesse se précipita sur la statue, arracha le voile et découvrit la supercherie. Elle se réconcilia alors avec l'infidèle et, pour cette raison, on célébrait à Platée l'hiérogamie du dieu et de la déesse. Il se trouve qu'un des déluges qui dans la préhistoire avaient inondé la Grèce, celui qui submergea justement la Béotie, avait eu aussi pour cause une querelle du couple divin.

Mais cette histoire, banalisée par les commentateurs tardifs, en dissimule une autre plus archaïque. Platée est identique à Égine, fille comme elle d'Asopos et de Mérope, elle-même fille du fleuve arcadien Ladôn, qui fut enlevée par Zeus et surprise en galante compagnie à Phlionte – dont les habitants vénéraient un chêne sacré, issu du chêne dodonéen – par Asopos, lequel n'hésita pas à s'attaquer au coupable.

Zeus emporta Égine dans l'île à laquelle elle donna son nom et, sous la forme d'un aigle ou d'une flamme, s'unit à elle [49]. Héra, ayant eu connaissance que d'Égine était né un fils appelé Éaque qui régnait sur l'île, introduisit dans l'une de ses rivières un serpent qui en engendra des milliers d'autres, tandis qu'un mauvais vent du sud causait une sécheresse catastrophique qui décima la population. Malgré les prières et les sacrifices offerts à Zeus, celui-ci restait silencieux. Pourtant, son fils Éaque ne se décourageait pas. Et, un jour, le dieu répondit par l'entremise d'un chêne sacré qui se mit à trembler au milieu des éclairs et des coups de tonnerre. Or cet arbre était né d'un gland apporté de Phlionte et provenant du chêne issu de celui de Dodone. Quelque temps auparavant, Éaque, ayant vu des fourmis portant des grains de blé escalader le tronc de cet arbre, avait demandé à Zeus de lui donner autant de sujets qu'il y avait de fourmis, afin de repeupler l'île. Aussi, bien que saisi de terreur, ne s'enfuit-il pas. Il embrassa plusieurs fois le tronc du chêne et la terre à son pied. La nuit suivante, il eut un rêve : il vit une foule de fourmis s'abattant des branches de l'arbre sacré et qui, lorsqu'elles touchaient terre, devenaient des hommes. Incrédule, il chassa cette vision, mais, à son réveil, son fils Télamon l'appela au-dehors : une armée d'hommes s'avançait vers eux et Éaque reconnut leurs visages pour les avoir vus dans son rêve. Les serpents avaient disparu et la pluie se mit à tomber [50]. Ces hommes, ce sont les Myrmidons qui combattirent devant Troie, aux côtés d'Achille et de Patrocle. Leur surgissement miraculeux à Égine indique qu'il s'agit de l'invasion de l'île par les Achéens. Ceux-ci y imposèrent, comme partout où ils allaient, le culte de Zeus. Quant au roi Éaque, il était, grâce à sa dévotion pour son père divin, si puissant que l'oracle de Delphes donna aux Grecs accablés par une longue disette causée par la sécheresse le conseil suivant : « Demandez à Éaque de prier pour votre délivrance. » A leur demande, le roi, revêtu de sa robe de prêtre de Zeus, gravit le sommet de l'île, là où, probablement, s'élevait le chêne sacré, et sacrifia aux dieux. Aussitôt, le ciel s'obscurcit, un grand coup de tonnerre résonna et une pluie violente s'abattit sur la Grèce. Éaque dédia alors sur la montagne un temple à Zeus Panhellénios. Depuis lors, un nuage au sommet de ce mont est un signe immanquable de pluie [51].

Grâce au chêne d'Égine, descendant de celui de

Dodone, nous pouvons compléter ce que nous avons dit du rôle de celui-ci. Ce n'était pas seulement un chêne oraculaire, mais un pourvoyeur de la pluie qu'annonçait le tonnerre, attiré par lui ou par le vacarme des bassins de bronze qui en imitait le bruit. Les Dédalies de Platée, au cours desquelles on portait au fleuve Asopos les statues de bois de chêne qui étaient ensuite brûlées près du chêne sacré du Cithéron, leur combustion entraînant la formation de nuages, étaient donc un rite destiné à faire tomber la pluie. Lors du déluge béotien que nous avons mentionné, on vit s'élever sur la terre, dès que les pluies eurent cessé, une statue de chêne symbolisant la réconciliation du couple olympien. Par conséquent, le chêne qui était capable de déclencher l'averse pouvait aussi l'arrêter. C'était un régulateur du cycle des eaux, ce que sont, en effet, les gros arbres.

Le chêne de Zeus est le *Quercus Robur* de Linné, ou, pour être botaniquement plus précis, l'espèce que Virgile et Pline disent consacrée à Jupiter et qu'ils appellent *AEsculus* [52]. C'est le *Quercus Farnetto* Ten., propre à l'Italie du Sud et à la péninsule des Balkans. Les différences entre les deux essences ne sont pas très sensibles et les auteurs non botanistes les ont généralement confondues.

Avec l'âge, ce chêne acquiert un port d'une majesté incomparable. C'est seulement vers soixante ou même quatre-vingts ans qu'il fructifie et sa longévité est à proportion. Il vit au moins quatre ou cinq cents ans, et vivrait bien davantage s'il n'était abattu par l'homme qui veut exploiter son bois au moment où il peut en tirer le meilleur profit. Sinon, il atteint le millénaire ou même le dépasse. « *Quercus Robur* pourrait sans doute parvenir à l'âge de 2 000 ans, il aurait alors quelque neuf mètres de diamètre [53]. » C'est probablement à cette taille gigantesque et à cet âge qu'étaient voués les vigoureux ancêtres qu'étaient les chênes sacrés protégés par des lois sévères qui condamnaient à mort ceux qui les abattaient sans nécessité. Sous leur écorce, vivaient les dryades, du grec *drus*, le chêne sacré, les nymphes qui pouvaient les quitter; aussi était-il interdit de mettre bas un chêne avant que les prêtres, ayant accompli les cérémonies prévues, aient déclaré que les dryades s'en étaient retirées. Quant aux hamadryades (du grec *ama-*, « ensemble », car elles

faisaient corps avec l'arbre), leur existence était si étroitement liée à celle du chêne qu'elles mouraient avec lui. La
vie du chêne passait chez les anciens pour si longue qu'ils
attribuaient aux hamadryades 932 120 ans d'existence. A
vue humaine, elles et leurs arbres étaient donc pratiquement immortels. Dès que l'on menaçait le chêne qu'elles
habitaient, les hamadryades faisaient entendre des
plaintes menaçantes. Erysichthon, fils de Topias ou de
Cécrops, n'en tint aucun compte, lorsqu'à la tête de vingt
compagnons, il eut la témérité de s'attaquer à un bois
sacré dédié à Déméter par les anciens Pélasges. Déméter,
qui était la douceur même, prit alors la forme de Nicippé,
la prêtresse du bosquet, et tenta de persuader Erysichthon de renoncer à son entreprise sacrilège. Pour toute
réponse, ce furieux la menaça de sa hache. Alors la
déesse parut dans toute sa splendeur et le condamna à
souffrir d'une faim perpétuelle quoi qu'il mangeât [54]. C'est
encore l'exemple d'Erysichthon, qu'invoque Pierre de
Ronsard, quand, avec une indignation vibrante, il maudit
les « bûcherons de la forest de Gatine », où il découvrit sa
vocation poétique, dans les vers fameux de l'élégie qui
porte ce nom :

Escoute, Bucheron, arreste un peu le bras;
Ce ne sont pas des bois que tu jettes à bas;
Ne vois-tu pas le sang lequel degoute à force
Des Nymphes qui vivoient dessous la dure escorce?
Sacrilege meurtrier, si on pend un voleur
Pour piller un butin de bien peu de valeur
Combien de feux, de fers, de morts et de détresses
Mérites-tu, meschant, pour tuer nos Déesses?

et qu'il ajoute :

Adieu, chesnes, couronne aux vaillants citoyens,
Arbres de Jupiter, germes Dodonéens,
Qui premiers aux humains donnastes à repaistre;
Peuples vraiment ingrats, qui n'ont sçeu recognoistre
Les biens receus de vous, peuples vrayment grossiers,
De massacrer ainsi leurs peres nourriciers.

Si aujourd'hui *Quercus robur L.*, qui supporte mal
grande sécheresse, est assez rare en Grèce, il n'en a

pas toujours été ainsi. Dans l'Antiquité, le climat n'était pas, de beaucoup, aussi sec que celui qui y règne de nos jours. La Grèce ancienne était très boisée. Depuis lors, des régions entières ont été ruinées soit par la transhumance des troupeaux, soit par une exploitation inconsidérée.

Dans les temps archaïques, le chêne, apparu sur terre bien avant les hommes, était censé leur avoir donné naissance. Les Arcadiens, par exemple, étaient persuadés d'avoir été des chênes avant de devenir des hommes. L'un des auteurs de l'*Anthologie palatine*, Zonas de Sardes, écrit dans une épigramme que les anciens Hellènes appelaient les chênes les « premières mères ».

Pour les anciens, un vieux et gros chêne était lui-même un monde en réduction, un microcosme. Il était habité non seulement par des nymphes, en principe invisibles, mais par une foule d'animaux, dont certains d'origine divine. En été, il bruissait du chant assourdissant des cigales qualifiées par les Grecs de *dryokoitès*, « qui couche dans les Chênes ». Elles abondaient partout en Grèce et, contrairement aux Latins que leurs stridulations continues importunaient, les Hellènes aimaient beaucoup leur chant, ils le comparaient aux sons de la lyre, à celle même de Phoibos Apollon, à qui les cigales étaient consacrées. Dans une ode en l'honneur de la cigale, Anacréon va jusqu'à dire : « Phoibos lui-même te chérit, lui, Phoibos qui t'a donné la musique des régions célestes. » Et il ajoute : « Née de la terre, riche de sagesse,... tous tes moments sont des heures de repos ; nulles peines, nuls soucis ne te tourmentent ; ni le sang ni la chair ne sont des éléments de ta vie, tu es presque semblable aux dieux. » De cette réputation de la cigale, nous trouvons encore aujourd'hui la trace dans le nom scientifique de la plus grosse d'entre elles, *Lyristes plebejus* Scop. qui peut se traduire, « celle qui joue de la lyre pour le peuple ». En grec, on la nommait autrefois *Tettix*, mais le même mot désignait le chanteur, le poète. On sait qu'à Athènes, la cigale était considérée comme le symbole de l'antiquité et de la noblesse ; aussi les riches Athéniens portaient-ils des cigales d'or dans les boucles de leurs cheveux, usage qui les fit surnommer « tettigophores ». Il est probable qu'ils voyaient en elles des réincarnations de leurs ancêtres[55]. Dans les creux du chêne, vivaient aussi les abeilles; jusqu'à ce que se soit répandu l'usage des ruches, on extrayait le miel des essaims qui s'abritaient dans les trous des arbres. Au dire d'Hésiode, on récoltait aussi sur le chêne une sorte de miel divin qui, selon Théophraste[56] et Pline[57], était formé de « rosées miellées tombant du ciel (qui) se déposent de préférence sur son feuillage ». *Mélissa*, qui signifie l'abeille en grec, désigne aussi le poète, mais surtout l'âme pure des initiés. A Delphes, à Éleusis et à Éphèse, les prêtresses inspirées portaient le nom d'« abeilles »; les abeilles remplissaient en effet une fonction initiatique et liturgique. « On les trouve figurées sur les tombeaux, en tant que signes de survie postmortem[58] », elles étaient en effet des symboles de résurrection, car elles renaissaient au printemps avec l'arbre qui leur servait de demeure. « Dans la religion grecque, l'abeille représentait l'âme descendue au royaume des ombres et se préparant à revenir sur la terre. Platon précise que les hommes sobres se réincarnaient sous forme d'abeille. » L'hydromel, boisson faite de miel fermenté dissous dans de l'eau, était chez tous les peuples anciens, les Grecs et les Romains, mais plus encore les Celtes et les Scandinaves, une liqueur d'immortalité.

Un des hôtes du chêne était le pic, plus encore que les précédents inféodé au chêne dans lequel, de son bec puissant, il creusait de profondes cavités où il faisait son nid et élevait ses petits. Pour Pline[59], citant Aristote, ce serait même le seul oiseau qui nicherait dans les arbres, ce qui n'est d'ailleurs pas tout à fait exact. Une des espèces de Picidés se nommait en grec *Dryocolaptès*, « qui entaille les chênes », ou *Dryocopos*, « qui frappe à coups redoublés sur les chênes », ce que les lexicographes traduisent par pivert, alors qu'il ne peut s'agir que du pic noir, lequel a conservé ce nom jusque dans la nomenclature moderne. *Dryocopus Martius* est, contrairement au pivert, un oiseau qui ne fréquente que les grandes étendues boisées, les sites sauvages où il peut trouver de vieux arbres dont il fore plus aisément le bois, et particulièrement les forêts de montagne, où croissaient le plus souvent les chênes sacrés. La rencontre de ce très grand oiseau – c'est le géant du genre, il a la taille d'une corneille –, entièrement noir, sauf une grande calotte rouge,

un œil très clair et un bec extrêmement fort et acéré qui
paraît sculpté dans l'ivoire, est toujours saisissante pour
le promeneur qui le surprend; le sont aussi ses cris
divers, dont une étrange plainte qui semble appeler la
pluie. On comprend dès lors que le pic noir ait joué « un
grand rôle dans les auspices[60] », ce qu'expliquait la
légende du roi Picus. « Dans le Latium, écrit Pline, ces
oiseaux tiennent le premier rang dans les augures, depuis
que le roi leur a donné son nom. » Picus fut en effet
changé en pic par Circé. Picus, roi du Latium, fils de
Saturne, était un devin célèbre. Il avait épousé une magicienne, Canente, fille de Janus, dont le chant charmait les
bêtes sauvages et « mettait en marche les arbres et les
rochers ». De la beauté de Picus étaient éprises les
dryades (les nymphes du Chêne), mais aussi, pour son
malheur, la redoutable Circé, laquelle, devant ses refus et
son inaltérable fidélité conjugale, le changea en pic. La
douleur éprouvée par Canente la fit « se dissiper dans l'air
léger » et ne survécut que sa voix (peut-être le cri plaintif
du pic). Cette histoire, longuement racontée par Ovide
dans ses *Métamorphoses*[61], fait du pic un oiseau prophète,
dont on interprète les sons qu'il tire du chêne en le frappant de son bec. Cette percussion produit dans la forêt
« un bruit formidable, un vrai roulement de tambour qui
porte à près d'un kilomètre ». Le pic choisit soigneusement son instrument qui est « un rameau mort ou creux,
ou tout autre partie de l'arbre dont le bois dur et sec est
dépourvu d'écorce »; il le frappe alors violemment, en un
« va-et-vient si rapide que la tête paraît floue, comme un
ressort en vibration[62] ». Il ne faut pas confondre ce tam-
bourinage avec le simple martèlement qui a pour but de
faire sortir les larves de l'écorce ou de creuser le bois.
C'est indubitablement un signal, un moyen de communication et d'avertissement qui est lié à l'excitation
sexuelle, à la parade nuptiale.

Pour les augures grecs et romains, une manifestation
aussi impressionnante ne pouvait être qu'un message à
déchiffrer, un message émané des dieux. Mais malgré son
nom spécifique, *Martius*, « de Mars », il semble bien que
ce n'était pas au dieu de la guerre qu'était voué cet
oiseau, du moins à l'origine, dans le Latium, avant la fondation de Rome. Dans la légende de Romulus et Remus,

fils de Mars, c'est un pic qui venait leur porter à manger dans leur caverne. Auparavant, le pic noir n'était peut-être pas l'oiseau du dieu Mars, mais simplement l'oiseau du mois de mars. C'est en effet alors que culminent les tambourinages du pic qui se prépare à nidifier. Chez les Grecs, on appelait Hermès le fils de Zeus Picos et Pan était donné pour être né des amours d'Hermès et de la nymphe Dryopé (le pic), il avait donc deux fois le pic dans son ascendance. Les Latins faisaient de Faunus, équivalent chez eux de Pan, le fils de Picus et de Canente, dont il avait hérité les dons prophétiques. Mais, pour obtenir un oracle de lui, il fallait d'abord l'enchaîner, ce que fit le roi Numa, lui-même en rapport avec le chêne sacré par l'intermédiaire d'Égérie. Ajoutons que c'est à Faunus, appelé aussi Lupercus, qu'était dédié le Lupercal, la grotte où la louve allaita les jumeaux Romulus et Remus, ce qui suggère une autre interprétation de la légende du pic venu leur apporter de la nourriture. Cet oiseau sacré pouvait bien être Picus lui-même, l'ancien roi du Latium, venu au secours de ses futurs successeurs, et leur conférant ainsi une sorte d'investiture. Mais il y a plus : dans *Les Oiseaux* [63], l'irrévérencieux Aristophane accuse Zeus d'avoir volé le sceptre (c'est-à-dire la foudre) de l'oiseau pic, et en Crète, au témoignage du *Lexique* byzantin attribué à Suidas [64], il aurait existé une tombe du dieu correspondant à Faunus, portant cette singulière épitaphe : « Ci-gît l'oiseau pic qui fut aussi Zeus. » Le pic noir, par conséquent, nous renvoie de nouveau au prédécesseur du Zeus olympien, c'est-à-dire au Zeus de Crète.

Les Anciens louaient aussi le chêne pour ses bienfaits. Théophraste [65], les énumère tout au long : « De tous les arbres, le chêne donne le plus de produits, ainsi la galle de petite taille et l'autre, noire et pareille à la poix ; en outre, une autre production en forme de mûre, mais dure et difficile à briser, qui est rare ; une autre en forme de verge, dure, érigée et trouée ; elle ressemble en quelque sorte à une tête de taureau, mais brisée, et renferme une sorte de noyau d'olive. Il produit aussi ce que certains appellent "feutre". C'est une petite boule laineuse et molle autour d'un noyau dur, dont on se sert pour les lampes, car elle brûle bien comme la galle noire. » Ces galles, excroissances provoquées par les piqûres de certains insectes, en effet variées et nombreuses sur les chênes, étaient très utilisées par les anciens, en teinture, pour fabriquer de l'encre et dans le tannage des peaux, mais aussi en médecine, en raison de leur propriétés astringentes. On se servait également du *cachrys*, qui est, lui, un bourgeon d'hiver, comme caustique. Enfin les Romains raffolaient des bolets qui naissent des racines du chêne, ceux qui poussent au pieds du rouvre étant, selon Pline [66], de loin les meilleurs.

Surtout, le chêne donnait ses glands, tenus pour la première nourriture des hommes. Séchés, décortiqués, puis finement moulus, ils fournissaient un pain très pâteux qui fut consommé en Europe jusqu'au XVIIIe siècle lors des périodes de disette. En Espagne, au temps de Pline, on mangeait couramment des glands doux, à la saveur non astringente comme ceux des autres chênes, mais sucrée. Aujourd'hui, on en mange encore. Ce sont les fruits d'une variété de l'Yeuse ou chêne vert *Quercus Ilex*, var. *Ballota* Desf., qui abonde dans les pays méditerranéens, surtout en Grèce et en Espagne, où elle est même cultivée dans les vergers. Dans la haute antiquité, on consommait plutôt, semble-t-il, ceux du chêne appelé en grec *phègos*, dont Théophraste dit que les glands étaient doux. Il s'agirait de l'espèce nommée *Quercus aegilops* par Linné. Les glands n'étaient pas seulement nourrissants, ils passaient pour fécondants et même aphrodisiaques, ce qui n'est pas surprenant puisque le même mot, en grec *balanos* et en latin *glans-glandis* – lesquels procèdent tous deux de la même racine –, désigne à la fois le fruit du chêne et le gland de l'homme.

En Italie, le chêne n'était pas moins honoré qu'en Grèce. Les auteurs latins nous transmettent le souvenir de nombreux chênes sacrés. Ainsi, à Rome même, les sept collines étaient dans les temps anciens couvertes de bois de chênes dédiés à Jupiter. Là, selon Virgile, s'ébattaient des hommes sauvages « nés du tronc des arbres et du cœur des chênes [67]. » Sur le Capitole, le premier temple de Jupiter avait été édifié par Romulus auprès d'un chêne vénéré de longue date par les bergers. A ses branches, Romulus suspendait les trophées pris à l'ennemi [68]. Au Capitole, montaient solennellement, lors du triomphe qui célébrait leur victoire, les généraux vainqueurs (*imperatores*), puis les empereurs, revêtus du costume de Jupiter, emprunté pour l'occasion à son grand temple du Capitole, tandis qu'un esclave soutenait au-dessus de leur tête une lourde couronne de feuilles de chêne consacrée à Jupiter Capitolin[69]. Aux temps anciens, montaient aussi au Capitole les nobles matrones, pieds nus et cheveux dénoués, afin de demander la pluie au dieu de la foudre. Et immédiatement, rapporte Pétrone[70], à coup sûr, il se mettait à pleuvoir à torrents. Une autre colline de Rome, le mont Caelius, s'appelait jadis la montagne du Bois de Chêne[71] et on y adorait Jupiter comme dieu du chêne[72]. Non loin de là, s'élevait un petit temple consacré aux hamadryades[73]. Le temple de Vesta était entouré d'un bosquet de chênes et le feu perpétuel qu'entretenaient les Vestales ne devait consumer que du bois de chêne. En 1904, les archéologues ont découvert sous le Forum un cimetière préhistorique où des ossements de jeunes enfants avaient été déposés dans des troncs de chênes grossièrement taillés, ce qui atteste à la fois la très grande antiquité de la dévotion au chêne et l'espoir d'une réincarnation pour ces enfants qui n'avaient que trop peu vécu. A Praeneste (l'actuelle Palestrina, à 37 km de Rome), une des plus anciennes cités du Latium que l'on disait avoir été fondée par Telegonus, fils d'Ulysse, s'élevait un célèbre temple de la Fortune, dont les ruines existent encore et où l'on peut visiter un « antre des sorts ». Ceux-ci étaient rendus par le feuillage d'un chêne sacré sur lequel se trouvait gravées les prescriptions de l'oracle.

Le culte du chêne en Europe

A l'époque pré-chrétienne, le culte du chêne était répandu dans toute l'Europe. Il était tellement ancré dans les mœurs de certains peuples qu'il a chez eux longtemps survécu à leur conversion au christianisme. Ces chênes sacrés étaient certainement de très vieux arbres. Il se peut qu'ils aient été proportionnellement plus gros que les chênes actuels. On a en effet retrouvé enfouis dans les tourbières de France, d'Allemagne et d'Angleterre, de véritables géants. Encore aux temps historiques, les naturalistes mentionnent des chênes aux dimensions tout à fait exceptionnelles. L'*Histoire naturelle* d'Oxfort parle d'un chêne qui pouvait abriter trois cents hommes à cheval. Dans son *Historia plantarum*, publiée en 1686-1704, le célèbre botaniste anglais John Ray signale un chêne dont le tronc mesurait 10 m de diamètre, ce qui signifierait qu'il avait largement dépassé 2 000 ans.

Les immenses forêts de chêne de la Germanie émerveillèrent les Romains qui y pénétrèrent, mais elles firent aussi naître chez eux une sorte d'inquiétude et même de terreur sacrée, dont Pline et Tacite se sont fait les échos. Dans son *Histoire naturelle* [74], le premier écrit : les forêts « couvrent tout le reste de la Germanie et ajoutent leur ombre au froid; les plus hautes sont cependant proches des Chauques sus-nommés, autour de deux lacs surtout [75]. Le littoral lui-même est occupé par des chênes fort impatients de croître; minés par les flots ou poussés par les vents, ils entraînent avec eux de vastes îles qu'ils embrassent de leurs racines, et naviguent ainsi debout en équilibre. Les branches immenses comme des agrès, ont souvent terrifié nos flottes, quand les vagues les poussaient comme à dessein sur les proues des vaisseaux à l'ancre la nuit et que ceux-ci, ne sachant à quoi recourir, engageaient un combat naval contre des arbres. Dans les mêmes régions septentrionales, l'énormité des chênes de la forêt hercynienne [76], respectés par le temps et *contemporains de l'origine du monde*, dépasse toute merveille par *leur condition presque immortelle*. Sans parler d'autres incroyables particularités, c'est un fait que les racines, se rencontrant et se repoussant, soulèvent de véritables collines, ou bien, si la terre ne les suit pas, s'arc-boutent comme des lutteurs pour former des arcs jusqu'à la hauteur des branches mêmes, ainsi que des portes béantes où peuvent passer des escadrons de cavalerie ».

Si, en les voyant, les Romains pensaient que ces chênes géants étaient « contemporains de l'origine du monde » et « presque immortels », il en allait à plus forte raison de même pour les Germains qui vénéraient en eux de divins ancêtres, et même des ancêtres pour ainsi dire absolus, les plus anciens de tous les êtres vivant encore sur la terre et remontant jusqu'à la création. Chez eux, si le frêne était consacré à Odin, le chêne était l'arbre de Donar-Thor, le dieu du tonnerre, l'équivalent de Zeus-Jupiter. Le chêne sacré qui fut abattu au VIIIᵉ siècle près de Geismar, en Hesse, par saint Boniface, est donné par Willibald, son biographe, comme un chêne consacré à Donar, lequel, d'après Adam de Brême[77], « régnait dans les airs et était le maître du tonnerre et de l'éclair, du vent et de la pluie, du beau temps et des récoltes ». Autrement dit, ce dieu des phénomènes atmosphériques jouait un rôle analogue à celui de Zeus-Jupiter.

Il en allait de même de Perkunas, dont le nom dérive de celui du chêne en vieil indo-européen. A ce dieu du tonnerre, qui était la divinité principale des Lituaniens, étaient naturellement consacrés les chênes; on entretenait en l'honneur du dieu des feux perpétuels alimentés seulement avec le bois de certains chênes. Voisins des Lituaniens, les Lettes vénéraient aussi le « chêne d'or » de Perkun dieu de la foudre. Les légendes lettes rassemblées par Mannhardt[78] mentionnent les querelles de Perkun et du Soleil qui lui refuse la main de sa fille alors qu'il la lui avait promise et la donne finalement à la Lune. Lors des noces, Perkun se venge en frappant le chêne dont le « sang » jaillit sur les vêtements de la mariée. Dans ces récits, revient comme un leitmotiv le nombre neuf qui est, comme nous l'avons vu, celui de l'Arbre cosmique. Au nord de la Lituanie, chez les Estoniens, qui ne sont pas comme les Lituaniens et les Lettes un peuple indo-européen, mais des Finno-Ougriens, les chênes étaient aussi vénérés comme appartenant à Taara, dieu du tonnerre et divinité suprême qu'ils appelaient le « Vieux Père » ou le « Père du Ciel »[79]. C'est lui que l'on retrouve sur l'autre rive de la Baltique chez les Finnois pour qui Taaras, le chêne, est plus clairement encore l'Arbre cosmique. Ses branches d'or emplissent le ciel; de lui provient toute abondance terrestre.

Chez les Slaves, le chêne paraît avoir été l'arbre sacré de Pérun, le dieu du tonnerre, dont le nom vient aussi du mot indo-européen désignant le chêne, associé à la foudre, puisqu'en polonais celle-ci se nomme *piorun*. Selon Procope[80], les anciens Slaves croyaient « qu'un seul dieu, créateur de la foudre, était l'unique souverain de toutes choses, et ils lui sacrifiaient des bœufs et toutes sortes de victimes». On entretenait en son honneur un feu de bois de chêne; s'il venait à s'éteindre, ceux qui en avaient la charge étaient mis à mort. A Pron, en Russie blanche, s'élevait jadis un bois où les Chênes consacrés à Pérun étaient contenus dans une sorte de temple en plein air. Autour de cet enclos, le peuple se rassemblait auprès du prêtre desservant du lieu qui célébrait des sacrifices, mais lui seul et les sacrificateurs avaient accès au sanctuaire, au sein duquel pouvaient toutefois pénétrer, en vertu du droit d'asile, les personnes menacées de mort. Les cérémonies achevées, le magistrat rendait la justice sous un chêne. A l'exemple des dieux qui tenaient conseil sous le frêne Yggdrasill, le tribunal des anciens Slaves, comme celui des Celtes et des Germains, siégeait à l'ombre d'un vieux chêne sacré, usage qui a fort longtemps persisté, puisque le roi très chrétien, le saint Louis IX, le respectait encore. Selon l'empereur et historien byzantin Constantin Porphyrogénète [81], les Russes christianisés venaient, de son temps encore (le Xe siècle), accomplir leurs sacrifices sous un grand chêne qui s'élevait sur l'île de Saint-Georges. Les prêtres chantaient un *Te Deum* et distribuaient aux assistants des rameaux de l'arbre.

Le gui des druides et le dieu Balder

Cette tradition remontait jusqu'aux Celtes qui, selon Maxime de Tyr, écrivain grec du IIe siècle après J.-C. [82], «adoraient Zeus»; pour eux, «l'image celtique de Zeus était un grand chêne». De la religion des Celtes, nous ne connaissons que des fragments, dont la synthèse demeure conjecturale; aussi leurs historiens ne parviennent-ils pas à déterminer avec quelque certitude quel était ce dieu suprême associé au chêne.

Il faut certainement le chercher parmi les cinq grands dieux cités par César [83], mais celui-ci les a affublés de noms latins: Mercure, Apollon, Mars, Jupiter et Minerve, ou plutôt dans la triade mentionnée par Lucain: «Le cruel Teutatès..., qu'apaise un sang affreux, l'horrible Esus aux autels sauvages..., et Taranis, non moins cruel [84].»

Des trois, c'est Esus qui, semble-t-il, était le plus directement en rapport avec l'arbre sacré. Ses représentations, fort peu nombreuses, nous le montrent « vêtu en travailleur, d'une tunique courte découvrant le côté droit du tronc » et s'attaquant à un arbre. Sur le bas-relief de l'autel des *nautae parisiaci* [85], il en « coupe les branches avec une serpe »; sur un autre bas-relief découvert à Trèves, au moyen d'un outil « rectiligne, difficilement identifiable », il semble taper sur le tronc d'un arbre dont le feuillage « laisse voir la tête d'un taureau et trois gros oiseaux perchés sur les branches ». Une des faces de l'autel du musée de Cluny montre le taureau entier, debout derrière l'arbre et, posé sur sa tête et sur sa croupe, trois oiseaux, « que l'inscription en gaulois demi-latinisé permet d'identifier : *Tarvos Trigranus*, "Le Taureau aux trois Grues" ». Malheureusement, de ces animaux, évidemment sacrés, nous ne savons rien. De même, nous ignorons la signification du nom d'Esus, pour lequel plusieurs étymologies aussi incertaines les unes que les autres ont été proposées. Ce que nous connaissons surtout de ce dieu, c'est la manière dont étaient mises à mort les victimes qu'on lui sacrifiait. Les scholies commentant les vers de Lucain apprennent qu'elles étaient pendues à un arbre et mises en pièces [86], ce qui rappelle les sacrifices à Odin dans le bois sacré d'Uppsala. Plusieurs autres traits communs au dieu celtique et au germain amènent J. De Vries à conclure que l'on peut vraisemblablement identifier Esus à Odin.

Quel qu'ait pu être le Zeus adoré par les Celtes sous forme de chêne, le culte de cet arbre était chez eux très ancien. Ils l'avaient apporté au cours de leur longue migration. Les tribus celtes qui, au III⁰ siècle avant J.-C., s'établirent en Asie Mineure, les Galates, formaient une confédération gouvernée par un sénat et une assemblée du peuple, qui se réunissaient, écrit Strabon [87] dans un sanctuaire commun, appelé « Dunemeton », c'est-à-dire « bosquet sacré de chênes ». Claudien, au IV⁰ siècle après notre ère, parle d'un bois sacré de la forêt hercynienne dans lequel on rendait un très ancien culte à de vieux chênes [88]. En Gaule même, il existait, selon un passage de l'*Aulularia* de Plaute, des chênes oraculaires. D'après Lucain, la manducation des glands passait en Gaule pour une pratique divinatoire.

Tout ce qui précède permet de mieux comprendre le fameux passage de Pline [89] :

« Les Druides – c'est le nom que les Gaulois donnent à leurs mages – n'ont rien de plus sacré que le gui et l'arbre qui le porte, pourvu que ce soit un *robur*. Le *robur* est déjà par lui-même l'arbre qu'ils choisissent pour les bois sacrés, et ils n'accomplissent aucune cérémonie religieuse sans son feuillage, au point que l'étymologie de leur nom de Druides pourrait passer pour grecque. C'est un fait qu'ils regardent tout ce qui pousse sur ces arbres comme envoyé du ciel [90], et y voient un signe de l'élection de l'arbre par le dieu lui-même. On trouve très rarement du gui (sur le chêne) et, quand on en a découvert, on le cueille en grande pompe religieuse; ce doit être avant tout le sixième jour de la lune, qui marque chez eux le début des mois, des années et des siècles, qui durent trente ans, jour choisi parce que la lune est déjà dans toute sa force sans être à mi-cours [91]. Ils l'appellent en leur langue "celui qui guérit tout". Ils préparent selon les rites au pied de l'arbre un sacrifice et un festin religieux et amènent deux taureaux blancs dont les cornes sont liées alors pour la première fois [92]. Un prêtre, vêtu de blanc, monte dans l'arbre, coupe le gui avec une serpe d'or et le reçoit sur un sayon blanc. Ils immolent ensuite les victimes en priant le dieu de rendre son présent (le gui) propice à ceux auxquels il l'a accordé. Ils croient que le gui, pris en boisson, donne la fécondité à tout animal stérile, qu'il est un remède contre tous les poisons. »

Dans un autre livre, de l'*Histoire naturelle* [93] qu'il consacre aux remèdes tirés des végétaux, Pline complète ce qu'il a précédemment écrit, mais sans mentionner cette fois explicitement les Gaulois : « Certains pensent que le gui est plus efficace cueilli sur le *robur* au commencement de la lune, sans fer et sans qu'il ait touché la terre; qu'il guérit de l'épilepsie, fait concevoir les femmes qui en portent sur elles; que, mâché et appliqué sur les ulcères, il les guérit tout à fait. »

Notons d'abord que, contrairement à ce que l'on affirme d'ordinaire, Pline ne prend pas à son compte l'étymologie de druide par *drûs*, le chêne. Selon lui, elle « pourrait » seulement « passer pour grecque ». Or, cette malencontreuse erreur d'interprétation a provoqué l'ire des spécialistes et comme toujours la réaction a été excessive. Un érudit est allé jusqu'à soutenir que les druides étaient, à l'origine, les prêtres d'un peuple qui ignorait le culte du chêne [94]. De Vries qui cite cet auteur, en condamnant sa position extrémiste, n'en conclut pas moins que « le lien entre les druides et le chêne reste assez douteux ». Écrire, comme il le fait, que le passage du livre XVI de Pline que nous venons de citer « ne nous apprend rien sur le culte du chêne » semble quelque peu outré. Selon les celtisants Le Roux et Guyonvarch, le mot druide (*dru-(u)-id*) voudrait dire « très savant », « très sage », mais il y aurait « une première équivalence sémantique avec le nom du bois et de l'arbre (*-vid*)... C'est ce que résume l'étymologie analogique de Pline qui met le nom du druide en relation avec le nom grec du chêne, *drûs* [95]. En suivant l'explication linguistique de Le Roux et Guyonvarch, on pourrait aussi bien dire que le mot druide signifie : « sagesse de l'arbre », même si le *dru-* celtique ne correspond pas au *drû* grec. Suivant un autre celtisant [96], le nom des druides se compose des deux racines *dru-vid*, qui ont le sens de "force" et de "sagesse" ou de "connaissance", et qui sont représentées (respectivement) par le chêne et le gui. »

Un historien aussi sceptique que De Vries remarque cependant : « On voit... parfois (dans les druides) des sortes de chamans, joignant à la sorcellerie l'enseignement et l'initiation », mais nous avons vu que précisément les chamans n'étaient point du tout des sorciers et qu'ils tenaient leurs pouvoirs de l'Arbre cosmique. Les druides, en tout cas, étaient des prophètes, ce qu'atteste Cicéron lui-même [97]. Telle était surtout la fonction des *ouateis* ou ovates dont parle en particulier Strabon [98], qui en fait une des trois classes jouissant d'une grande considération chez les Gaulois, avec les druides et les bardes. L'ovate, comme le *vates* latin – le mot est emprunté à la langue gauloise –, était un devin, un voyant. On ne connaît certes pas quelle mantique il utilisait, mais il n'est point téméraire de supposer qu'il s'agissait encore ici du chêne oraculaire.

Pline dit que les Gaulois appelaient le gui « celui qui guérit tout », cette qualification s'est conservée dans certains dialectes celtiques; en irlandais, le gui se disait *utile i ceadh* et en gallois *oll-iach,* c'est-à-dire «panacée». En Saintonge, au milieu du xixᵉ siècle, selon le botaniste P. Lesson [99], le gui, pris en infusion, passait pour un remède universel. «Plus de 2 600 ans n'ont pas effacé les vertus que lui accordaient les Gaulois, et tous les jours, cette herbe est employée dans les affections les plus graves. J'ai vu prescrire le gui dans les cas d'empoisonnement et pour combattre l'hydropisie, ainsi que diverses affections chroniques. Malheureusement, ajoute le commentateur [100], cet excellent médecin ne dit pas – n'ose pas dire –, si c'était ou non avec succès.»

La croyance que le gui pouvait guérir l'épilepsie a survécu presque jusqu'à nos jours aussi bien en Suède, en Allemagne et en Angleterre que dans certaines provinces françaises. On en trouve même une trace dans la «danse de Saint-Guy», «manifestation pathologique se traduisant par des contractions musculaires involontaires persistant pendant le repos et de l'incoordination dans les mouvements volontaires. On l'observe surtout dans la seconde enfance, et particulièrement chez les filles». Cette maladie, bénigne d'ailleurs et liée aux troubles de la puberté, que la médecine d'aujourd'hui qualifierait de psychosomatique, était censée guérir par l'intervention de saint Guy ou Vit – *vit* est l'ancien nom du gui –, le protecteur des épileptiques. Or il se trouve que ce saint d'origine sicilienne, qui fut torturé sous le règne de Dioclétien, mais sauvé par un ange, finit par subir le martyre à l'âge de douze ans, selon la *Légende dorée* [101]. Son père «ayant coutume de le battre» parce qu'il refusait d'adorer les idoles, devint aveugle, après avoir vu sept anges qui protégeaient Guy. Celui-ci lui rendit la vue. Ce miracle n'ayant pas suffi à convertir son père, le jeune garçon s'enfuit, accompagné de son précepteur Modeste et de sa nourrice Crescentia («croissance», en latin). Par la suite, Guy réussit à guérir le fils de l'empereur Dioclétien, agité par un diable qui le possédait. Un psychothérapeute moderne expliquerait cette légende par une révolte juvénile contre le père (représenté aussi dans l'histoire par le préfet Valérien, dont la main se dessécha quand il voulut frapper de verges l'enfant qui ne voulait pas sacrifier au dieu, puis par l'empereur), laquelle peut bien engendrer des troubles du genre de ceux de la danse de Saint-Guy, qui ont leur origine dans une agressivité refoulée.

Toujours est-il que le gui, remède contre l'épilepsie, fit partie de la pharmacopée en Angleterre et en Hollande jusqu'au xviiie siècle. Cette propriété est expliquée par Frazer de la manière suivante : « Comme le gui ne peut pas tomber par terre, puisqu'il est fixé sur la branche élevée d'un arbre, il semble en découler, comme conséquence nécessaire, qu'un malade épileptique ne peut pas tomber dans un accès aussi longtemps qu'il porte un morceau de gui dans sa poche ou une décoction de gui dans l'estomac. » Le fait que le gui récolté ne devait pas toucher terre conforte ce point de vue, de même que la prohibition d'un outil en fer, interdit dans la plupart des rites, non seulement à cause de la (relative) nouveauté du fer, mais parce qu'il est censé chasser les esprits, donc les vertus magiques de la plante. Ce qu'ignorait Frazer, c'est que ce genre d'explication, chez lui ironique, est tout à fait conforme aux principes de la « théorie des signatures » qui eut cours en médecine pendant tout le Moyen Âge et fut systématisée à la fin du xvie siècle par Giambattista Della Porte, physicien italien de grand renom, dans sa *Magie naturelle*, ouvrage que consultent de nouveau, non sans profit, les phytothérapeutes modernes.

Conformément aux prescriptions des ovates, pour qui le gui était « un remède à des troubles que nous rattacherions aujourd'hui à l'hypertension artérielle [102], la phytothérapie en utilise les propriétés hypotensives, vasodilatatrices et tonicardiaques ; elle l'emploie aussi, en usage externe, contre certaines tumeurs sur lesquelles le gui exerce une action inhibitrice et nécrosante [103], ce que savaient les ovates qui guérissaient ainsi les ulcères.

En revanche, si on ne préconise plus l'emploi du gui contre la stérilité, c'est qu'il s'agissait d'une opération de magie sympathique étroitement liée à ce qu'était pour les Celtes la nature du gui. Si celui-ci était un fécondateur universel, pour les femmes comme pour le bétail, c'est qu'il représentait la toute-puissante semence du dieu, dont il manifestait la présence sur le chêne, ce que corroborait la consistance visqueuse et blanchâtre de la pulpe du fruit en effet comparable au sperme. Aussi le gui était-il non seulement fécondant, mais aussi aphrodisiaque. Le gui *(Viscum album)*, qui ne croissait que très rarement sur le chêne, était considéré par les druides, écrit Pline, comme « un signe de l'élection de l'arbre par le dieu lui-même ». Il était descendu du ciel, telle la foudre, et peut-être avec elle, croyance qui a longtemps persisté dans les campagnes. On savait qu'en fait ses graines étaient déposées sur les branches de l'arbre par les oiseaux, mais cela ne démentait nullement son origine céleste.

Si l'on s'en tient à la relation naturelle qui unit le gui à l'arbre, celle-ci a encore de quoi surprendre. En effet, tandis que ce dernier paraît mort, le gui porte des feuilles d'un vert doré intense et c'est alors – en novembre-décembre – que ses fruits sphériques, blanchâtres et translucides parviennent à maturité. Il semble que toute la vie de l'arbre se soit rassemblée dans celui qui n'est pour les botanistes qu'un parasite; qu'elle se tient là, concentrée, entre ciel et terre. « En hiver, écrit Frazer, les adorateurs de l'arbre doivent avoir salué la vue de son feuillage frais, parmi les branches dénudées, comme le signe que la vie divine qui avait cessé d'animer les rameaux survivait encore dans le gui, comme le cœur d'une personne endormie bat encore quand le corps est immobile. Aussi, quand il fallait tuer le dieu – quand il fallait brûler l'arbre sacré –, il était nécessaire de commencer par arracher le gui. Car, tant que le gui restait intact, le chêne, croyait-on sans doute, serait invulnérable; tous les coups de leurs couteaux et de leurs haches glisseraient, sans le blesser, sur la surface de l'arbre. Mais son cœur sacré (le gui) une fois arraché, le chêne penchait vers sa chute. » On conçoit dès lors que le gui ait été un symbole de régénération.

C'est à ce titre qu'il était associé au début de l'année. La coutume du *Gui-l'an-neuf* est demeurée vivace dans toutes les provinces de France. Lors de la Saint-Sylvestre, on échange encore des vœux à minuit, au moment précis où commence l'année nouvelle, sous une touffe de gui bien garnie de fruits. Ce nom de Sylvestre ou Silvestre, porté par un saint pape du IVe siècle, semble d'ailleurs tout à fait idoine pour une fête qui célèbre la survie sous forme de gui de l'esprit de la forêt. Le dernier jour de l'année, avait lieu l'offrande du gui accompagnée de souhaits par les jeunes ou les inférieurs aux aînés, parents ou patrons, qui y répondaient en faisant des cadeaux. On prononçait alors la formule : « Salut à l'An neuf, donnez-moi du Gui l'An Neuf. » Cette coutume a fait croire que les druides ne récoltaient le gui qu'au moment du solstice d'hiver, alors que Pline, notre unique informateur, dit seulement que la cueillette s'effectuait « le sixième jour de la lune », donc à n'importe quelle lunaison.

En tant que gage de résurrection, de victoire contre la mort, le gui joue un rôle important dans la descente d'Énée aux Enfers décrite par Virgile. Pour notre propos, il est indispensable de remettre sous les yeux du lecteur cet épisode de l'*Énéide*, car il abonde en détails précieux : « Un rameau, dont la souple baguette et les feuilles sont d'or, se cache dans un arbre touffu, consacré à la Junon infernale. Tout un bouquet de bois le protège, et l'obscur vallon l'enveloppe de son ombre. Mais il est impossible de pénétrer sous les profondeurs de la terre avant d'avoir détaché de l'arbre la branche au feuillage d'or... Énée, guidé par deux colombes, se met à la recherche de l'arbre au rameau d'or dans les grands bois et soudain le découvre dans des ravins profonds... Arrivées aux gorges empestées de l'Arverne, les colombes s'élèvent d'un coup d'aile et, glissant dans l'air limpide, elles se posent toutes deux à l'endroit rêvé, dans l'arbre où le reflet de l'or éclate et tranche sur le feuillage. Comme sous les brumes de l'hiver, au fond des bois, le gui, étranger aux arbres qui le portent, renaît avec ses nouvelles feuilles et entoure leurs troncs arrondis de ses fruits couleur de safran, la frondaison d'or apparaissait dans l'yeuse touffue, et ses feuilles brillantes crépitaient au vent léger [104]. » L'arbre sur lequel fut cueilli le rameau d'or est une yeuse, un chêne vert ; or l'yeuse était considérée comme un arbre infernal, en rapport avec Hécate et les Parques, mais aussi comme un arbre de résurrection [105]. Il permettait de pénétrer dans les Enfers, mais aussi d'en ressortir, ce que fera Énée. Dans l'*Énéide*, c'est visiblement d'un arbre oraculaire qu'il s'agit, comme l'atteste le crépitement de son feuillage.

La description poétique de Virgile s'appuie sur d'anciennes croyances, et c'est peut-être là ce qui, même à l'insu du lecteur, lui donne un caractère encore saisissant. Fort judicieusement, Jean Beaujeu [106] remarque : « La mythologie du gui, très pauvre en Italie, était riche

dans les pays celtiques et germaniques; le gui passait pour
avoir une puissance magique : il permet d'ouvrir le
monde souterrain, éloigne les démons, confère l'immortalité et, détail propre aux Latins, est inattaquable au feu.
Tout se passe comme si Virgile avait adopté un thème de
son pays natal (la plaine du Pô avait été occupée pendant
plusieurs siècles par les Celtes), en lui donnant un caractère latin par la consécration à Proserpine. »

Le rameau d'or, illustré par Frazer qui en a fait le leitmotiv central et le titre de sa magistrale étude, est le symbole de la lumière initiatique qui permet de triompher
des ombres du royaume de Pluton et d'en resurgir, donc
de ressusciter.

Telle est en définitive la clef qui permet de comprendre
le beau mythe de Balder dans la mythologie germanique.
Fils d'Odin et de la déesse Frigg, Balder est le dieu de la
lumière et de la beauté, une grande clarté émane de tout
son corps. Aucun des Ases ne l'égale en sagesse, en
pureté, en miséricorde, et tous les dieux aiment un être
aussi exceptionnel dans un panthéon où règne la violence, tous, sauf le pervers Loki, l'enfant terrible parmi
les Ases, le tricheur, le « trickster », le démon du feu destructeur. Loki hait en Balder son contraire, dont l'existence même est pour lui un reproche, et décide de venir
définitivement à bout de lui grâce à ses ruses.

« Balder, le bon, fit de grands et funestes rêves où il
allait de sa vie. Et quand il raconta aux Ases ce qu'il avait
rêvé, ils prirent mutuellement conseil et il fut convenu
qu'on irait demander grâce pour Balder pour toutes
sortes de périls; Frigg (sa mère) reçut le serment que Balder serait épargné par le feu et l'eau, le fer et toutes les
espèces de métaux, les pierres, la terre, le bois, les maladies, les quadrupèdes, les oiseaux, le poison et les serpents. Quand tout cela fut fait et ratifié, les Ases décidèrent, pour s'amuser, que Balder se placerait en un
endroit surélevé du *thing* et que les autres lui lanceraient
des traits, ou le frapperaient, ou lui jetteraient des
pierres; mais quoi que l'on fît, cela ne lui faisait pas de
mal et tous tinrent la chose pour un grand honneur.
Quand Loki, fils de Laufey, vit cela, il lui parut mauvais
que Balder n'eût aucun mal. Il alla chez Frigg à Fensalir,
sous la forme d'une femme. Frigg demanda à cette

femme si elle savait ce que faisaient les Ases. Elle dit qu'ils tiraient tous sur Balder et qu'il n'en recevait aucun mal. Alors Frigg dit : "Nulle arme ou flèche ne saurait nuire à Balder, j'ai reçu le serment d'eux tous. " La femme demande : "Est-ce que toutes les choses ont juré d'épargner Balder ? " Frigg répond : "Il pousse un surgeon à l'ouest de Valhöll qui s'appelle gui ; celui-là m'a semblé trop jeune pour que j'en exige un serment. " Ensuite, la femme s'en alla. Loki prit le gui, l'arracha et alla à l'emplacement du *thing*. Hödr (le propre frère de Balder) se tenait à l'extérieur du cercle, car il était aveugle. Loki lui dit : "Pourquoi ne tires-tu pas sur Balder ? " Il répond : "Parce que je ne sais pas où il se tient, et de plus je n'ai pas d'arme. " Alors Loki dit : "Fais donc comme tout le monde, et honore Balder comme les autres ! Je vais te montrer où il se tient. Tire sur lui avec cette baguette. " Hödr prit le gui et tira sur Balder suivant les indications de Loki ; le trait transperça Balder qui tomba mort à terre. Et c'est le plus grand malheur qui soit arrivé aux dieux et aux hommes [107]. »

Si le gui arrache la vie du corps de Balder, c'est qu'il a été lui-même retranché de l'Arbre cosmique dont il est le cœur, le principe de vie. Balder, fils d'Odin, représenté par Yggdrasill, est né de la semence du dieu, du gui de l'arbre. L'arrachage du gui était, nous venons de le voir, une opération préalable nécessaire, si l'on voulait abattre l'arbre sacré, autrement invulnérable, comme Balder. Mais le gui est aussi et surtout promesse de guérison, de régénération et, en l'occurrence, de résurrection. Si Balder meurt, c'est qu'il est unique en son genre dans un univers où règne la violence et qui est de ce fait condamné. « Dans un monde corrompu et déshonoré, un monde qui s'est jugé lui-même, en quelque sorte, le principe du bien, de la bonté, de la beauté n'est plus viable [108]. »

La disparition de Balder, seul élément positif en ce monde, entraîne directement le châtiment de Loki, principe du mal, mais aussi *Ragnarök*, le cataclysme universel que nous avons évoqué plus haut. Comme les Germains, les Celtes croyaient que ce monde devait finir un jour. Cette catastrophe se produirait lorsque le ciel tomberait sur la tête des hommes, c'est-à-dire quand s'écroulerait la colonne qui, au centre de la terre, le soutenait. Cette colonne était l'Arbre cosmique que représentait le chêne sacré s'élevant au centre de chaque *nemeton*. Après la grande destruction, Balder et Hödr, son frère et meurtrier involontaire, reviennent de Hel sur la terre, mais c'est une terre nouvelle, « sortie de la mer..., verte et belle », où « les champs porteront des fruits sans avoir été ensemencés ». Balder et Hödr viendront s'asseoir et deviser dans la grande salle des festins où siégeait jadis Odin, « se rappelant les runes et racontant les événements d'autrefois... Alors, ils trouveront dans l'herbe les tables d'or qui avaient appartenu aux Ases... [109] ». Ce sont les tables sur lesquelles se trouvent gravés les runes sacrés, celles qu'avait découvertes au pied d'Yggdrasill Odin pendu à ses branches, sacrifié lui-même à lui-même.

Chapitre 4

La magie des sèves

Dionysos Dendritès – Pendaison rituelle et
fécondité – Lierre et délire dionysiaque – Bacchos,
dieu de la vigne – Dionysos et le mystère de la sève.

Dans le monde égéen préhellénique, Rhéa, déesse du
chêne et des colombes, était, avec son parèdre, le Zeus
crétois adolescent, au centre du culte rendu aux arbres,
pratique fondamentale de la religion minoenne. Les
archéologues ont mis au jour de nombreux périboles,
parfois flanqués d'un édicule, qui entouraient l'arbre
sacré. « C'est devant un enclos, devant des branches qui
pendent au-dessus d'un mur et d'un autel, que les invoca-
tions et les danses rituelles font apparaître la divinité. [1] »
De cette théophanie, nous possédons une représentation
frappante sur une bague de Knossos. Le dieu, sorti de
l'arbre et debout dans les airs, se montre à la prêtresse
qui l'a invoqué [2]. Cette dendrolâtrie, réservée, semble-t-il,
aux femmes – jusqu'à une époque relativement récente
les seuls ministres du culte en Crète –, n'était pas qu'un
rite d'adoration, elle se traduisait par des danses exta-
tiques [3], destinées à susciter la croissance des plantes, par
des arrosages magiques [4] qui avaient pour but de faire
tomber la pluie fécondante, enfin par l'arrachage de
l'arbre sacré. Cette cérémonie célébrait « la mort de la
végétation, le deuil hivernal de la nature [5] », mais aussi,
grâce à des incantations et à des gestes rituels, elle avait
pour effet supposé de libérer l'énergie contenue dans
l'arbre dont bénéficieraient les arbres et les plantes qui
renaîtraient au printemps.

La mise à mort de l'arbre revêtait parfois un caractère
délirant, comme dans les scènes figurant sur des bagues
.de Mycènes et de Vaphio, où l'on voit une femme étrei-

gnant avec passion le tronc d'un arbre, tandis qu'un officiant l'arrache, en détournant la tête et qu'une autre
femme, courbée, gémit sur une tombe, ce qui ne va pas
sans rappeler les cérémonies célébrant en Phrygie la
mort d'Attis, le dieu qui se sacrifie pour renaître.

Ce culte, où la danse reproduit le rythme qui meut
l'univers et met les participants en harmonie avec lui,
tend à le soutenir ou à le ressusciter quand il paraît flé-
chir. Il jouait un rôle vital en Crète et probablement dans
tout le monde préhellénique. Comme le souligne, en particulier, Charles Picard, il avait « un caractère orgiastique
et même extatique ». Son intention secrète était d'exprimer, en union avec la périodicité de la vie végétale, qui
naît, meurt et ressuscite, « les vives émotions qui se rapportent à la vie et à la mort des êtres pensants [6] ». La Crète
préhellénique fut toujours considérée par les Grecs
comme « la patrie des exorcistes et des magiciens, l'école
des pratiques propitiatoires et mystiques; en tant que
telle, elle a marqué d'une empreinte spéciale la religio-
sité grecque [7] ».

L'expansion minoenne dans tout le bassin de la Méditerranée, jusqu'en Égypte, jusqu'en Phrygie et en Anatolie, répandit cet aspect émotif et passionnel du culte crétois fondé sur la prédominance des déesses mères, « qui
se serait peu à peu contaminé, en Orient, au contact des
religions asiatiques [8] ». Aussi, les innovations apportées
par les Hellènes durent-elles « fusionner avec une civilisation méditerranéenne épargnée, résistante, fortement
conservatrice jusque dans la défaite et la clandestinité ». A
côté des « religions citadines férues de rationalisme,
imbues du respect des priorités patriarcales qui avaient
déjà magnifié la société chevaleresque des héros
d'Homère [9] », survivront des dévotions archaïques, mettant en œuvre les émotions plus spontanées, plus intui-
tives qui naissent d'une communion profonde avec les
forces naturelles, courant latent que ranimera l'irrésistible élan dionysiaque. Mais, si l'origine crétoise de ces
survivances est aisément décelable, celles-ci remontent
plus haut encore, jusqu'à ce vieux fond que les Grecs qualifiaient de pélasgique. L'oracle de Dodone nous est
apparu comme l'une des plus caractéristiques et des plus
résistantes de ces survivances, puisqu'il était encore
consulté à la veille du triomphe du christianisme.

En tout état de cause, de telles persistances sont bien plus nombreuses qu'on pourrait le croire en lisant les ouvrages des mythographes. Dans la mythologie classique se profile encore, mal dissimulée par la divinité anthropomorphe du panthéon hellène, l'ombre de l'arbre sacré, le plus souvent individualisé et localisé, devenu seulement avec le temps un attribut secondaire du dieu, que la plupart des auteurs mentionnent sans doute, mais sans y attacher d'importance. A les lire, on dirait que cette répartition des essences entre Olympiens n'offre guère de sens, qu'elle relève d'une sorte de fantaisie poétique, sauf dans quelques exemples bien déterminés où l'évidence ne peut être niée, ainsi dans le cas de Zeus et du chêne, ou dans celui d'Athéna et de l'olivier. Or, si l'on examine avec attention ces correspondances végétales, on se rend compte qu'elles sont toujours cohérentes, l'arbre désigné s'accorde avec la personnalité du dieu, avec son rôle dans cet ensemble structuré d'explications cosmiques que constitue un panthéon. Ainsi a survécu presque clandestinement tout un système classificatoire qui, s'il n'est pas aisé à démêler, ne serait-ce que parce que les auteurs classiques ne le comprenaient plus, a laissé des traces assez nombreuses pour que l'on puisse tenter de le reconstituer.

Si, à quelques exceptions près, dont les plus éminentes sont un auteur déjà ancien, J. G. Frazer [10] et un moderne, Robert Graves [11], ce sujet a été négligé, c'est en grande partie parce que les historiens des religions, obnubilés par la modification en effet radicale du rapport de l'homme avec son milieu qu'a entraînée l'apparition de la culture des céréales, ont oublié l'importance qu'avait présenté, au stade précédent, pour la vie humaine, la cueillette, beaucoup moins aléatoire que la chasse. L'arbre, par ses fruits et ses graines comestibles, était considéré comme une divinité nourricière, comme une véritable source de vie [12].

Tel était le cas dans la Crète minoenne, où les archéologues ont pu fournir sur ce sujet une documentation relativement abondante. Ici, le culte de l'arbre, dont témoignent tant d'œuvres d'art, a été particulièrement développé, ce qui peut surprendre dans une île en grande partie déboisée. Mais, comme le rappelle avec justesse

Paul Faure, qui a parcouru l'île en tout sens [13], « cette terre bénie des dieux paraissait dans l'Antiquité plus verte qu'elle n'est aujourd'hui. Une flore beaucoup plus abondante couvrait les massifs calcaires ». Celle-ci a été depuis lors dévastée par l'élevage des chèvres et des moutons, accompagné du « nomadisme ou du semi-nomadisme pratiqué en grand » par les envahisseurs, « occupants arabes ou colons slaves du Moyen Age ». A l'époque minoenne, la Crète était couverte de forêts [14] dont ne subsistent que de modestes reliques. On y trouvait de nombreuses espèces fruitières, l'olivier, le poirier, le grenadier, l'amandier, le néflier, le châtaignier, le noyer, le cognassier, le micocoulier, le jujubier, le sorbier, le pin pignon, dont on mangeait les amandes. Certaines furent cultivées, tandis que des autres, restées sauvages, on récolte encore les fruits.

Or, précise le même auteur, « à l'inverse de ce que l'on pourrait imaginer, la civilisation minoenne semble s'être développée à partir des montagnes boisées » et « une bonne partie de l'alimentation crétoise venait, autrefois comme aujourd'hui, de la cueillette ». Les forêts de montagne fournissaient encore toutes sortes de remèdes toujours en usage. Ce régime végétarien ne s'accompagnait qu'incidemment d'aliments animaux, procurés par la chasse ou par la pêche plus que par l'élevage, puisque, par exemple, les bovins n'étaient semble-t-il utilisés, comme chez d'autres peuples d'ailleurs, que pour les sacrifices. Cette dépendance, bien plus étroite qu'on ne l'imagine, des végétaux sauvages et particulièrement des produits des arbres explique la magie mise en œuvre dans les cultes orgiastiques, destinés à conforter la vie végétale et à la faire renaître. Plus tard, lorsque se répandra la culture des céréales, ils ne survivront plus que sous la forme de mystères réservés aux seuls initiés, sauf en ce qui concerne la vigne, avec le culte de Dionysos, en tant que Bacchos, qui mettra longtemps à s'imposer après avoir rencontré bien des résistances et dont les cérémonies hivernales publiques auront encore pour but de faire renaître la vie de la mort, de la tirer des sombres abîmes où elle a disparu.

On comprend mieux dès lors que la Grande Déesse, la Mère universelle, soit si souvent accompagnée d'un arbre et que ce dernier soit le lieu par excellence de ses épiphanies. L'arbre sort des profondeurs, desquelles il puise son existence même. Il apparaît comme le surgissement vertical le plus imposant de la surabondance de la vie chtonienne qui se hausse vers le ciel, attirée par le soleil. Que représente dans ce contexte le petit dieu mâle qui se révèle, armé d'un bâton ou d'un sceptre, sortant du feuillage d'un bosquet sacré, sinon l'esprit même de l'arbre? Dans la religion crétoise, autant les déesses sont fréquemment figurées, autant sont rares les représentations des dieux, divinités mineures émanées d'elles. Les dieux crétois ne sont apparemment que des fécondateurs, leur rôle peut se comparer à celui des bourdons par rapport à la reine des abeilles. Même si ces dieux renaissent, ils sont soumis à la mort. Ce sont des dieux fils et aussi des dieux amants, ce que fut, à l'origine des temps, Ouranos vis-à-vis de Gaea, sa mère [15], ce que fut le Zeus Crétagénès dont certains traits archaïques, devenus anachroniques, ont pourtant subsisté dans la figure du Zeus olympien [16].

Mais, s'il est un dieu qui corresponde au culte orgiastique et extatique rendu aux arbres sacrés, aux danses frénétiques qui l'accompagnaient, s'il est un dieu qui évoque la montée et le bouillonnement de la sève, mais aussi la mort hivernale des arbres, ce n'est plus à l'époque classique Zeus, mais son fils Dionysos.

Dionysos Dendritès

On a longtemps tenu ce dieu énigmatique, aux visages et aux noms multiples, ce dieu « deux fois né », qui meurt et qui renaît, qui apparaît et disparaît, pour un dieu de la vigne, étranger au monde grec et venu d'ailleurs, de Thrace ou de Phrygie. Mais les études les plus récentes tendent à reconnaître en lui une divinité très archaïque et en son culte, qui a suscité les violentes résistances qu'illustre sa biograpie mythique et subi de longues éclipses – par exemple à l'époque d'Homère, lequel en souligne le caractère marginal et même presque scandaleux –, « la religion la plus antique qui s'est perpétuée avec une vitalité singulière [17] ».

Depuis qu'on a découvert la présence du nom de Dionysos jusque dans les inscriptions mycéniennes, la plupart des auteurs défendent l'origine égéenne, et même crétoise, du fils de Zeus. Sans vouloir empiéter sur le champ exploré depuis près d'un siècle par les historiens des religions, dont les travaux ont culminé avec les ouvrages de H. Jeanmaire [18] et de W. F. Otto [19], nous nous contenterons de remarquer que la pseudo-origine phrygienne de Dionysos s'explique fort bien par les migrations des peuples. Les vagues successives d'immigrants qui ont colonisé la Crète provenaient vraisemblablement de l'Anatolie occidentale, où est située la Phrygie. Par la suite, certains de ces envahisseurs, devenus à la longue crétois, sont retournés dans leur patrie première et y ont fondé Troie. Le dieu archaïque qu'était Dionysos a fort bien pu suivre ce double itinéraire qui l'a, lui aussi, reconduit de Crète en Phrygie. Ceci expliquerait, au moins partiellement, les aller et retour, si fréquents dans la légende dionysienne. Dionysos est par excellence un dieu voyageur, ceci dès l'origine.

Le culte d'un Dionysos enfant est en effet attesté en Crète, où il se confond avec le Zagreus du mont Ida, lequel n'est lui-même qu'un doublet du Zeus Crétagénès du mont Dicté. De plus, il semble que, si le nom de Dionysos a été lié à la vigne, de manière à éclipser les autres traits de sa physionomie, le dieu lui-même soit de beaucoup antérieur à sa culture, laquelle fut introduite en Crète d'Asie occidentale, le pays d'origine des Crétois minoens qui l'apportèrent peut-être avec eux.

Il est bien d'autres facettes du dieu qui sont certainement plus anciennes. Dionysos, même à l'époque classique, n'est pas associé qu'à la vigne, mais au figuier, comme Priape, au myrte comme Hadès et surtout au lierre, à la grenade et au pin, tel Attis, ce qui se rapporte à ses différents aspects, phallique, mortel en tant que dieu de la végétation et présidant au retour momentané des morts sur la terre.

Si Dionysos nous apparaît complexe jusqu'à la contradiction, c'est que son personnage a été formé peu à peu de la coalescence de plusieurs entités, ainsi qu'en témoigne la multiplicité de ses dénominations. Certaines désignent des divinités distinctes avec lesquelles il a fusionné et qui ont chacune modifié son personnage. Zagreus est le « premier Dionysos », d'origine crétoise et peut-être plus largement égéenne. Fils de Perséphone, déesse infernale, et de Zeus qui l'aurait approchée sous la forme d'un serpent, c'est donc, par cette double origine, une puissance chtonienne sombre et redoutable [20]. Le « Grand Chasseur », car telle est la signification de son nom, conduit la « chasse sauvage », thème – qui hante tout le folklore européen – du retour hivernal des morts, retour à la fois craint et espéré, puisque, à échéance, il entraîne la remontée des forces de vie, apparemment résorbées par la terre. Zagreus, que les Titans déchirèrent et dévorèrent tout vif sous la forme d'un taureau, est lui-même un mangeur de chair crue *(ômestès)*, ce que seront à son exemple les Ménades, pratiquant le dépècement de la victime vivante *(diasparagmos)* et la consommation immédiate de la chair et du sang (ômophagie). Ce trait de cannibalisme semble étranger à notre sujet, il y est cependant étroitement relié. L'existence de sacrifices humains ayant pour but la renaissance et la croissance de la végétation se retrouve dans toutes les préhistoires. Elle est certaine en Crète, où l'immolation de victimes humaines accompagnait probablement l'arrachage de l'arbre sacré. Selon R.Graves, le mythe de Zagreus se rapporterait « au sacrifice annuel, en Crète, d'un jeune garçon que l'on substituait à Minos, le roi-Taureau. Il régnait pendant une journée, exécutait une danse illustrant les cinq saisons, où il mimait le lion, la chèvre, le cheval, le serpent et le veau, après quoi il était sacrifié et on mangeait sa chair sans la faire cuire [21] ». Ces incarnations correspondaient aux métamorphoses employées par Zagreus assailli par les Titans et devenu successivement Zeus (son père), habillé d'une peau de chèvre (donc ayant revêtu l'égide protectrice), Cronos, son grand-père, faisant descendre la pluie, puis un lion, un cheval, un serpent cornu et finalement un taureau [22], forme sous laquelle il était mis à mort. Mais Dionysos-Zagreus [23], le taureau dévoré, en tant que symbole de force et de fécondité, afin de les restituer à la terre en espérant leur renaissance, était lui aussi un « mangeur de taureau » [24]. Il apparaît donc ici comme un dieu qui se sacrifie lui-même à lui-même [25], tel Odin pendu aux branches de l'Arbre cosmique [26].

Le sacrifice d'une victime humaine, mise en pièces en vue de rendre à la terre sa fertilité, figure dans le légendaire dionysien avec l'histoire de Lycurgue, roi de Lydie, conduit sur le mont Pangée où il fut déchiqueté par des chevaux sauvages, sur ordre de Dionysos, à qui les Lydiens avaient demandé de faire cesser une sécheresse catastrophique. Le dieu avait répondu qu'elle provenait de la malédiction provoquée par le meurtre de Dryas (le chêne) [27], c'est-à-dire par l'abattage de l'arbre sacré. Ce récit illustre par ailleurs la coutume bien connue de la mise à mort du roi, lorsqu'il a perdu les pouvoirs qu'il avait sur les éléments et qui assuraient la prospérité du royaume, pouvoirs qu'il tenait de son père, le chêne sacré.

Dans les légendes dionysiennes, les victimes des sacrifices humains sont le plus souvent des enfants – comme le jeune garçon représentant Minos –, ou des jeunes filles [28].

Une autre figure de Dionysos, Sabazios, n'était peut-être pas, comme certains l'ont cru dans l'Antiquité, une divinité thrace [29] connue sous son nom indigène, mais « un grand dieu du monde phrygien [30] ». En grec, son nom était entendu comme ayant le sens de « celui qui brise en morceaux », ce qui correspond au dépècement précédant l'ômophagie, usage attesté en Thrace et qui rapproche Sabazios de Zagreus. Mais surtout, le culte orgiastique du premier, qui comportait des rites de purification, facilita le rapprochement avec Dionysos et rendit le dieu phrygien très populaire en Crète. Les Grecs voyaient en lui un fils de Cronos, ou de Cybèle, c'est-à-dire de Rhéa, ce qui l'assimilait à Zeus plutôt qu'à Dionysos. Le serpent était son animal sacré, ce qui prouve qu'il s'agissait encore d'une divinité chtonienne. Quelques auteurs affirmaient que Sabazios était né comme Zagreus des amours de Perséphone et de Zeus métamorphosé en serpent.

Mais ce qui faisait identifier Sabazios à Dionysos, c'était surtout la nature des mystères qui l'honoraient. Ils comportaient, en tout cas à l'époque de Démosthène qui les décrit [31], la consommation de vin. Aux temps anciens, le vin avait été précédé par une sorte de bière [32], don de Sabazios, le dieu de l'orge, aux hommes. Sabazios, comme Dionysos, était aussi en rapport avec le lierre, qui dans la religion thrace jouait un rôle important, les dévots du dieu se faisaient tatouer une feuille de lierre. Outre ces deux noms qui représentent des divinités de nature et d'origine distinctes et se confondirent pour donner la figure du Dionysos classique, on lui donnait encore celui, peut-être thrace, de Bacchos, en tant que dieu du vin, celui, mystique et éleusinien, de Iakkhos, qui vient de *iakkè*, le « grand cri » qui acclamait dans les cérémonies le dieu enfant. A ce nom grec est donné comme équivalent latin, celui de Liber, confondu avec Dionysos. Liber était une vieille divinité italique de la fécondité, connue surtout par sa fête, les *Liberalia*, célébrée le 17 mars et au cours de laquelle les adolescents quittaient la robe prétexte pour revêtir la toge virile. Rappelons à ce sujet que les Courètes qui élevèrent l'enfant Zeus, puis le petit Dionysos étaient une troupe de jeunes initiés qui venaient de consacrer leur chevelure à la Grande Déesse et que ce séjour des jeunes dieux sur les monts boisés, au contact direct des forces de la nature sauvage, correspond à la retraite dans la forêt imposée aux adolescents lors des rites de passage qui marquent la puberté. En latin, *liber* signifie « écorce d'arbre », le mot désigne plus précisément ce que les botanistes nomment encore liber[33], la partie interne et vivante de l'écorce qui convoie la sève élaborée dans les feuilles jusqu'aux racines, et l'on verra que Dionysos est essentiellement un dieu de la sève.

Mais c'est surtout à travers les multiples épithètes à lui attribuées que transparaît la physionomie archaïque d'un dieu de la végétation. Un peu partout, en Grèce et ailleurs, Dionysos était vénéré comme *Dendritès*, le jeune protecteur des arbres. En Béotie, où, pour les Grecs, il était né, on l'appelait plus explicitement *Endendros*, « celui qui vit et est à l'œuvre dans les arbres », comme le traduit W. F. Otto[34], ou « celui qui est dans l'arbre », ce qu'exprime à sa façon la légende de Magnésie du Méandre qui affirme qu'une statue de Dionysos aurait été trouvée dans le tronc d'un platane brisé par le vent; ou, mieux encore, « celui qui apparaît dans l'arbre », tel le petit dieu sortant du bosquet sacré dont nous avons parlé plus haut. Un fragment de Pindare contient l'invocation suivante : « Puisse Dionysos le Joyeux accorder aux arbres

plantés la prospérité, splendeur sacrée de la maturité. »
Quatre siècles plus tard, Diodore de Sicile mentionne que
l'on attribuait au dieu la croissance des arbres fruitiers.
On l'appelait « celui qui fait pousser les fruits ». Dans les
vergers, un sauvageon manifestait la présence active de
leur protecteur. Dionysos qui veille sur les arbres leur dut
son salut lorsque, dès avant sa naissance, il se trouva en
danger de mort. Dans la légende grecque, quand Sémélé
mourut brûlée par les flammes émanées de la personne
de Zeus, le fœtus qu'elle portait eût péri, si un lierre épais
n'était venu miraculeusement s'interposer entre lui et le
feu céleste. Plus tard, sorti de l'abri qu'avait été la cuisse
de son père, le petit enfant « deux fois né » fut, à l'instigation d'Héra jalouse, capturé par les Titans qui le cou-
pèrent en morceaux et le firent bouillir dans un chaudron. Mais, du sang répandu, surgit un arbre, le
grenadier. Alors intervint la grand-mère de Dionysos,
Rhéa, qui reconstitua son corps, comme Isis celui de son
époux, et le rendit à la vie.

Les figurations les plus anciennes du dieu étaient des
poteaux dressés, sans bras, mais drapés d'un manteau,
avec un masque et une barbe, figurant la face, et des
rameaux couverts de feuilles sortant de la tête et du corps
pour indiquer la nature de la divinité. Parfois, il s'agissait
d'un pilier simplement entouré de lierre, ainsi à Thèbes,
censé être le lieu d'origine de Dionysos, ce pilier était,
disait-on, tout ce qui restait du palais de Cadmos, ruiné
par l'incendie qui avait fait périr la fille de ce roi. A
Thèbes, on montrait encore une statue tombée du ciel
avec la foudre qui avait frappé Sémélé, ce « n'était qu'un
billot de bois revêtu de métal [35] ». L'oracle de Delphes
ordonna aux Corinthiens d'adorer un certain pin « à l'égal
du dieu »; ils fabriquèrent donc avec le bois de cet arbre
deux images de Dionysos, « au visage vermillonné et au
corps doré [36] ». A Acharnès, en Attique, on vénérait un
Dionysos Lierre, à Lacédémone, un Dionysos Figuier, à
Naxos, il existait un Dionysos Baccheus et un Dionysos
Meilichios, taillés respectivement dans du bois de vigne
et du bois de figuier. Enfin, à l'époque classique, le thyrse
des Bacchantes était une férule qu'enlaçait une tige de
lierre, accompagnée de feuilles de vigne, et que couron-
nait une pomme de pin.

Une autre épithète de Dionysos est elle aussi bien significative, si l'on traduit Bromios, non par le « Bruyant », mais, ce qui est plus exact, par le « Bruissant » ou le « Frémissant ». « Elle convient à la nature du dieu dont on croyait sentir la présence dans l'agitation du feuillage et dans le murmure de la forêt et plus encore au tremblement – accompagné sans doute de râles et de sourds mugissements – par lequel se signale l'état de transe où la présence du dieu induit les fidèles[37]. » Voilà qui correspond trop bien à ce que nous avons noté plus haut à propos de Dodone pour que nous ne soyons pas tentés de voir dans le Bromios un arbre oraculaire, et en effet, comme nous le verrons plus loin, Dionysos était aussi prophète.

Quant à ce mystérieux mont Nysa, pour lequel les compilateurs anciens, mais aussi les auteurs modernes ont proposé jusqu'à dix localisations, de la Béotie et de la Thrace à la Libye, à l'Arabie, à l'Éthiopie, voire même aux bords de l'Océan, face aux Canaries, c'est-à-dire dans la mythique Atlantide, sans jamais pouvoir apporter pour aucune de ces localisations de preuves décisives, on peut se demander, puisque, après tant de recherches, Nysa reste introuvable, si c'était le nom d'un site. Nysa était une nymphe du mont Hélicon qui reçut d'Hermès l'enfant Dionysos, c'était, autrement dit, une des Hyades[38] qui le nourrirent de miel. C'est sur la même montagne, nommée aussi Nysa, comme la nymphe, que le dieu inventa, dit-on, le vin. Mais le vin ne lui fut pas associé à l'origine et la légende grecque fournit le nom de ses « inventeurs ». Ne s'agissait-il pas plutôt de l'hydromel, le miel fermenté qui formait la base du nectar, boisson des dieux dans l'Olympe et boisson d'immortalité pour les rares mortels qu'ils autorisèrent à en consommer? L'hydromel entrait vraisemblablement, avec le lierre (l'Hélicon est la montagne du lierre), dans la composition du breuvage excitant absorbé par les Ménades. Nysa, écrit R.Graves, veut dire « arbre », comme Dionysos est censé signifier le dieu de Nysa, son nom lui-même le donnerait pour un dieu-arbre. Malheureusement, Graves n'apporte aucune preuve à l'appui de son affirmation. Seulement, il n'est peut-être pas indifférent qu'un genre d'arbres ait justement été appelé Nyssa. Ce nom lui fut attribué par Gronovius qui enseignait à l'université de

Leyde au xvii⁰ siècle et qui indique qu'il s'agit du nom d'une nymphe. Or, Gronovius, philologue et auteur de savantes dissertations sur les antiquités romaines, devait savoir de quoi il parlait [39].

Comme le Zeus crétois, le Dionysos archaïque est donc une divinité de l'arbre, c'est même là ce qui unifie ses images parfois contradictoires, mais, bien plus que le Crétagénès, il est un dieu fils. Il a été engendré par Zeus de la Terre Mère, de la Grande Déesse. On sait en effet maintenant, grâce aux travaux de Kretschmer [40], qu'en Sémélé, il faut probablement reconnaître Sémélô, la Déesse Terre phrygienne [41]. Dans ce cas disparaît une partie du mythe grec selon lequel Dionysos est le fils d'une mortelle qui, à la suggestion perfide d'Héra, voulut contempler son amant en sa majesté olympienne et périt dans les flammes. C'est là ce qui amène W. F. Otto, et lui seul, à récuser l'interprétation de Kretschmer. Il fait remarquer que, déjà dans Hésiode, Sémélé est donnée pour la fille de Cadmos, roi de Thèbes, qu'elle est qualifiée de mortelle ayant engendré un fils immortel. L'objection certes est de poids, mais on peut lui opposer qu'il peut s'agir de deux états successifs de la biographie dionysienne. Le dieu crétois des arbres, tel son père, le Zeus Crétagénès, était, comme toutes les divinités de la végétation, soumis au cycle de la mort et de la renaissance, donc mortel. Lui seul l'est resté, ce qui explique un statut particulier, son caractère marginal par rapport aux Olympiens. Pour expliquer cette mortalité, qui n'en est pas vraiment une, les Grecs rationalistes ont recouru à un artifice qui concilie l'apparemment inconciliable : Dionysos est né d'un père immortel et d'une mère mortelle. Seulement, ils ont tout de même éprouvé un scrupule : grâce à son fils venu l'arracher à Hadès, Sémélé devient immortelle, sous un nouveau nom d'ailleurs, celui de Thyoné. La parenté de ce nom avec celui des Thyiades, autrement dit des Bacchantes, était reconnue par les Anciens [42]. Ressuscitée, Sémélé-Thyoné devient la première d'entre elles, leur modèle, parce que, « du fait de sa maternité », elle avait été « la première femme atteinte du délire bachique que lui avait communiqué l'enfant qu'elle portait dans son sein [43] ». Mais, dans l'Antiquité, on reconnaissait en Thyoné Dioné, l'épouse de Zeus à Dodone, c'est-à-dire Rhéa, la Terre Mère.

Tout ceci nous reconduit donc au Zeus du Dicté, père du Dionysos crétois. Or, par-delà les différences que nous avons soulignées, il existe aussi des similitudes frappantes entre les récits des enfances de l'un et de l'autre : menace de destruction par le père, abandon par la mère qui disparaît, éducation donnée sur une montagne boisée, le Dicté ou l'Ida pour Zeus, le mont Ida ou l'Hélicon pour Dionysos-Zagreus, par de jeunes initiés, les Courètes, fils de Rhéa ou les Corybantes, et aussi par des nymphes, les Hyades, les mêmes qui élevèrent d'abord Zeus suivant la légende dodonéenne. Seulement, le parallélisme s'arrête là. Dans l'enfance de Dionysos intervient l'épisode de son dépeçage par les Titans, dont Zeus, lui, fut vainqueur. Et puis surtout, Dionysos, à la différence de son père, doit rester un enfant, ou tout au plus un adolescent que ne quitte jamais son précepteur, Silène. Lorsque, par ordre de Zeus, Hermès confie le nouveau-né à Ino, sa tante maternelle, il lui recommande de l'élever comme une fille [44]. La personnalité du dieu en restera marquée. Pour Eschyle [45], pour Euripide [46], il sera l'efféminé, on le qualifiera souvent aussi d'androgyme. Cette ambiguïté se manifeste jusque dans ses rapports avec les femmes, « sa nature féminine se révèle aussi dans sa façon d'aimer ». Plutôt que des amantes, les femmes qui l'entourent sont pour lui des nourrices ou des mères. Même les Bacchantes jouent ce rôle [47]. A ce sujet, W. F. Otto remarque : « les Ménades sont caractérisées par leur distinction et leur réserve, leur sauvagerie n'a rien à voir avec l'excitation lubrique des compagnons mi-hommes mi-bêtes qui tourbillonnent autour d'elles [48] ». Jamais, Dionysos ne participe à leurs excès sexuels : il « ne semble pas avoir d'yeux pour leur franche luxure ». Un trait qui le distingue de tous les dieux vraiment virils dont les passions amoureuses sont assouvies par de fugitives étreintes est que son amour est extatique et l'attache pour toujours à l'être aimé. C'est ce que nous montrent magnifiquement les peintures de vases. Il n'est pas arbitraire d'appeler Ariane l'élue, car il est remarquable « que le mythe évoque très peu d'autres liaisons amoureuses ». La conduite de Dionysos est donc celle d'un adolescent plutôt que d'un homme fait. Il est dominé par les femmes bien plus qu'il ne les domine et traité en enfant par les Ménades elles-mêmes.

Pendaison rituelle et fécondité

Si l'on examine la personnalité de celles qui furent ses maîtresses, on découvre un autre élément. Érigoné était la fille d'Icarios, qui a donné son nom à un dème de vignerons en Attique. En remerciement de son hospitalité, Dionysos révéla à Icarios les propriétés enivrantes de la vigne[49], mais ce dernier, ayant commis l'imprudence d'en faire profiter des bergers, fut massacré par eux qui se crurent ensorcelés. Ils enterrèrent le cadavre sous un pin (arbre consacré à Dionysos). Érigoné, l'ayant retrouvé, se pendit à l'arbre, non sans avoir demandé aux dieux que les filles d'Athènes subissent le même sort tant qu'Icarios ne serait pas vengé. En effet, les jeunes Athéniennes se pendirent au pin l'une après l'autre jusqu'à ce que l'oracle de Delphes eût expliqué qu'Érigoné avait exigé leurs vies : à la suite de quoi les assassins d'Icarios furent recherchés, retrouvés et aussitôt pendus. Cette historiette, apparemment banale, requiert quelques explications. Érigoné signifie « qui naît au printemps », mais la première partie de ce mot, *er* pour *ear*, désigne non seulement le printemps et le matin, mais aussi la sève, le suc, le sang chaud d'un meurtre, ce qui donne un sens particulier à la pendaison de la jeune fille. Par ailleurs, Érigoné était connue comme l'introductrice des Aiôries, au cours desquelles on suspendait dans les arbres, afin d'en assurer la fécondité, des poupées et des masques, tandis que des jeunes filles, les pieds posés sur une étroite plateforme pendue aux branches, se balançaient. Ainsi, nous dit-on, naquit l'escarpolette. Ce balancement n'a pas éveillé la curiosité des auteurs. Ils ne semblent pas avoir perçu qu'il s'agissait d'une simulation du spasme sexuel, en particulier de l'orgasme féminin, simulation qui émeut si fort les petites filles lorsqu'elles y découvrent des plaisirs encore insoupçonnés. Par ailleurs, le balancement est un acte rituel pratiqué un peu partout dans le monde, particulièrement en Inde, où son rythme est considéré comme celui du temps, de l'alternance du jour et de la nuit, des saisons. Efficace surtout au printemps, car il célèbre et suscite le renouveau, il est lié également à l'obtention de la pluie fécondante[50].

L'usage des figurines pendues aux branches des arbres fruitiers était courant en Grèce et en Crète. Elles représentaient le plus souvent Ariane. Car voilà bien ce que fut à l'origine la fille de Minos, «une primitive déesse minoenne, un esprit de la végétation, sinon de l'arbre [51]». Son nom, Ariane ou plutôt Ariagne, traduit d'ordinaire par «la plus sacrée», le serait beaucoup mieux par «l'intacte», «l'intouchable» [52]. La vierge Ariane paya chèrement de ne l'être plus, puisque l'abandonna à Naxos le volage Thésée. Elle fut ensuite consolée par Dionysos, lorsqu'il aborda dans cette île. Ariane périt de mort violente, brûlée par Artémis à l'instigation de Dionysos finalement jaloux de Thésée, car le dieu aurait été précédemment l'amant d'Ariane, à moins qu'elle ne se soit pendue, à la suite de son abandon, à Chypre. A Chypre, on montrait même son tombeau dans une grotte au milieu d'un bois consacré à Ariane-Aphrodite. Près de cette tombe se déroulait une étrange cérémonie : un jeune homme mimait les douleurs de l'accouchement, l'enfant divin qui était censé naître alors favorisait la croissance de la végétation. Aussi singulière que paraisse cette «couvade», elle s'explique aisément. A Chypre, Ariane séparée de Thésée serait morte en couches, sans avoir enfanté. Le jeune garçon prenait en quelque sorte le relais, il achevait l'œuvre interrompue, exactement à la manière dont Zeus abritait dans sa cuisse le fœtus de Dionysos, extrait vivant du corps de sa mère.

La pendaison d'Ariane à Chypre rappelle celle d'Érigoné à Icarion, mais c'est aussi pendue que sa sœur, Phèdre, la «Brillante», mit fin à ses jours, après avoir été repoussée par son beau-fils, Hippolyte. Or, Phèdre est parfois représentée sur une balançoire. D'autre part, son amour pour Hippolyte, qui est celui, incestueux, d'une femme mûre pour un jeune homme, est à rapprocher des couples formés par la Grande Mère crétoise et son parèdre adolescent. A Rhodes, donc non loin de Chypre, où Hélène se serait pendue, elle portait le surnom de Dendritis, comme Dionysos. C'était donc une déesse de l'arbre. Nous pouvons même préciser du platane, car cette essence lui était consacrée. Comme tous les arbres dont les feuilles ont cinq lobes et par conséquent la forme d'une main, le platane, de même que le figuier, la **vigne et** le lierre, appartenait à la Grande Déesse. Enfin, en Arcadie, il existait un culte d'Artémis Apankhomené, ou Artémis Condyléatis, la « Pendue », l' « Étranglée ». Artémis, la vierge qui hante avec ses compagnes les forêts sauvages, était elle aussi une divinité de l'arbre, le noyer, le cèdre et probablement l'épicéa, lui étaient consacrés.

Que peuvent signifier toutes ces pendaisons, dont le balancement rituel ou la suspension des poupées dans les branches ne sont que les substituts? Nous avons vu que l'usage cérémoniel de la balançoire était mis partout dans le monde en rapport avec le renouveau de la végétation et que les poupées étaient censées stimuler la croissance des arbres dans lesquels elles étaient suspendues. Si l'on remonte au stade précédent, le sens de la pendaison, non plus symbolique, mais réelle, ne peut être que le même. Et ici, nous retrouvons l'auto-sacrifice, celui de Dionysos-Zagreus et celui d'Odin. Qu'est-ce à dire, sinon que le sacrifice de soi a partout une signification identique : il est don total, la victime se sacrifie pour le bien de tous, mais, le sacrifice une fois consommé, elle ressuscite. Dans le cas que nous venons de mentionner de pendaisons à des arbres, le but visé est indiqué, il s'agit de provoquer à terme le redépart de la végétation. Ariane, nous l'avons vu, est une déesse de la croissance printanière. Il est peut-être possible d'aller plus loin. Érigoné se pend à un pin, l'arbre de Dionysos, Hélène au platane qui lui est à elle-même consacré. Cela ne signifie-t-il point qu'en donnant sa vie à l'arbre qui est le sien, la divinité en quelque sorte réintègre l'habitat dont elle était sortie au printemps? Le sacrifice correspond à l'apparente mort hivernale de l'arbre, qui alors se réintériorise, la sève, quittant les branches, se concentre à l'intérieur de la souche, donc dans la terre, d'où elle remontera pour irriguer à nouveau tout l'arbre lors de l'éclosion printanière. Ici encore, nous nous trouvons face à face avec le mystère de la vie de l'arbre, auquel ne pouvaient manquer d'être très sensibilisés ceux qui en tiraient leurs ressources et qui, dans sa renaissance, voyaient pour eux-mêmes une promesse de résurrection.

Si les pendaisons divines qui apparaissent dans les légendes, ainsi que les anciens sacrifices humains qu'elles reflètent et qui sont attestés par ailleurs constituaient des rites destinés à assurer la croissance, la prospérité et la fécondité de la végétation, les unes et les autres promettaient à la victime un sort meilleur, voire l'immortalité. C'est pourquoi il y a tout lieu de penser qu'il s'agissait, au moins à l'origine, de sacrifices volontaires[53]. Nous en avons curieusement conservé la trace dans la lame XII du tarot, « Le Pendu », appelé aussi « Le Sacrifice » ou « La Victime », qui figure un jeune homme se balançant, pendu par un pied à une poutre reposant sur deux arbres, et dont les cheveux touchent presque le sol dans lequel semble s'enfoncer la tête entre les deux monticules situés au pied des arbres. Selon la symbolique traditionnelle du tarot, le Pendu manifeste la fécondité du sacrifice volontaire, de l'oubli de soi, il représente l'âme du mystique qui se dégage de la matière afin de rejoindre le monde spirituel dont elle est issue[54]. Ayant « renoncé à l'exaltation de ses énergies propres, (le mystique) s'efface pour mieux recevoir les influences cosmiques », dans le dessein de promouvoir « la régénérescence chtonienne ». « Le Pendu est l'arcane de la restitution finale... Mais cette restitution est la condition de la régénérescence[55]. » N'est-ce pas exprimer l'esprit même de la pendaison rituelle, le sens qu'elle dut avoir jadis? Pour notre propos, il est important de noter encore ceci : les bras liés du Pendu soutiennent des sacs d'où s'échappent des monnaies d'or et d'argent qui tombent sur la terre, les arbres sur lesquels repose la potence sont représentés sans feuilles, étêtés et taillés, le long de leurs troncs s'ouvrent les cicatrices laissées par les six branches que l'on vient de couper et où paraît encore la sève couleur de sang. C'est donc l'arbre qui est blessé, non le Pendu lui-même. De la croyance archaïque dans les effets fécondants et régénérateurs de la pendaison, il existe un autre vestige, la légende médiévale de la mandragore, dont la racine a la forme d'un homuncule. Utilisée comme une sorte de panacée, elle était à la fois somnifère, anesthésique et aphrodisiaque. La mandragore passait pour naître sous les gibets de la semence des pendus. Enfin, comment ne pas rapprocher l'image de cet homme la tête en bas de celle de l'Arbre cosmique inversé? Dans le symbolisme du tarot, le Pendu est identique au Bateleur de la première lame qui est le démiurge, autrement dit le Créateur.

Puisque Ariane est morte, pendue à Chypre ou brûlée par Artémis, c'est donc ressuscitée que Dionysos l'a épousée. On comprend mieux dès lors pourquoi la légende affirme que c'est à l'instigation de Dionysos lui-même qu'Artémis a fait périr Ariane. Il fallait qu'elle meure, comme Sémélé, afin de devenir immortelle et de pouvoir s'unir au dieu qui est lui-même, comme toutes les divinités de la végétation, un dieu qui meurt et qui ressuscite.

Lierre et délire dionysiaque

La plupart des légendes que nous venons de rapporter ont une structure commune. Il s'agit chaque fois d'un couple composé de la Déesse Mère et de son parèdre, le dieu adolescent de la végétation. Dionysos, comme le Zeus Crétagénès, est un dieu fils, mais il l'est aussi par rapport à Zeus lui-même. Il a, en somme, le statut du fils du roi qui, dans les temps anciens, était sacrifié. Zeus, nous l'avons vu, est le chêne, le roi des arbres, Dionysos n'est que le pin, qui est loin d'avoir la majesté du chêne et vit beaucoup moins longtemps que lui, mais il est surtout le dieu de ces plantes ambiguës qui sont et ne sont pas des arbres, le lierre et la vigne. Bien que ligneuses elles ont, l'une et l'autre, besoin d'un support. Lierre et vigne sauvage se dressent contre les arbres qu'ils enlacent de leurs tiges volubiles. Le lierre croît d'abord sur la terre, la Terre Mère, dont il semble l'émanation et qu'il couvre même en hiver de ses feuilles coriaces, jusqu'à ce qu'il rencontre le tronc d'un arbre le long duquel il s'élève en spirale. Il peut compromettre la vie de son soutien que peu à peu il étouffe jusqu'à le faire périr.

Or le lierre « est la plante favorite de Dionysos[56] ». On l'appelait souvent le « Couronné de lierre », ou même *Kissos*, le « lierre ». Cette liane, rappelons-le, l'avait à deux reprises sauvé à Cadmos. Peu après sa naissance, les nymphes le baignèrent dans la fontaine Kissusa, « du lierre », et c'est sur le mont Hélicon (*hélix* est un autre nom du lierre) qu'il fut élevé.

« La vigne et le lierre, écrit W.F. Otto, sont comme deux frères qui se seraient développés dans des directions

opposées sans cependant pouvoir renier leur parenté.»
S'ils se ressemblent en effet, le cycle de leur vie saisonnière est inverse. Alors qu'à l'entrée de l'hiver, la vigne
vendangée semble morte, n'existant plus que sous la
forme d'un cep desséché, le lierre s'épanouit et fleurit, ce
que savent les abeilles qui viennent y butiner leur dernière récolte de l'année. Il fructifie tout au début du printemps, bien avant qu'éclosent les nouvelles pousses de la
vigne, et ses fruits contenant un suc rougeâtre servent
alors de nourriture aux oiseaux. «Entre ses fleurs et ses
fruits s'étendent les mois d'hiver où a lieu l'épiphanie dionysiaque.» Le lierre n'aime pas seulement le froid, mais
l'ombre, alors que le pampre a besoin de lumière et de
soleil. Par ses tiges sarmenteuses qui rampent sur le sol et
s'enroulent en spirale [57] autour des arbres, le lierre évoquait pour les anciens le serpent, la puissance chtonienne
par excellence. Dans le culte dionysiaque, il y avait même
équivalence entre la plante et les serpents qui paraient la
chevelure des Ménades et qu'elles tenaient dans leurs
mains, ainsi qu'en témoigne l'anecdote rapportée par
Nonnos de Panopolis [58] : «Les serpents que des Ménades
avaient jetés contre une souche l'entourèrent et se chan-
gèrent en sarments de lierre.» Ceux-ci ne servaient pas
seulement de décoration aux compagnes du dieu; elles
les arrachaient pour s'en repaître.

A l'époque classique, on opposait la fraîcheur humide
du lierre au caractère igné du vin et l'on pensait qu'il
pouvait en dissiper les vapeurs. Telle est la raison pour
laquelle Dionysos lui-même passait pour avoir enseigné à
ceux qui sont sujets aux «fureurs bachiques» de s'en tres-
ser des couronnes dans les banquets [59]. Il ne semble pas
en avoir été toujours ainsi, car ce n'est certainement pas
pour ses effets calmants que le dieu utilisa le lierre à
l'encontre des femmes rebelles à son culte, puisque, sai-
sies alors de frénésie, elles couraient rejoindre les
Ménades dans les montagnes. Selon Arrien, l'escorte
d'Alexandre le Grand, parvenue jusqu'au mont Méros en
Inde, s'était couronnée de lierre, qu'elle trouva là à son
grand étonnement car elle n'avait pas encore rencontré
cette plante depuis son arrivée en Inde. Les soldats grecs
auraient alors été saisis d'une allégresse sauvage provoquée par l'esprit de Dionysos. Pour les anciens, d'une part

le lierre rendait stérile, ce qui pouvait avoir son utilité pour des femmes en proie au délire, d'autre part, on lui attribuait la propriété de provoquer une sorte de démence.

« Selon quelques-uns, dit Plutarque, il renferme des esprits violents qui éveillent, excitent et produisent des transports suivis de convulsions. Bref, il inspire une ivresse sans vin, une sorte de possession à ceux qui ont une disposition naturelle à l'extase [60]. » Dans un autre passage, le même auteur précise au sujet du lierre mêlé au vin : « L'effet de ce mélange sur ceux qui en boivent ne constitue pas, à proprement parler, l'ivresse. C'est du trouble, du délire, comme font la jusquiame et beaucoup d'autres plantes, qui agitent violemment le cerveau [61]. » Or, les effets de la jusquiame, bien connus dans l'Antiquité, correspondent à ce que nous savons de la possession dionysiaque. La jusquiame engendre des délires, entrecoupés de visions et d'hallucinations pouvant aller jusqu'à de violents accès de démence, mais suivis d'un irrésistible besoin de dormir qui conduit à un sommeil profond. Que la consommation du lierre fût dangereuse, c'est ce dont témoigne un mythe hellénique [62] dans lequel Kissos, le lierre, donné pour le fils de Dionysos, s'étant mis à danser devant son père, en mourut. Narcotique, la jusquiame est aussi aphrodisiaque – ce que semble avoir été également le lierre [63]. Les sorcières du Moyen Age utilisaient cette solanacée pour composer des philtres d'amour, mais surtout elle entrait dans la composition de l'onguent dont elles s'oignaient le corps avant de se rendre au Sabbat [64].

Assez curieusement, les auteurs qui ont étudié le phénomène du ménadisme ne se sont guère préoccupés d'en déterminer l'agent. Sans doute, parce que l'image de Bacchos dieu du vin, aspect, sinon récent, du moins non originel, éclipsait dans leur esprit le Dionysos archaïque. Mais les symptômes bien connus du délire dionysiaque n'ont rien à voir avec l'ivresse née du vin; par contre, ils ressemblent beaucoup à ceux que procure l'intoxication à la jusquiame à laquelle sont comparés chez Plutarque les effets du lierre. L'utilisation des propriétés hallucinogènes de ce dernier remonte vraisemblablement à une très haute antiquité, antérieure à la culture de la vigne.

Il existe encore, dans les mythologies européennes, des traces d'une liaison étroite entre le lierre et la foudre divine. Les Lituaniens, population très archaïque qui occupa dans les temps anciens un territoire beaucoup plus étendu que de nos jours et chez qui persista longtemps le culte des arbres, appelaient le lierre Perkunas, du nom du dieu de la foudre, maître souverain de la nature que les anciennes chroniques comparent à Zeus [65]. Les Germains, eux aussi, tenaient le lierre pour consacré à Donar, dieu du tonnerre et fils de la déesse Jord, « la Terre ». Par ailleurs, nous avons vu plus haut que le lierre était apparu pour sauver l'enfant Dionysos de la foudre, la naissance du dieu et de la plante semble avoir été simultanée. Nous pouvons donc ajouter maintenant que le végétal né du contact de la foudre (Zeus) avec la Terre Mère (Sémélô) n'était autre que le lierre, Kissos, l'un des noms de Dionysos. « On prétend que Kissos était le nom de Bacchus enfant qui, abandonné par sa mère, Sémélé, s'étant caché sous le lierre, lui aurait donné son propre nom [66]. »

Seul de tous les auteurs, Robert Graves a tenté de résoudre le problème de la boisson qui engendrait le délire dionysiaque. Pour lui, il s'agissait d'une sorte de bière [67], « assaisonnée de lierre et sucrée avec de l'hydromel. Or l'hydromel était le " nectar" à base de miel fermenté que les dieux buvaient dans l'Olympe selon Homère ». A l'appui de cette thèse, on pourrait faire valoir le fait que du thyrse « en bois de lierre » – ou entouré de lierre – « ruisselait le miel [68] ». Il serait sans doute plus exact de dire que l'hydromel fabriqué par les hommes était considéré comme l'équivalent de la divine potion. Le nectar, comme l'ambroisie, conférait l'immortalité à ceux qui le consommaient, mais l'utiliser à l'insu des dieux entraînait le châtiment suprême. En revanche, Aristée, qui apprit aux hommes à élever les abeilles dans des ruches, fut par faveur divine nourri d'ambroisie et de nectar et, en conséquence, devint immortel. Or, Aristée fut l'un des éducateurs de Dionysos. Ajoutons que nectar et ambroisie, d'abord distingués, le premier étant une boisson et le second un aliment, en sont venus à se confondre. Et Ambrosia est le nom d'une des nymphes, les Hyades, qui instruisirent Dionysos enfant.

La boisson dionysiaque était constituée sur le modèle du nectar. Si l'on y adjoignait du lierre, c'est que celui-ci intervenait comme agent hallucinatoire, qu'il donnait aux Ménades l'illusion d'être devenues semblables au dieu. Mais est-ce bien le lierre que l'on utilisait à cette fin? Comme on n'a guère songé à le vérifier, il est difficile d'en juger [69]. Seul demeure en somme le témoignage, tardif, il est vrai, de Plutarque. Si le breuvage des Bacchantes n'est pas mentionné par les auteurs précédents, c'est probablement que sa composition était tenue secrète par les thyases; ses ingrédients ont pu d'ailleurs varier avec le temps.

Mises hors d'elles-mêmes, les Bacchantes bénéficiaient du don oraculaire; l'avenir comme l'invisible leur était dévoilé, car «Dionysos est un prophète et le délire bachique est plein de l'esprit prophétique [70]». La démence se présentait alors «comme un savoir mystérieux», comme la compréhension du mystère qu'est la vie. Plutarque [71] dit expressément que Dionysos, selon l'opinion des «Anciens», jouait un rôle important dans la mantique. Selon Hérodote [72], il existait en Thrace un sanctuaire oraculaire de Dionysos avec une prophétesse et l'on savait qu'à Delphes même, Dionysos avait donné des oracles avant Apollon. Dans les Bacchanales, une fois qu'elles furent transplantées à Rome, des individus en extase faisaient des prédictions [73]. Or, selon Plutarque [74], à Rome, le lierre était au nombre des interdits qui s'imposaient au prêtre de Jupiter, le *Flamen Dialis*, car il aurait pu, s'il y touchait, être pris du délire prophétique.

Pour les Ménades possédées par le dieu, le présent contenait tout le passé et tout l'avenir. Elles étaient remontées d'un coup à l'état indifférencié qui précède toute incarnation, toute individualisation, état que recherchent en absorbant des drogues les initiés dans toutes les civilisations, surtout chez les peuples restés à l'écart de *la* civilisation – la nôtre – qui les prohibe. Les Ménades retrouvaient le chaos originel préalable, au sein duquel tout ordre est annulé, tout peut repartir à neuf. «La démence qui s'appelle Dionysos n'est pas une maladie, une déchéance de la vie», elle en est l'exaltation paroxystique. «C'est la démence du sein maternel, celle qui préside à toute création, qui rejette sans cesse au chaos l'existence ordonnée, amène la félicité et la douleur originelles, et en elles le chaos originel de l'Être [75]. » Si le nectar peut être considéré comme l'équivalent du *Soma* indien, breuvage divin, lui-même divinisé, comparé à la sève et au miel, et qui était probablement le suc de l'amanite tue-mouche pressée [76], la boisson dionysiaque, puis le vin de Bacchos correspondent au *sûra*, liqueur enivrante, elle profane, qui remplaça le *Soma* lorsqu'on en eut perdu le secret en Inde. En somme, le vin ne serait que le terme ultime d'une succession qui part du nectar divin en passant par le breuvage sacré des Bacchantes.

Bacchos, dieu de la vigne

Que Bacchos ne soit, lui aussi, que la dernière forme de Dionysos est confirmé par le fait qu' « au total, la mythologie de la vigne, en Grèce, est restée assez pauvre, même après qu'on y eut fait place à Dionysos [77]. » C'est que la culture de la vigne et la fabrication du vin, qui sont un art et même une science, témoignant d'un haut degré de civilisation traditionnelle, n'étaient originaires ni de Grèce ni même de Crète; elles avaient été importées d'Asie Mineure dans cette île. Aussi bien, Staphylos, mot qui signifie « grappe de raisins mûrs », est-il donné pour le fils de Dionysos; quant à Ampelos, « la vigne », il jouait auprès de lui le rôle dévolu à Hyacinthe auprès d'Apollon. Lorsque la vigne s'est répandue et popularisée, on a attribué à un dieu du délire sacré le patronage de la boisson de l'ivresse profane. Mais si Dionysos s'est adapté à cette nouvelle fonction au point qu'elle est devenue avec le temps la principale, c'est peut-être qu'en tant que Zagreus, il était déjà un dieu mis en pièces et jeté dans un chaudron, et aussi une divinité qui se sacrifie pour tous, qui meurt et qui renaît. Sa passion correspond à la fois au traitement automnal auquel est soumis le raisin, coupé et foulé au pied, et à la taille printanière de la vigne. Sans doute, le vin est-il devenu le sang du dieu et c'est en tant que tel qu'on le célébrait lors des fêtes dionysiaques.

Comment les anciens, plus sensibles que nous au caractère divin des phénomènes naturels, n'auraient-ils pas été saisis par le « mystérieux processus de la fermentation et de la maturation du vin » qui « a aujourd'hui encore le pouvoir d'évoquer chez les vignerons et les connaisseurs des représentations qui rappellent de loin la pensée mythique. Ils considèrent le vin comme un être vivant qui se forme progressivement en évoluant du bouillonnement chaotique de la jeunesse à la limpidité et à la force de la maturité. Il arrive alors, au moment où la maturation semble achevée et où le plus haut degré de l'excellence paraît atteint, que le mouvement chaotique reprenne à nouveau comme chez un homme qui retomberait dans la puberté pour parcourir une fois encore le chemin du développement et parvenir à un degré encore plus haut de lucidité. Certains croient même en une mystérieuse sympathie entre les vins approchant de la maturité, et tiennent pour imprudent de les mettre les uns à côté des autres sans discrimination, car le développement de chacun peut être stimulé ou entravé par son voisinage. Le vin semble par sa transformation restituer l'ardeur solaire captée à l'air libre; selon une vieille croyance populaire, il demeure en rapport avec la vie de la nature. Ainsi s'expliquerait que le vin qui fermente se remette à travailler au printemps quand les vignes fleurissent [78] ».

Dans ce beau passage, W. F. Otto semble comparer le sort du vin, donc de Dionysos, à celui de l'initié qui, lui aussi, naît deux fois et se trouve métamorphosé à la suite du processus douloureux de l'initiation. Tel Dionysos, il meurt afin de renaître et de parvenir à « un degré encore plus haut de lucidité ».

Pour les Grecs, le vin nouveau si vivant, si changeant, qui apporte l'allégresse en hiver, était assurément le sang du dieu, mais il était aussi la sève, en cette saison retirée dans la souche des arbres, dans les profondeurs de la terre, dans le monde des morts. Par là, le vin était aussi le sang des morts, mystérieusement ressuscités et réapparus pour un temps. C'est ce dont témoignent les différentes fêtes de Dionysos à Athènes, la cité qui avait « le plus intimement incorporé le dieu dans la religion officielle [79] ». Elles s'échelonnaient durant tout l'hiver et unissaient étroitement le vin nouveau et les morts.

Si, dans les premières d'entre elles, qui avaient lieu en décembre, les Dionysies aux champs, la manifestation principale était la procession du Phallos, c'est qu'il s'agissait d'un très ancien rite de fertilité qui n'avait à l'origine aucun lien avec Dionysos, lequel n'est devenu un dieu phallique que d'une manière accessoire et tardive[80]. Des Lénées qui suivaient les Dionysies rustiques en janvier, nous ne savons presque rien. Peut-être était-ce une fête des Ménades qui invoquaient alors, non Dionysos, mais Iacchos, le jeune dieu mystique, génie des processions éleusiniennes, ce que l'on a mis en rapport avec la cérémonie pratiquée en hiver à Delphes par les Thyiades, c'est-à-dire les Bacchantes du Parnasse, qui à cette époque réveillaient un enfant au berceau, le « likinitès », lequel était vraisemblablement un petit Dionysos. Compte tenu du fait que Iacchos était à Rome Liber, dieu de l'écorce vivante, donc de la sève, on peut se demander si les Lénées n'avaient pas pour objet principal d'entretenir la vie souterraine de la sève et de préparer au creux de la mauvaise saison sa remontée printanière. Sans doute, le Dionysos que l'on célébrait alors à Athènes portait-il l'épithète de Lenaios, le « dieu du pressoir », et l'on a voulu voir dans les Lénées des fêtes du pressurage du vin. Cependant, celui-ci a lieu beaucoup plus tôt, peu après la récolte, c'est-à-dire à la fin d'octobre ou dans les premiers jours de novembre. Or, au cours de ceux-ci, traditionnellement et, semble-t-il, depuis toujours, on célèbre le retour des morts sur la terre[81]. Il est curieux qu'une fête n'ait pas été consacrée en Grèce au vin nouveau et aux morts en novembre, durant *Maemakterion*, nom provenant du verbe *maemaô* qui signifie « bondir, s'élancer, s'agiter impétueusement, être bouleversé par un désir violent », et est parfois mis en rapport avec les thyrses des Bacchantes.

Cette fête conjointe du soutirage du vin nouveau et du retour des morts, c'est beaucoup plus tard, à la fin de février, que la célébraient les Anthestéries, dont le nom vient du verbe *antheô*, croître, fleurir. Les Anthestéries étaient destinées à susciter l'épanouissement de la végétation, comme si l'on avait décalé des cérémonies qui auraient dû se dérouler bien auparavant jusqu'à cette date tardive, afin qu'elles soient plus efficaces.

Toujours est-il que les Anthestéries, données par Thucydide pour la plus ancienne fête de Dionysos à Athènes[82] constituaient bien la célébration du vin de la dernière récolte, qui ayant achevé sa seconde fermentation, se trouvait alors « désacralisé » lors de l'ouverture des *pithoi*, des tonneaux, suivie, le lendemain, de la fête des Choës, les cruches, qui était un concours de buveurs. Sans doute, « les formes du délire dionysiaque qui se rattachent par nature aux forêts escarpées ne se reproduisaient sûrement pas telles quelles lors des Anthesthéries[83] », ces festivités n'en constituaient pourtant pas moins une évocation, moins apprivoisée, civilisée et, en somme, citadine, de l'orgie ménadique.

Dès le coucher du soleil, on passait de la joie débridée à la sombre inquiétude qui régnait sur tout le troisième jour, le 13 d'Anthestérion, au cours duquel les âmes des morts revenaient hanter le monde des vivants. Significativement, on cueillait alors et on se parait des rameaux apotropaïques de l'aubépine[84] et l'on offrait aux morts la panspermie censée contenir toutes ses semences, bouillie composée de graines diverses et gage d'abondance qui devait être consommée avant la nuit. Après quoi, on congédiait les âmes errantes : « A la porte les Kères; finies les Anthestéries! »

Que cette fête du vin et des défunts ait été aussi un rite destiné à assurer la germination des semences offertes aux morts, donc rendues à la terre nourricière, et le renouveau de la végétation, la meilleure preuve en réside dans le retour solennel de Dionysos que l'on célébrait le deuxième jour, au milieu donc des Anthestéries, car le point culminant de cette évocation était l'hiérogamie qui unissait, dans le secret du Boucoléion, l'ancienne résidence royale, le dieu à la femme de l'archonte-roi, seule manifestation de ce genre qui existât encore dans la Grèce classique. Sans doute a-t-on pu écrire que Dionysos épousait alors la cité[85], mais ne faut-il pas y voir aussi et surtout le renouvellement annuel de l'union entre le dieu fils et la Terre-Mère, condition préalable de la renaissance printanière?

Dionysos et le mystère de la sève

Si Dionysos a pu devenir un dieu du vin, c'est qu'il était, vraisemblablement dès l'origine, une divinité de la sève, du sang des plantes, qui à chaque printemps, remonte de la terre, ressuscite les arbres, les fait se couvrir de feuilles et de fleurs, le maître des fruits où elle se concentre, les plus succulents d'entre eux, les plus visiblement emplis de sève échauffée et sucrée par le soleil, la figue et la grenade lui étant consacrées. Mais Dionysos suit aussi le mouvement de la sève lorsqu'elle se retire avec l'automne au sein de la terre, dans le monde des morts, et dont il faut en hiver – durant les mois consacrés au dieu – entretenir le feu, afin qu'il se ranime au printemps. Ceci explique la correspondance entre Perséphone, déesse du grain, et Dionysos; leur liaison étroite à Eleusis.

On nommait Dionysos *Phlèos* ou *Phlios*, ce que l'on traduit d'ordinaire par le «Verdoyant», mais c'est là une approximation fautive, cette épithète vient de *phloios*, l'écorce ou plus exactement le «liber», la pellicule vivante, tendre et humide qui se trouve immédiatement sous l'écorce.

Dans ce contexte, le vin apparaît bien comme la sève par excellence, qui, en hiver, continue à vivre, et même plus intensément, puisqu'il fermente et bouillonne. Ce travail nocturne du vin qui s'accomplit dans l'obscurité des tonneaux et des jarres est comme le garant du réveil printanier, auquel d'ailleurs, de loin, le vin lui-même obéit. La vinification, opération mystérieuse, apprise aux hommes par un dieu, a sur toutes les autres sèves l'effet d'une puissante magie, elle assure leur ténébreuse survie. Lorsque, rompant l'interdit qui pesait jusqu'alors sur lui, on sort le vin nouveau du tonneau, pour le produire au grand jour, avant de le consommer solennellement et rituellement, il réveille les sèves assoupies, il les remet en circulation, à la fin de février, alors qu'en Grèce, la nature semble en effet sortir de son hibernation. Varron, le grand érudit romain du Ier siècle av. J.-C. le comprenait bien encore, lorsqu'il expliquait [86] que le règne de Dionysos n'était pas reconnaissable seulement à la succulence des fruits qui culmine dans le vin, mais aussi à la semence de tous les vivants. C'est à partir de cette activité générale et fondamentale du dieu que naquit l'usage d'honorer de son nom un phallus, taillé, ce qui est digne de remarque, dans du bois de figuier, qui était porté processionnellement et couronné lors de ses fêtes. En effet, la vie, en tant qu'énergie dynamisant la matière, est identique pour toutes les existences qui par elle communiquent, qu'elles soient végétales, animales, humaines, divine même en l'occurrence. Nous l'avons, nous, oublié, mais les Grecs le savaient encore.

A la turbulence de la sève, et, en particulier, de la sève métamorphosée en vin, conservé grâce au processus magique qui lui permet de « travailler » de l'automne au printemps, alors que dans la nature, les autres sèves sous terre se reposent, correspond l'exubérance de la vie elle-même ranimée en hiver par le rituel dionysiaque, puis qu'au début du printemps, il exalte, l'encourageant à se manifester de nouveau. Dieu de la sève, mais aussi du pollen fécondant et du nectar des fleurs, Dionysos règne également sur le sang et le sperme, considérés comme leurs équivalents dans le monde animal. A l'orgie humaine, au rut qui affole les bêtes, correspond le grand déploi de la semence mâle des plantes, le pollen. Au printemps, il forme parfois de véritables nuages d'une fine poussière jaune qui se répand partout. Il est intéressant de noter que parmi les espèces chez qui ce phénomène est le plus spectaculaire, figurent et la vigne et le pin, tous deux consacrés à Dionysos. Gouvernant la circulation de ces fluides, de ces émanations multiples, le dieu assure leur communication réciproque; il les réunifie en la puissance indifférenciée qui anime la nature tout entière et les fait ainsi retourner à leur origine. Pour la pensée mythique, mais aussi pour le naturaliste, celle-ci est végétale, puisque, en fin de compte, tout animal tire son énergie des plantes – même les carnivores, car ils se nourrissent d'herbivores –, son existence n'est même pas concevable sans elles qui l'ont nécessairement précédé sur la terre.

Le sacrifice sanglant – qu'il s'agisse de victimes humaines ou animales, ou du dieu lui-même – constitue donc une restitution, une remise en circulation des énergies qui n'ont été qu'empruntées et qu'un jour, il faut rendre. Les bêtes que l'on sacrifiait en l'honneur de Dionysos sont celles chez qui la vigueur du sang et la puissance génésique, portées à leur paroxysme, apparaissent les plus manifestes. La victime dionysiaque par excellence était le taureau, géniteur, mais aussi destructeur, symbole de la fécondité dans son incontrôlable violence, assimilé au dieu lui-même en son délire [87]. C'est sous la forme d'un taureau que les Bacchantes l'évoquaient et qu'il leur apparaissait. En Crète, pour commémorer Zagreus mis en pièces sous cette apparence, on dilacérait vivant un taureau, dont les restes sanglants, comme on le faisait de ceux des victimes humaines, devaient être répandus dans les champs afin de les fertiliser. Fidèle compagnon du dieu en la personne des hommes-boucs, les satyres, le bouc faisait partie du cortège des offrandes à Dionysos que Plutarque, définissant dans leur simplicité première les fêtes en l'honneur du dieu, décrit ainsi : « Une cruche de vin, une vigne, un bouc, une corbeille de figues et enfin le phallus. » C'était aussi la victime toute désignée de Dionysos. Plus encore que le taureau, le bouc incarnait l'ardeur obstinée de l'instinct sexuel [88], mais il signifiait encore autre chose car, pour les Anciens, il appartenait au royaume des ténèbres et de la mort, aux profondeurs souterraines qu'il représentait sur terre. En tant que tel, il était en horreur auprès des Olympiens, de Zeus en particulier. A Rome, pas plus qu'il ne devait toucher au lierre, le Flamen Dialis, prêtre de Jupiter, ne pouvait prononcer le nom du bouc.

Cette exubérance qui naît dans la nature de l'agitation des gonades, que ce soit sous la forme du rut ou de la floraison des arbres, lesquels entraînent l'un et l'autre un soudain et énorme gaspillage, ne se manifestait pas seulement par les prodiges accomplis par les Ménades qui, visitées par le dieu, puisaient dans les rivières du lait et du miel, faisaient d'un coup de leurs thyrses jaillir l'eau fraîche des rochers et le vin du sol, mais plus encore dans les miracles que l'on attribuait à Dionysos lui-même. En plusieurs endroits de la Grèce, des sources de vin coulaient lors de ses fêtes, ainsi dans l'île de Téos ou à Andros. A Elis, trois bassins vides, placés dans une salle fermée et mise sous scellés, étaient retrouvés le lendemain remplis de vin. Pausanias assure que les citoyens et les étrangers présents alors dans la ville, qui avaient constaté de leurs yeux le phénomène, en avaient témoigné sous serment [89]. Plus étonnantes encore étaient les « vignes d'un jour », qui fleurissaient et produisaient en quelques heures des raisins mûrs que l'on pouvait pressurer le soir même. Ce miracle avait lieu régulièrement lors des fêtes célébrant l'apparition de Bacchos en plusieurs points de la Grèce et devant une nombreuse assistance. Ni Sophocle ni Euripide ne le mettent en doute; pour eux, comme pour tous les Grecs, l'univers dionysien était un « monde ensorcelé » [90]. Le dieu était un magicien et même, pourrait-on dire, un chaman; bien que le mot détonne dans le contexte grec, il n'en est pas moins employé par les auteurs modernes pour le qualifier. Le démembrement et le passage par le feu que subit l'enfant Dionysos « caractérisent les initiations chamaniques [91] », et nous avons noté à plusieurs reprises que la conduite du dieu pouvait, sur bien des points, être assimilée à celle d'un initié devenu à son tour initiateur.

Dans la Grèce classique, cet enchanteur, ce sorcier ne pouvait que faire scandale, et on ne l'admit pas sans réticence. Ses pouvoirs, la soudaineté imprévisible de ses manifestations, l'état de possession qui s'emparait de ses fidèles, l'impétuosité irrésistible des énergies sauvages qu'il mettait en branle conduisaient à tous les excès. Dans la cité grecque, qui se voulait réglée et policée, ce dieu archaïque de la nature indomptable était cause de désordre et de trouble, et la biographie dionysienne est aussi l'histoire des résistances qu'on lui a longtemps opposées. Si Dionysos finit par en triompher, c'est justement parce qu'il remettait en cause l'ordre institué, qu'il en faisait mesurer le caractère artificiel et relatif. Il permettait de retrouver ce que l'on n'avait que trop bien éliminé dans une « civilisation où prévalaient mesure et sérénité : l'appartenance de l'homme à la nature, l'identité des énergies qui le meuvent avec celles qui animent bêtes et plantes. La folie dionysiaque faisait « tomber les barrières du moi, replongeait l'individu en pleine nature, le faisait communiquer avec la vie végétale et animale [92] ».

Aux cultes officiels, rationalisés et devenus impersonnels de la cité, s'adressant à des Olympiens qui, retirés dans le ciel, ne s'occupaient que de loin des affaires terrestres, s'opposait celui d'un dieu si proche de l'homme que ce dernier pouvait s'identifier avec lui et par là dépasser sa condition, tout en assumant ses contradictions mêmes. Grâce à Dionysos, le « Libérateur », se réuni-

fiaient l'origine lointaine et le présent, le conscient et
l'inconscient, l'ordre et le chaos, la vie et la mort.
L'homme, à travers lui, retrouvait le modèle universel et
premier de l'Arbre sacré, que le dieu avait été, qu'il
n'avait cessé d'être. Le dévot de Dionysos comprenait de
nouveau qu'il fallait que ses racines plongent au plus profond, se fraient douloureusement, dangereusement passage au sein de la terre nourricière, monde des germes et
des morts, du passé, mais aussi de tout avenir possible,
avant de pouvoir, une fois ses assises assurées, s'élever
vers le ciel, tel l'arbre, tel le dieu soumis au cycle des
morts et des renaissances, connaître après l'hiver un printemps toujours nouveau.

Tel est le sens du « réveil » dionysiaque, ce resurgisse-
ment à l'époque historique d'un courant venu du tréfonds
de la préhistoire, qui « une fois intégré dans l'univers spirituel des Grecs n'a pas cessé de créer de nouvelles
valeurs religieuses[93] », un nouveau mysticisme, celui des
« béatitudes retrouvées ».

Si nous avons longuement suivi ce cheminement, c'est
que seule l'histoire de Dionysos permettait de retracer
sur une « longue durée » la lente évolution d'un culte de
l'Arbre sacré, de la nature divine, culte tantôt accepté,
tantôt refusé, jusqu'à ce qu'il triomphe enfin parce que
redevenu nécessaire; c'est aussi parce que les leçons que
l'on peut tirer de ces histoires d'arbres n'ont rien perdu
ni de leur pertinence ni de leur actualité.

Chapitre 5

Mort et renaissance
de l'arbre dieu

Les fêtes du pin sacré – Attis, ou le sacrifice originel – *Pinus Pinea* – Marsyas, le dieu pendu – Adonis, ou la myrrhe – Phœnix, le palmier-dattier –
Les arbres d'Osiris.

Dans le cours du chapitre précédent, nous avons mentionné Attis et indiqué que lui étaient consacrés, comme
à Dionysos, le pin, le grenadier et le lierre. Pourtant, dans
la mythologie de l'époque classique, les personnalités de
ces dieux sont bien différenciées. Si Dionysos, quelle
qu'ait été son origine, est devenu, après que plusieurs
apports ont multiplié ses facettes, une divinité composite,
typiquement grecque et objet de spéculations mystiques,
Attis, dont le culte ne fut admis en Grèce que longtemps
après celui de sa mère, Cybèle, et sous une forme très
altérée (les Grecs lui ayant préféré celui, analogue, mais
beaucoup moins inquiétant, d'Adonis), est resté pour eux
un dieu local, un dieu phrygien, et de ce fait a conservé,
semble-t-il, sa simplicité première, son caractère de seigneur de l'arbre, et même de dieu-arbre. S'il a été finalement adopté à Rome, c'est en tant que divinité orientale
et d'abord dans l'ombre de Cybèle.

En effet, au cours de leur longue lutte contre Hannibal,
les Romains, ayant consulté les Livres sibyllin, y trouvèrent le conseil d'introduire chez eux, pour la première
fois, une déesse asiatique, Cybèle, la Mère des dieux en
Phrygie, qu'ils assimilèrent d'ailleurs par la suite à Rhéa.
Selon la prédiction, l'envahisseur étranger serait alors
chassé d'Italie. Des ambassadeurs furent envoyés à Pessinonte, principal lieu du culte de la déesse, et en rappor-
tèrent une pierre noire qui la symbolisait. Accueillie
solennellement à Ostie en 204 avant J.-C., Cybèle fut ins-
tallée dans le temple de la Victoire sur le Palatin. Quel-

ques semaines après son arrivée, la moisson fut d'une abondance exceptionnelle et Hannibal se rembarqua pour Carthage avec ses troupes. Si les Romains entendaient profiter des pouvoirs d'une divinité étrangère qui avait fait preuve d'une telle efficacité, ils n'en voulurent pas moins contrôler un culte orgiastique, célébré par des prêtres eunuques, et donc trop différent de ceux qu'ils avaient coutume de pratiquer. Le Sénat décréta que les sacrifices, confinés à l'intérieur du temple, seraient accomplis par un personnel restreint, venu d'Asie, et interdits aux citoyens. On ne put toutefois empêcher la procession annuelle qui conduisait la pierre noire jusqu'à son bain rituel. La découverte, moins de vingt ans plus tard, de la célébration secrète des mystères dionysiaques à Rome provoqua encore une très dure répression. Mais, avant la fin de la République, le cortège de Cybèle était devenu une réjouissance populaire. Les badauds, frappés par le spectacle des Galles, revêtus de somptueux costumes orientaux, et émus par l'étrange musique qui les accompagnait, leur lançaient des aumônes et les couvraient d'une pluie de pétales de roses. Un nombre croissant d'étrangers affluaient à Rome et parmi les Romains eux-mêmes beaucoup, en quête d'expériences religieuses personnelles, se détachaient des cultes antiques de la cité. A ce mouvement irrésistible, les autorités ne purent à la longue s'opposer. Le quatrième empereur romain, Claude, incorpora le culte d'Attis, qui jusqu'alors n'avait jamais été public, à la religion établie. Il prit dès lors une importance croissante. A leur apogée, aux III-IVe siècles après J.-C., les fêtes de Cybèle et d'Attis, qui avaient lieu à Rome autour de l'équinoxe de printemps, du 15 au 27 mars, étaient, selon les auteurs latins identiques à celles célébrées depuis très longtemps en Phrygie [1].

Les fêtes du pin sacré

Elles commençaient par « l'entrée du roseau ». En cette première journée, la confrérie des cannophores (porteurs de roseau) plaçait dans le temple des roseaux coupés, représentant ceux parmi lesquels Cybèle avait découvert le petit Attis, au bord du fleuve Sangarios. Une semaine plus tard, les « porteurs de l'arbre » (dendrophores) amenaient de la forêt où ils étaient allés le couper le pin sacré dont le tronc était emmailloté dans des bandelettes, tel un cadavre, celui du dieu mort, figuré sous la forme de son effigie, posée sur l'écorce et décorée de guirlandes de violettes, nées du sang du dieu, comme les anémones du sang d'Adonis.

Le 23 mars, résonnaient les trompettes que l'on venait de purifier; elles annonçaient probablement le « Jour du sang ». Le 24 mars, le grand prêtre d'Attis, l'archigalle, s'entaillait le bras et présentait son sang en offrande au pin sacré, tandis que résonnaient cymbales et tambourins, que mugissaient les cors accompagnés des flûtes stridentes. C'était le signal auquel obéissaient les autres prêtres qui se précipitaient, échevelés, dans une danse sauvage. Ils se flagellaient jusqu'au sang, se lacéraient avec des couteaux. La frénésie gagnait alors certains néophytes qui, parvenus au comble de l'excitation, s'amputaient de leur organe viril et le lançaient sur la statue de Cybèle en oblation. Ces réceptacles de fécondité étaient ensuite respectueusement enveloppés, puis enterrés dans le sol ou dans des chambres souterraines consacrées à la déesse. Ce sang répandu, ces énergies retranchées du corps des hommes ranimaient le dieu mort et avec lui toute la nature qui bourgeonnait dans le soleil printanier.

Si dans la nuit du 24 au 25 mars résonnaient encore les lamentations funèbres, dès l'aube de l'équinoxe s'élevaient les transports d'allégresse de l'*Hilaria*, le jour de la joie, qui fêtait la résurrection divine. La licence alors était générale. On se promenait déguisé dans les rues, chacun pouvait ce jour-là usurper les distinctions les plus hautes, les plus sacrées, faire ou dire tout ce qui lui plaisait. Le lendemain, 26 mars, tout le monde se reposait de ces excès. Les festivités officielles se terminaient le 27 par une grande procession qui conduisait en musique, sur un char tiré par des bœufs, la statue d'argent de Cybèle jusqu'à la rivière Almo dans laquelle l'archigalle la baignait, ainsi que les objets sacrés. Ces ablutions terminées, on ornait de fleurs fraîches le char et les bœufs, et la déesse était reconduite dans son temple.

Selon certains auteurs, c'est le lendemain, 28 mars, qu'étaient célébrés les rites secrets au cours desquels le néophyte, qui avait préalablement jeûné, était admis à « manger dans le tambourin et à boire dans la cymbale », les instruments consacrés à la déesse. Ce repas rituel, véritable communion avec le dieu, consistait dans la consommation de son corps sous la forme de pain, car Attis était « l'épi moissonné vert » et de son sang, représenté par le vin. Le novice recevait ensuite le baptême du sang[2]. Coiffé d'une couronne d'or et entouré de bandelettes, tel le dieu mort, il descendait dans une fosse recouverte d'une grille de bois. Sur celle-ci, on poussait un taureau décoré de guirlandes de fleurs et on lui perçait la gorge au moyen d'une lance consacrée[3]. Le sang chaud et fumant se répandait en torrent sur le néophyte qui prenait grand soin de le recevoir sur tout le corps. Sortant de la fosse, rouge et ruisselant, il était alors salué comme l'incarnation du dieu et adoré par l'assistance. Désormais, il était « rené pour l'éternité[4] »; cette nouvelle naissance était rendue manifeste par le fait que l'initié, pendant quelques jours, ne pouvait absorber que du lait. Portant le *kernos*, le vase qui était offert à la déesse et contenait, vraisemblablement, les organes sexuels du taureau[5] sacrifié, le nouvel initié était enfin admis « sous le baldaquin » ou « dans la chambre nuptiale » pour l'hiérogamie qui l'unissait à Cybèle dont il devenait l'époux mystique[6]. Il est clair que le sacrifice sanglant et la mutilation du taureau étaient des substituts pour le néophyte qui n'avait pas eu le courage de les accomplir sur lui-même.

Bien que le culte de la Mère des dieux et de son divin fils ait mis du temps à s'imposer à Rome, il y devint fort populaire et se répandit bientôt dans les provinces les plus éloignées, jusqu'en Afrique, en Espagne, en Gaule et même en Germanie[7]. Il survécut quelque temps encore, quand le christianisme fut devenu sous Constantin la religion officielle de l'empire[8]. A Carthage, à l'époque de saint Augustin[9], on pouvait encore rencontrer des processions de Galles, aux attitudes efféminées, le visage blanchi et les cheveux parfumés. On a peine aujourd'hui à imaginer l'attrait qu'ont pu exercer des rites aussi exotiques, aussi sanglants, mais il faut se souvenir de ce qu'avait été précédemment dans le monde grec le « réveil dionysiaque »[10]. Plus exclusivement civique encore que la grecque, la religion romaine ne faisait aucune place au mysticisme et surtout elle n'offrait pas de solution positive au problème de la mort, tandis que les cultes orientaux, et parmi eux il faut inclure le christianisme, promettaient à leurs adeptes l'immortalité. Ils assuraient par l'identification au dieu le salut personnel. Autrement dit, ils répondaient à des désirs, à des besoins que ne satisfaisait pas, ou plus, la religion de la cité. Avec les rites asiatiques, faisaient leur retour en force les expériences spontanées, nées de la communion avec les puissances de la nature, qui avaient été depuis longtemps éliminées, et c'est précisément parce qu'ils étaient des survivances d'une forme de mentalité que l'on avait pu croire dépassée qu'ils suscitaient un tel enthousiasme; à travers eux, on retrouvait ce que l'on avait oublié, la vie reprenait un sens qu'elle avait perdu.

Ce qui nous heurte aujourd'hui, ce sang répandu, ne pouvait guère choquer les Romains, puisque presque chacune de leurs cérémonies s'accompagnait d'effusions de sang et même culminait en elles. Le fait que des hommes sacrifiaient leur virilité ne suscitait pas non plus le violent réflexe d'horreur et de dégoût qui est le nôtre. La castration était dans l'Antiquité pratique courante. Il est vrai qu'elle l'était sur de très jeunes enfants et imposée de force, mais dans les contrées baignées par la Méditerranée orientale et devenues provinces romaines, elle était parfois volontaire. Les prêtres de la grande Artémis d'Éphèse étaient des eunuques; émasculés et efféminés étaient aussi ceux de la Grande Déesse à Tyr, à Joffé et même à Jérusalem [11]. A Hiérapolis de Syrie, la grande fête d'Astarté, célébrée au début du printemps, dont les participants versaient leur sang et parfois se castraient, ressemblait de si près à celle de Cybèle que les auteurs anciens souvent les confondent. Quant à l'ostentation par les Galles de leur féminité, elle ne pouvait guère surprendre les Romains, au moins à partir du début du IIIe siècle, puisqu'ils avaient vu un de leurs empereurs, Élagabal, venu justement de Syrie, se conduire comme le grand prêtre, castré et débauché, d'une autre pierre noire, celle d'Émèse.

Attis, ou le sacrifice originel

Pour saisir le sens profond de ce rituel, en apparence
extravagant, il faut se reporter aux différents épisodes de
l'histoire d'Attis qu'il illustrait[12]. Elle commence avec
celle de sa mère, Cybèle. D'une pierre fécondée par la
semence que Zeus avait laissé tomber sur la terre pendant son sommeil, naquit un monstre hermaphrodite
nommé Agditis. Les dieux s'en effrayèrent et résolurent
de le châtrer. Agditis devint alors la déesse Cybèle. Le
sang répandu fit sortir de terre un amandier, ou un grenadier. En mangeant une amande, ou en plaçant dans son
sein une grenade mûre, provenant de l'un ou l'autre de
ces arbres, Nanâ, fille du fleuve Sangarios, devint
enceinte et conçut Attis. Honteuse de cet enfant qui
n'avait point de père, Nanâ l'abandonna au bord du
fleuve, où une chèvre vint le nourrir. C'est là que Cybèle-
Agditis le trouva parmi les roseaux. En grandissant,
l'enfant devint si beau qu'Agditis s'en éprit. Mais, ou bien
il voulut échapper à cet amour incestueux, ou bien ses
parents inquiets, nous dit Pausanias (mais de quels
parents pouvait-il s'agir? De Nanâ, qui aurait repris son
fils avec elle? De son grand-père, Sangarios? Voilà ce que
Pausanias ne précise pas), envoyèrent le jeune homme à
Pessinonte. Il devait y épouser Atta, la fille du roi. Mais,
tandis que l'on célébrait les noces, Agditis, qui poursuivait son bien-aimé, pénétra dans la salle du festin. Tout
aussitôt, la folie s'empare de l'assistance, le roi se mutile,
Attis s'enfuit, se castre sous un pin et meurt. Désespéré,
Agditis tente de le ressusciter, mais Zeus s'y oppose, il
consent seulement à ce qu'Attis, changé en pin, demeure
toujours vert et incorruptible, donc immortel, mais les
seuls signes extérieurs de sa vie seront la croissance de
ses cheveux et le mouvement de son petit doigt[13]. Certains auteurs ajoutent que Cybèle aurait emmené le pin
dans sa caverne, afin de pleurer son fils, scène que l'on
reproduisait au cours des fêtes d'Attis.

Une autre version de la mort du dieu, rapportée par
Pausanias[14], à côté du récit précédent qui avait cours à
Pessinonte, raconte qu'Attis fut tué par un sanglier. Héro-
dote en fait un événement historique ancien. Il s'agissait

donc d'une tradition antérieure au vᵉ siècle av. J.-C. Selon
l'auteur de *l'Enquête*, Attis était le fils de Crésus, roi des
Lydiens et conquérant d'une grande partie de l'Asie
Mineure, dont la Phrygie. Le jeune homme fut involontairement mis à mort au cours d'une chasse au sanglier,
une « créature monstrueuse » qui dévastait les champs
des Lydiens, par Adraste (ce nom signifie l'« inévitable »),
fils de Gordias et petit-fils de Midas, qui, ayant assassiné
auparavant sans l'avoir voulu son propre frère, s'était
réfugié chez Crésus et avait été purifié par lui de ce
meurtre [15]. Or Midas était lui-même le fils que Cybèle
avait eu d'un autre Gordias, roi de Phrygie, dont le père
d'Adraste, également prénommé Gordias, était le petit-
fils, de telle sorte que, même sous la forme evhémérisée
de la légende, nous retrouvons encore, à l'origine de ce
meurtre, Cybèle. De plus, lorsqu'il part pour la chasse,
malgré l'opposition de son père, auquel sa fin tragique a
été prédite par un songe et qui ne consent à le laisser
aller qu'à la condition qu'Adraste, qu'il charge de le protéger, l'accompagne, Attis vient de se marier. Écartons
donc cette version trop profane, mais intéressante dans la
mesure où elle laisse apparaître des éléments d'une
légende plus ancienne; cette mort d'Attis ressemble à
celle d'Adonis qui l'a probablement contaminée.

De cet écheveau embrouillé au point que l'on ne sait
plus qui est qui, il nous faut maintenant essayer de démêler les fils. On aura certainement remarqué qu'il contient
au moins un facteur déjà connu, l'abandon du dieu par sa
mère dès sa naissance, particularité que nous avons rele-
vée dans les enfances de Dionysos et du Zeus crétois, avec
qui Attis présente un autre point commun : il est nourri
par une chèvre. Cet abandon est caractéristique des divinités masculines de l'arbre, enfants de la Terre Mère,
qu'elle se nomme Rhéa, Sémélé ou Cybèle. Seulement,
cette dernière nous est donnée ici comme résultant de la
castration d'un être à l'origine hermaphrodite, amputa-
tion première qui semble de ce fait contagieuse. Elle
constitue même le motif essentiel du mythe.

Ces mutilations en cascade n'ont pas toutes le même
sens. Cybèle est en Phrygie la Grande Déesse, la Terre
Mère, l'équivalent de Gaea et de Rhéa en Grèce. Or, dans
la théogonie grecque, comme en d'autres, la divinité pri-

mordiale est de toute nécessité bisexuée, puisqu'elle engendre seule, qu'elle sort d'elle-même et sans aide les autres dieux et le monde, qui sont ses enfants. Elle est « la totalité primordiale, enfermant toutes les puissances, donc tous les couples d'opposés ». Ainsi, lorsque **Gaea** émerge du Vide, du Chaos primordial [16], naît en même temps qu'elle l'Amour, qui est ici le désir d'enfanter, de créer d'autres êtres. Et Gaea met au monde « un enfant aussi grand qu'elle, Ciel étoilé, afin qu'il la couvrît tout entière [17] ». Dans les termes employés par Hésiode, nous trouvons la figure originelle, le prototype des déesses qui engendrent un fils, afin qu'il devienne leur amant, le père de leurs futurs enfants, justement parce que ce fils n'a pas, ne peut avoir de père. La divinité d'abord est seule. Son acte de création est bipartition d'elle-même, bipartition qui peut être conçue comme une automutilation.

Ainsi en a-t-il été, à l'origine des temps, pour **Cybèle** dans la cosmogonie phrygienne. Si ce sont les dieux qui décident de la castrer dans la version grecque de la légende, c'est seulement parce que les Grecs, ayant intégré Cybèle dans leur mythologie, l'ont placée sous la dépendance de leurs Olympiens [18]. Dans la cosmogonie primitive, c'est Cybèle elle-même, puisqu'elle est seule, qui se castre, et le produit de cette mutilation n'est autre que la Création.

La naissance de Cybèle à partir de la semence de Zeus répandue sur la pierre représente par ailleurs une forme tout à fait archaïque de la cosmogonie, « la roche est le plus ancien symbole de la Terre Mère [19] », et « la pierre brute est considérée comme androgyne, l'androgynat constituant la perfection de l'état primordial [20] ». Cybèle, en tant que roche, est creuse, comme le ventre d'une mère, c'est une caverne. Sous terre, dans une grotte, s'accomplissent ses rites secrets. La caverne primordiale à partir de laquelle surgissent au jour les êtres vivants est aussi le lieu où l'on enterre les morts; les morts y entrent et les vivants en sortent. C'est un microcosme qui résume le macrocosme, son sol correspondant à la Terre et sa voûte au Ciel, c'est le réservoir ténébreux des énergies telluriques, le sanctuaire chtonien. De la roche, androgyne et stérile, naît la terre (féminine), résultat de son délitement, à partir duquel seulement peuvent naître et croître les végétaux qui la fertiliseront grâce à l'humus, né de la décomposition de leurs feuilles.

Dans les mythologies, l'état premier de la vie sur la terre est représenté par l'association de la roche et de l'arbre. La pierre sacrée, vénérée comme bétyle, « maison de Dieu », centre, nombril du monde, tel à Delphes l'*omphalos*, est le séjour de la puissance divine, le réceptacle de la vie non encore manifestée, dont l'expression première est l'arbre cosmique. L'arbre apparaît comme le fils de la pierre.

Le couple phrygien Cybèle-Attis représente un état moins édulcoré, plus primitif en sa naïve brutalité, des unions incestueuses formées par Rhéa et Zeus, le Dionysos archaïque et Semelô, nom qui en Phrygie désigne la Terre Mère.

Dans le mythe d'Agditis-Cybèle et Attis, nous retrouvons l'antique croyance selon laquelle le monde est né de l'auto-sacrifice d'un dieu androgyne, processus qui se renouvelle à chaque étape de la création. Ainsi, dans la théogonie grecque, Ouranos, fils amant de Gaea, qui, après avoir engendré les Titans et les Cyclopes, les géants primordiaux [21], considérant avec horreur cette postérité incestueuse, les enferme dans le sein de la Terre, autrement dit tente de l'annuler, est finalement castré, sur l'instigation de Gaea, par son fils Cronos, devenu probablement à son tour le jeune amant de sa mère. Ainsi, Cronos, qui renouvelle le même processus – seulement, instruit par l'exemple de son propre père, il les fait disparaître, non point dans le sein de leur mère, mais dans le sien –, est-il également châtré par Zeus, le dernier de ses fils, devenu lui aussi l'amant de sa mère : ainsi, enfin, dans certaines légendes, Zeus lui-même approche-t-il Cybèle, identique à Rhéa, donc sa propre mère, mais lui, par une ruse, réussit à échapper à la conséquence de l'inceste, puisqu'au moment de faire don de son sexe à Cybèle, il la trompe en lui offrant les testicules d'un taureau, exemple suivi, comme on l'a vu, par les initiés au culte d'Attis.

La castration apparaît comme le châtiment de l'inceste, d'ailleurs inévitable, puisque sans lui il n'y aurait pas de création, celle-ci étant au départ auto-sacrifice. C'est donc l'acte divin lui-même que reproduisent les hommes en sacrifiant aux dieux. En Crète minoenne, les corps morcelés étaient répandus sur la terre afin de la féconder. Pour ce dessein, l'organe générateur était de toutes les parties du corps de beaucoup la plus efficace. Au lieu de faire périr la victime, on pouvait se contenter de la castrer, c'est-à-dire de l'empêcher seulement de se reproduire. L'ultime étape de ce processus réducteur est la circoncision, substitut atténué de la castration.

Attis lui-même est issu de celle d'Agditis, car l'amande avalée par Nanâ est un fruit de l'arbre né, nous dit la légende, du sang répandu lors de la mutilation d'Agditis, et la grenade mûre que la fille du fleuve Sangarios dépose « en son sein » est un symbole plus parlant encore, puisque ouverte, elle présente au milieu d'une pulpe couleur de sang une multitude de pépins. Aussi, en symbolique, est-elle le gage d'une postérité nombreuse[22]. Or, pour les mythographes, la vierge Nanâ n'est autre qu'une épiphanie de Cybèle. Autrement dit, Agditis, s'étant séparé en deux, est à la fois le père et la mère d'Attis. Il s'agit d'une naissance parthénogénétique, courante chez les dieux primordiaux, mais rendue ici particulièrement explicite. De plus, comme par inadvertance, dans la suite du récit, ce n'est pas Cybèle, la Mère, mais Agditis, l'hermaphrodite qui aurait dû logiquement cesser d'exister en tant que tel à la suite de sa castration, que l'on nous donne comme épris de son propre fils. Enfin, pour embrouiller encore davantage les choses, certains auteurs anciens[23] assurent qu'Agditis était un double d'Attis, ce qui ne peut avoir qu'un seul sens : Attis était voué au même destin que son père-mère, il était donc lui-même hermaphrodite et voué de ce fait à la castration.

Autrement dit, pour devenir féconds, pour procréer, pour créer, les dieux, hermaphrodites à l'origine, doivent renoncer à leur virilité, afin d'être en mesure d'enfanter, d'enfanter le monde dans le cas d'Agditis-Cybèle, la végétation, et plus particulièrement les arbres, dans celui d'Attis.

Si celui-ci se castre et en meurt, ce n'est nullement en raison d'un inceste auquel il s'est dérobé, c'est au contraire parce qu'il ne l'a pas commis. Trahissant sa mère, il a même voulu épouser une mortelle, et le châtiment a aussitôt suivi. Nous trouvons là un thème bien

connu des psychanalystes, celui de la « Mère phallique » –
en Phrygie, Cibèle était parfois honorée sous la forme
d'une déesse barbue –, de la Mère-Père castratrice qui
entend garder à jamais son fils pour elle, situation portée
dans le mythe à son maximum d'intensité, puisque Cybèle
en tant que femme est aussi l'épouse castratrice. Sur le
mont Ida de Phrygie[24], Cybèle, appelée la « Mère de
l'Ida » était adorée comme « Reine des abeilles ». Or la
fécondation chez ces hyménoptères est très particulière :
au cours du vol nuptial, le mâle abandonne ses organes
génitaux dans le corps de la femelle, autrement dit, il se
castre et en meurt. Seuls survivent de lui les organes arra-
chés qui fourniront à la reine la provision de spermato-
zoïdes suffisante pour toute sa vie[25].

L'Ida de Mysie était surtout célèbre dans l'Antiquité
classique, comme le lieu de l'enlèvement de Ganymède.
Ce mythe « était extrêmement populaire en Grèce et à
Rome, car il constituait une justification religieuse de
l'amour passionnel d'un homme mûr pour un jeune garçon », écrit R. Graves[26], qui poursuit : « jusqu'alors la
sodomie avait été seulement tolérée comme la forme
extrême du culte de la Déesse : les adorateurs mâles de
Cybèle essayaient d'atteindre à l'union avec elle en
s'émasculant et en portant des vêtements de femmes. »
Autrement dit, le mythe Zeus-Ganymède pourrait bien
être une version réactualisée pour les besoins de la cause
de l'histoire Agditis-Attis. Or, de même qu'il existait une
Cybèle barbue, Zeus lui-même était parfois paradoxale-
ment représenté comme une divinité androgyne. A
Labranda, en Carie, donc toujours en Asie Mineure, on
adorait un Zeus barbu, mais portant « six mamelles dispo-
sées en triangle sur la poitrine[27] ».

Quoi qu'il en soit, la conséquence finale de l'éviration
d'Attis est qu'il devient immortel. Comme Ariane[28], il
meurt vierge ; ayant renoncé à transmettre la vie, il la
conserve tout entière. Emporté mort par Cybèle dans son
domaine souterrain, la caverne réceptacle des germes,
des existences à venir, il y ressuscite et, n'étant plus dès
lors soumis aux lois humaines, il peut s'unir à sa mère,
donc féconder la Terre[29].

Pinus pinea

Après ce long détour, nous pouvons revenir au pin sacré en lequel se transforme Attis. La question qui se pose maintenant est la suivante : quel rapport pouvait exister dans l'esprit des anciens entre le pin et le personnage d'Attis, tel que le définit le mythe ? Il est certain qu'il en existe un, puisque les rapprochements entre une essence donnée et un dieu sont, nous l'avons vu, toujours justifiés. Nous pouvons ajouter qu'il s'agit même d'une espèce botaniquement déterminée et non du genre auquel elle appartient. Ainsi, pour Attis, s'agit-il probablement du pin pignon ou pin parasol (*Pinus Pinea* L.). En latin, c'est le pin fertile, le pin par excellence, parce qu'il est le seul du genre à fournir une nourriture sous forme de graines comestibles, les pignes ou pignons, très appréciés des populations riveraines de la Méditerranée. Ces graines ont dû fournir un appoint non négligeable dans l'économie préhistorique de cueillette. Ramassés à l'automne, les pignons, très nutritifs sous un petit volume, car ils sont à la fois féculents et huileux, se conservent très bien pendant l'hiver.

La pomme de pin, celle du pignon en particulier, a toujours représenté chez les Grecs la reproduction et la fécondité. C'était donc un emblème qui convenait particulièrement bien non seulement à Attis, mais à Dionysos, comme nous l'avons signalé ; les Orphiques identifiaient la pomme de pin avec le cœur de Zagreus déchiré par les Titans, ce qui n'est pas, somme toute, contradictoire.

Nous avons vu plus haut que les fêtes d'Attis se déroulaient du 15 au 27 mars. C'est précisément la période de l'année où, alors que les autres arbres, sous le climat méditerranéen, commencent à porter de nouvelles feuilles et à fleurir, les pins se taisent et semblent ne point prendre part à l'allégresse générale. Ce qui nous incite à nous demander si ces rites n'avaient pas pour objet de les faire sortir de leur apparente torpeur, puisque, quelques semaines plus tard, les pins « ressuscités », tel le dieu lui-même, émettront la fine poussière du pollen. Il se peut d'ailleurs que les fêtes d'Attis aient à l'origine coïncidé

avec une opération pratiquée en mars sur le pin pignon ;
en effet, étant la seule espèce de pin comestible, le
pignon seul était soumis à la taille qui stimulait sa production. Or la taille correspond à une mutilation, et dans
le cas présent, puisqu'il s'agissait de supprimer le surplus
des bourgeons à fleurs, des cellules sexuelles par
conséquent, à une castration. Mais celle-ci avait pour
objet final une plus grande fécondité. L'émission du pollen qui résulte de ce simulacre de mort et se répand telle
une nuée fécondante sur la terre manifeste la résurrection du pin. Que le pignon ait été considéré comme un
modèle de productivité ininterrompue, et même de pro-
digalité, la preuve en est donnée par un texte de Pline :
« Toutefois, le plus admirable est le pin pignon : il porte
(simultanément) un fruit mûrissant, un qui arrivera à
maturité l'année suivante et un autre la troisième. Aucun
arbre n'est plus avide de se prodiguer : le mois même où
l'on cueille une pigne, une autre mûrit ; la répartition est
telle qu'il ne se passe pas un mois sans qu'il en
mûrisse [30]. » Il y a beaucoup d'exagération dans ce propos, mais, ce qu'il faut en retenir, c'est justement une
telle surévaluation. On prête au pignon une richesse qu'il
ne possède point, parce que sa fécondité est en effet
exceptionnelle, qu'elle a valeur de symbole.

Marsyas, le dieu pendu

Dans le cortège de Cybèle errante, endeuillée par la
mort de son fils-amant, figurait Marsyas, l'ami de la
déesse, qui tentait de la distraire de son chagrin en jouant
de la flûte. C'était, dit-on, un satyre ou un silène de Phrygie, et les habitants de Céléné lui attribuaient la composition de l'« Air de la Mère » que l'on interprétait sur la flûte
en l'honneur de la Grande Déesse [31]. Ce musicien enchan-
tait les naïfs paysans au point qu'ils s'exclamaient que sa
flûte surpassait même la lyre d'Apollon. Marsyas en
conçut un tel orgueil qu'il osa provoquer le dieu. Fort
courroucé, celui-ci releva la bravade et choisit les Muses
pour arbitres du concours, en stipulant que le vainqueur
aurait le droit d'infliger au vaincu le châtiment de son
choix. Mais les Muses, charmées par l'un comme par

l'autre, se refusèrent à trancher. Finalement, Apollon n'eut raison de son adversaire qu'en recourant à une ruse déloyale. Il défia Marsyas de faire ce qu'il faisait : retourner son instrument et en jouer à l'envers, ce qui était évidemment impossible avec une flûte. Apollon triomphant entonna alors des hymnes merveilleux en l'honneur des Olympiens et les Muses ne purent que lui donner la palme.

La vengeance du dieu offensé fut d'une atroce cruauté. Il écorcha tout vif l'outrecuidant et cloua sa peau à un pin, l'arbre de la déesse. A l'époque historique, on montrait encore la peau de Marsyas, pendue au pied de l'acropole de Kelenès, au sud de la Phrygie, dans une caverne d'où jaillissait un torrent impétueux et bruyant [32], le fleuve Marsyas, affluent du Méandre [33]. Cette peau, formant une outre, était restée vivante, elle tressaillait lorsqu'on jouait auprès d'elle les anciennes mélodies phrygiennes, mais, par contre, restait insensible si l'on exécutait un air en l'honneur d'Apollon.

Ainsi que l'a remarqué Frazer, il existe une « ressemblance fort étroite entre Marsyas et Attis », lui aussi « pâtre favori de la déesse » et « joueur de flûte », « que l'on représentait chaque année par une effigie pendue, comme Marsyas, à un pin [34]. » L'auteur du *Rameau d'or* poursuit en ces termes : « Nous pouvons supposer que, dans l'ancien temps, le prêtre qui portait le nom et jouait le rôle d'Atys à la fête de Cybèle était régulièrement pendu ou tué de quelque autre façon sur l'arbre sacré ; cet usage barbare fut ensuite adouci et prit la forme sous laquelle nous le rencontrons à une époque postérieure ; le prêtre se contentait alors de faire couler sous l'arbre un peu de son sang et il pendait au tronc une effigie au lieu de s'y attacher lui-même [35]. » A l'appui de cette hypothèse vraisemblable, Frazer aurait pu ajouter une convergence importante : la grotte où reposent les restes de Marsyas rappelle l'antre où la déesse recueille ceux de son amant mort.

Pour nous, la différence essentielle entre ces deux personnages réside dans le fait que, si Attis se sacrifie lui-même, Marsyas est sacrifié. Dans cette immolation, on peut voir le rappel d'un usage ancien, celui des sacrifices humains, dont il subsiste dans la mythologie des traces que nous avons précédemment mentionnées, tel par exemple le démembrement de Dionysos-Zagreus par les Titans. Si elle est bien, comme on a tout lieu de le croire, un souvenir d'un rite archaïque, la légende de Marsyas complète notre documentation. A l'exemple du malheureux flûtiste, la victime était dépecée vive, tel le taureau de Knossos, son corps ensuite morcelé comme celui de Zagros, et les fragments en étaient répandus dans les champs, tandis que l'on suspendait la peau à l'arbre sacré. Cet exemple de dépècement est unique dans le monde grec, mais à ce titre impressionnant, ce qui explique qu'il soit mentionné chez les auteurs les plus divers. On ne peut pas ne pas le rapprocher d'exemples fort lointains, mais bien connus, ceux des immolations offertes par les Aztèques « à certains *dieux de la terre et de la végétation* [36] », d'hommes et de femmes « que généralement on écorchait ». Il arrivait que l'on se servît des peaux humaines ainsi détachées de leurs corps pour en revêtir les prêtres ou les statues des dieux. Il existait même au Mexique un dieu, Xipe Totec, représenté portant par-dessus la sienne une peau humaine. Les Aztèques le nommaient « notre seigneur l'écorché ». Pour eux, c'était une divinité du réveil printanier de la nature, « parce qu'ils voyaient dans la peau retirée la robe neuve que revêt la terre et qui est la jeune végétation [37] ». Xipe Totec était un dieu des fleurs et de la jeunesse, mais aussi de la musique, comme Marsyas et comme Apollon. Quoi qu'il en soit, il faut rapprocher Marsyas et Attis, pendus à des pins, l'un en réalité, l'autre en effigie, des déesses pendues à des arbres étudiées au chapitre précédent.

Marsyas, qui était, d'après les textes, un satyre, rappelle Pan, que vainquit aussi Apollon au cours d'une compétition musicale. Or Pan est donné comme l'inventeur d'une flûte, celle qui porte son nom, et il n'est pas sans intérêt de rappeler comment il fit cette découverte au sein du règne végétal. Grand amateur des nymphes qui peuplaient son domaine, l'Arcadie – où, comme en Phrygie, ces deux contrées, n'ayant été hellénisées que sur le tard, se conservaient des mœurs et des légendes archaïques –, Pan poursuivit un jour la chaste Syrinx. Au moment où il était près de l'atteindre, celle-ci courut jusqu'à son père, le fleuve Ladôn, et le supplia de la changer en roseau [38].

Son souhait s'étant réalisé, Pan ne put la distinguer parmi ceux qui bordaient le fleuve; aussi en coupa-t-il plusieurs dont il fit le syrinx, la flûte de Pan. Or Marsyas est lui aussi en rapport avec un fleuve, celui qu'il devint après sa mort, et tient sa flûte non d'une simple nymphe, mais d'Athéna en personne qui, l'ayant inventée, la jeta, car ses joues gonflées, lorsqu'elle en jouait, faisaient rire les Olympiens. C'est alors que Marsyas la ramassa.

La naissance de la flûte de Pan correspond à une métamorphose et à un sacrifice, ceux de Syrinx, et l'on peut postuler qu'il en alla de même pour Marsyas, lequel serait, soit un roi-arbre que l'on écorchait rituellement, soit l'écorce d'un rameau évidé pour fabriquer un pipeau. Dans ce cas, il s'agirait de l'aulne [39], qui pousse près des rivières et était utilisé autrefois à cette fin, ce dont nous trouvons la trace dans le mythe de Phoroné, esprit de l'aulne et héros oraculaire, fils du fleuve Inachos et de Melia, la nymphe du frêne. Orphée, le musicien thrace, qui fut probablement un flûtiste avant qu'Apollon lui fasse don de la lyre [40], était lui-même en rapport avec un arbre, son père se nommant Œagros, ce qui, selon Graves [41] signifierait « de l'olivier sauvage », cette essence, dit le même auteur, était pratiquement confondue avec l'aulne. Orphée fut lui aussi mis en pièces, mais par les Ménades [42]. Comme quoi la musique, ce don divin, ne fut jamais obtenue sans peine. Il est digne de remarque que de ces trois flûtistes, Apollon avec son instrument fut toujours vainqueur. Dans le cas d'Orphée, sa victoire fut des plus pacifiques, puisque le dieu fit présent d'une lyre à Orphée et passait même aux yeux de certains pour son père. Avec Pan, le comportement du dieu témoigna d'une certaine circonspection, dont on nous donne la raison; s'il ne le punit pas, c'est que de lui il voulait apprendre l'art de la prophétie, ce qu'il obtint en le flattant. D'ailleurs, le naïf satyre fut joué aussi par Hermès qui, ayant ramassé la flûte qu'il avait laissé tomber, l'imita et, se targuant d'en être l'inventeur, la vendit à Apollon qui fit, ce jour-là, un marché de dupe, mais une bonne affaire, puisque l'héritage de Pan lui revenait tout entier. Seul Marsyas fut châtié et de terrible manière.

De cette différence de traitement rend peut-être compte l'hypothèse formulée par R. Graves, selon

laquelle les victoires d'Apollon sur Marsyas et Pan
commémoraient les conquêtes par les envahisseurs hellènes de la Phrygie et de l'Arcadie, qui eurent, parmi
leurs conséquences, la substitution d'une musique à une
autre, et même un changement d'instrument, ce qui en
effet apparaît clairement dans la légende de Marsyas. De
là, il n'est peut-être pas téméraire de conclure que l'invasion de la Phrygie rencontra une forte résistance locale –
comme le prouve l'exemple des paysans qui tenaient Marsyas pour supérieur en son art à Apollon lui-même –, que
celle-ci fut moindre en Arcadie, mais avec la conséquence que Pan abandonnerait au dieu tous ses anciens
privilèges, et probablement nulle en Thrace, ce qu'illus-
treraient les rapports d'Apollon et Orphée. Nous nous
trouvons donc une fois encore en présence du phénomène d'annexion religieuse que nous avons évoqué à propos de Dodone. Dans les trois cas qui précèdent, le dieu
nouveau venu, mais qui est celui des vainqueurs, prend la
place des divinités du terroir et assume leurs anciennes
fonctions, ainsi Apollon dut-il se charger de la garde des
troupeaux des dieux en Piérie, pays peuplé de Thraces,
compatriotes d'Orphée. Déchus de leurs pouvoirs, les
dieux locaux ne furent plus considérés désormais que
comme des héros légendaires.

Adonis, ou la myrrhe

Si le dieu phrygien, Attis, ne fut jamais admis par les
Grecs que rebutait son rituel sanglant, ils accueillirent
Adonis, dont les fêtes connurent même dans l'Athènes du
vᵉ et surtout du ivᵉ siècle une grande popularité. Adonis
venait de Phénicie, son culte se célébrait dans tout le
pays, mais plus solennellement à Byblos que les Grecs
appelaient la « cité d'Adonis ». Quant au nom qu'ils lui
donnaient, il provenait d'Adon, « Seigneur ». C'était
l'expression respectueuse employée par les fidèles
s'adressant à leur dieu[43], nommé peut-être Eshmun ou
Aleyin en phénicien, mais certainement Tammuz en
syrien. C'était une très ancienne divinité présémitique,
puisque Tammuz est la forme accadienne du sumérien
Dumu-zi.

Le mythe d'Adonis nous est surtout connu par la version donnée, dans la première moitié du vᵉ siècle av. J.-C., par Panyassis d'Halicarnasse, parent d'Hérodote : « Théias, roi d'Assyrie, avait une fille nommée Smyrna (ou Myrrha) [44]. Aphrodite la prit en haine, car Smyrna négligeait de lui rendre hommage. Elle inspira à la jeune fille un amour passionné pour son père. Avec l'aide de sa nourrice, Smyrna réussit, en le trompant, à coucher avec lui douze nuits de suite. Quand Théias comprit ce qu'il avait fait, dégainant son poignard, il se lança à la poursuite de Smyrna. Théias allait l'atteindre, quand elle supplia les dieux de la rendre invisible. Ils en eurent pitié et la métamorphosèrent en un arbre appelé *smurna* (ou *myrrha*, l'arbre à myrrhe). Neuf mois plus tard, l'écorce de cet arbre se brisa et il en sortit l'enfant qu'on appelle Adonis. Il était si beau, alors qu'il était tout jeune, qu'Aphrodite le cacha dans un coffre pour le dérober au regard des dieux et le confia à Perséphone. A peine celle-ci eut-elle aperçu Adonis qu'elle refusa de le restituer à Aphrodite. Zeus fut chargé d'arbitrer le conflit; il divisa l'année en trois parts : Adonis en passerait seul un tiers, Perséphone bénéficierait d'un autre; le dernier serait pour Aphrodite. Mais Adonis accorda à cette déesse sa part propre. Plus tard, au cours d'une chasse, Adonis périt sous les coups d'un sanglier [45].

A ce résumé très succinct, il faut ajouter les renseignements contenus dans d'autres sources, car ils sont nécessaires à l'intelligence du mythe [46]. Ainsi, pour certains auteurs, le père de Myrrha aurait été, non le roi d'Assyrie, Théias (dont il convient de noter que le nom signifie le « devin » ou le « prophète »), mais le roi de Chypre, Kinyras. Or cette île était consacrée à Aphrodite-Kypris, qui lui avait donné son nom, et Kyniras descendait de la déesse. Sa mère était née de Pygmalion, épris de la statue d'Aphrodite au point d'émouvoir la déesse qui, sous la forme de Galatée, lui donna cette fille. Selon Hygin, la jalousie d'Aphrodite fut provoquée par l'insolence de Cenchréis, la mère de Myrrha, qui se vantait que celle-ci fût plus belle que la déesse elle-même. Un autre détail a son importance, l'inceste du père et de la fille eut lieu alors que la reine assistait aux Thesmophories, fêtes qui commémoraient le deuil de Déméter, pleurant la disparition de sa fille Perséphone. Les Thesmophories n'étaient célébrées que par les épouses légitimes, tout homme en étant exclu; elles étaient marquées par le jeûne et l'abstinence sexuelle.

Dans l'amplification dramatique composée par Ovide, non seulement Myrrha, avant de consommer son crime, tente de mettre fin à ses jours en s'étranglant au moyen de sa ceinture fixée en haut d'une porte, trait qui la rapproche des déesses pendues, mais surtout, fuyant son père qui la poursuit l'épée à la main, elle erre « à travers les vastes campagnes » pendant neuf mois, quitte « l'Arabie fertile en palmiers », ce qui est un détail significatif, nous verrons tout à l'heure pourquoi, et ne se métamorphose en arbre à myrrhe qu'au terme de sa course, au moment où elle ressent les premières douleurs de l'enfantement. « Des gouttes tièdes s'échappent de l'arbre. Les larmes (de Myrrha) ont un grand prix; la myrrhe, distillée par le bois, conserve le nom de celle qui la donne [47]. » La myrrhe naît donc d'un auto-sacrifice, mais il s'agit cette fois du châtiment que s'inflige une coupable. Selon une autre version, c'est son père qui, l'ayant rejointe, fendit de son épée l'arbre dans lequel Aphrodite, qui regrettait les conséquences de ses représailles, la métamorphosa aussitôt et d'où sortit le petit Adonis.

Recueilli par la déesse, l'enfant la charma, « se vengeant ainsi sur elle de la passion qu'elle avait inspirée à sa mère », selon Ovide [48]. Même après le jugement qui lui consacre un tiers de l'année de l'adolescent, Aphrodite est si éprise qu'elle outrepasse ses droits, portant tous les jours la ceinture qui la rendait irrésistible et persuadant ainsi son amant de lui consacrer le temps pendant lequel il pouvait disposer de lui-même [49]. Toutefois, les amours de la déesse sont assombris car elle sait comment Adonis doit périr en la fleur de l'âge, et elle tente de le mettre en garde. Mais l'inévitable ne s'en accomplit pas moins. Perséphone, outrée de la tricherie d'Aphrodite, part la dénoncer au père de ses enfants. Arès, fou de jalousie, prend la forme d'un sanglier sauvage et transperce à l'aine l'adolescent. Quant au père de Myrrha, Théias ou Kinyras, il semble n'avoir guère survécu à la métamorphose de sa fille. Il se serait donné la mort aussitôt après. Mais, selon d'autres auteurs [50], c'est vaincu dans un concours musical, où il affrontait Apollon, que, tel Marsyas, Kinyras fut mis à mort par le dieu. Il aurait donc été écorché vif et pendu à un arbre, cet arbre étant, selon toute vraisemblance, le palmier, qui lui était consacré[51]. A une journée de marche de Byblos, dans un site magnifique du mont Liban, célébré par tous les voyageurs, naissait le fleuve Adonis. Là s'élevait un sanctuaire d'Astarté, dénommée par les Grecs Aphrodite-Aphaca, du nom de ce lieu, lequel fut détruit par Constantin en raison du « caractère abominable » du culte qui s'y célébrait[52]. De sa terrasse, on pouvait admirer le cirque grandiose de hautes falaises dans lequel s'ouvrait une caverne. En jaillissait le fleuve qui descendait de cascade en cascade au milieu d'une végétation fraîche et touffue, avant de plonger dans le gouffre profond d'une gorge. Là, pour les Phéniciens, avait péri le dieu. Tous les ans, l'eau du fleuve « se change en sang[53] » et « se répand dans la mer, dont il rougit une partie considérable, ce qui indique aux habitants de Byblos le moment de prendre le deuil d'Adonis... En mémoire de cet événement, ils célèbrent... des orgies, dans lesquelles ils se frappent la poitrine, pleurent et mènent grand deuil par tout le pays. Quand il y a assez de plaintes et de larmes, ils envoient des présents funèbres à Adonis, en sa qualité de mort; mais, le lendemain, ils racontent qu'il est vivant et le placent dans le ciel. En outre, ils se rasent la tête comme les Égyptiens à la mort du bœuf Apis. Les femmes, qui ne veulent pas sacrifier leur chevelure, payent une amende qui consiste à prostituer leurs charmes pendant une journée. Les étrangers seuls, du reste, ont droit à leurs faveurs et le prix du sacrifice est offert à Vénus[54] (Aphrodite)». Il s'agit donc de prostitution sacrée, ce pour quoi le rite était considéré par Constantin converti comme abominable.

Commentant le passage de Lucien que nous avons cité tout au long parce que cet auteur grec du IIe siècle ap. J.-C. déclare avoir recueilli lui-même ces renseignements sur place[55], Frazer dans son *Adonis*[56] indique que cette célébration avait lieu au printemps, au moment où sur le site fleurissait l'anémone rouge, emblème du dieu. Mais cette Renonculacée, bien connue des jardiniers sous le nom d'Adonide goutte-de-sang *(Adonis autumnalis)*, n'est

justement pas, comme les autres anémones, une fleur
printanière, elle s'épanouit plus tard, comme l'indique
son nom latin, en fait en juin et en juillet. Se référant à
Lucien, lequel ne mentionne pas l'époque de la célébration des Adonies, Frazer tient à les placer au printemps,
car il voit dans Adonis, comme en tant d'autres divinités
étudiées par lui, un dieu du réveil printanier[57]. C'est ce
concept passe-partout qu'a remis en cause l'école anthropologique d'interprétation des mythes, fondée sur les travaux de Georges Dumézil et de Claude Lévi-Strauss. Pour
elle, « il ne reste plus rien » désormais du mode de raisonnement de Frazer : « Adonis est issu de l'arbre à
myrrhe ; donc il incarne un esprit de la végétation ; il
passe un tiers de sa vie dans le monde souterrain, le reste,
avec Aphrodite, à la lumière du soleil ; donc il incarne, à
la manière de Perséphone, l'esprit du blé. » Cette lecture
apparaît en effet périmée, ne serait-ce que parce qu'elle
peut s'appliquer à toutes sortes de mythes, comme si les
mythologies ne faisaient que ressasser indéfiniment les
mêmes choses. M. Detienne, dans ses *Jardins d'Adonis*, lui
substitue une analyse du mythe non seulement beaucoup
plus pertinente, mais dont la richesse en aperçus
contraste avec la pauvreté de l'interprétation frazérienne,
illustrant ainsi de manière éclatante la supériorité de la
méthode mise en œuvre, l'analyse structurale, pour
laquelle « chaque dieu se définit par le réseau des relations qui l'unit et l'oppose au sein d'un panthéon particulier ; un élément n'a de sens que par la place qu'il
occupe dans un système ordonné dont fait partie le mythe
auquel il appartient[58] ». Il s'agit donc, dans *Les Jardins
d'Adonis* de M. Detienne, du déchiffrement d'un code à la
fois botanique, idéologique et sociologique.

Avant de poursuivre notre exposé, force nous est de
résumer brièvement les conclusions de l'enquête exemplaire menée par M. Detienne. Celle-ci l'amène à fixer la
date, longtemps incertaine, des Adonies, non du tout au
printemps, mais lors de la canicule, vers le 20 juillet, la
période la plus sèche et la plus brûlante de l'année. Les
fameux « jardins d'Adonis », de simples pots de terre où
l'on faisait germer en quelques jours, et hors saison, des
graines de fenouil, de blé, d'orge et de laitue, prennent
alors un caractère dérisoire. Ce sont là des cultures « sté-

riles », des cultures « frivoles », qui vont de pair avec les unions éphémères, permises pendant la fête, « où le dévergondage des femmes..., dont l'appétit sexuel atteint alors son point culminant[59], s'autorise des relations d'amant et de maîtresse qui s'établissent entre Adonis et Aphrodite ». Celles qui célébraient le dieu étaient surtout des courtisanes et la licence – manifestée entre autres par la prostitution passagère à laquelle étaient soumises les femmes qui se refusaient à sacrifier leur chevelure – qui accompagnait, tel un rite nécessaire, les Adonies, n'allait pas sans mettre en péril l'ordre social.

M. Detienne souligne que la fête se déroulait en deux temps : « dans le premier, les femmes escaladent (l'échelle) pour exposer les "jardins" à la brûlure du Soleil, tandis que, dans le second, elles descendent les échelons pour ramener les produits de Sirius (lequel culminait alors), les aromates arrivés à maturité dans les jours caniculaires, aromates qui sont destinés aussi bien à alimenter les encensoirs en l'honneur d'Aphrodite et de son amant qu'à doter les fidèles d'Adonis de parfums et d'onguents de séduction[60] ».

Qu'était donc pour les Grecs le personnage d'Adonis ? Un adolescent exagérément précoce, un trop jeune séducteur, tout entier livré, entre ses deux maîtresses divines, dont il n'est, somme toute, que la victime consentante, à ce que la médecine grecque déjà condamnait, « l'usage prématuré et exclusif des rapports sexuels[61] », rapports, qui plus est, stériles, car, pour les Grecs, « au lieu d'avoir la chaleur et la consistance du sperme fécond », la semence utilisée de cette manière pléthorique et trop hâtive est « humide et froide[62] », donc de nature féminine. Les abus d'Adonis font de lui en définitive un efféminé, un impuissant prématuré, à l'image de la laitue qui représentait en Grèce « l'impuissance sexuelle et le défaut de puissance vitale » – à ce titre, elle servait même de remède à une trop grande excitation –, laitue dont on faisait germer les graines dans les jardins célébrant la mort du dieu et qui s'y desséchait à peine verte. « Dans le mythe, et pour les Grecs, Adonis n'est ni un époux ni même un homme, rien qu'un amant et un efféminé. Il est le symbole de ce qui n'est pas viril, et ses fidèles, note Plutarque[63], ne sont que femmes ou androgynes. Le jeune garçon à la semence foisonnante appartient à la même configuration que l'épouse lubrique de la Canicule [64]. » Autrement dit, Adonis, sur ce plan – mais sur ce plan seul –, rejoint Attis; il meurt castré – il est blessé à l'aine – par Arès, le mari jaloux, et victime comme Attis d'une mère abusive, ici dédoublée, puisque à Cybèle, l'unique, correspondent deux déesses, dont l'une est comme elle une divinité de sous terre.

Pour les Grecs, Adonis demeure aussi le type même du séducteur oriental, l'incarnation d'un Orient à la fois proche et lointain, dont il convenait de se défier, « un monde où les raffinements de la civilisation et la jouissance des plaisirs les plus dissolus favorisaient un genre de vie caractérisé par la mollesse et la volupté... Seul un dieu étranger pouvait représenter aussi ouvertement l'Autre à l'intérieur du système grec, seule une puissance orientale pouvait assumer, de cette manière, la négation radicale des valeurs représentées par Déméter sur un plan à la fois religieux et politique [65] ». Ainsi, les Adonies s'opposaient aux Thesmophories, le dévergondage de la fille incestueuse outrageait non seulement sa mère, mais Déméter, la protectrice des unions légitimes ratifiées par les dieux, dont Cenchréis, pendant que le crime s'accomplissait, célébrait justement le deuil.

En se concentrant sur son propos qui est, rappelons-le, « la mythologie des aromates en Grèce », M. Detienne a délibérément laissé de côté certains aspects du mythe, pour lui secondaires, mais très importants dans le contexte d'une mythologie des arbres. Ceux-ci nous amènent à en proposer une nouvelle lecture. Elle ne contredit nullement une interprétation à laquelle nous nous rallions sans réserve, mais plutôt, sur un autre plan, la prolonge aussi bien dans l'espace que dans le temps. Ce que M. Detienne étudie, c'est la version qu'avaient retenue les Grecs du Ve et du IVe siècle, parce qu'elle pouvait s'insérer dans leur système de pensée, d'un mythe oriental bien antérieur. Aussi ne traite-t-il pas d'Adonis en soi, mais du rôle qu'il a joué dans la Grèce classique. Dès lors, « ni le Phénicien Eshmun ni le Syrien Tammuz, ni *a fortiori* le Sumérien Dumuzi » ne peuvent « éclairer si faiblement que ce soit les traits que la mythologie grecque a prêtés à l'enfant né de l'arbre à myrrhe [66] ».

C'est dans une tout autre perspective que nous nous plaçons. Pour nous, il n'est nullement indifférent que la myrrhe n'ait pas été seulement employée en guise de parfum, mais, peut-être plus encore, comme un produit nécessaire à l'embaumement, sinon en Grèce, où il n'était pas pratiqué, du moins en Égypte et en Orient, ce qui explique les séjours d'Adonis auprès de Perséphone, c'est-à-dire chez les morts. D'ailleurs, Smyrna, devenue Myrrha, est en quelque manière embaumée dans l'arbre qui justement fournit le baume, où son sang se transforme en sève, où ses larmes deviennent « la myrrhe distillée par le bois », par sa « moelle [67] ». Quant à Adonis, qui sort de l'arbre, c'est donc son produit, la myrrhe elle-même en son ambiguïté, puisqu'elle est à la fois un aphrodisiaque, un onguent pour les morts et un encens brûlé en l'honneur des dieux.

Par rapport à tous les arbres que nous avons rencontrés, y compris le pin d'Attis, l'arbre à myrrhe présente une particularité essentielle. Il s'agit d'une espèce qu'aucun Grec jamais n'avait vue, ni même, ce qui peut sembler paradoxal, aucun des fidèles phéniciens d'Adonis. L'un comme l'autre n'en connaissait que le produit, venu de loin, à travers des relais successifs, d'un pays de légende, le royaume de Saba. Pour eux, la myrrhe et l'encens étaient fournis par une même espèce, d'ailleurs indéterminée, et leur récolte faisait l'objet de fables extravagantes mettant en jeu, dans des sites terrifiants, toutes sortes d'animaux fabuleux autant que dangereux [68].

Phoenix, le palmier-dattier

Un détail apparemment extérieur, la mort du père de Myrrha, comparée à celle de Marsyas, doit aussi être relevé, car il constitue pour nous un indice éclairant, si l'on tient compte du fait que, dans d'autres versions du même mythe, le père de Myrrha qui se nomme tantôt Théias, le devin, roi d'Assyrie, tantôt Kinyras, roi de Chypre, où le mythe émigra de Phénicie avant de gagner la Grèce, s'appelle aussi Phoenix, roi de Byblos, la ville même où se célébrait en grande pompe son rituel.

Phoenix en grec ne signifie pas seulement phénicien, il

veut dire pourpre (la pourpre royale) et désigne à la fois
le palmier-dattier et le Phénix. Or, cet oiseau de légende
jouait un rôle capital dans la mythologie grecque des aromates : « Il dispose de la myrrhe et de l'encens, il s'en sert
pour construire son nid, il va même jusqu'à les véhiculer
(dans son bec), avant de se consumer sur le bûcher qu'il a
dressé en amoncelant les substances parfumées de toutes
espèces », bûcher sur lequel il se brûle avant de renaître
de lui-même pour un nouveau cycle de 1 461 ans, période
correspondant à la « concomitance entre, d'une part, le
lever héliaque de Sirius (Sothis), de l'autre l'apparition
du soleil et le début de la crue du Nil [69] ». Il s'agissait du
retour de la Grande Année, autrement dit de la renaissance, de la régénération cyclique du cosmos. Représenté
par le héron pourpré – nous venons de voir que *phoenix*
signifie aussi pourpre en grec –, le phénix égyptien ou
oiseau Bennou était associé à Héliopolis, la ville solaire
par excellence. « Il se pourrait toutefois que cette *cité du
Soleil* ne soit pas originellement celle d'Égypte, mais la
Terre solaire primordiale, la Syrie d'Homère [70] », ce qui
nous ramène, en somme, à la côte syrienne, c'est-à-dire à
la Phénicie [71].

De tout ce que désignait en grec le mot *phoenix*, seul le
palmier-dattier *(Phoenix dactylifera)* a conservé aujour-
d'hui ce nom [72]. En Mésopotamie, les Sumériens le cultivaient il y a 5 ou 6 000 ans ; c'est très probablement le premier des arbres fruitiers qui ait été planté, entretenu et
sélectionné par l'homme. Si sa culture s'est répandue
tout autour du bassin méditerranéen, et surtout en
Afrique du Nord, où le dattier est devenu l'arbre providence des oasis, c'est dans les vallées de l'Euphrate et
du Tigre qu'elle atteint encore sa plus forte densité,
30 millions de dattiers – soit le tiers du total dans le
monde entier – sont actuellement plantés en Irak [73].

Le palmier-dattier semble être à l'origine de l'iconographie de l'arbre de vie depuis l'époque sumérienne, il fournissait en effet déjà une denrée de première importance.
Dans le Proche-Orient comme en Afrique du Nord, la
datte est un aliment aux usages multiples. On peut en
tirer un jus très sucré, le « miel de datte », et en faire une
sorte de pain ; dans l'Antiquité, selon Pline, on aurait
même fabriqué du vin de datte. Extrêmement nourris-

sante, la datte a une valeur énergétique plus élevée que tout autre fruit. Selon les variétés, la récolte s'échelonne de juillet-août à novembre-décembre, et les dattes dites dures peuvent se conserver sans préparation deux ou trois ans après avoir été cueillies. Une palmeraie bien entretenue est en pleine production de douze à quinze ans après sa plantation et elle peut être exploitée pendant soixante ou quatre-vingts ans, fournissant en moyenne de 20 à 50 kg de fruits par pied, parfois même, dans les meilleures conditions, jusqu'à 100 et même 200 kg. Dans les régions désertiques, par exemple dans les oasis sahariennes, la datte constitue une nourriture de base qui n'a jamais été remplacée[74]. Les bienfaits du palmier que l'on disait être au nombre de 360, autant qu'il y a de jours dans l'année, puisque l'on peut consommer ses fruits en toute saison, étaient célébrés dans les chants sacrés; Strabon cite un hymne perse[75] et Plutarque un hymne babylonien[76] en son honneur.

Le dattier ne constituait pas seulement, aux yeux des Anciens, un modèle de fécondité ils étaient aussi sensibles au fait qu'il renaissait de lui-même. C'est en effet par bouturage des rejets qui poussent à la base du stipe qu'on le multipliait et qu'on le multiplie encore, plutôt que par graines. On le comparait de ce fait au Phénix. Ainsi, Pline écrit : « Il existe, dit-on, un de ces dattiers dans la région de Chora (aux environs d'Alexandrie d'Égypte) dont j'ai ouï des récits merveilleux : il périrait et renaîtrait de lui-même en même temps que le phénix qui, croit-on, lui devrait son nom à cause de cette particularité. En tout cas, au temps où j'écrivais, il était en plein rapport. » On pensait que le dattier vivait extrêmement vieux, puisque le cycle du phénix est de 1 461 ans. A l'époque de Pline, on montrait encore à Délos le palmier qui avait abrité la naissance d'Apollon[77]. Les Orphiques considéraient l'espèce comme immortelle, indemne de tout vieillissement, et la tenaient en grande vénération. Une autre de ses caractéristiques étonnait fort Grecs et Romains, sa sexualité.

Ils savaient fort bien que chez les dattiers il existe des pieds mâles et des pieds femelles et qu'il fallait que ces derniers fussent dûment fécondés pour donner des fruits. « On affirme, écrit Pline, que, dans une forêt naturelle, les palmiers femelles privés de mâles n'engendrent pas spontanément, que les dattiers femelles entourant à plusieurs un arbre mâle, elles s'inclinent vers lui pour le caresser de leur couronne de feuillage, tandis que lui dresse et hérisse ses feuilles et de son souffle, de sa seule vue et aussi de sa poussière (le pollen), il les féconde toutes. Si on les coupe, les dattiers femelles, réduits au veuvage, redeviennent stériles. *Ils possèdent à un tel degré la sexualité*, que l'homme a inventé un moyen de les féconder en saupoudrant les pieds femelles avec les fleurs, le duvet et parfois la simple poussière des pieds mâles [78].» Cette fécondation artificielle du palmier-dattier fut pratiquée, semble-t-il, dès que l'on a cultivé ces arbres, donc depuis la plus haute antiquité, et elle n'a cessé de l'être, exactement de la même manière, jusqu'à nos jours. C'est «une opération qui s'échelonne sur de nombreuses semaines et qui consiste à suspendre des rameaux de fleurs mâles au-dessus des inflorescences femelles [79]». Elle est devenue nécessaire du jour où l'on a établi des palmeraies dans lesquelles, pour des raisons de productivité, le nombre des pieds mâles est réduit au minimum.

Ce qui nous importe ici est cette sexualité spectaculaire et surabondante qui impressionnait les anciens. Celle, «foisonnante», d'Adonis lui avait donc été léguée par celui qui fut à la fois son grand-père et son père. Puisque Myrrha, l'arbre à myrrhe, était considérée comme la fille de Phoenix, le palmier, on peut se demander s'il ne convient pas de rapprocher la scène de séduction du palmier mâle par les femelles qui l'entourent dans la description de Pline – qui n'invente rien, mais se contente de rapporter ce que l'on croyait – de l'inceste de Myrrha, tel qu'il nous est par ailleurs rapporté. Les douze nuits mentionnées correspondent peut-être au temps considéré comme nécessaire à la fécondation des arbres. Si, comme le pensaient les anciens, le «myrrhier» était une variété du palmier, il ne pouvait être fécondé que par son propre père.

Le dattier a toujours été considéré comme un arbre anthropomorphe, le mot palme vient de paume (de la main), et non l'inverse, en grec, il ne signifie que cela; quant aux dattes, ce sont des doigts en grec comme en latin; enfin, le palmier possède ce que Pline, après Théophraste [80] et Xénophon [81] dénomme une «cervelle» et qu'il qualifie de «moelle sucrée» [82], c'est le chou-palmiste, autrement dit le «cœur» de palmier, que l'on mangeait dans l'Antiquité et qui est toujours consommé aujourd'hui. Mais, les auteurs anciens prêtent au palmier un pouvoir de régénération qu'il ne possède point. Ils affirment qu'il ne dépérit pas quand on prélève la «cervelle», alors qu'en fait il en meurt.

Emblème d'une fécondité miraculeuse et inépuisable, le palmier était considéré comme un symbole phallique – on voyait en lui un énorme phallus dressé et velu –, mais aussi un végétal né de la conjonction du feu céleste et des eaux souterraines. Pour les Arabes, aujourd'hui encore, il vit la tête «dans le feu du ciel et le pied dans l'eau», et l'un des premiers mobiles de l'irrigation en Mésopotamie sumérienne fut d'amener une quantité d'eau suffisante au pied des palmiers.

Dans la mythologie gréco-romaine, il existait une déesse palmier, appelée Letô ou Latone, alors que l'espèce qui produit les dattes ne croît ni en Grèce ni en Italie. Il s'agissait de Lat, divinité orientale archaïque de la fertilité, du palmier et de l'olivier, voilà qui explique que Letô, fille de Titans, comme Dioné, ayant été, comme elle, séduite – événement qui cache, nous l'avons vu, une annexion politique et religieuse par les Hellènes –, ait mis au monde Artémis (déesse lune) et Apollon (dieu soleil) dans l'île d'Ortygie entre l'olivier et le palmier, tous deux d'origine asiatique, «entourant de son bras le palmier» [83]. Dans la légende de Letô figure un épisode qui ressemble étrangement au conflit qui opposa Aphrodite et Cenchréis, mère de Myrrha. Niobé, exagérément fière des sept fils et des sept filles qu'elle avait eus d'Amphion, roi de Thèbes, s'étant moquée de Letô qui n'avait que deux enfants, la déesse se vengea en rendant Tantale, père de Niobé, amoureux de sa fille. Repoussé par elle, il fit périr ses enfants par le feu. Après quoi, Amphion fut déchiqueté par un sanglier sauvage [84].

Les arbres d'Osiris

Ouvrant son étude sur Osiris qui, dans *Le Rameau d'or*, suit celles consacrées à Adonis et Attis, Frazer remarque:

« Il y a de solides raisons pour le ranger, sous l'un de ses aspects, avec Adonis et Atys, comme personnification des grandes vicissitudes annuelles et singulièrement du blé [85]. » Comme ni Attis ni, moins encore, Adonis ne peuvent être mis en relation avec la culture des céréales, mais, en revanche, avec une essence arborescente bien déterminée, on peut se demander s'il n'en allait pas de même pour Osiris. Sans doute, à une certaine époque, Osiris a-t-il personnifié, « sous l'un de ses aspects », sinon le blé, comme le soutient Frazer, du moins l'orge, mais en a-t-il été toujours ainsi? Appliquant à ce personnage divin la méthode qui nous a permis de retrouver chez d'autres, sous les alluvions déposées par le temps en couches successives, une figure beaucoup plus archaïque, nous devrions en principe déceler ici aussi la trace d'un très ancien culte de l'arbre.

L'histoire d'Osiris ne nous a été transmise sous la forme d'un récit continu que par Plutarque, donc par un écrivain tardif, puisqu'il vécut au Ier siècle de notre ère [86]. Fort heureusement, le chapitre très long et très documenté « Sur Isis et Osiris » des *Œuvres morales* est non seulement confirmé en substance, mais complété par les textes gravés dans les pyramides, qui remontent au moins à 2 500 av. J.-C. et dont certains sont de beaucoup antérieurs [87].

Selon l'Énnéade héliopolitaine, Osiris appartenait à la troisième génération issue d'Atoum, « esprit encore indéfini portant en lui la somme des existences », qui reposait au sein de Noun, l'océan primordial. Dieu androgyne, Atoum se manifestait comme Rê, le Soleil créateur. Sorti de lui, le premier couple divin, Shou et Tefnout, l'air et l'humidité, engendra Geb, la terre et Nout, le ciel, que Plutarque identifie à Rhéa et Cronos, bien que ce parallélisme ne puisse s'appliquer sans une interversion. En effet, alors qu'en Grèce le ciel est un dieu, Cronos, ou, plus exactement, Ouranos, son père, c'est en Égypte une déesse, Nout, tandis que la terre est un dieu [88], Geb ou Ptah, considéré « comme suprême » [89]. Sœur jumelle de Geb, Nout s'unit à lui contre la volonté d'Atoum-rê qui, en punition, les fit séparer par Shou, leur père, et décréta que la déesse ne pourrait accoucher en aucun mois d'aucune année. Heureusement, nous dit Plutarque, le dieu Thot eut pitié de Nout, « il joua aux dés avec la Lune et lui gagna un soixante-douzième de chacune de ses clartés[90]», dont il composa cinq jours entiers qui n'appartenaient pas à un comput régulier, ce qui permit à Nout de mettre au monde coup sur coup ses cinq enfants, Osiris, Haroëris, Seth, Isis et Nephthys. «Dans le premier jour,... naquit Osiris; et au moment de sa naissance une voix fit entendre ces mots : " c'est le maître de toutes choses qui apparaît à la lumière ".» Par la suite, Seth épousa sa sœur Nephthys et Osiris sa sœur Isis.

Osiris, régnant sur la terre, tira les Égyptiens de la barbarie, leur donna des lois et leur apprit à rendre un culte aux dieux. Tandis qu'Isis, ayant découvert l'orge sauvage, enseignait au peuple à la cultiver et à en faire du pain et de la bière, Osiris répandit cet usage dans le monde et en fut honoré comme «celui qui nourrit les dieux et de même les créatures vivantes après les dieux[91]». En propre, on lui attribuait la culture des arbres fruitiers et de la vigne. Les succès d'Osiris excitèrent la jalousie de Seth, dieu de la terre stérile, du désert, alors qu'Osiris représentait l'humus fertilisé par l'irrigation. En compagnie de soixante-douze conjurés, Seth invita son frère à un banquet. Il avait fait confectionner un coffre magnifique à la taille exacte d'Osiris, dont il avait pris secrètement les mesures. Ce coffre suscita l'admiration de tous et Seth promit en plaisantant qu'il en ferait cadeau à qui le remplirait exactement. Les convives, l'un après l'autre, l'essayèrent, mais il était toujours trop grand, sauf pour Osiris. A peine celui-ci y fut-il étendu que les conspirateurs en refermèrent le couvercle, le clouèrent solidement et jetèrent le coffre dans le Nil.

Ayant descendu le cours du fleuve, il atteignit la mer et dériva jusqu'à Byblos, sur la côte phénicienne, où il échoua au milieu d'une bruyère, laquelle grandit miraculeusement, enfermant le coffre en son tronc. Émerveillé par cette soudaine croissance, le roi du pays ordonna de la couper et en «fit une colonne pour soutenir le toit de son palais». Isis, qui parcourait le monde en quête du cadavre de son époux, apprit enfin où il se trouvait et, s'étant fait admettre dans le palais comme nourrice de l'enfant du roi, révéla bientôt sa véritable identité, réclama et obtint ce pilier, dont elle sortit le cercueil.

De retour en Égypte, Isis, étant allée rejoindre son fils

Horus qu'elle avait conçu d'Osiris déjà mort, en volti-
geant sous la forme d'un faucon au-dessus de son
cadavre, eut l'imprudence de laisser le coffre sans protection. Seth, l'ayant découvert, déchira le corps en quatorze
morceaux qu'il dispersa. Isis les retrouva tous, excepté le
phallus qui avait été avalé par le poisson oxyrhinque.
Devenu roi des morts, Osiris quitta son nouveau domaine
afin de préparer son fils au combat. Horus vainquit Seth
et l'amena à sa mère, qui, apitoyée, le libéra. Furieux,
Horus jeta à terre la couronne d'Isis, ou la décapita, mais
Thot remplaça la couronne ou la tête par une tête de
vache, ce qui signifie qu'Isis fut assimilée à Hathôr. Selon
d'autres textes, Horus aurait alors violé sa mère, qui, sous
la forme d'Hathôr, devint sa femme. A peine libéré, Seth
accusa son vainqueur d'être un enfant illégitime, donc
indigne de régner. Et il fallut encore deux combats avant
qu'Horus obtienne enfin le pouvoir suprême.

Telle est, résumée en fonction du sujet de cet ouvrage,
la légende d'Osiris. Fort opportunément, les textes égyptiens nous fournissent d'autres éléments, mais ceux-ci
sont difficiles à utiliser, car la personnalité d'Osiris est si
complexe que les égyptologues en ont donné des interprétations qui peuvent sembler au premier abord contradictoires. La plupart des historiens actuels de la religion
égyptienne admettent trois aspects distincts du dieu, le
roi des morts, le dieu du grain et celui de la crue du Nil.
Pour certains d'entre eux, Osiris aurait été à l'origine un
roi assassiné qui, divinisé, en vint à se confondre avec un
ancien dieu local de la région de Busiris, dans le delta. Ce
dieu, nommé Andjeti ou Andjty, représenté sous la forme
humaine – c'est le seul symbole ancien qui soit anthropomorphe –, portait sur la tête deux plumes et dans les
mains la houlette des bergers, le futur sceptre *héka*, et le
fléau ou flagellum, attributs qui devinrent par la suite
ceux d'Osiris. Quant au nom grec de Busiris, il signifie
« maison d'Osiris », et le dieu portait encore le titre de
« seigneur de Busiris » qui précédait même celui de « seigneur d'Abydos », son plus important sanctuaire à partir
du Moyen Empire. Busiris fut donc probablement son
premier lieu de culte [92]. Même les historiens qui mettent
en doute cette identification estiment « qu'il semble
qu'Osiris, en tant que roi mort, fut reconnu et adoré par

la maison dont provenait Menès, le fondateur de la Ire dynastie, dite thinite, qui régnait sur la province de This, où se trouve Abydos[93] ». Ainsi, quelle que soit son origine, Osiris aurait été un des rois fondateurs et civilisateurs, qui fut tué par son rival, mais dont le fils réalisa l'unité de l'Égypte. Horus, né miraculeusement de lui, accomplit l'œuvre de son père, mais il reprit aussi son identité en épousant sa propre mère. Horus devint le modèle de tous ses successeurs, les souverains historiques, qui étaient eux-mêmes des « Horus » et agissaient en tant que tels; à leur mort, ils étaient transformés en Osiris, s'identifiant alors à celui qui était devenu le roi des morts[94].

Ce n'est donc que secondairement qu'Osiris acquit son deuxième aspect de dieu du grain et de la végétation. Comme le remarque H. Frankfort[95], à la différence des grands dieux de l'Égypte qui avaient chacun dans la nature leur domaine, Osiris n'en possédait entièrement aucun. Ce n'était pas à lui qu'appartenait la terre, mais à Geb, son père, « le Nil avait son dieu propre, Hapi et le grain sa déesse, Ernoutet, ou son dieu, celui des céréales, Népri ». Et nous avons vu que c'est Isis et non Osiris qui apprit aux hommes à cultiver l'orge. « Même le pouvoir génératif, la simple fécondité des végétaux et des animaux était représenté par un autre dieu, Min. »

C'est finalement parce qu'il était un dieu des morts, un dieu mort, mais ayant vaincu la mort car il était entré vivant dans l'au-delà, que, bien que ne revenant pas sur la terre, Osiris ne cesse de s'y manifester en tant que protecteur des vivants et agit sur la nature entière, comme la vie procède de la mort. La résurrection d'Osiris constitue une méta-physique de la mort, illustrée par des phénomènes naturels « ayant un trait commun : croissance et déclin[96] », crue du Nil et renaissance de la végétation; les « eaux nouvelles », dont parlent les textes des pyramides, de même que la sève, resurgissent du monde souterrain où elles s'étaient un temps réfugiées.

S'ils ont laborieusement défini les pouvoirs d'Osiris, les historiens semblent avoir négligé le fait qu'ils étaient inscrits dans la légende de la vie d'Osiris, et même justifiés par elle. Si Osiris a une action sur le Nil, c'est que son cadavre y a été jeté; s'il fertilise la terre, c'est que ses morceaux ont été dispersés sur elle, comme l'étaient dans la

Crète archaïque ceux du roi rituellement sacrifié, puis ceux d'une victime à lui substituée. Nous retrouvons ici une situation que nous avons à plusieurs reprises rencontrée, aussi bien à Uppsala qu'à Knossos, celle du roi de l'arbre sacré. Cette apparente similitude n'est-elle qu'une simple coïncidence? Dans le récit donné par Plutarque, la bruyère qui croît à Byblos pour protéger le cercueil qu'elle enferme dans son tronc n'est pas sans rappeler les épiphanies crétoises d'un dieu sortant de l'arbre, ni les légendes grecques de statues divines trouvées dans des arbres abattus par la foudre ou le vent. L'arbre de Byblos pourrait être à la rigueur une bruyère arborescente _(Erica arborea)_, qui peut s'élever jusqu'à 5 ou 6 m, mais son tronc n'a jamais les dimensions voulues pour abriter un corps humain. En fait, comme l'a relevé Sethe[97], « il y aurait eu confusion entre le mot grec qui désigne la bruyère et le mot sémitique qui désigne le cèdre. D'autre part, il existe dans les textes des pyramides un vieux mot qui signifie " gémir " et qui est manifestement dérivé du mot _âsh_, " cèdre " et ce mot est toujours appliqué à Osiris ». Il aurait été rapporté de Phénicie par les premiers voyageurs égyptiens qui entendirent dans le bruit du vent parcourant les forêts de cèdres une sorte de plainte, laquelle aurait été attribuée à Osiris enfermé, d'après la légende, dans le tronc d'un cèdre. C'est en effet à Byblos, et non en Égypte, que se déroule cet acte de la tragédie osirienne et c'est un roi de ce pays qui utilise le tronc miraculeux pour soutenir le toit de sa demeure. Or nous savons par ailleurs que le bois de cèdre était préféré à tout autre pour édifier la charpente des temples et des palais. Un texte égyptien, le « Conte des deux frères[98] », représente une version popularisée et très déformée de la légende osirienne; or son héros, Bata, s'identifie à un cèdre. Accusé faussement par la femme de son frère, Anoup, de l'avoir séduite, alors qu'il n'avait fait que repousser ses avances, Bata « se coupa le membre; il le jeta à l'eau et un silure l'avala », ce qui correspond à la fois à l'histoire d'Osiris et, comme le note G. Lefebvre, à la mutilation d'Attis. Après quoi, Bata, devant les menaces que fait peser sur lui la calomnie de sa belle-sœur, se réfugie dans une forêt, le Val du Cèdre ou le Val du Pin parasol (qui est, rappelons-le, l'arbre d'Attis) et, se retirant le cœur de la poitrine, le place « au sommet de la fleur » d'un cèdre, ou, selon G. Lefebvre, d'un pin parasol, en indiquant à son frère le moyen de le ressusciter, si l'arbre est coupé. Autrement dit, sa vie est désormais enclose dans l'arbre comme le cercueil d'Osiris. Nous n'avons pas à rapporter ici la suite de cette histoire aux péripéties multiples. Elle ne nous intéresse que dans la mesure où elle permet d'éclairer l'épisode de la légende osirienne qui se déroule en Phénicie, car c'est bien dans ce pays que se situe le « Conte des deux frères [99] ». D'autre part, l'arbre en question, qu'il s'agisse du cèdre ou du pin parasol, ne se trouve pas en Égypte. A notre avis, d'ailleurs, il s'agirait non du pin parasol, comme l'avance, sans en donner de preuve convaincante, G. Lefebvre à la suite de V. Loret, peut-être influencé par le pin d'Attis, mais plutôt du cèdre (le mot égyptien pouvant aussi bien désigner l'un que l'autre), identifié, comme nous l'avons vu, avec la prétendue bruyère osirienne. Le cèdre était en effet conçu dans l'Antiquité comme un symbole d'immortalité; de son bois imputrescible, venu de Syrie, on fabriquait en Égypte les statues des dieux, mais aussi les cercueils, car, odoriférant, il était censé écarter les insectes et les vers nécrophages. De plus, le cèdre était considéré comme oraculaire, ce que reflète son nom égyptien qui signifie, nous l'avons vu, « gémir ».

Au cours d'une cérémonie décrite au IVe siècle de notre ère par Firmicus Maternus [100] et qui s'insérait dans le culte d'Isis, on coupait un conifère dont on évidait l'intérieur, avec lequel on faisait une image d'Osiris qui était ensevelie comme un cadavre dans le creux de l'arbre. « On laissait pendant un an cette image d'Osiris, puis on la brûlait, exactement comme on faisait pour l'image d'Atys, attachée au pin [101]. » Sans doute était-ce là une évocation du cercueil d'Osiris caché dans l'arbre à Byblos, mais cette ressemblance avec le culte d'Attis n'en est pas moins troublante. L'assimilation d'Osiris à des arbres non égyptiens, mais syriens, laisse entr'apercevoir que le dieu, dont le nom ne semble pas d'origine égyptienne, n'était peut-être pas au départ une divinité nationale, mais un dieu venu d'Asie antérieure avant la période historique, ce qui expliquerait le retour du cadavre vers sa première patrie et peut-être aussi que, comme le montrent plusieurs égyptologues, d'une part, il ne possédait pas en Égypte de domaine qui lui fût propre et, d'autre part, il était parfois donné comme postérieur à son fils Horus [102]. Certaines des phases du rituel qui, à la fin du mois de Khoiak, commémorait la mort et la résurrection d'Osiris ne peuvent s'interpréter que comme une célébration des arbres. La confection de jardins portatifs où l'on faisait germer de l'orge avait lieu en présence de la statue d'une vache, faite en bois de sycomore, contenant une image humaine sans tête, représentant la déesse Shenti, c'est-à-dire Hathôr, confondue avec Isis. Quelques jours plus tard, après le coucher du soleil, on déposait dans la tombe l'effigie d'Osiris enfermée dans un cercueil de mûrier et, à la neuvième heure de la nuit (c'est-à-dire à l'aube du jour suivant), on enlevait et on plaçait sur des rameaux de sycomore l'effigie que l'on avait faite et déposée l'année précédente [103] ». Enfin, « on se rendait au saint sépulcre, chambre souterraine sur laquelle poussait, semble-t-il, un bouquet de perséas », donc d'arbres fruitiers [104]. Selon J. Vandier, « les nombreux tombeaux d'Osiris qui se trouvaient un peu partout en Égypte étaient tous situés dans une île et ils étaient entourés d'arbres. Cet usage, au moins en ce qui concerne la présence des arbres autour de la tombe du dieu, remonterait à une très haute antiquité » [105].

Aussitôt après la célébration des mystères d'Osiris, dans les derniers jours de la « saison de l'inondation », le « premier jour du premier mois » de la « saison de la venue », c'est-à-dire lors de l'émergence des terres fécondées, de la sortie de l'humus des premières pousses, avait lieu la fête *Sed*, à des intervalles variables, mais qui ne devaient pas dépasser trente ans, trente années du règne d'un même souverain. Ce n'était pas un jubilé, son objet était « un véritable renouvellement de la puissance royale, un rajeunissement de l'exercice du pouvoir ». Ce jour-là, commençait un nouveau règne. L'irrégularité de sa date qui a troublé les historiens s'explique fort bien, si on la compare à d'autres exemples connus, par le fait qu'on la célébrait lorsque le besoin s'en faisait sentir, quand on estimait que le pouvoir, en la personne du souverain, s'était affaibli, qu'un cycle s'achevant, il fallait en susciter un nouveau. Autrement dit, en ce « premier jour du premier mois », selon un schéma que nous avons rencontré à plusieurs reprises, le roi devait mourir afin de renaître. Si l'on ne tient pas compte de cette motivation essentielle, les différents rites accomplis au cours de la fête restent incompréhensibles.

L'un des plus frappants est assurément l'érection du pilier *djed*. Le souverain, aidé de quelques prêtres et assisté par la reine et la famille royale, tirait sur des cordes afin de relever un grand pilier renversé. Comme l'a remarqué H. Frankfort, cette cérémonie était placée sous le signe d'Hathôr; tandis qu'elle s'accomplissait, « seize princesses tenaient un collier *menat* et agitaient des sistres, symboles » [106] de la déesse. Les représentations nombreuses du pilier *djed*, qui était « artistement façonné en tiges de papyrus » [107], nous le montrent comme un arbre schématisé dont le tronc se termine par quatre étages superposés, les trois premiers séparés par des bandes horizontales évoquant le départ de branches, il s'agit donc d'un arbre ébranché. Son ornementation l'identifie clairement à Osiris lui-même. Le pilier est « représenté avec des yeux » (peints à l'étage supérieur médian) [108], tenant les sceptres et portant la couronne d'Osiris. Parfois, la figure est entourée par les ailes de Nout, mère d'Osiris, ce qui est en rapport direct avec sa renaissance. De pareils dessins sont les exacts équivalents des textes qu'on lit sur les sarcophages royaux de l'Ancien Empire, dans les deux cas, les dispositions prises ont pour but de ramener le défunt dans le corps maternel; il est admis que la parturition en résultera [109]. La différence entre le premier et second de ces usages (dans son application originelle aux funérailles royales) peut être comprise comme une différence de point de vue : le corps déposé dans le cercueil – qui est Nout – est considéré par rapport aux survivants; c'est le roi défunt Osiris. Le corps qui, quelques jours plus tard, est censé se trouver dans les roseaux du pilier *djed* est regardé comme Horus, fils (et époux) d'Hathôr. Mais les deux perspectives ne sont pas clairement distinguées, et, en fait, pourquoi le seraient-elles? Dans les deux cas, le roi défunt retourne à la source de son être, il naît de nouveau [110]. Autrement dit, il faut que le roi vivant, l'Horus, que l'on voit parfois sous sa forme divine du faucon se tenant de part et d'autre du pilier qu'il évente de ses ailes battantes, que l'Horus humain, parvenu au terme de sa course, devienne Osiris, donc séjourne chez les morts, afin d'y reprendre les forces qui lui permettront de devenir un nouvel Horus. Rappelons ce que nous avons dit plus haut du viol d'Isis par son fils Horus suivi de leurs épousailles, Isis décapitée étant devenue Hathôr, alors que précédemment elle s'identifiait à Nout, la mère d'Osiris. En épousant sa propre mère, Horus s'intitule *Kamoutef*, « le taureau de sa mère », il a acquis l'immortalité, « parce qu'il peut se recréer lui-même [111] ». L'inceste, la rupture de l'interdit le plus inviolable, aboutit à l'autonomie du vivant, à son immortalité. Et sans doute retrouve-t-on un reflet atténué de cette croyance dans le fait que les pharaons épousaient généralement leur propre sœur. Toujours est-il que l'érection du pilier *djed*, qui est aussi, de manière évidente, un symbole phallique, indique que la force vitale abattue du souverain (Horus) lui est rendue, justement dans la mesure où il fait retour dans le sein maternel [112]. Ce processus de résurrection devint universel, comme en témoigne la présence du pilier *djed* dans le *Livre des morts* [113], où il est destiné à permettre aux défunts de demeurer vivants dans le royaume des disparus, grâce à la protection d'Osiris. Un dernier détail est pour nous plein de sens, bien qu'il n'ait guère retenu l'attention des égyptologues, probablement parce qu'ils ne savaient qu'en faire. Dans les textes égyptiens, la partie supérieure du pilier *djed*, composée de quatre éléments superposés, est donnée comme représentant le sacrum du dieu, la base de l'épine dorsale formée des quatre dernières vertèbres (en réalité cinq, mais la cinquième embryonnaire). Soudées et s'articulant avec les os iliaques, elles forment le bassin. Ce nom de sacrum lui vient de ce que dans l'Antiquité, c'était la partie du corps des victimes immolées en sacrifice qui était offerte aux dieux. Cette pièce osseuse, où se termine la moelle épinière, était considérée comme le siège de la vitalité d'Osiris; canal, plutôt que support, de la vie divine, elle était censée « réchauffer et recouvrer la chaleur d'Isis »; en elle se concentrait le fluide magique de l'âme [114]. Il semble que les Égyptiens concevaient l'énergie vitale comme se diffusant à partir d'une source située tout en

bas du tronc et, lorsque l'on voit sur certaines représentations [115] la déesse-mère Nout figurée sous la forme d'un
serpent ailé éventant le pilier *djed*, on ne peut pas ne pas
penser à la *kundalini* du Yoga indien, le serpent, incarnation de l'énergie cosmique, lové à la base de la colonne
vertébrale, qui, se redressant, parcourt tout le corps.
Quant à l'arbre que représente le pilier *djed*, si l'espèce
en est douteuse, puisqu'il s'agit probablement au départ
d'un arbre étranger au pays, en Égypte, ce ne peut être en
définitive que l'Arbre cosmique, c'est-à-dire le sycomore,
sur lequel les âmes, sous forme d'oiseaux, viennent se
percher, et qui est consacré à Hathôr, la vache divine,
laquelle accueillant au pays des morts les nouveaux arri-
vants, leur présente nourriture et boisson [116]. On peut
alors se demander si le sacrum que symbolise le haut du
pilier *djed* est bien celui du dieu, s'il n'est pas plutôt le
bassin de sa mère, dans lequel il retourne afin de
renaître, comme le suggère par ailleurs la paire de
cornes, attribut d'Hathôr-Nout-Isis, qui supporte la triple
couronne osirienne. En dernière analyse, le pilier *djed*
manifeste à la fois la force – phallique – vitale du dieu,
que l'on érige pour un nouveau règne, et la présence
d'Osiris ou d'Horus dans le ventre de sa mère. Ainsi, par
bien des traits, dont la présence est certaine dans la plus
haute antiquité, l'histoire d'Osiris ressemble à celle
d'Attis, et cependant ne lui est pas identique. Qu'Osiris ait
été comme Attis un dieu-arbre mortel et le fils-amant de
sa mère est vraisemblable, au moins à l'origine, qui ainsi
que nous l'avons indiqué n'est probablement pas égyptienne. En revanche, ce qui est égyptien, et même très
fondamentalement, c'est ce qu'il est devenu dans le pays
du Nil, un dieu de la crue et de l'humus fécond, toujours
menacé par Seth, le désert, un dieu de l'orge et surtout le
dieu des morts, fonctions non antinomiques avec le personnage d'un dieu-arbre, mais qui, au contraire,
découlent de sa nature même.
　　Sans doute, les histoires de ces trois dieux, l'un phrygien, l'autre phénicien, le troisième égyptien, mais peut-
être venu de Phénicie, sont-elles bien distinctes, et, plus
encore, leur personnalité propre. On ne saurait les
confondre. Il n'en reste pas moins qu'elles sont finalement des illustrations du culte des arbres, avec une

modalité différente de toutes celles que nous avons étudiées. Ces trois mythes ont en commun un net caractère sexuel, et plus précisément phallique, mais ici la sexualité est des plus ambiguës.

Attis est issu de la dissociation de l'hermaphrodite Agditis, il en est le phallus retranché, comme Cybèle le corps mutilé. S'identifiant non à l'être originel et complet, son père en quelque sorte, mais à sa mère, dont il est en somme le complément, il ne peut finir lui-même que castré. Attis meurt très jeune, de même Adonis, né, lui, du plus impardonnable des incestes. Devenu, à peine adolescent, l'amant de sa mère adoptive, et abusive, Aphrodite, il meurt émasculé, sinon par elle, du moins à cause d'elle, puisque le meurtrier fut Arès, l'amant jaloux de la déesse, et c'est dévirilisé qu'il part rejoindre Perséphone chez les morts. Osiris semble échapper à ce sort fatal, il épouse sa sœur, Isis. Seulement, c'est déjà mort qu'il conçoit d'elle Horus, son unique enfant. Tué et coupé en morceaux par son frère, il est certes reconstitué par Isis, mais il manque à ce corps un fragment, le phallus à jamais perdu. Et c'est castré, lui aussi, qu'il descend chez les morts dont il devient le souverain.

Quelle leçon Phrygiens, Phéniciens et Égyptiens pouvaient-ils tirer de ces mythes? La même sans doute. L'organe générateur, symbole de vie, n'est plus à sa place chez les morts. Il le faut abandonner, si l'on veut passer vivant la frontière. Mais, si telle est la leçon, pourquoi s'exprime-t-elle par le truchement des arbres divins?

Comme Attis, Odin se sacrifie, mais il ne se castre pas ni ne meurt; aussi, lorsqu'il se pend au frêne Yggdrasill, n'est-ce point pour acquérir l'immortalité, mais la Connaissance. Quant aux déesses pendues à des arbres, leur pendaison, nous l'avons vu, correspond à un rituel de fécondité. Les rites d'Attis, d'Adonis et d'Osiris semblent bien avoir eu ce sens. Pour les populations qui les célébraient, l'holocauste du dieu était destiné à faire retrouver à la nature, par-delà la mort apparente, froid de l'hiver ou sécheresse de l'été, la fertilité perdue, à écarter la menace de famine que cette perte faisait peser sur elles. Mais, alors que, dans les cas précédemment étudiés, il y avait, d'une part, la divinité sacrifiée et, d'autre part, l'instrument du sacrifice, ici ils se confondent, ne font plus qu'un. C'est l'arbre lui-même qui est immolé, ou s'immole lui-même. On aurait donc affaire à un stade plus archaïque, celui que nous avons vu représenté en Crète par le couple Déesse-Mère (la Terre) et fils amant (l'Arbre). Comment en effet ne pas rapprocher du rituel de mise à mort de l'arbre crétois l'exaltation délirante où, dans la rupture provocante et sacrilège des interdits, en particulier sexuels, en conformité avec des mythes dominés par l'inceste et l'adultère, se mêlaient déploration endeuillée et espoir insensé du miracle, qui régnaient lors des fêtes d'Attis et d'Adonis, sinon dans celles d'Osiris, lesquelles n'en constituaient plus qu'un écho affaibli, canalisé, devenu, selon le mode propre à l'Égypte, hiératique. A travers ces manifestations orgiastiques, transparaît un culte primitif de la nature, celui où, au sacrifice des arbres qui donnaient aux hommes tout d'eux-mêmes, devait nécessairement correspondre l'immolation d'une victime humaine.

Que ces arbres aient été, dans les deux cas où ils sont identifiables – Attis est le pin, Osiris probablement le cèdre ou une espèce très proche –, des conifères, doit aussi retenir notre attention. Ceux-ci restent en effet intacts en hiver, alors que les autres arbres semblent morts, mais l'exploitation de ce qu'ils ont de plus précieux, leur sang, sève ou résine, entraîne leur mise à mort, ce qui est le cas également pour l'arbre à myrrhe d'Adonis. Ne repoussant pas de souche, ils n'ont point de « rejetons », ni Attis ni Adonis n'ont de descendants, quant à Osiris, c'est après sa mort qu'il engendre; en revanche, ils sont hermaphrodites et semblent s'auto-féconder [117].

Ces arbres-dieux, vainqueurs de la mort, dont la résurrection suscitait un enthousiasme allant jusqu'au délire, reconstituaient dans l'autre monde l'androgynat primordial. Peut-être était-ce là le sens du secret, à la fois manifesté et caché, de ces religions à mystère.

Chapitre 6

Le bois sacré
et les âmes des arbres

Le bois sacré – Ses persécuteurs – Dans la forêt de
Brocéliande – Merlin, l'homme des bois – Les
âmes des arbres – Daphné, le laurier – Leukè, le
peuplier blanc – Philyra, le tilleul – Pitys, le pin
noir – Carya, le noyer – Phyllis, l'amandier –
Cyparissos, le cyprès – Pyrame et Thisbé, ou le
mûrier – Philémon et Baucis – Survivances
païennes.

De tout ce qui précède il résulte que, dans les concep-
tions archaïques ou traditionnelles, selon les modalités
de ce que Claude Lévi-Strauss appelle si justement, et
pour nous tellement à propos, « la pensée sauvage [1] »,
puisque sauvage vient de *silva*, « la forêt », les arbres sont
habités, qu'ils ont une « âme ». Une telle croyance, qui ne
subsiste plus que sous forme de très vagues vestiges dans
un folklore en voie de disparition rapide, nous semble de
l'ordre des superstitions révolues. Mais un scepticisme
aussi tranchant ne sera-t-il pas à son tour dans quelque
temps périmé? Les expériences entreprises dès 1900 et
pendant une trentaine d'années par un éminent cher-
cheur indien, auteur d'importants travaux de physiologie
végétale [2], dont les conclusions enthousiasmèrent G.B.
Shaw et Henri Bergson, ont en effet démontré l'existence
chez les plantes d'une sensibilité qu'accompagne même
un certain pouvoir de mémorisation, ce qui ressemble à
une forme très élémentaire de psychisme et conduisit ce
physiologiste à postuler l'existence de l'équivalent d'un
« mécanisme nerveux [3] » chez les végétaux. Depuis lors,
les expériences de Jagadis Chandra Bose ont été confir-
mées et complétées par des savants américains et surtout
soviétiques [4]. Bien sûr, il est encore trop tôt pour
admettre comme prouvées d'une façon définitive des
découvertes aussi révolutionnaires, mais, au fond, une
telle hypothèse n'est irrecevable que si l'on conçoit les
sacro-saints « règnes » de la nature comme radicalement
.séparés; or il y a déjà longtemps que la paléobiologie

prouve et enseigne que les animaux procèdent des plantes, les premiers organismes qui aient vécu sur terre et auparavant dans la mer, et que les cellules animales ne sont que des cellules végétales transformées. Toute cellule, quelle qu'elle soit, jouit d'un certain degré d'autonomie, elle possède son propre système régulateur d'équilibration et de défense, et donc, en puissance, le principe même du psychisme. Que les plantes soient pourvues d'une sensibilité réactive, capable de s'inscrire en elles sous forme de souvenirs, qu'elles puissent présenter des manifestations de bien-être, ou, comme l'ont prouvé des expériences répétées, de peur, donc de mémorisation, n'est-ce pas ce qu'exprimait, à sa manière qui est allégorique, la « pensée sauvage »? Que les arbres, en particulier, soient doués d'une certaine forme de mémoire est matérialisé d'une manière concrète par les « cernes », les couches concentriques de croissance, qui permettent, une fois l'arbre abattu, de connaître non seulement son âge, mais ses réactions différenciées aux conditions climatériques, qui se trouvent ainsi enregistrées par lui et en lui, année par année [5].

Quoi qu'il en soit, la mentalité traditionnelle dotait les arbres, comme tous les êtres vivants, d'une « âme » qui, en certaines occasions, pouvait se manifester. Tous les arbres en possédaient une, mais certains d'une manière superlative; ceux-ci étaient sacrés, en ce sens qu'ils étaient habités, non comme les autres par des êtres anonymes, mais par une divinité connue qui avait fait d'eux sa demeure, ils étaient de ce fait l'objet d'un culte. Comment ces arbres, fort rares, étaient-ils distingués au milieu de la foule des autres? Les traditions rapportent qu'ils l'étaient toujours à la suite d'une révélation, songe ou apparition, guérison soudaine à leur contact ou manifestation oraculaire, mais qu'aussi certains signes, une taille exceptionnelle ou quelque singularité morphologique à eux propre les avaient signalés à l'attention des hommes [6]. On interprétait ces signes comme une marque d'élection par un dieu aisément reconnaissable, même s'il ne révélait pas son identité, puisque les espèces étaient attribuées chacune à une divinité et, en quelque sorte, réparties entre elles. Après quoi, l'arbre était isolé, protégé par des interdits sévères, parfois entouré d'une clôture, tandis qu'à son pied s'élevait un autel rustique destiné à recevoir les offrandes. Rappelons que ce culte rustique a subsisté tel quel en Inde jusqu'à nos jours. Ainsi l'arbre pouvait-il atteindre son plein développement et un âge très avancé. C'est probablement autour de cet arbre désigné par des voies surnaturelles qu'on laissait croître le bois sacré.

Le bois sacré

Au cours des chapitres précédents, nous avons rencontré au passage quelques-uns d'entre eux, celui d'Uppsala en Suède[7], les bosquets qui abritèrent en Inde la naissance, l'illumination et le trépas du Bouddha[8], le bois sacré de Némi[9]. Ce dernier était appelé *Nemus Dianae*, ou simplement *Nemus*. Le mot latin *nemus*, comme le grec *nemos*, désigne une forêt renfermant des pâturages, un bosquet et surtout un bois sacré. Le *nemus* était entrecoupé de clairières où l'on menait paître les bêtes. Le bois sacré formait lui aussi une éclaircie, les arbres objets d'un culte ayant été dégagés pour être offerts à la dévotion des fidèles. On ne pouvait y toucher, même par mégarde, sans encourir le risque de graves châtiments, parfois la mort. Lorsque, pour une raison ou une autre, on se trouvait obligé d'y couper des arbres, il fallait offrir un sacrifice expiatoire à la divinité qui en était propriétaire. En une telle occasion, Caton immola un porc[10].

Nemus et *nemos* ont pour racine *nem-* qui exprime l'idée de distribuer, diviser, découper. Outre ce sens général, le verbe grec *nemô* comporte les acceptions de « mettre à l'écart, isoler », et aussi d' « habiter, occuper », ce qui correspond à la notion de bois sacré, puisque celle-ci est un espace réservé, protégé, et occupé par un dieu. De la même racine *nem-* procède le nom de Némésis, qui est une déesse de la distribution, du partage, entre ce qui revient aux dieux et ce qui est laissé aux hommes, avec le châtiment qui découle de tout abus, de tout outrepassement de cette limite. Mais Némésis est aussi, sous le nom d'Adrasteia, une divinité des arbres, nymphe du frêne et nourrice de Zeus. Aussi, les dieux, puis les rois, rendaient-ils la justice sous des arbres, et surtout sous des chênes consacrés à Zeus. En latin, bois sacré se disait aussi *lucus*. Le mot provient de la racine indo-européenne *leuk-*, qui a donné en sanskrit *lokáh*, espace libre; le *lucus*, c'est au sens premier une clairière dans la forêt, puis un bois sacré. Nous retrouvons l'idée d'éclaircie en forêt que nous venons de mentionner à propos de *nemus* – *nemos*, mais qui est avec *lucus* encore plus nette, puisque la même racine *leuk* est à l'origine de *lux-lucis*, la lumière, de *luna* (d'abord *leuk-sna*, c'est-à-dire « la lumineuse »), la lune, de *lustrare (leuk-strare)*, « purifier par un sacrifice », et de *lustrum*, « lieu sauvage, escarpé », enfin de *luxuria*, qui en latin veut dire « surabondance, exubérance dans la végétation », et ne désigne que secondairement l'excès d'ardeur, ce qui engendrera par dérivation le mot luxure. Toutes ces notions, en apparence si diverses, définissent en somme les particularités, mieux, les fonctions des bois sacrés.

Ils furent certainement les plus anciens sanctuaires, bien antérieurs à la construction des temples, lesquels s'élevèrent souvent au milieu d'eux, ou faisaient partie, comme à Dodone, de l'enclos qui enfermait et protégeait les arbres voués aux dieux. En Crète, les *nemoi* étaient, semble-t-il, de préférence situés au sommet des montagnes, elles aussi divinisées. « Les sanctuaires de sommets nous sont représentés par les artistes de Knossos ou de Zakro tout plantés d'arbres [11]. » Dans la Grèce homérique, où les édifices cultuels étaient encore peu nombreux, « c'était toujours en plein air, autour d'un autel, dans un bois sacré, que se réunissaient les fidèles », et Homère en mentionne plusieurs [12]. Dans l'un d'entre eux, « sous un beau platane, au pied duquel une eau chatoyante coulait », Ulysse et ses compagnons sont les témoins d'une apparition fantastique envoyée par Zeus, qui, interprétée par le devin Calchas, devient un présage de la victoire future des Achéens sur les Troyens [13].

Chez les Celtes, le bois sacré se nommait *nemeton*, mot qui provient de la même racine que *nemus*. Pour les celtisants, *nem-* désignerait le ciel « au sens religieux », il semblerait donc que le *nemeton* ait été « une projection idéale d'une portion de ciel sur la terre, une sorte de paradis, ou plutôt de " verger merveilleux ", tel que l'on en rencontre dans les légendes celtiques ou d'origine celtique [14] ».

Cette dénomination a laissé de nombreuses traces dans la toponymie en France, en Angleterre et même en Galicie, au sud de la Pologne [15]. Connu dans tout le monde celte, et aussi par les Grecs et les Romains, le mot de *nemeton* a même passé la frontière linguistique, puisqu'en vieux saxon existe le mot *nimidas* « qui est visiblement emprunté au celtique ». Le *nemeton* était d'abord « un espace ouvert et herbeux dans une forêt », donc une clairière comme *nemos, nemus*. Ce *nemeton* celtique, nous l'avons déjà rencontré avec le *drunemeton*, le « bosquet sacré de chênes », lieu de réunion et de culte des tribus celto-galates. Plus généralement, c'était « le temple druidique, au milieu des forêts, à l'écart du groupe social dont il était pourtant le complément spirituel indispensable [16] ». Là, des prêtres initiés célébraient les cérémonies nécessaires pour attirer sur la collectivité tout entière les bénédictions des dieux, dont ils étaient les interlocuteurs privilégiés et spécialisés. Là aussi, « dans des forêts retirées,... les druides enseignaient beaucoup de choses aux plus nobles de la nation, en cachette, pendant vingt ans [17] ». Ces études consistaient à apprendre par cœur, car l'enseignement était exclusivement oral, un nombre immense de vers. Mais César précise, ce qui est en effet vraisemblable, que, si les druides avaient de nombreux élèves, seuls quelques-uns restaient vingt ans auprès d'eux [18]. Ces quelques-uns étaient ceux qui se préparaient au sacerdoce.

De l'un de ces *nemeton* gaulois, situé près de Marseille, nous possédons une description saisissante, destinée à susciter l'horreur, afin de justifier sa destruction par César. Elle figure dans *La Pharsale* de Lucain : « Il y avait là un bois sacré qui, depuis un âge très reculé, n'avait jamais été profané et entourait de ses rameaux entrelacés un air ténébreux et des ombres glacées, impénétrables au soleil. Il n'est point occupé par les Pans, habitants des campagnes, les Silvains, maîtres des forêts ou les Nymphes, mais par les sanctuaires de dieux aux cultes barbares : des autels se dressent sur des tertres sinistres et tous les arbres sont purifiés par du sang humain. S'il faut en croire l'Antiquité admiratrice des êtres célestes, les oiseaux craignent de se percher sur les branches de ce bois et les bêtes sauvages de coucher dans ses repaires, le vent ne s'abat pas sur ses futaies ni la foudre qui jaillit des sombres nuages. Ces arbres, qui n'offrent leur feuillage à aucune brise, inspirent une horreur toute particulière. Une eau abondante tombe des sources noires et de tristes statues des dieux, informes, se dressent sans art sur des troncs coupés; la moisissure même et la pâleur qui apparaît sur ces arbres pourris frappent de stupeur... Les peuples n'approchent pas de ce lieu pour y rendre un culte : ils l'ont cédé aux dieux. Que Phébus soit au milieu de sa course ou qu'une nuit sombre occupe le ciel, le prêtre lui-même en redoute l'accès et craint de surprendre le maître de ce bois... Cette forêt se tenait très épaisse au milieu des monts dénudés [19]. »

Lucain raconte qu'après avoir reçu l'ordre de détruire le bois sacré, nul parmi les soldats n'osa porter le premier coup à ces arbres redoutés, « les mains tremblèrent aux plus braves ». Quand César vit ses vétérans les plus endurcis cloués sur place, il saisit une hache, la brandit et fendit un chêne séculaire dont la cime se perdait dans les nues. A la suite de quoi, il déclara : « Maintenant, pour que personne de vous n'hésite à abattre la forêt, croyez que c'est moi qui ai commis un sacrilège. » Les soldats obéirent enfin, « non qu'ils aient banni la crainte, écrit Lucain, mais ils avaient mis en balance la colère des dieux et celle de César ». Peut-être certains d'entre eux se rappelaient-ils la terreur qui avait saisi les légions, lorsqu'elles pénétrèrent dans l'immense sylve hercynienne. L'histoire romaine rapportait les dangers encourus quand on avait tenté de violer ces sombres asiles, depuis l'aventure légendaire, racontée par Tite-Live, du consul Postumius qui, ayant engagé son armée dans une forêt, probablement sacrée, de Gaule cisalpine, vit les arbres s'abattre sur elle et faire périr tous ses soldats.

Nous connaissons par Tacite et Dion Cassius l'existence de bois sacrés en Bretagne insulaire, en particulier celui qui était consacré à une déesse nommée Andrasta, dont Bouddica (*Boudicea*, en latin), reine des Icénies (Norfolk et Suffolk actuels), demanda la protection en 61 de notre ère, avant d'engager le combat contre les légions dans la plaine de Londres, en lui offrant en sacrifice des femmes romaines [20]. Tacite relate qu'un an plus tôt, le consul Suetonius Paulinus fit détruire, dans l'île de Mona (Anglesey), les bois « consacrés à d'atroces superstitions, car les Bretons prenaient pour un culte pieux d'arroser les autels du sang des prisonniers, et de consulter les dieux dans des entrailles humaines [21] ».

Par les historiens et les géographes grecs et latins, nous savons que les bois sacrés étaient les seuls sanctuaires des Bretons insulaires et des Germains. Tacite mentionne les prescriptions observées dans celui du peuple semnone, que nous avons mentionné plus haut. « Une autre pratique atteste encore leur vénération pour ce bois. Personne n'y entre sans être attaché par un lien, symbole de sa dépendance et hommage public à la puissance du dieu. S'il arrive que l'on tombe, il n'est pas permis de se relever; on sort en se roulant par terre [22]. »

Aujourd'hui encore, il existe des bois sacrés et les interdits qui y sont observés nous éclairent sur ceux qui étaient jadis imposés. Il en va ainsi par exemple chez les Berbères dont Jean Servier a étudié les traditions toujours vivantes. Les sanctuaires sont « entourés de bosquets d'oliviers, de chênes Zen et de lentisques »; ils « abritent non seulement le sanctuaire lui-même, siège de la tombe de l'ancêtre du groupe, mais aussi les tombes de tous les morts d'une même famille dont les descendants vivent non loin de là sous la protection du bois sacré ». Autrefois, nos cimetières étaient aussi des bois sacrés et cette coutume s'est longtemps maintenue en Bretagne. En pays berbère, « comme dans la tradition sémitique ancienne, la tradition latine... la tradition grecque... les traditions populaires de l'Iran actuel et les plus anciennes traditions asiatiques, les fruits n'y sont pas récoltés, les caroubes, les olives et les glands font mourir qui s'en nourrit, et si parfois ils ont des vertus thérapeutiques, ils sortent de l'ordre commun et ne peuvent être consommés autrement que lors d'un pèlerinage collectif ou individuel. Le bois mort ne peut être ramassé, le bétail ne peut brouter les jeunes feuilles ou l'herbe des clairières. L'endroit tout entier est interdit [23] ». Cette tradition des bois sacrés entourant les temples s'est conservée jusqu'à nos jours en Chine et surtout au Japon.

Ses persécuteurs

Lorsque les missionnaires chrétiens entreprirent de convertir les populations païennes, une de leurs premières tâches fut d'interdire le culte rendu aux arbres et de détruire les bois sacrés. Les hagiographies de ces convertisseurs rendent compte de ces exploits qui n'allaient pas toujours sans danger. Au xᵉ siècle, encore, saint Adalbert de Prague fut massacré par les Prussiens qu'il tentait d'évangéliser, dans un de leurs bois sacrés, à Fischhausen, non loin de Königsberg. Longtemps auparavant, aux vᵉ et vIᵉ siècles, les conciles provinciaux avaient mis en garde les chrétiens contre de telles superstitions; celui d'Arles, en 452, légiféra contre l'adoration des arbres, des fontaines et des pierres, ceux de Tours en 567 et de Nantes en 568 fulminèrent contre les hommes qui pratiquaient un culte sacrilège « en des lieux sauvages et cachés au fond des bois », et contre « les arbres consacrés aux démons [24] ». Au début du xIᵉ siècle, Raoul Glaber rappelle dans sa *Chronique* : « Que l'on prenne garde aux formes si variées des supercheries diaboliques et humaines qui abondent de par le monde et qui ont notamment une prédilection pour ces sources et ces arbres que les malades vénèrent sans discernement. » Pendant une grande partie du Moyen Age, les curés dans leurs prônes réprouvaient en public certains de leurs paroissiens « qui élevaient sur les racines des sortes d'autels, apportaient aux arbres des offrandes et les suppliaient avec des lamentations de conserver leurs enfants, leurs maisons, leurs champs, leurs familles et leurs biens [25] ». Pourtant, dès les Ivᵉ et vᵉ siècles, les premiers évangélisateurs des Gaules s'étaient employés à extirper ces coutumes.

Sulpice Sévère [26] rapporte que le plus illustre d'entre eux, saint Martin, (v. 315-397) alors de passage à Autun, « comme il avait jeté bas un temple très ancien et qu'il s'apprêtait à abattre un pin voisin du sanctuaire, le prêtre du lieu et la foule des païens s'y opposa... » L'un d'eux, plus hardi que les autres, lui dit : « Si tu as quelque confiance dans le Dieu que tu dis honorer, nous allons jeter bas nous-mêmes cet arbre et tu le recevras dans sa chute; si ton Seigneur, comme tu le dis est avec toi, tu échapperas.»... Martin se laissa attacher là où l'arbre devait tomber. Au moment où celui-ci s'abattait, il fit le signe de la croix et l'arbre passa à côté de lui sans le toucher, épargnant de peu les paysans qui se croyaient, eux, en lieu sûr, «lesquels, vaincus par ce miracle, se convertirent aussitôt». Disciple de Martin, saint Maurille, évêque d'Angers, poursuivit son œuvre. Évangélisant le Comminges, il dut, pour faire cesser les bacchanales dégénérant en tueries qui se déroulaient «sur un haut rocher couvert de nombreuses variétés d'arbres», incendier ceux-ci durant la nuit. Brûlé, le bois sacré fut ensuite consacré à saint Pierre [27].

Plus ambiguë est l'histoire de saint Germain, évêque d'Auxerre (v. 389-448). Né dans cette ville et chrétien, il se rendit à Rome pour apprendre la rhétorique et le droit et y acquit un tel renom que l'empereur Honorius le nomma gouverneur de la Bourgogne, dont la capitale était alors Auxerre. Au milieu de la cité, s'élevait «un pin d'une grande beauté», aux branches duquel Germain suspendait les têtes du gibier qu'il avait tué à la chasse. Le saint évêque Amator le lui reprochait souvent: «Cesse, je te prie, illustre homme de bien, ces plaisanteries qui offensent les chrétiens et sont un mauvais exemple pour les païens; c'est là de l'idolâtrie [28].» Devant l'obstination de Germain, l'évêque «fit abattre l'arbre sacrilège et jeter sa souche au feu». Sur quoi, Germain, «oubliant son christianisme, arriva avec ses troupes et menaça l'évêque de le faire périr». Devant sa fureur, Amator se retira à Autun. Mais, plus tard, il revint à Auxerre, «enferma par ruse Germain dans son église, et le tonsura en lui prédisant qu'il serait son successeur, ce que lui avait révélé l'Esprit-Saint», et qui en effet se produisit. Selon cette histoire exemplaire, certains chrétiens se livraient donc encore à des pratiques païennes, y renoncer pouvait les conduire à la sainteté.

Si telle était la situation en Gaule dans une grande ville au v° siècle, on conçoit qu'elle persistât fort longtemps parmi les païens, autrement dit les paysans, et chez les peuples du nord que les convertisseurs eurent beaucoup de mal à détourner du culte des arbres. Nous avons vu que le missionnaire anglo-saxon saint Boniface, évangéli-

sant les Germains, fit abattre le chêne de Geismar consacré à Thor. Un cinquantaine d'années plus tard, en 772,
au cours d'une première expédition punitive contre le
peuple saxon des Angariens, qui avait envahi la Hesse,
Charlemagne détruisit le sanctuaire où il vénérait
« Irminsul », tronc d'arbre gigantesque qui passait pour
soutenir la voûte céleste. Les Capitulaires de 789
dénoncent « les insensés qui allument des chandelles et
pratiquent toutes sortes de superstitions auprès des
arbres, des pierres et des fontaines ». Lorsque le christianisme se répandit, la lutte contre de telles pratiques se
poursuivit dans les pays où elles avaient survécu, parfois
très tard. Ainsi en Lituanie, où les païens s'étonnaient de
ne pas voir le sang couler des arbres mutilés par les chrétiens. En 1258, à Sventaniestis, l'évêque Anselme donna
l'ordre de couper un chêne sacré. La hache blessa mortel-
lement le bûcheron chargé de cette besogne. L'évêque
prit alors la hache, mais en vain, et l'on dut brûler l'arbre
que le fer ne pouvait entamer. Un siècle plus tard, entre
1351 et 1355, à la demande de l'évêque Jean Ier, le grand
maître des chevaliers de la Croix fit scier un chêne sacré
sous lequel la population se rassemblait pour prier, à
Romuva, en Prusse.

Enfin, il convient de ne pas oublier que l'implantation
des monastères au fond des bois n'avait pas seulement,
pour objet d'y trouver la paix et le silence indispensables
à la méditation, mais de neutraliser les forces diaboliques
qui s'y étaient réfugiées. Le défrichement entrepris par
les moines, puis l'aménagement et l'exploitation des bois
répondaient sans doute à des fins économiques, ils assai-
nissaient aussi le milieu, dont ils chassaient et les délin-
quants et les créatures surnaturelles maléfiques qui s'y
trouvaient encore.

Dans la forêt de Brocéliande

L'Église s'attaquait en effet à forte partie. Les forêts
sacrées étaient nombreuses et étendues en Germanie
comme en Gaule. Pendant des siècles, elles avaient
enfermé en leur sein les sanctuaires, mais aussi les lieux
de réunion et d'enseignement des Celtes. Ainsi, la *Sylva*

carnuta où, selon César[29], s'assemblaient annuellement les druides venus de tout le pays. Elles couvrait une surface immense : l'Orléanais, le Gâtinais, le Blésois, le Perche et même l'actuelle Beauce. Certaines forêts étaient personnifiées et divinisées, telles les Vosges, la Forêt Noire, consacrée à la *Dea Abnoba* et l'Ardenne, domaine d'*Arduinna*, la déesse au sanglier, assimilée à Diane et dont le culte remontait probablement à l'âge de la pierre[30]. Des traces de ces consécrations ont survécu jusque fort avant dans le Moyen Age. En prenant leurs fonctions, les jurats de Veyne, dans les Hautes-Alpes, faisaient serment de respecter et de faire respecter l'intégrité d'un petit bois sis près du torrent des Gleizettes et considéré comme un ancien *nemeton* gaulois[31]. Au xiiie siècle, le château abandonné de Vauvert, situé à Gentilly, près de Paris, dans un vallon verdoyant et entouré d'un bois épais, « estoit une retraite de malins esprits qui tourmentaient ceux qui osoient approcher », jusqu'à ce que, en mai 1259, les Chartreux aient obtenu de Saint Louis l'autorisation de s'y installer. Désormais, on n'entendit plus parler du « diable Vauvert », sauf dans l'expression populaire qui a subsisté jusqu'à nos jours.

De même que d'anciens arbres sacrés, au lieu d'être abattus, étaient christianisés et dédiés à la Vierge et aux saints, de même les divinités de la nature, ou bien devenaient des démons, ou bien se convertissaient en saints, lesquels reprenaient à leur compte les services que leurs prédécesseurs rendaient à leurs fidèles[32]. Bien que les clercs aient tout fait pour effacer les traces de semblables métamorphoses, quelques-unes d'entre elles peuvent encore être décelées. C'est évidemment en Bretagne, terroir celte, que survécurent le plus longtemps les antiques croyances. Bien des saints guérisseurs dissimulent d'anciennes divinités des sources et des bois sacrés, ainsi qu'en témoignent les lieux où ils sont honorés. Le pays passait pour avoir été presque tout entier couvert, aux temps anciens, par une immense et impénétrable forêt de chênes que l'on appelait la « Forêt profonde » (*Douna*). Malgré les défrichements, elle subsistait encore quand les saints venus de Bretagne insulaire (la Grande-Bretagne) avec les réfugiés qui fuyaient les envahisseurs païens, Angles et Saxons, abordèrent en Armorique. « Leurs légendes nous les montrent attirés au débarquer par l'horreur mystérieuse des bois, où les plus caractéristiques d'entre eux, les Ronan, les Hervé, les Herbot, les Efflam, les Envel, se plongent et s'ensevelissent avec une sorte d'ivresse érémitique pour y travailler, hors du monde, à leur salut[33].» Or, si la personnalité de ces ermites demeure très floue, nous savons au moins que la plupart d'entre eux étaient des *fili*, héritiers à la fois des druides et des bardes, tout-puissants à l'époque de saint Patrick, évangélisateur de l'Irlande au Vᵉ siècle, lequel conclut avec eux une véritable alliance, et, suivi par ses successeurs, ordonna prêtres et même évêques certains d'entre eux. Convertis, les anciens *fili* ne s'en rattachaient pas moins à la tradition druidique et même à l'ancienne mythologie celte[34].

Sous le nom de saint Envel, on invoquait en fait des jumeaux portant le même nom et venus de Grande-Bretagne au VIᵉ siècle. L'un s'établit dans la Forêt de la Nuit *(Coat an Noz)*, l'autre dans la Forêt du Jour *(Coat an Hay)*, où ils charmaient les arbres et les bêtes sauvages. Herbot était vénéré comme protecteur des bêtes à cornes, comme son *alter ego*, saint Cornély, lequel n'était autre que Cernunnos, le dieu celtique aux bois de cerf, qui figure sur un autel parisien et sur le célèbre chaudron de Gundestrup « dans l'attitude dite de Bouddha[35] », et là entouré de quatre animaux sauvages, donc représenté en « maître des fauves[36] ». L'origine de ce mystérieux personnage se perd dans la plus obscure préhistoire; il n'est pas en effet sans rappeler l'être mi-humain, mi-zoomorphe, portant de grands bois de cervidé, communément désigné comme le sorcier de la grotte des Trois-Frères (sise près de Montesquieu-Avantès, dans l'Ariège). Pourquoi ces cornes? Sinon, comme le fait remarquer De Vries[37], parce que les bois de cerf tombent à l'automne et repoussent plus grands au printemps, ce qui « pourrait faire allusion au thème du rajeunissement» périodique de la nature. Par ailleurs, Cernunnos, ainsi qu'en témoigne, sur certaines de ses représentations, la présence à ses côtés d'un sac dont s'écoulent des pièces de monnaie, est aussi un dieu de la fertilité. Or, ce que le cerf perd au moment où l'arbre se dépouille et qui repousse en même temps que les feuilles, ne sont pas des cornes, mais des

« bois ». Comment pourrait-on mieux évoquer un dieu-arbre, un dieu de la mort et de la renaissance de la végétation? Tel est probablement le sens qu'il faut donner à la présence constante d'un cerf auprès d'Edern, un autre saint breton de la même époque, le cerf « par sa *ramure* » étant « assimilé à l'Arbre de vie » et, « dans la tradition celtique... symbole de vie et de résurrection ». Cet Edern, selon les *Mabinogion*, « et plus particulièrement les *Mabinogi* de Kulwch et Owen », aurait été un guerrier du roi Arthur, fils de Nudd, le dieu irlandais Nuadu à la main d'argent, que l'on retrouve en Gaule sous le nom de Nodens. « Or Nudd a un autre fils Gwynn qui avait le don de prédire tout ce que l'on voulait savoir et qui était l'un des maîtres du Royaume des morts [38]. Si l'on ne peut préciser davantage, il faut, je pense, reconnaître que ces données sont parfois troublantes.

Le vieux fond celtique fait plus nettement surface dans le personnage et le culte de saint Ronan, qui se rattache, lui, directement au bois sacré.

Ce moine et évêque irlandais vint en Armorique à la fin du Ve siècle afin d'y mener la vie érémitique. Il s'installa d'abord dans le bas Léon, là où s'éleva plus tard la ville de Saint-Renan, puis établit sa retraite dans la forêt de Nevet c'est-à-dire dans un ancien *nemeton*. L'hagiographe du XIIIe siècle Albert Legrand, dominicain de Morlaix prête à Ronan des activités et des miracles qui évoquent beaucoup plus un magicien qu'un clerc. « On prétendit que (Ronan) était sorcier et nigromancien, qu'il faisait comme les anciens lycanthropes (loups-garous), lesquels par magie et art diabolique, se transformaient en bêtes sauvages, couraient le garou et causaient mille maux dans le pays. » Aussi bien, Ronan est-il persécuté par une sorcière rivale, Kéban, devant les maléfices de qui il doit s'enfuir. Il n'est pas jusqu'au culte rendu aujourd'hui à Locronan qui ne montre des survivances de pratiques incontestablement païennes. Ainsi, la petite troménie (du breton, *tro minihy*, « tour de monastère ») qui a lieu tous les ans, le deuxième dimanche de juillet, conduit les pèlerins au sommet de la montagne de Locronan, dont les versants sont couverts par l'ancien bois sacré, dit forêt du Duc. Elle reproduit le parcours quotidien de saint Ronan qui, sonnant sa cloche, exorcisait son domaine et en écartait les loups. Quant à la grande troménie, elle n'a lieu que tous les six ans, selon un rythme qui était déjà celui des processions solennelles correspondant aux cultes de la nature dans l'Antiquité[39]. La petite comme la grande troménie longent l'emplacement d'un ancien camp gaulois. Elles commencent par l'ascension de la montagne sainte et contournent au retour un gros rocher, dit *Gazek Ven*, la « Jument de pierre ». Sur sa croupe de granit, rebaptisée « chaise de saint Ronan », les femmes qui voulaient devenir mères s'asseyaient et faisaient oraison au passage de la troménie. Dans la chapelle du Perity, élevée par Anne de Bretagne et adjacente à l'église de Locronan, le saint est représenté gisant, tel qu'il revint d'Hillion après sa mort, sur un char traîné par des bœufs et escorté par les trois comtes qui se disputaient ses reliques. Les bœufs marchèrent tout droit jusqu'à la forêt de Nevet, mais s'arrêtèrent devant « Trou Balan » *(Trobalo)*, dont le nom indique qu'il appartenait au dieu celtique Belen. Ernest Renan, qui descendait d'un clan « venu de Cardigan », au pays de Galles, « sous la conduite de Fragan vers l'an 480 », se sentait très proche de son homonyme – Renan est la forme moderne de Ronan, précise-t-il – et celui-ci était « un esprit de la terre plus qu'un saint » dont « la puissance sur les éléments était effrayante ». Il rapporte ainsi la scène : « Les bœufs conduits par la main invisible de Ronan marchèrent droit devant eux, au plus épais de la forêt. Les arbres s'inclinaient ou se brisaient sous leurs pas avec des craquements effroyables. Arrivés enfin au centre de la forêt, à l'endroit où étaient les plus grands chênes, le chariot s'arrêta. On comprit ; on enterra le saint et on bâtit son église en ce lieu[40]. »

Le gisant, surélevé sur les épaules de six anges, permettait jadis aux fidèles de passer agenouillés et courbés sous la pierre, très ancien rite dont il est d'autres exemples en Bretagne, et qui est d'origine païenne.

Si les précédents celtiques ont été, autant que possible, effacés dans les vies de ces saints rapportées par des hommes d'Église, il n'en va pas de même de leur contemporain, l'Irlandais saint Columba ou Columcille (521-597) dont on est sûr qu'il était un ancien *file*, c'est-à-dire un druide et un barde. Bien que de sang royal, il choisit la prêtrise. Ayant fondé son premier monastère dans la clai-

rière d'un bois sacré sur la péninsule de Derry, au nord
de l'Irlande, il refusa, à la différence de tant de missionnaires, d'abattre les vieux chênes vénérés par les païens.
Columba tenta par tous les moyens de conserver les
anciennes traditions des druides, allant jusqu'à en incor-
porer les mystères dans le système monacal qu'il fonda.
« Ses efforts pour modifier la religion chrétienne officielle
suscitèrent d'ailleurs de tels conflits qu'il fut excommu-
nié et chassé d'Irlande. » Avec douze compagnons, il se
retira en 563 dans l'île d'Iona, sur la côte sud-ouest de
l'Écosse; or, Iona était un très ancien centre sacré païen.
Columba revint pourtant en Irlande en 574 pour le
synode de Drumceatt, mais afin de s'y opposer à l'aboli-
tion de l'ordre des bardes que le clergé voulait expulser
comme fauteurs de troubles. On sait par ailleurs qu'il eut
des conférences avec des druides pictes en Écosse. Il est
probable qu'une telle tolérance, sinon cette obstination à
conserver des traditions païennes celles qui pouvaient
fusionner avec le christianisme, fut plus courante que ne
le laissent supposer les récits censurés qui nous ont été
conservés [41].

La « Douna », la « Forêt profonde » des temps anciens a
certes presque disparu depuis longtemps. Pourtant, elle
survit dans les légendes bretonnes sous la forme de la
forêt magique de Brocéliande. Celle-ci couvrait jadis tout
le centre de la péninsule armoricaine, s'étendant des
monts d'Arrée à la rivière de Meu. Les Bretons insulaires
qui se réfugièrent en Armorique y transportèrent les
exploits des compagnons du roi Arthur, les chevaliers de
la Table Ronde, dont le théâtre originel était le pays qu'ils
avaient dû fuir. Si la forêt de Brocéliande n'est plus elle
aussi qu'un souvenir, celui-ci demeure bien vivant et fort
riche. Dans la forêt de Paimpont, son vestige le plus
important, des lieux-dits désignent encore Barenton, la
Fontaine de Jouvence, la Butte aux plaintes et le Val sans
Retour qu'illustra l'histoire de l'enchanteur Merlin.

Merlin, l'homme des bois

Ce personnage énigmatique apparaît, à la lumière de
travaux récents [42] comme un « homme des bois », lié

même au « culte des arbres ». Barde et devin, Merlin avait vaillamment combattu les envahisseurs barbares de la Bretagne aux côtés du roi Arthur, à qui il avait conseillé l'institution de la chevalerie et de la Table Ronde, mais, devenu fou à la mort de ses frères et las surtout de la société des hommes, il se retira dans la forêt de Brocéliande, d'où il ne sortait que pour faire de sombres prédictions sur ce monde en proie au mal. Ce mal, il ne le connaissait que trop bien, lui que l'on disait né d'une vierge et du Diable, mais en lui il l'avait vaincu du jour où il avait rencontré la fée Viviane. Volontairement, après lui avoir enseigné tout ce qu'il savait et transmis ses pouvoirs, il se soumit à elle tout entier, au point de se laisser enfermer dans une « maison de verre » au fond des bois. Selon Jean Markale, cette maison de verre « est un monde clos *au milieu des bois* et enfermant dans ses murailles invisibles un Autre Monde qui est un verger. C'est dans ce verger que la dyade, c'est-à-dire l'union sacrée du dieu-frère et de la déesse-sœur, trouve son accomplissement. Retirés du monde parce que vivant un amour absolu qui, par nature, les retranche de la société, Merlin et Viviane se suffisent à eux-mêmes. Ils reconstituent la situation primordiale d'Adam et Eve *avant le péché*, c'est-à-dire avant la prise de conscience du monde extérieur[43] ». Autrement dit, se retirant d'un univers humain profané dont la décadence est irrémédiable, Merlin et Viviane retournent ensemble à l'origine, à l'état de nature, dans ce verger où « maîtres des végétaux et des animaux », ils règnent, protégeant ce qui peut être sauvegardé et, devenus invisibles, préparant la renaissance du sacré. Leur histoire ne nous est connue que par des récits confus et souvent contradictoires, mais où se reflètent cependant d'antiques croyances celtiques et même pré-celtiques, sinon pré-historiques, ce qui explique l'embarras des écrivains médiévaux qui n'en comprenaient plus la signification, et aussi la difficulté pour les celtisants de démêler un écheveau embrouillé à plaisir. Mais ici nous n'avons à en retenir que deux éléments essentiels, le lien très étroit qui rattache Merlin aux arbres et le rôle qu'il joue dans les forêts, celui d'un initié, druide, magicien, prophète et chaman, retiré au sein du « Jardin de Liesse », le verger originel qui est clairement un *nemeton*. Merlin suit l'exemple des saints ermites, venus comme lui des îles Britanniques et qui, eux aussi descendants des druides, les imitaient.

Déjà, dans les poèmes prophétiques attribués à Merlin et donnés comme antérieurs à son enfermement dans la forêt, l'enchanteur annonce les futurs malheurs des Bretons en pratiquant la divination par les arbres, les bouleaux, arbres chamaniques par excellence, et les pommiers avec les branches desquels les fées attirent les mortels dans leur domaine, l'autre monde. Certains textes précisent que Merlin avait coutume d'enseigner sous un pommier [44]. Plus important encore dans son histoire est un pin, celui qui se dresse au-dessus de la Fontaine de Barenton, au centre de la clairière du *nemeton*. Cette fontaine est la résidence de Viviane laquelle est en somme une nymphe. Viviane, personnification de la fontaine, a des pouvoirs magiques : elle fait pleuvoir; mieux, si l'on verse de l'eau sur le perron qui entoure la fontaine, on risque de déclencher un orage épouvantable; de plus, son eau guérit de la folie, comme le fit avec Merlin Viviane. Ainsi que le rappelle J. Markale, cette fontaine de Barenton n'a jamais été christianisée, comme la plupart des autres sources bretonnes, « elle est demeurée païenne au cours des siècles, ce qui n'a d'ailleurs pas empêché les habitants de la région de s'y rendre en procession, clergé en tête, les années de sécheresse ».

Quant au pin de Barenton, c'est à sa cime qu'après l'avoir escaladé à la manière d'un chaman, Merlin atteint la connaissance suprême, et c'est là que désormais il réside, car la « Maison de Verre » n'est autre que le sommet de l'arbre vert [45], où Merlin a enfin obtenu la totalité des pouvoirs : « le don de voyance, le don de métamorphose, le don d'invisibilité, le don d'agir sur les éléments, le don de compréhension du langage des animaux [et des arbres oraculaires] et de pouvoir commander à ceux-ci, le don de médecine et parfois le don de ressusciter les morts, le don de faire jaillir des sources, le don de faire apparaître des êtres et des choses qui n'existent pas, le pouvoir d'agir sur le règne végétal, le don d'ubiquité ou le don de pouvoir se déplacer en volant dans les airs. Or tous ces pouvoirs, ce sont ceux que la tradition littéraire irlandaise et galloise attribue aux druides [46] », ceux aussi que s'attribuent les chamans sibériens.

Le pin de Merlin est donc bien un Arbre cosmique, associé à la source, d'où remontent les eaux souterraines venues du séjour des morts et des germes, qui en est le complément nécessaire. Les croyances, si longtemps survivantes, relatives à la clairière de Barenton, explicitent le rôle joué jadis par les *nemeton* celtes; Barenton est d'ailleurs la déformation de *Belenton*, autrement dit *Belnemeton*, le bois sacré de Belen ou Belenos, le dieu solaire gaulois, père de Gargan, lui-même dieu sylvestre avec qui Merlin se trouve en rapport étroit dans la légende, au point d'être parfois considéré comme le créateur de notre Gargantua [47]. Si le pin de Barenton a depuis longtemps disparu, il existe encore un « arbre sacré de Merlin » à Carmarthen, ville du pays de Galles. Ce n'est plus qu'un poteau de ciment d'où émergent quelques branches noircies d'un vieux chêne, mais il est encore respecté en raison d'une prophétie attribuée à l'Enchanteur lui-même, selon laquelle la chute de l'arbre entraînerait celle de la cité. Aussi a-t-on renoncé non seulement à le détruire, mais même à le déplacer, bien que, étant situé à un carrefour très animé, il constitue une gêne considérable pour la circulation [48].

A travers les déguisements successifs qui ont occulté une signification qui ne pouvait plus être admise ni comprise, on décèle encore dans la légende de Merlin la plupart des traits qui caractérisent l'Arbre cosmique et que nous avons précédemment relevés dans d'autres contextes : le pin de Barenton associé à la fontaine a pouvoir sur la pluie, il est oraculaire, – et le couple Merlin-Viviane rappelle le couple Numa-Egérie dans le bois sacré de Némi –, surtout, à celui qui monte jusqu'à sa cime, il dispense toute connaissance. J. Markale rappelle que celle-ci « est liée étymologiquement au nom de l'arbre *(vidu)* et que la même racine se trouve à l'origine du *videre* latin, de l'anglais *wood (le bois)*, du mot druide *(dru-wid*, " le très voyant "), enfin du nom de Wotan-Odin, le dieu du Frêne qui acquiert la connaissance suprême en s'y pendant ». Nous avons mentionné à propos des différents dieux des arbres une particularité beaucoup plus singulière et aussi beaucoup plus archaïque, leur union incestueuse. Nous la retrouvons, tant dans le couple fraternel Merlin-Viviane, de tels rapports étaient, semble-t-il, assez fréquents dans l'ancienne Armorique [49], que dans la légende d'Yvain à la Fontaine de Barenton qui, ainsi que l'a démontré J. Markale, tourne autour de l'inceste avec la Mère, en tant qu'« incarnation de la Femme primordiale », inceste interdit au commun des mortels, mais devenant pour le héros capable d'affronter de terribles dangers un des éléments clés de son initiation [50].

On peut donc se demander s'il ne faut pas en fin de compte reconnaître en Merlin qui est un oiseau – le merle dont provient vraisemblablement son nom, à qui on n'a pu trouver d'autre étymologie, ce que confirme celui d' « Eplumoir » donné au château de verre à la cime du pin –, une très ancienne divinité de l'arbre, dont il serait l'ultime avatar, devenu presque méconnaissable au terme de plusieurs siècles – peut-être même de millénaires – de déformations successives. A ce titre, il constituerait une des plus durables, donc des plus précieuses, parmi les survivances plus ou moins masquées que nous tentons ici de dévoiler.

Les âmes des arbres

Si dans l'Antiquité seuls les arbres remarquables et désignés par un signe surnaturel [51] devenaient les objets d'un culte, tous les arbres n'en possédaient pas moins chacun une âme correspondant à leur essence propre. Parfois, il s'agissait d'un être semi-divin dont l'espèce portait le nom et qui était censé lui avoir donné naissance; le plus souvent, c'était une nymphe qui avait subi une métamorphose. Nous en avons déjà mentionné plusieurs, par exemple Syrinx, devenue roseau et flûte de Pan, nous avons même indiqué à propos de Myrrha, l'arbre à myrrhe, comment, d'après Ovide, s'effectuait cette transformation. Ces histoires étaient très courantes chez les Anciens et Ovide qui leur a consacré tout un ouvrage, *Les Métamorphoses*, n'était pas le premier [52] à puiser dans un vaste fond traditionnel. En son temps, il n'était déjà plus représenté que par des fables, prétextes comme chez lui à des amplifications poétiques, mais qui n'en reflétaient pas moins de très archaïques croyances. D'ordinaire, la métamorphose constituait le seul moyen d'échapper à un péril menaçant. Poursuivie par un dieu et sur le point d'être violée par lui, la nymphe invoquait le fleuve, son père, qui modifiait aussitôt son apparence. Trompant l'attente de son amant, elle perdait soudain son aspect charnel et se trouvait définitivement à l'abri de toute convoitise. Le cas de Myrrha n'en apparaît que plus exceptionnel, puisque ici le père, qui est un humain, ne joue plus le rôle de protecteur mais au contraire d'agresseur, à la suite de l'inceste qu'il a involontairement commis. N'importe quelle nymphe ne se transformait pas en n'importe quelle essence. Dans les métamorphoses rapportées par Ovide, comme par ses prédécesseurs grecs, il existe un rapport très précis entre l'arbre, d'une part, la nymphe et son père de l'autre, comme s'ils appartenaient à la même famille, comme si la nymphe était déjà en puissance l'arbre qu'elle deviendra, à tel point que l'on peut se demander si l'être de chair n'était pas seulement l'incarnation provisoire sous forme humaine de l'esprit de l'arbre.

Les identifications de certains arbres à des nymphes, les relations de celles-ci avec un dieu, enfin les conditions de leur métamorphose permettent de saisir les vertus et, si l'on peut dire, la personnalité que les Anciens prêtaient à ces essences. Les métamorphoses ne sont donc pas dépourvues d'une signification qu'il convient de cerner, puisqu'elles correspondent à une lecture, à une interprétation de la nature, au sein de laquelle tout a un sens précis, interprétation qui définit la relation de l'homme aux différentes espèces et donc le juste mode d'emploi de chacune.

La plus célèbre de ces métamorphoses végétales est celle qui fit de Daphné le laurier d'Apollon, l'arbuste sacré qui jouait un rôle des plus importants dans toutes les manifestations religieuses et civiques. Daphné n'était pas la première des nymphes que séduisit le Delphien, mais ce fut la seule qui osa lui résister, la seule, semble-t-il, que, sans doute à cause de son refus de tout amour, il aima. Auparavant, le dieu avait eu d'Aria, nymphe du chêne-liège, un fils nommé Miletos, et s'était épris d'une autre nymphe du chêne, Dryopé, qui lui donna Amphissos. Chacune de ces deux histoires mérite d'être examinée de près.

Aria est aussi appelée, tantôt Deioné, tantôt Théia. Or, comment ne pas reconnaître en Deioné Dioné, la déesse du chêne oraculaire de Dodone, fille d'Okéanos et de Thétys et donc petite-fille de Gaea et d'Ouranos ? Théia, la « Divine », est, dans la *Théogonie* d'Hésiode, une des filles du couple primordial et nécessairement incestueux formé par Gaea, la Terre-Mère originelle, la divinité toute-puissante qui engendra l'univers, et son fils-amant, Ouranos. Théia faisait partie des six Titans femelles, comme Thétys et Rhéa, cette dernière assimilée d'ailleurs à Dioné. Tout ceci nous reconduit au culte du chêne sacré. Il s'agit probablement une fois encore du processus que nous avons rencontré à plusieurs reprises : le dieu des envahisseurs hellènes séduit la déesse indigène de la nature et ainsi la supplante. A propos justement d'Apollon, nous avons mentionné une variante de cette usurpation. Le fils de Létô, ayant à affronter non plus des déesses, mais d'anciens dieux locaux, les vainc au cours d'un tournoi musical. Avec les nymphes, il recourt à la manœuvre habituelle. Aria était une déesse du chêne-liège, mais propre à l'Arcadie [53]. Or nous avons vu, à travers l'histoire de Pan, les résistances qu'avait rencontrées dans cette région archaïsante et très attachée aux anciens usages l'implantation du culte apollinien. Que la machination divine ait obtenu l'effet escompté, la suite de l'histoire nous en fournit la preuve. Le fils d'Apollon et d'Aria, Miletos, séduisit à son tour Minos, Rhadamante et Sarpédon. Mais, pour avoir préféré Sarpédon, Minos le chassa de Crète, d'où il s'embarqua pour la Carie. Il y fonda la ville de Milet, et institua le culte de son père, à Milet même où s'élevait le Delphion, consacré à Apollon Delphien, et surtout à Didymes, la ville voisine qui fut annexée à Milet et dont le temple, construit dans un bois sacré auprès d'une source, abritait le plus fameux des oracles grecs après celui de Delphes [54].

Bien différente, mais tout aussi instructive, est l'histoire de Dryopé. Nymphe du mont Oeta, au sud de la Thessalie, dont le nom désigne le pic, en tant qu'oiseau associé au chêne, Dryopé vivait en compagnie des hamadryades, donc des nymphes des chênes. Tombé amoureux d'elle, Apollon se métamorphosa en tortue – le même mot, *chelus*, désigne en grec la tortue et la lyre d'Apollon faite primitivement d'une écaille de tortue. Les nymphes s'amusèrent avec la bestiole que Dryopé, par jeu, mit dans son sein, mais, le reptile s'étant mis à siffler comme un serpent, toutes s'enfuirent. Dryopé conçut un fils nommé Amphissos qui, tel Miletos, fonda une cité, Oeta, et y bâtit un temple pour son père. Mais, un jour, les hamadryades vinrent rechercher leur compagne et laissèrent à sa place un peuplier [55]. Ainsi, le chêne que l'on vénérait certainement sur l'Oeta, puisque la population pélasgique du lieu portait le nom de Dryopes, se transforma en un peuplier blanc, arbre consacré au dieu de Delphes, en tant que divinité solaire, ce qui correspond à un changement de culte.

Daphné, le laurier

Ces préliminaires, qui nous ont fait connaître deux autres nymphes des arbres, nous permettront de mieux comprendre la signification du mythe de Daphné. Celle-ci était la fille de Pénée, fleuve de Thessalie, fils d'Okéanos et de Thétys. Pénée était donc l'un des frères de Dioné. Prenant modèle sur la chaste Artémis, Daphné refusait obstinément tous les prétendants qui la demandaient en mariage, malgré les reproches désolés de son père, car elle préférait de beaucoup vivre libre et indépendante, parcourant les solitudes des bois, les «retraites des forêts». Apollon s'étant moqué d'Eros au pouvoir duquel il prétendait échapper, l'enfant-dieu le fit tomber amoureux de la nymphe qu'il rendit plus insensible encore. Déjà, le dieu «effleurait de son souffle ses cheveux épars sur son cou», quand Daphné, en désespoir de cause, invoqua Pénée: «Viens mon père, dit-elle, viens à mon secours, si les fleuves comme toi ont un pouvoir divin; délivre-moi par une métamorphose de cette beauté trop séduisante.» Aussitôt, la transformation s'accomplit. Phébus «sent encore le cœur palpiter sous l'écorce nouvelle; entourant de ses bras les rameaux qui remplacent les membres de la nymphe, il couvre le bois de ses baisers; mais le bois les repousse. Alors le dieu: "Eh bien, dit-il, puisque tu ne peux être mon épouse, du moins tu seras mon arbre; à tout jamais, tu orneras, ô laurier, ma chevelure, ma cithare, mes carquois" [56].»

Le récit d'Ovide peut sembler banal, encore qu'indirectement il laisse entendre que l'amour d'Apollon pourrait bien être incestueux. En effet, il appelle le dieu Phébus et compare Daphné à Phébé, qui est pour lui Artémis, puisque, quelques vers plus loin, il l'appelle Diane. Mais le poète latin laisse de côté une partie du mythe qu'avaient développée ses prédécesseurs grecs[57] et qui lui donne une toute autre profondeur. Pour eux, Daphné était une prêtresse de la Terre-Mère[58] et c'est celle-ci qu'elle implora. Alors la déesse l'enleva comme par enchantement jusqu'en Crète, où Daphné devint Pasiphaé, et, à sa place laissa un laurier; de son feuillage, pour se consoler, Apollon se fit une couronne, la première couronne de laurier. Comment ne pas remarquer que, d'une part, l'histoire se déroule d'abord en Thessalie, le pays d'Aria et que, d'autre part, elle aboutit en Crète, où Miletos, fils d'Aria, séduit Minos qu'il rebute et qui finalement épousera Pasiphaé, dont il aura une fille, Ariane, elle-même étroitement associée aux arbres.

Les mythographes grecs nous rapportent encore ceci : amoureux de Daphné, le fils de Létô – elle-même à l'origine divinité orientale d'un arbre, le palmier – avait provoqué la mort de son rival, Leucippos, fils d'Œnomaos, lequel, pour venir à bout des résistances de la nymphe, s'était déguisé en jeune fille et mêlé aux compagnes qui parcouraient avec elle les vallons sauvages. Pour vaincre Leucippos, Apollon n'eut qu'à retourner la ruse contre son auteur. Il conseilla aux hamadryades de se baigner nues; ainsi l'imposteur fut-il découvert et mis en pièces par ces vierges redoutables, épisode qui n'est pas sans rappeler certaine vengeance d'Artémis, celle exercée contre Actéon qui, pour l'avoir surprise au bain avec les nymphes, fut déchiqueté par ses propres chiens. Dans l'histoire de Leucippos, la faute est aggravée par son déguisement qui ne peut signifier qu'une chose : le culte du laurier était strictement interdit aux hommes, et l'on comprend dès lors qu'Apollon n'ait pas réussi à se l'approprier directement, mais tout au plus à raccorder à son culte l'arbre oraculaire. Aussi bien, à Delphes, la manducation des feuilles de laurier sacré, censée produire l'extase nécessaire à l'émission de l'oracle, était-elle défendue à tout autre qu'à une prêtresse, la Pythie. Toujours est-il qu'il y a encore ici mainmise d'un dieu nouveau sur un ancien culte de l'arbre. L'identité de Leucippos permet peut-être de le préciser. Leucippos veut dire « étalon blanc », il était le fils d'Œnomaos, célèbre pour son amour des chevaux et père d'Hippodamie, ce qui signifie « dompteuse de chevaux ». Cette histoire se réfère donc probablement à l'invasion par les cavaliers hellènes de la vallée du Tempé, où coule le Pénée, d'où, selon la légende, Apollon transporta le laurier à Delphes. Or nous savons que dans ce site resté longtemps sauvage et aujourd'hui encore impressionnant pour le voyageur, un collège de Ménades célébrait, en mâchant des feuilles de laurier, un culte orgiaque, donc bachique – Œnomaos veut dire justement « ami passionné du vin » –, en l'honneur d'une déesse Daphoenée [59], « la rouge pourpre », autrement dit « la sanglante ». Il s'agissait, semble-t-il, d'une déesse-mère à tête de jument, de qui dépendait un roi sacré du culte de l'arbre et du cheval. Ce roi, nommé probablement Leucippos, ne régnait qu'un an, après quoi il était mis en pièces par les Ménades en furie [60], tel Orphée, le dieu arbre de Thrace. Selon Plutarque [61], les prêtresses de Daphoenée, chassées de Thessalie, se seraient réfugiées en Crète et l'y auraient honorée désormais sous le nom de Pasiphaé, « celle qui luit pour tous », épithète de la lune, avec qui était donc en rapport Daphné. Ovide la compare, sans doute avec raison, à Phébé, la Lune. Nous sommes ici en présence d'un culte primitif qui conjoint la lune, un arbre et le cheval, mais, ainsi que nous l'avons vu plus haut, le cheval est consacré à Poséidon et l'insistance avec laquelle le nom de cet animal revient dans ceux que portent les enfants d'Œnomaos nous permet de soupçonner que, derrière le collège dionysiaque des criminelles Ménades se dissimule un culte probablement antérieur.

Leukè, le peuplier blanc

Les mythographes grecs et latins rapportent, mais avec beaucoup moins de précisions, trois autres histoires de nymphes qui n'échappèrent aux désirs divins qu'en obtenant d'être métamorphosées en arbres. La première,

Leukè, poursuivie par Hadès, se transforma en peuplier blanc *(leukè)*, mais Hadès ne lâchant jamais sa proie, Leukè dut demeurer au seuil des Enfers, au bord du fleuve de Mémoire, dont peut-être d'ailleurs elle était la fille [62]. Ce fleuve formait la limite entre le Tartare, soumis à Hadès, et l'Élysée, séjour des bienheureux, gouverné par Cronos. Leukè est aussi le nom d'une des îles Fortunées, sorte de paradis peuplé d'animaux sauvages, mais apprivoisés, où viennent se reposer après leur mort les héros. Ceci nous indique la signification symbolique que les Grecs donnaient au peuplier blanc, arbre de la mort lumineuse, par opposition au peuplier noir, qui était lui funeste [63].

Philyra, le tilleul

L'histoire de Philyra présente une variante intéressante, car cette fois il s'agit d'une double métamorphose. La nymphe, fille d'Okéanos, vivait dans l'île, située dans le Pont-Euxin, qui porte son nom, ce qui signifie qu'elle en était la protectrice et y avait probablement un culte. Cronos s'unit un jour à elle, mais, surpris par Héra, se transforma en étalon et partit au galop, abandonnant sa conquête. Rappelons que Cronos étant le frère d'Okéanos, Philyra était sa nièce, et qu'Héra, fille de Cronos, déesse du mariage, réprimait l'inceste et l'adultère. Lorsque Philyra accoucha, elle s'aperçut que l'enfant divin qui venait de naître était un monstre, moitié homme, moitié cheval. Elle en conçut honte et horreur, aussi invoqua-t-elle son père et obtint-elle de lui d'être transformée en tilleul [64]. Quant à son fils, le centaure Chiron, il acquit plus tard un grand renom grâce à son don oraculaire et à son savoir thérapeutique, car il connaissait les secrets des plantes. Le tilleul était en Grèce, et déjà, en Crète – le mot *philyra* est crétois –, l'arbre médicinal par excellence, ses fleurs passaient pour un des plus anciens remèdes connus. D'autre part, on utilisait la tille ou liber – appelé aussi *philyra* – pour en faire du papier; déchiré en bandes, il servait à la divination [65].

L'histoire de Philyra fait donc allusion au culte rendu à

un arbre aux pouvoirs miraculeux – il guérit et il prédit
l'avenir –, certainement très archaïque. En témoignent
l'acteur principal, Cronos qui se transforme en cheval, et
l'enfant né de lui, qui est à la fois un animal divin – on
l'appelait *thèr théios*, la « divine bête sauvage » – et un
futur sage, tenant ses pouvoirs de l'arbre, sa mère, enfin
le fait que l'action se passe dans des régions éloignées et
inhabitées.

Pitys, le pin noir

Quant à la chaste Pitys, la nymphe que, comme Syrinx,
Pan tenta de violer, elle ne lui échappa, elle aussi, qu'en
se métamorphosant, elle devint le pin, non le pin parasol
(Pinus Pinea), l'arbre d'Attis, en grec *peukè*, mais le pin
maritime ou pin noir *(Pinus Pinaster)*, qui a conservé en
grec le nom de *pitys*. Selon une autre légende plus cir-
constanciée, la jeune Pitys aurait été convoitée à la fois
par Pan et Borée, le vent du nord. Pitys lui ayant préféré
Pan, Borée souffla avec tant de fureur qu'il précipita la
malheureuse en bas d'une falaise. Pan l'y découvrit à
demi morte et aussitôt la métamorphosa en pin noir.
C'est pourquoi, depuis lors, quand Borée souffle à
l'automne, une résine transparente s'écoule des cônes du
pin, ce sont les pleurs de Pitys.

Carya, le noyer

Avec Carya, nous retrouvons la trace de plus anciennes
croyances. En Laconie, Dionysos fut l'hôte du roi Dion et
tomba amoureux de la plus jeune de ses filles, Carya, mais
ses deux sœurs jalouses avertirent leur père. Le dieu les
frappa de folie et les changea en rochers. Carya, morte
subitement, peut-être de tristesse, fut métamorphosée par
lui en noyer. Artémis elle-même en apporta la nouvelle
aux Laconiens, lesquels par la suite érigèrent à Artémis
Caryatis un temple dont les colonnes sculptées en forme
de femmes et dans du bois de noyer furent appelées
caryatides. Le fait que les Laconiens aient dédié un
temple à Artémis Caryatis et que ce soit la déesse qui ait

annoncé la mort de l'aimée de Dionysos semble indiquer qu'il s'agit ici encore d'une usurpation, du remplacement d'un culte ancien par un nouveau.

Nous connaissons en effet l'existence d'une divinité pélasgique, donc préhellénique, nommée Kar ou Ker, qui a donné son nom à la Carie en Asie Mineure. De la même racine procède en grec *Kara*, « la tête », mais aussi « la cime de l'arbre », qui a donné en latin *cerebellum*, « le cerveau ». Or, dans toutes les traditions, la partie comestible de la noix, qui est double, évoque précisément les hémisphères cérébraux avec leurs circonvolutions; en français, ceux-ci sont appelés comme par hasard « cerneaux ». Quoi qu'il en soit, cette déesse Kar ou Carya, dont en Grèce Artémis prit la place, a survécu sur le sol italique, conservatoire de nombre d'anciennes traditions. Elle y est devenue une nymphe prophétesse, une autre Egérie en somme, connue sous le nom de Carmenta dérivé, selon les étymologistes latins, de *carmen*, « chant sacré, oracle ». Carmenta aurait d'abord vécu en Arcadie, province du Péloponnèse que nous avons à plusieurs reprises rencontrée en raison des cultes archaïques qui s'y sont longtemps conservés. Là, elle eut d'Hermès un fils nommé Evandre, « bienfaiteur des hommes », chef d'une colonie de Pélasges qui s'établit dans le Latium, où Evandre fonda sur les bords du Tibre une bourgade à laquelle il donna le nom de Pallantion, qui était celui d'une ville d'Arcadie, son pays natal, dédiée à Pallas Athéné. Cette bourgade, en latin Pallantium, devint le Palatin, l'une des collines de Rome. Quant à la mère d'Evandre, Carmenta, elle fut à l'origine de l'alphabet latin composé à partir de l'alphabet pélasge, or, il existe une liaison précise entre l'alphabet, le calendrier et le culte des arbres [66]. Après avoir exercé longtemps le don de la prophétie, probablement par le noyer, son arbre oraculaire, Carmenta vécut jusqu'à l'âge de cent dix ans et reçut à sa mort les honneurs divins.

L'histoire de Carmenta et d'Evandre nous donne peut-être la clé des archaïsmes nombreux sur le sol italique, et qui sont tous en rapport avec le culte de l'arbre sacré; une fois encore, ils tiennent leur origine des Pélasges préhelléniques, les anciens habitants de la Grèce. Et ceci nous permet de lire dans le nom du père de la nymphe du noyer, Dion, celui d'un serviteur (*diakon*, mot provenant de la même racine) de Dionysos, comme l'indique la légende, mais aussi de Zeus *(Dios)* et surtout de Dioné, la déesse du chêne oraculaire de Dodone [67].

Mais Kar est aussi Ker, l'antique déesse de la mort, qu'Homère appelle « la voleuse d'hommes [68] », et le noyer nous est donné par les anciens auteurs comme dédié à celle qui assuma ensuite ce rôle, Perséphone, et plus généralement à toutes les déesses infernales. Cet aspect maléfique du noyer a survécu, on le sait, dans tous les folklores [69]. Les Kères, à l'époque classique elles étaient plusieurs, apparaissent comme d'implacables divinités du malheur et de la mort violente. Dans la mêlée de la bataille, on les voyait surgir, les yeux étincelants, la bouche grimaçante aux dents très aiguës dont la blancheur contrastait avec la couleur sombre de leur visage. Vêtues de robes rouges, poussant des cris lugubres, elles achevaient les blessés dont elles buvaient goulûment le sang. Aussi les appelait-on les chiennes de l'Hadès. L'une d'elles nous est bien connue, c'est le Sphinx qui interroge Œdipe dans l'*Œdipe-Roi* de Sophocle [70], et dont le nom préhellénique signifie « l'Étrangleuse ».

Phyllis, l'amandier

Après cette évocation sinistre, sera la bienvenue l'innocente Phyllis, victime elle aussi du mal d'amour et dont la légende n'est pas sans rappeler celle d'une autre divinité de l'arbre, Ariane. Princesse de Thrace, elle s'éprit d'Acamas, fils de Thésée, parti pour la guerre de Troie. Lorsque la flotte des Achéens mit à la voile pour retourner en Grèce, Phyllis guetta sur le rivage le navire de son bien-aimé. Mais, celui-ci ayant été retardé par une avarie, la malheureuse mourut de chagrin. Héra, la déesse des amours fidèles, la changea en amandier. Lorsque, le lendemain, Acamas aborda, il ne put qu'embrasser son écorce, mais aussitôt des fleurs apparurent sur le bois qui ne portait pas encore de feuilles, ce qui distingue cette essence des autres arbres fruitiers [71]. La belle histoire de Phyllis évoque la grâce virginale de la floraison précoce de l'amandier, mais aussi sa fragilité, car elle est souvent flétrie par les gelées printanières. Phyllis n'est pas le nom grec de l'espèce qui s'appelle *amygdalea*, d'*amygdalè*, « l'amande », très vieux mot méditerranéen, antérieur au grec; *phyllis* signifie « feuillu » et la légende laisse entendre que c'est seulement à la suite de cette métamorphose que l'amandier porta des fleurs avant la venue des feuilles.

Cyparissos, le cyprès

C'est encore la séparation d'avec l'être aimé qui causa la transformation non plus d'une nymphe, mais d'un jeune garçon nommé Cyparissos. Selon Ovide [72], il vivait en compagnie d'un « grand cerf consacré aux nymphes » et apprivoisé. « Par mégarde, il le transperça d'un javelot acéré; puis, quand il le vit mourir de sa cruelle blessure, il souhaita mourir lui-même. » Phébus Apollon qui aimait cet enfant voulut le consoler, mais il « n'en gémit pas moins », demandant « aux dieux de verser des larmes éternelles ». Et de lui-même, il se changea en un arbre, le cyprès. Alors Apollon dit avec tristesse : « Moi, je te pleurerai toujours; toi, tu pleureras les autres et tu t'associeras à leur douleur. » Depuis lors, on plante cet arbre au feuillage toujours vert auprès des tombeaux; il est devenu le symbole du deuil, de l'inconsolable chagrin [73]. Le fait que Cyparissos ne soit pas un mot grec mais crétois incite à penser qu'il s'agissait d'un dieu arbre dont le cerf était l'animal sacré; or le cerf symbolise la renaissance annuelle de l'arbre de vie. Malheureusement, on ne peut aller plus loin dans l'interprétation d'un mythe dont les auteurs tardifs qui le rapportent ne comprenaient déjà plus le sens.

Pyrame et Thisbé, ou le mûrier

D'autres métamorphoses en arbres ont pour acteurs, non plus un seul amoureux, mais les deux, un couple d'amants inséparables. Tels ceux formés par Pyrame et Thisbé ou Philémon et Baucis. L'histoire de Pyrame et Thisbé est tragique, elle résulte comme les précédentes d'une séparation sans espoir. Ovide, le premier écrivain qui la rapporte, lui donne pour scène Babylone, la légende n'est donc pas grecque, mais asiatique. Ces beaux jeunes gens s'aimaient tendrement, mais en cachette, car leurs parents s'opposaient à leur union. Leurs maisons étant voisines, ils se parlaient à travers une fente du mur mitoyen, mais ne pouvaient ni se voir ni s'étreindre. Aussi se donnèrent-ils rendez-vous près d'une fontaine, sous un mûrier « chargé de fruits blancs comme neige », qui les abritait des regards indiscrets. Mais, un jour, arrivée la première, Thisbé fut prise d'épouvante en apercevant une lionne qui venait boire, et elle s'enfuit en laissant tomber son voile que la lionne trouva sur son chemin. De sa gueule ensanglantée, car elle venait de tuer une proie, elle le déchira. C'est alors que survint Pyrame qui, voyant les traces de la lionne, puis ce voile taché de sang, crut Thisbé morte. Au désespoir d'être le responsable et ne pouvant survivre à sa bien-aimée, il s'enfonça son épée dans le cœur. Le sang en jaillissant teinta de pourpre les mûres. De retour, Thisbé ne reconnut pas leur couleur, mais elle vit le corps gisant sur le sol et, résolue à retrouver son amant dans la mort, elle s'adressa au mûrier : « "Toi, arbre, dont les rameaux n'abritent maintenant qu'un seul corps et bientôt en abriteront deux, garde les marques de notre trépas, porte à jamais des fruits sombres en signe de deuil, pour attester que deux amants t'arrosèrent de leur sang. " Elle dit et, ayant fixé la pointe de l'épée au-dessous de sa poitrine, elle se laissa tomber sur le fer encore tiède du sang de Pyrame. Cependant sa prière toucha les dieux, elle toucha les deux pères ; car le fruit, parvenu à sa maturité, prend une couleur noirâtre et ce qui reste de leurs bûchers repose dans la même urne [74]. »

Cette historiette dramatique, dont Théophile de Viau tira en 1617 une tragédie, où les protagonistes par leur fin pitoyable rappellent Roméo et Juliette, semble n'avoir pour objet que d'expliquer pourquoi les mûres sont d'abord blanches, puis rouges, enfin violet foncé à maturité. La mûre, *moron* (mot d'origine méditerranéenne, mais non grecque) devait passer en Grèce pour funeste, son nom étant très proche de *moros*, le malheur.

Philémon et Baucis

D'un tout autre intérêt est le conte exemplaire de Philémon et Baucis. Bien que d'origine grecque, il ne nous est connu que par les *Métamorphoses* d'Ovide qui en a tiré un récit fort émouvant [75]. L'histoire est bien connue de tous grâce à la fable de La Fontaine; aussi pouvons-nous la résumer. Philémon (« celui qui aime ») et Baucis (la « très modeste ») avaient éprouvé l'un pour l'autre un amour sans nuages depuis l'adolescence jusqu'à la vieillesse. Un jour, deux voyageurs se présentent à la porte de leur masure, après avoir été rebutés de partout. Les deux bons vieux les accueillent aussitôt et leur préparent un repas. En ces passants, ils n'ont pu reconnaître Jupiter et Mercure qui ont pris apparence humaine. Mais bientôt Jupiter se trahit devant ses hôtes, confus de lui offrir aussi maigre chère. Cependant, les dieux, qui veulent punir les habitants de ce pays inhospitalier, entendent récompenser de manière éclatante ces braves gens. Ils les font sortir de leur demeure et montent avec eux sur une montagne proche. Stupéfaits, Philémon et Baucis constatent qu'un lac vient d'engloutir les maisons de leurs orgueilleux voisins, tandis que sur sa rive leur masure est devenue un temple magnifique. Attendri, Mercure demande : « Vieillard, ami de la justice, et toi, digne épouse d'un juste, dites-moi ce que vous souhaitez. » Après s'être concerté avec Baucis, Philémon répond : « Être vos prêtres et les gardiens de votre temple, voilà ce que nous demandons; et, puisque nous avons passé notre vie dans une parfaite union, puisse la même heure nous emporter tous les deux ! Puissé-je ne jamais voir le bûcher de mon épouse, et ne pas être mis par elle au tombeau ! »

Leurs vœux furent exaucés, ils eurent le soin du temple aussi longtemps qu'ils vécurent. « Un jour que, brisés par l'âge, ils se tenaient devant les saints degrés et racontaient l'histoire de ce lieu, Baucis vit Philémon se couvrir de feuilles, le vieux Philémon vit des feuilles couvrir Baucis. Déjà une cime s'élevait au-dessus de leurs deux visages; tant qu'ils purent, ils s'entretinrent l'un avec l'autre : "Adieu mon époux ! Adieu, mon épouse !" dirent-ils en même temps et en même temps leurs bouches disparurent sous la tige qui les enveloppait.» Aujourd'hui encore, l'habitant du pays de Thynos (héros de la Bythinie, considérée comme une part de la Phrygie) montre deux troncs voisins nés de leurs corps. Rappelons qu'en Phrygie survécurent longtemps plusieurs cultes des arbres, donc certains peut-être y étaient nés. Philémon fut changé en chêne, l'arbre de Zeus, et Baucis en tilleul, qui était, nous venons de le voir, l'arbre qui guérit. Dans cette histoire, la métamorphose est la réponse divine à un vœu, la récompense suprême accordée par le maître des dieux. Des arbres jumeaux dont les branches s'entremêlent évoquaient souvent dans l'imagination populaire deux amants fidèles que la mort elle-même n'a pu séparer. C'est là un thème courant dans le folklore et particulièrement chez les Celtes. Une légende irlandaise [76] rapporte que des deux pieux qui furent enfoncés dans les corps de Noise et de Derdre naquirent deux ifs qui entrelacèrent leurs branches au-dessus de leur tombe. Mais, en Bretagne surtout, les arbres hantés le sont par des âmes qui ont à purger une peine, ce qu'illustre par exemple l' «histoire des deux vieux arbres», contée par Jacquette Craz de Lanmeur à Anatole Le Braz [77] comme un fait relativement récent. Un paysan, Hervé Mingam, sorti une nuit, entendit près de sa chaumière le feuillage qui se mettait «à bruire d'une manière bizarre». «Il leva les yeux et, malgré l'obscurité, reconnut à la blancheur argentée de l'écorce, que les arbres qui bruissaient de la sorte étaient deux hêtres d'aspect vénérable qui se faisaient vis-à-vis et mêlaient leurs branches comme pour s'embrasser.» Dans le murmure des arbres, il perçut le chuchotement de deux voix humaines. C'étaient celles de ses parents morts qui se plaignaient du froid. Une fois au lit, Hervé entendit les deux hêtres qui marchaient pesamment et faisaient le tour du logis. Puis, ayant repris forme humaine, ils entrèrent et vinrent se chauffer devant l'âtre. A leur conversation, Mingam comprit qu'ils passaient ainsi la pénitence qui leur avait été imposée, car ils s'étaient montrés durs envers les pauvres. Le lendemain matin, Hervé et sa femme firent une offrande aux miséreux et commandèrent deux messes à l'église. «Depuis lors, les deux hêtres ne parlèrent plus.» En Bretagne, les morts

qui prenaient refuge dans les arbres étaient des « âmes en
peine » et le devoir des vivants à qui ils se manifestaient
était de les délivrer.

Dans l'antiquité gréco-romaine, la métamorphose pouvait aussi être un châtiment. Ovide nous en fournit plusieurs exemples. Ainsi fut punie une certaine Dryopé que
l'auteur des *Métamorphoses* [78] présente comme la fille
d'Eurytos, roi d'Œchalie en Thessalie et semble ainsi distinguer de la Dryopé aimée d'Apollon et devenue peuplier. Comme Eurytos signifie « aux eaux abondantes », la
Dryopé d'Œchalie serait, elle aussi, la fille d'un fleuve,
donc une nymphe. Toujours est-il que, se promenant au
bord d'un étang, elle avisa un lotus couvert de fleurs et en
cueillit quelques rameaux. Aussitôt, des gouttes de sang
tombèrent des fleurs et les tiges s'agitèrent, « secouées
par un frisson ». L'infortunée, se couvrant de feuilles, fut
changée elle-même en lotus. Elle avait, sans le savoir,
blessé la nymphe Lotis, ainsi transformée pour échapper
aux « approches obscènes » de Priape.

Nous avons ici affaire à ce que l'on pourrait appeler
une métamorphose à tiroir, l'histoire racontée contenant
une allusion à une autre histoire qui l'explique. Mais quel
est ce lotus qu'Ovide décrit comme un arbre avec un
tronc et des branches et portant des baies? Le mot *lôtos*
désignait en grec non seulement le lotus d'Égypte *(Nym-
phea lotus)*, mais le jujubier *(Zizyphus jujuba* ou *Zizyphus
lotus)* que les Romains cultivaient depuis peu, du temps
d'Ovide, puisque, selon Pline, il ne fut introduit de Syrie
que dans les toutes premières années de l'ère chrétienne [79]. C'est de cette espèce qu'ici il s'agit. L'histoire
racontée par Ovide constitue avant tout un avertissement : gardez-vous de briser les branches d'un arbre,
n'oubliez pas que leurs tiges peuvent contenir « des corps
divins ». C'est là un aspect souvent méconnu du poète :
son amour fervent et respectueux de la nature, et en particulier des arbres, qui donne une certaine profondeur à
une œuvre qui, au premier abord, peut paraître futile.

Dans les *Métamorphoses* [80] est racontée brièvement une
anecdote qui illustre, elle, le danger d'offenser les
nymphes : « Un berger d'Apulée les mit un jour en fuite...
par la terreur soudaine qu'il leur inspira », mais bientôt
« remises de leur émoi, dédaignant l'homme qui les sui-

vait », elles se mirent à danser. Le rustre contrefit leurs façons et y « joignit des propos obscènes et de grossiers outrages; sa bouche avait à peine fait silence qu'un arbre vint recouvrir sa gorge ». Il fut tranformé en olivier sauvage dont « les baies amères rappellent sa langue infâme ». Nous retrouvons là un thème illustré par d'autres histoires, celle d'Actéon et celle de Leucippos, et qui aura la vie longue. Au Moyen Age, les fées puniront encore de cette manière ceux qui leur auront manqué de respect.

C'est encore une métamorphose punitive que la transformation en arbres par Lyalus (épithète de Dionysos, signifiant « celui qui délivre de tout souci ») des Ménades coupables d'avoir massacré Orphée, « le chantre qui célébrait ses mystères [81] ».

Toutes ces fables expliquent à leur manière l'apparition d'espèces bien définies qui tirent leur origine de nymphes dont le nom est celui de l'arbre en lequel chacune fut transformée. De ce prototype descendent tous les arbres qui constituent l'espèce. Mais il y a plus, tout arbre, quel qu'il soit, est animé par des êtres, eux anonymes, mais qui diffèrent les uns des autres suivant l'espèce qu'ils habitent. Nous avons déjà mentionné le chêne qui enferme en ses flancs à la fois des nymphes capables de le quitter, lorsqu'il se trouve en péril, les dryades, et d'autres qui font partie intégrante de l'arbre et meurent avec lui, les hamadryades. C'est là un privilège que le chêne est le seul à posséder, probablement parce qu'il est le roi des plantes, le représentant du dieu suprême. Les autres nymphes sylvestres ressortissent au type dryade. Certaines d'entre elles étaient bien connues des anciens : les caryatides du noyer; les méliae ou méliées (de *melia*, « le frêne »), nymphes du frêne, nées du sang d'Ouranos castré par Cronos, ce qui indique qu'on les honorait depuis la plus haute antiquité, comme Poséidon, dieu du frêne, avant même les dryades et hamadryades du chêne de Zeus; les méliades (de *mélis*, « le pommier ») citées par Sophocle [82]; enfin les héliades, filles d'Hélios, le Soleil, et sœurs du présomptueux Phaéton, qui, inconsolables d'avoir perdu leur frère, précipité du ciel pour avoir conduit le char de son père, furent métamorphosées en peupliers, lesquels distillent encore des larmes devenues

« gouttes d'ambre durcies au soleil [83] ». Ce n'est pas sans raison que ces nymphes possèdent une identité personnelle et une histoire, les arbres qu'elles hantent sont ceux auxquels on rendait jadis un culte.

Survivances païennes

Le christianisme parvint, non sans peine, à extirper des campagnes le culte rendu aux arbres sacrés mais il ne put jamais anéantir tout à fait les croyances qu'il avait engendrées. Le folklore même tardif en contient quelques traces : celles concernant des métamorphoses d'êtres humains en arbres sont certes peu nombreuses et figurent plutôt dans les contes que dans les récits, mais elles existent. Aux environs de Dinan, on montrait encore vers 1900 un chêne majestueux qui n'était autre qu'un amoureux infidèle qu'une fée avait touché de sa baguette magique [84]. Dans *La Mer* (1861), Michelet cite une ballade saintongeaise où l'on voit la fille d'un roi qui lave son linge dans la mer; un fils de la côte plonge pour le chercher, mais il se noie et la jeune fille, de chagrin, devient un arbrisseau, le romarin de rivage. Gérard de Nerval, dans la *Bohême galante* (1852), rapporte d'après une légende du Valois la transformation en chêne vert, certain jour de la semaine, d'un petit bûcheron qui n'était autre que le prince de la forêt [85]. Un conte de la fin du XVIIe siècle [86] parle d'une fée qui change en arbres ses amants; ils le resteront jusqu'à ce qu'elle soit tombée amoureuse d'un mortel.

Beaucoup plus nombreuses sont les histoires de bâtons qui, fichés en terre, reverdissent soudain. Elles sont depuis l'Antiquité traditionnelles, mais, dans le nouveau contexte, presque toujours attribuées à des saints. Rabelais, dans son *Gargantua*, mentionne le « haut et grand olme (orme) lequel communément on nommait l'arbre de sainct Martin, pour ce qu'ainsi estoit cru un bourdon (bâton de pèlerin) que jadis sainct Martin y planta ». Cet orme est situé par Rabelais non loin du bois de Vède, c'est-à-dire dans la région de Chinon. L'histoire locale fournit d'intéressantes précisions. Ce n'est pas saint Martin, mais son disciple saint Brice qui planta son bourdon avec celui de son maître et les fit ainsi reverdir. Or la vie de saint Brice contient de bien curieux détails. Il possédait, dit-on, des vêtements immaculés, de nombreux esclaves, ainsi qu'une riche écurie. Bien que diacre de Martin, il ne cessait de le railler, allant jusqu'à insulter en public son vénérable évêque, l'accusant de «vaines superstitions, de visions imaginaires et de divagations ridicules». Un malade, dans l'espoir que saint Martin le guérirait, demanda à Brice où il se trouvait, celui-ci répondit : «Si c'est ce fou que tu cherches, regarde là-bas, car le voici qui considère le ciel comme un insensé.» Martin supportait avec patience toutes ces vexations, mais, un jour, il prit Brice à part et lui déclara : «J'ai obtenu de Dieu de t'avoir pour successeur dans l'épiscopat, mais je dois t'avertir que tu auras à traverser bien des épreuves.» Brice ne fit qu'en rire, mais, à la mort de saint Martin, il fut élu évêque de Tours, et ses tribulations commencèrent. L'une d'elles retiendra notre attention. Une religieuse qui lavait ses vêtements eut un fils et Brice fut accusé de l'avoir séduite. La colère grondait dans le peuple. Pour s'innocenter par une ordalie, Brice, au vu de tous, marcha sans dommage sur des chardons ardents. Or Brice est un nom celte, un nom païen, il provient du même radical qui a donné celui de Birgit, laquelle devint sainte, mais était une ancienne déesse du feu sacré. On comprend dès lors que le feu n'ait pas brûlé son homonyme, lequel était peut-être un de ses prêtres, un druide, puisqu'il s'habillait comme eux de vêtements blancs. Dans sa *Vie* [87], Brice est donné comme le chef de l'opposition à saint Martin, c'était donc certainement un païen et son audience pouvait être grande en un pays où les chrétiens n'étaient encore qu'une faible minorité au début du ve siècle.

Gudwal, l'un des tout premiers missionnaires de l'Armorique au siècle suivant, s'étant endormi après avoir planté son bâton, le retrouva au réveil transformé en un arbre touffu qui marqua longtemps sa venue [88] dans l'île de Locoal, près d'Auray, où il fonda le monastère de Plécit. Très souvent, les arbres miraculeux sont mis en rapport avec les martyrs ou les reliques des saints. Les frênes en lesquels furent changées les lances des Ariens qui décapitèrent Volusien, évêque de Tours chassé de son

siège par les Goths et exécuté en 496, prirent racine, afin
d'attester le forfait des persécuteurs. Le corps d'un autre
missionnaire, saint Firmin, évêque de Toulouse au
IVᵉ siècle, qui, évangélisant les païens du Nord, subit le
martyre à Amiens, est à l'origine d'un autre miracle;
lorsque, dans l'abbaye de Saint-Acheul, un certain saint
Silve, au nom prédestiné, puisqu'il vient de *silva*, « la
forêt », retrouva le corps de saint Firmin, les arbres se
couvrirent aussitôt de feuilles et de fleurs, bien qu'on fût
au cœur de l'hiver. Il en alla de même lorsqu'en l'an 740
furent apportées du mont Cassin à l'abbaye de Fleury
(actuellement Saint-Benoît-sur-Loire) les reliques du fondateur de l'ordre bénédictin [89]. Il importe de remarquer
qu'il s'agit toujours des premiers convertisseurs, de ceux
qui s'attaquèrent aux cultes païens et leur opposèrent en
somme des miracles de leur cru.

Beaucoup plus répandue est la conviction que les âmes
des morts viennent hanter les arbres. Aux quelques
exemples déjà cités, il faudrait ajouter les nombreuses
histoires de revenants peuplant les arbres des cimetières
qui sont, en Bretagne, le « noyau vital » de la bourgade.
En Armor, on croyait naguère que les ifs, qui sont les
arbres de la mort [90], ne doivent figurer qu'en un seul
exemplaire dans les cimetières, car ils poussent leurs
racines dans la bouche de tous les morts qui y sont enterrés [91]. Dans la Cornouailles de Grande-Bretagne, il était
recommandé de ne jamais toucher aux arbres des cimetières; si l'on en arrachait des branches ou même des
feuilles, on était inévitablement visité la nuit suivante par
les esprits qui s'y tenaient [92]. Au moment de la mort, l'âme
sortait de la bouche du moribond sous forme de papillon
(rappelons qu'en grec *psyché* désignait à la fois l'âme, le
souffle et le papillon), ou de grosses mouches bourdon-
nantes, celles que l'on appelle encore « mouche des
cadavres » (*Cynomyia mortuorum* L.). D'après les histoires
qui relatent ces croyances [93], il est évident que les papillons sont les âmes sauvées – ou plutôt qui vont l'être, car
il s'agit de papillons tout gris que l'on voit se poser sur la
poitrine du défunt, puis, après la mise en bière, au pied de
celle-ci [94], tandis que les mouches représentent les dam-
nés. A l'issue de l'enterrement, les uns et les autres
s'envolent et viennent sur les arbres afin d'y accomplir

leur temps de pénitence. Parfois, on y voit le mort lui-même, c'est ce qui advint à Jean-René Brélivet, cultivateur à Trégarvan, empêché d'assister aux obsèques de son voisin, François Quenquis. Tandis que le glas tintait à l'église, il vit le défunt qui se faufilait entre les arbres, les examinant l'un après l'autre d'un air soucieux. Puis, tout à coup, il l'aperçut « perché à cinq pieds du sol, sur une ramille grosse à peine comme le doigt d'un enfant et qui pourtant ne semblait point plier sous son poids ». Jean-René, « si émerveillé... qu'il en oublia sa frayeur », s'approcha pour interroger son ami, lequel lui répondit : « Je n'ai pas eu le choix, Jean-René. Dieu marque à chacun le lieu et la durée de sa pénitence. Moi, mon lot est de rester ici jusqu'à ce que cette pousse soit devenue assez robuste pour fournir le bois d'un manche à quelque instrument de travail. » Fort heureusement, Jean-René était aussi ingénieux que compatissant, il s'exclama : « Oh! bien! tu vas donc être promptement délivré!... Justement, ma femme me disait, ces jours-ci, que son petit râteau à étendre la pâte sur la crêpière avait besoin d'un nouveau manche. » Et aussitôt, il coupa la pousse au ras du tronc. Pendant qu'il la détachait, il entendit un « merci » joyeux. « C'était exactement l'heure où l'on mettait en terre le cercueil de François Quenquis[95]. »

Le comportement des arbres est parfois bien étrange. Il en est qui saignent. Ainsi, le sapin que l'on montrait naguère au château de Clisson (Loire-Atlantique). Il abritait les dépouilles des Vendéens qui avaient été fusillés là[96]; à Maumusson, toujours en Loire-Atlantique, un chêne, la nuit, fait entendre des gémissements; c'est à son pied que les Bleus exécutèrent le curé de la paroisse[97]. A Lanmodez, sur le littoral des Côtes-du-Nord, saignait aussi l'aubépine qui croissait près du rocher appelé « chaise de saint Maudez » *(Kador sant Vode)*, encore un missionnaire du VIᵉ siècle qui fonda une communauté monastique dans l'île de Bréhat. Certains arbres sont les garants des serments et châtient les parjures, tel le chêne d'une légende angevine, sous lequel un seigneur jura fidélité éternelle à une jeune fille qu'il avait séduite. Ayant oublié sa promesse, il passa sous le chêne le jour où la malheureuse abandonnée trépassait; l'arbre s'abattant sur lui l'écrasa[98]. Mais les arbres peuvent aussi se montrer secourables. Dans un conte alsacien, un poirier et un pommier demandent à une jeune fille les raisons de son chagrin et la consolent en faisant tomber dans son tablier leurs meilleurs fruits. D'autres inclinent leurs branches chargées vers l'infirme qui ne pouvait les atteindre. Il y a aussi des arbres qui chantent pour saluer ceux à qui ils témoignent ainsi du respect. Certains d'entre eux parfois se mettent en marche, tels ceux que jadis faisait se mouvoir le poète Orphée au son de sa lyre. Le thème de la forêt qui marche est typiquement celtique, on le retrouve dans le récit du héros Cûchulainn et dans le *Macbeth* de Shakespeare. Il arrive aussi que les arbres se battent. Une célèbre légende celte, le « Combat des arbres » *(Câd Goddeu)*, qui figure dans le livre de Taliesin [99], raconte qu'au cours d'une bataille contre les envahisseurs, les Bretons (de Grande-Bretagne) allaient avoir le dessous, quand Gwyddyon d'un coup de sa baguette magique les métamorphosa en arbres [100], et c'est ainsi qu'ils furent vainqueurs. Le nom de Gwyddyon lui-même se réfère à l'arbre. En effet, il contient *Gwydd* ou *Wydd*, qui signifie bois. Le folklore armoricain contient aussi un combat, ou plutôt une dispute des arbres, dans un conte très répandu, « Le Voyage de Iannik » [101], histoire d'un petit pâtre chargé d'aller porter une lettre au paradis. En route, il fait de surprenantes rencontres, notamment celle de deux arbres « qui s'entrechoquent avec une telle fureur qu'ils lancent au loin fragments d'écorce et copeaux de bois ». Parvenu à destination, Iannik s'enquiert du sens de ce qu'il a vu. Le capucin, destinataire du message, lui répond : « Les arbres qui se battent, ce sont deux époux qui de leur vivant ne pouvaient s'accorder. » Comme on le voit, avec le temps, le thème s'était dégradé; d'épique, il était devenu familier, et même satirique.

Tel est bien le sentiment que donnent la plupart de ces survivances d'ailleurs peu fréquentes. De cette rareté, Paul Sébillot donne avec beaucoup de bon sens les raisons. Les cultes « rendus aux pierres et aux fontaines sont encore très vivants (ou du moins l'étaient en 1905, quand il écrivait le *Folklore de France*) et facilement reconnaissables sous le vernis chrétien, souvent assez transparent, qui les recouvre. Les traces de la dendrolâtrie sont bien moins apparentes, et il semble au premier abord que le christianisme soit peu à peu parvenu à la détruire. Il a trouvé un puissant auxiliaire dans les défrichements qui ont fait disparaître les arbres pour les remplacer par des moissons, et cette transformation, purement d'ordre économique, a été plus efficace que les anathèmes des évêques et les prédications des missionnaires. On peut ajouter que la vie des arbres est limitée, et qu'il est plus aisé de déraciner un chêne que de combler une source ou de faire sauter des blocs de rochers un peu considérables». Le même auteur ajoute : « On n'a pas dressé, comme on l'a fait pour les fontaines, la liste des arbres qui, dans une région déterminée, sont l'objet d'un culte plus ou moins apparent. Il est probable qu'elle surprendrait beaucoup de gens, si elle donnait des chiffres analogues à ceux qui ont été relevés dans un département peu éloigné de Paris. D'après la *Notice archéologique de l'Oise*, écrite par Graves en 1854, il y avait alors dans ce département 253 arbres vénérés, qui se répartissaient ainsi : ormes 74, chênes 27, épines 24, noyers 15, hêtres 14, tilleuls 14, etc.» Paul Sébillot conclut : « Qu'il s'agisse d'arbres placés au milieu des forêts ou de ceux qui sont isolés, les hommages qu'on leur rend sont presque toujours individuels et la plupart du temps clandestins, ce qui explique la rareté relative d'exemples authentiques que l'on rencontre dans les auteurs qui se sont occupés de ce folklore [102].» Ajoutons pour notre part une raison que ne mentionne pas Sébillot : les derniers folkloristes justement s'en sont très peu occupé, soit qu'ils aient considéré ces survivances comme mineures et aient négligé de les analyser – ce qui, comme le lecteur voudra peut-être en convenir, est parfois profitable –, soit à cause de leur ignorance de la botanique et aussi des cultes antiques, même tout simplement druidiques, auxquels ils ne font presque jamais allusion.

Chapitre 7

La forêt hantée

**Du grand Pan à Satan – Le chasseur maudit, saint
Hubert et le roi des aulnes – Elfes, lutins, korrigans – De la nature des fées – La baguette
magique, le balai des sorcières et le caducée –
Forêt vierge et réalité fantastique.**

Il fallut certainement longtemps au christianisme pour
conquérir les campagnes et convertir ces païens qu'étaient
les paysans. Tôt, cependant, les moines s'établirent dans
les forêts, qu'ils exorcisaient en les défrichant. Il arrivait
que des monastères fussent fondés sur l'emplacement
d'anciens bois sacrés. Dans la première moitié du VIᵉ
siècle, Benoît de Nursie vint s'installer avec ses compagnons sur le mont Cassin, au sommet duquel s'élevait un
temple d'Apollon, au milieu d'une forêt touffue qui était
un ancien *nemeton*. Il est probable que saint Benoît ne fut
pas le seul à « purifier » le pays en substituant au culte des
« idoles » celui du Dieu unique. A la même époque,
Columba construisait son premier monastère dans la clairière d'un bois sacré en Irlande.

Au fond des futaies, vivaient aussi les ermites (du grec
eremos, qui désigne un lieu désert), à l'imitation des anachorètes (ceux « qui se retirent à l'écart »), les ancêtres de
tout le monachisme. Celui qui fut appelé le « premier
ermite », saint Paul, contemporain de Constantin, fuit le
monde pour venir vivre dans le désert de la Thébaïde, en
Haute-Egypte, peu avant saint Antoine, le « Père des
moines ». Paul demeurait près d'un palmier au pied
duquel coulait une source et se confectionna un vêtement avec ses feuilles. Antoine, ayant appris par un songe
qu'il avait un prédécesseur, voulut le visiter. « Comme il
le cherchait par les forêts, il rencontra d'abord un centaure, à demi-homme, à demi-cheval, qui lui dit d'aller
devant lui. Il rencontra ensuite un animal qui portait des

→ *Gollwitzer : Bäume (S. 185)*

dattes et qui, par le haut du corps, ressemblait à un homme, avec le ventre et les pieds d'une chèvre. Antoine lui demanda qui il était : il répondit qu'il était un satyre, c'est-à-dire une de ces créatures que les païens prenaient pour des dieux des bois. Enfin, saint Antoine rencontra un loup qui le conduisit jusqu'à la cellule de saint Paul [1].»

Ces solitudes – et dans ce récit il est précisé qu'elles étaient sylvestres – restaient donc peuplées de divinités païennes; ici, elles n'ont rien d'hostile et se montrent même complaisantes. Quant à la tentation qui assaille saint Antoine, scène qui a échauffé l'imagination de nombreux artistes, elle ressemble de bien près au sabbat des sorcières.

Au Moyen Age encore, des êtres autrefois divins vivaient réfugiés dans les bois. L'Église n'avait point réussi à les exorciser tous. Sans doute, en avait-elle converti quelques-uns qui, à l'aventure, devinrent même des saints, et recouvert d'autres d'un «vernis chrétien» qui les rend méconnaissables, mais il en restait encore, ils étaient trop nombreux et certains demeuraient irréductibles. Ceux-ci avaient conservé leur ancienne apparence : le Satan du Sabbat, cornu, au corps velu et aux pieds de bouc était le dieu Pan; faunes, sylvains et satyres devinrent des diables inférieurs, des «incubes», ces démons qui prennent possession des femmes (les sorcières) pendant leur sommeil. Saint Augustin, dans un passage de *La Cité de Dieu*, mentionne «les sylvains et les faunes que le peuple appelle incubes». Ils avaient dans les bois leurs adeptes, les sorciers et les sorcières. Les uns et les autres constituaient pour les chrétiens un réel danger, dans la mesure où ils représentaient les forces instinctuelles que le christianisme obligeait à refouler, plus encore qu'à discipliner. Le sorcier et la sorcière naquirent en pays christianisé de la croyance en Satan, propagée par la doctrine pastorale; ils en étaient les suppôts. «La principale fonction du sorcier, comme son nom l'indique, était de jeter des sorts sur les gens, auxquels, pour une raison quelconque, il voulait du mal. Il appelait sur eux la malédiction de l'Enfer, comme le prêtre appelait la bénédiction du Ciel et, sur ce terrain, il se trouvait en rivalité complète avec le monde ecclésiastique [2].»

C'était dans la forêt surtout – dont les clercs disaient :

Aures sunt nemoris (Les bois ont des oreilles), employant le mot *nemus*, qui désignait le bois sacré, le *nemeton* celte – que l'on s'exposait à se trouver à l'improviste face aux anciens dieux, non seulement parce que, devant la progression du christianisme, ils s'y étaient réfugiés, mais parce qu'ils étaient d'origine des créatures sylvestres. La terreur que provoquait leur apparition, ou même un bruit suspect, une lumière insolite dénonçant leur présence n'était autre que la « panique » qu'avaient bien connue les Anciens, le mot en effet est grec et désignait l'effroi soudain et irrésistible qui s'emparait de celui qui, dans un lieu écarté, le croyait hanté par Pan. Le dieu cornu troublait l'esprit, car en lui se condensait la sexualité bestiale, sans frein et de surcroît contagieuse; de ce fait, Pan était capable de tout. Son nom qui signifie « Tout » lui fut donné par les dieux, non seulement parce que tous les êtres vivants lui ressemblent dans une certaine mesure par leur avidité[3], mais aussi parce qu'il incarne l'énergie génétique[4] qui anime l'univers, qui est le Tout de la vie, son origine même.

La panique, qui avait saisi les légions romaines pénétrant dans les immenses forêts sauvages de la Germanie, passait pour avoir encore troublé la Grande Armée envahissant la Russie. « Suivant une tradition, Napoléon, trois fois de suite, dirigea son armée sur le monastère (celui de la Sainte Trinité, près de Moscou), et parvint jusqu'aux portes de Troïtsa. Tout à coup, une forêt touffue se dressa devant lui. Une panique s'empara de ses troupes qui deux fois s'enfuirent sur Moscou. A la troisième fois, il résolut à tout prix de se frayer un chemin dans cette forêt; mais il s'y égara, erra trois jours entiers et ne put qu'à grand-peine regagner la route de Moscou[5]. »

Devenu Satan, Pan n'était aux temps chrétiens que plus redoutable, faisant peser d'abord sa menace sur les ermites qui avaient envahi son domaine et s'exposaient seuls à ses ruses et à ses embûches, mot souvent employé dans le vocabulaire ecclésiastique pour dénoncer les pièges et les artifices du Malin, et fort approprié ici, puisqu'il vient de bûche, au sens de bois, comme embuscade, né de l'italien *imboscare*, de *bosco*, le bois. C'est là une des raisons qui invitèrent les anachorètes à se regrouper, à former des communautés de cénobites, plus tardives et qui finirent par les remplacer presque entièrement. Les ermites, cependant, ne disparurent jamais, il en existe toujours. Beaucoup d'entre eux vivaient dans les bois, et parfois même au sein d'un arbre creux, l'abri le plus naturel, mais aussi le plus exigu qui soit. Sur le mont Athos, ce mode de vie s'est perpétué jusqu'à aujourd'hui. Emanuele Grassi, auteur d'un beau livre sur l'Athos [6], a même photographié le tronc d'un gros arbre creux habité par un ermite qui avait cloué une croix sur son écorce. Cette pratique paraît avoir été assez courante sur ce site, où affluèrent « d'innombrables ermites uniquement désireux de se perdre dans la montagne, au plus profond des bois, sur les rochers abrupts, pour attendre, terrés dans des grottes, des troncs d'arbres, le retour imminent du Christ sur la terre, forts et purs comme des anges pour l'accueillir [7] ». Pour périlleuse qu'elle fût, cette solitude n'en était pas moins riche d'enseignements qu'exaltait par exemple saint Bernard. « Tout ce qu'il savait sur les saints mystères, il disait qu'il l'avait appris en méditant dans les bois. Et il aimait à dire à ses amis que ses seuls professeurs avaient été les chênes et les hêtres [8]. »

Plusieurs romans de chevalerie narrent la rencontre d'un de leurs héros avec un ermite. Certains d'entre eux semblent en vérité quelque peu suspects. Ainsi, dans le *Tristan* anonyme de 1230, lit-on : « Un jour, ils vinrent par aventure à une petite maisonnette sise au pendant du val; là demeurait frère Ogrin, l'ermite. » Ce nom d'Ogrin est évidemment un diminutif de l'ogre, créature qui hantait les imaginations médiévales; son modèle était Cronos dévorant ses propres enfants, proche des dieux auxquels parfois les Gaulois en sacrifiaient. Bien peu chrétien paraît le conseil que donne Ogrin à Tristan de mentir au roi Marc, afin qu'il reprenne avec lui Iseult la blonde, en affirmant qu'il n'a pas eu « drurie » avec elle.

Certes, il ne faisait pas bon se laisser surprendre en la forêt par les brigands qui s'y tenaient tapis, leurs forfaits accomplis, et guettaient sur les chemins qui la traversaient les voyageurs qu'ils rançonnaient. Les rudes bûcherons et les charbonniers qui travaillaient là et, en saison, logeaient dans des huttes de feuillage, avaient parfois des mines si inquiétantes qu'en les voyant surgir du fond d'un taillis, on pouvait se demander si l'on n'avait

pas affaire au fameux « homme des bois ». Certes, celui-ci
ne passait pas pour bien dangereux, mais son seul aspect
terrifiait. Qu'on en juge! Dans l'*Owein* (Yvain) d'un
conteur gallois anonyme (xiiie-xive siècles), le héros est
prévenu que dans le bois il pourra trouver « un grand
homme noir, aussi grand au moins que deux hommes de
ce monde-ci (il appartient donc à l'"autre monde "); il n'a
qu'un pied et un seul œil au milieu du front; à la main, il
porte une massue de fer, et je te réponds qu'il n'y a pas
deux hommes au monde qui n'y trouvassent leur faix. Ce
n'est pas que ce soit un homme méchant, mais il est laid.
C'est lui qui est le garde de la forêt, et tu verras mille animaux sauvages paissant autour de lui [9]. » Cet homme que
rencontre Yvain dans la forêt est ainsi décrit dans l'*Yvain*
de Chrétien de Troyes : « Un vilain ressemblant à un
Maure, laid et hideux plus qu'il n'est possible, créature
plus laide qu'on ne saurait dire, était assis sur une
souche, une grande massue à la main. Je m'approchai du
vilain et je vis qu'il avait la tête plus grosse que celle d'un
roncin ou d'une autre bête, les cheveux touffus, le front
pelé et large de près de deux empans, les oreilles velues
et grandes comme celles d'un éléphant, les sourcils
grands et le visage plat, des yeux de chouette, un nez de
chat, une bouche aussi largement fendue que la gueule
d'un loup, des dents de sanglier aiguës et rousses, une
barbe rousse et des moustaches tortillées; son menton joi-
gnait sa poitrine et son échine était longue, torse et bos-
sue. Il était appuyé sur sa massue, et il était vêtu d'un
habit étrange : il n'était ni de lin ni de laine, mais le vilain
portait attachées à son cou deux peaux de bêtes fraîche-
ment écorchées, de deux taureaux ou de deux bœufs [10]. »
Lorsqu'il fait cette rencontre, Yvain traverse la forêt de
Brocéliande et se dirige vers la Fontaine de Barenton.
L'homme sauvage est donc en l'occurrence Merlin
l'Enchanteur, dont le *Merlin* de Robert de Boron
(xiie-xiiie siècles) dit qu'« il avançait en frappant les
chênes à grands coups de sa massue, et il menait avec lui,
comme un berger son troupeau, une horde de cerfs, de
biches, de daims et de toutes manières de bêtes
rousses [11] ». Mais l'homme des bois que décrivent les
auteurs du Moyen Age n'est pas seulement Merlin, il pouvait porter un autre nom, vivre en un autre lieu, un autre

temps, c'était en fait le maître de la forêt, le maître des arbres comme des bêtes sauvages qui lui faisaient escorte. Ce personnage figure jusque dans l'héraldique classique, où on le représente nu, barbu, couronné et ceinturé de feuillage, et s'appuyant sur sa massue. Ainsi le voit-on, servant de tenant de part et d'autre de l'écu, sur les armoiries du royaume de Danemark, tandis que dans celles de la Prusse, il tient une lance. La massue est celle d'Héraclès qu'évoque en effet l'homme sauvage. Par son œil unique, il s'apparente aussi au Cyclope, proche de certains héros de la mythologie celte, qui n'ont qu'un seul œil, mais aussi un seul bras et une seule jambe et sont de surcroît géants et difformes. Ce qui ne les empêche nullement d'être redoutables, car l'Irlandais Balor ou le Gallois Yspaddaden Penkawz peuvent de leur œil unique paralyser toute une armée. Dans la tradition chrétienne, le Satan du Sabbat est, lui aussi, parfois figuré avec un seul œil au milieu du front. Les uns comme les autres représentent le pouvoir des forces obscures, instinctuelles, celles qui règnent en toute liberté au fond des bois. Les uns et les autres, et Pan aussi qu'ils rappellent, sont les personnifications de la nature sauvage qui, avec ses forêts, cerne le monde des humains. L'homme des bois des récits médiévaux est le dernier avatar du dieu arbre.

S'il a pu advenir que l'on ait pris pour lui un bûcheron ou un charbonnier, il importe de noter que ceux-ci ne hantaient qu'une petite partie de la forêt, celle où les paysans voisins menaient paître leurs bêtes, les porcs surtout qui s'y nourrissaient de glands et de faînes. Quand on avait dépassé cette zone, on se trouvait devant le grand vide, devant l'inconnu. Au Moyen Age, dès l'époque franque, on distinguait la forêt proche de la forêt lointaine. Seule la première était exploitée, ses lisières servaient au pacage du bétail, mais la forêt lointaine restait déserte. Il peut être utile de rappeler que le mot de forêt ne désignait à l'origine que le canton boisé dont le seigneur se réservait la jouissance, elle s'opposait à la *sylva communis*, qui lui appartenait aussi, mais où les tenanciers pouvaient exercer leurs droits d'usage et de pâturage. Le mot *forestis* (sous-entendu *silva*) n'apparaît que dans la loi des Longobards et les Capitulaires de Charlemagne, c'était au sens propre la forêt royale. On a supposé qu'il provenait de *forum*, au sens de tribunal, en l'occurrence la cour de justice du roi; il peut également provenir du latin *foris*, qui signifie « la porte », mais aussi ce qui est devant la porte, à l'extérieur et, dans ce cas, on le traduit par « au-dehors ». *Foris*, d'où procède en bas latin *forestare*, « bannir », a donné en français *forain*, d'abord « étranger », avant de désigner, par contamination avec foire, (de *forum*), le marchand qui va d'une foire à l'autre, et *farouche*, du latin de basse époque *forestius*, signifiant aussi étranger, comme l'anglais *foreigner* et l'italien *forestiere*. Remarquons que les deux étymologies possibles de forêt, entre lesquelles hésitent les linguistes, n'en font en réalité qu'une seule, le *forum* désignant en latin d'abord ce qui se trouvait devant la porte de la maison, l'enclos qui l'entourait, la cour, avant de signifier la place du marché, puis l'endroit où l'on rendait la justice.

Le langage établit donc un lien entre la forêt et les étrangers, ceux qui ne sont pas du pays, les inconnus nécessairement « farouches »; en français du xiiie siècle, on employait « forasche » pour désigner une bête mal apprivoisée, donc restée sauvage. Or sauvage vient du latin *silvaticus*, « des bois », en parlant en particulier des végétaux, par lequel nous rejoignons le mot sylve ou silve, du latin *silva*, mot certainement très archaïque, puisqu'on ne peut lui trouver d'étymologie, mais qui procède peut-être du grec *ulè*, le bois, la forêt, lui-même d'origine obscure. Une bête sauvage est une bête qui n'a pas été domestiquée, qui vit encore dans la forêt, un sauvage est un homme des bois, avec tout ce que cela comporte d'inquiétant.

Le chasseur maudit, saint Hubert et le roi des aulnes

Mais si se trouver soudain face à lui peut en effet, et pour cause, susciter la « panique », du moins est-il inoffensif, ce qui n'est pas le cas du chasseur fantôme, personnage légendaire répandu dans toute l'Europe. On retrouve ce chasseur dans la mythologie pré-hellénique, en la personne du Zagreus crétois, le « Grand Chasseur », divinité chtonienne qui mène la « chasse sauvage », laquelle manifeste la résurgence des morts sur la terre, à l'entrée de la mauvaise saison – autour du 1er novembre, le « Jour des Morts », devenu la Toussaint. C'est bien ainsi que l'interprètent encore les légendes abondantes dans le folklore. Mais le thème a été dûment christianisé. Il s'agit toujours d'un chasseur qui n'a pas observé le repos dominical, le caractère pacifique du dimanche. A Lomont-sur-Crête, dans le Jura, près de Baume-les-Dames (lesquelles dames sont des fées habitant une caverne, la Baume), le chasseur errant a lancé sa meute sur un cerf un dimanche, sans épargner même le champ de la veuve, mais ce cerf, il ne l'atteindra jamais, il est condamné à le poursuivre pour l'éternité. Aux environs de Vittel, dans le bois des Baumes, un certain Jean de Baumes, qui loge dans des grottes *comme un païen*, a chassé sans discontinuer, y compris les dimanches et jours fériés. Désormais, il erre à la poursuite d'un gibier qui lui échappe toujours, et l'on entend dans la forêt sa voix qui excite ses chiens [12].

Souvent, en Bretagne et en Normandie, comme en Béarn ou en Gascogne, le chasseur maudit n'est autre que le roi Arthur lui-même. En pays fougerais, naguère, on racontait ainsi l'histoire : le jour de Pâques, le « seigneur Artu » sortit de l'église pendant la messe, ayant entendu sa meute courre le lièvre. C'était là une offense impardonnable en ce dimanche où l'on célébrait la résurrection du Christ et où l'assistance aux offices et la communion étaient pour un chrétien une obligation des plus strictes. Artu, tout à sa passion, n'en tint aucun compte. Il se mit à exciter ses chiens et arriva au bout de la forêt, là où plongeait un rocher de plus de cent toises. Il voulut alors retenir son cheval, mais une force irrésistible le poussait en avant. Le lièvre, parvenu au bord, prit son élan et bondit dans l'espace avec à sa suite Artu et sa meute, car, au lieu de tomber, homme et chiens continuèrent leur course dans les airs. Jamais ils ne s'arrêteront ni ne toucheront terre jusqu'à la fin du monde. Dans le folklore des Ardennes, la rencontre avec la chasse sauvage est décrite en ces termes : « Dans les fourrés, surtout quand l'orage a grondé, on a entendu entre les coups de tonnerre des chiens aboyer et des cors sonner. Dans la fanfare retentissante, " Taiaut ! Taiaut ! ", ses chasseurs ont crié. Vous qui passiez, vous avez voulu fuir évidemment, mais une force invisible vous a cloués sur place et alors vous avez vu : d'abord, débouchant du fourré, un millier de petits chiens blancs en trombe se sont rués; ils portaient un grelot au cou. Puis ç'a été le tour d'une centaine de molosses taillés en colosses. Ensuite, un "hallequin" est apparu; il était ceint d'une large ceinture rouge et tous ses veneurs suivaient, les uns à pied, les autres à cheval, menant tous, chiens comme humains, un assourdissant tapage. C'était vraiment l'Enfer et son train. La bande poursuivait un gibier invisible. Ayant franchi un ruisseau d'un bond, elle traversait maintenant une rivière, les chiens à la nage, les hommes comme s'ils eussent marché sur de la glace. La rivière passée, les formes se sont évanouies et vous n'avez plus entendu aucun bruit [13]. » En Périgord et dans le Jura, cette « chasse volante » est menée par la « Dame blanche » qui, « armée d'une pique, commande à son monde et sonne de la trompe ». C'est une « véritable Walkyrie », affirme Dontenville [14], mais c'est aussi une fée, comme toutes les autres « dames blanches »; elle monte d'ailleurs un coursier « d'une blancheur éclatante, comme tous les chevaux sacrés des Gaulois et des Germains ».

En Loire-Atlantique, entre Blain et Châteaubriant, on rencontrait jusque vers 1835 le Mau-piqueur, tenant en laisse son chien noir et cherchant des pistes. On l'appelait « l'avertisseur de tristesse ». De ses yeux sortaient des flammes, tandis que sa bouche articulait le sinistre message : « Fauves par les passées, / Gibiers par les foulées, / Place aux âmes damnées. » Il annonçait ainsi la « grande chasse des réprouvés ». « Quiconque le rencontrait, pouvait préparer sa bière : ses jours étaient comptés [15]. » Si cette apparition était en effet presque toujours fatale, elle n'avait pas lieu au hasard et ne se manifestait pas à n'importe qui, c'était une menace de damnation, à tout le moins une admonition à se mettre en règle au plus tôt. C'est bien ainsi que l'entendaient les auteurs médiévaux. Le chroniqueur anglo-normand Orderic Vital rapporte dans son *Histoire ecclésiastique* que le prêtre Gauchelin, du diocèse de Lisieux, a assisté durant une nuit de janvier 1092 au défilé de la chevauchée infernale, cortège d'âmes captives du démon et entraînées par lui en punition de leurs péchés; or Gauchelin a reconnu parmi elles certains de ses pénitents, et même a pu s'entretenir avec eux. Cette « chasse Arthur », on l'appelle aussi la « mesnie Hellequin », de *mesnie* ou *maisnée*, pris ici au sens de suite, de train (en l'occurrence, un « train d'Enfer »). Quant au nom d'Hellequin ou Hennequin ou Herne, comme le chasseur qui cavalcade à travers la forêt dans *Les Joyeuses Commères de Windsor* de Shakespeare, il a donné naissance à Arlequin, mot employé pour la première fois en 1275 par Adam de la Halle dans le *Jeu de la feuillée*, où il désigne une sorte d' « archidiable ». A la fin du xvie siècle, le bouffon d'une troupe de comédiens italiens venus en France s'empara de cette figure restée populaire pour donner un nouveau relief au rôle de « zani » qu'il interprétait. Ainsi, le personnage d'Arlequin, qui n'a plus rien d'inquiétant, si ce n'est son masque noir, s'est trouvé en quelque manière désenvoûté. Le nom d'Hellequin ne peut provenir que du germanique *Helle*, « l'Enfer » et de l'anglais *king* (allemand *König*), le « roi », le mot étant apparu dans le milieu anglo-normand du xiie-xiiie siècles (en moyen anglais *Herle King*). Selon Wartburg, ce mot « a très probablement à sa base un des noms du dieu Wodan, qui fait ici figure de chef de cette horde de démons [16] ». Or, comme nous l'avons vu, Wodan-Odin est un dieu des arbres, celui de l'Arbre cosmique.

L'antidote du chasseur démoniaque est le chasseur qui se convertit et renonce à tuer. Tel fut le cas de saint Germain l'Auxerrois, tels sont ceux, beaucoup plus connus, de saint Eustache et surtout de saint Hubert, qui se ressemblent quelque peu. Selon la *Légende Dorée* [17], Eustache, qui s'appelait d'abord Placide et était païen, commandait les armées de l'empereur Trajan. C'était un homme calme et indulgent, ainsi que l'indique son premier nom, mais, semble-t-il, un excellent guerrier et un grand chasseur. « Un jour, étant à la chasse, il rencontra un troupeau de cerfs, parmi lesquels s'en trouvait un plus grand et plus beau que les autres et qui, dès qu'il aperçut les chasseurs, se sépara de ses compagnons pour s'enfoncer dans les bois. Aussitôt Placide se mit à le poursuivre, mais après une longue course, le cerf grimpa sur un rocher. » Alors qu'il songeait au moyen de l'atteindre, Placide « vit briller entre ses cornes une grande croix avec l'image de Notre-Seigneur. Et Dieu, parlant par la bouche du cerf, lui dit : "Placide, pourquoi me persécutes-tu?... Je suis le Christ que tu sers sans le connaître." » A quoi Placide, touché par la grâce, répondit : « Seigneur, je crois en toi. » Aussitôt après, Placide se fit baptiser par l'évêque de Rome, qui lui donna le nom grec d'Eustache, lequel signifie « l'homme aux beaux épis », peut-être parce que ces épis allaient être moissonnés et battus sur l'aire, car, ainsi qu'il le lui avait promis, le Christ réapparut à Eustache, toujours sous la forme d'un cerf, et lui annonça qu'il aurait « beaucoup à souffrir, avant d'obtenir la couronne de la victoire », celle du martyre auquel le condamna le « méchant Adrien », successeur du « bon Trajan ». Pourquoi une si douloureuse pénitence, au cours de laquelle la Providence semble accabler le « nouveau Job »? Sinon parce que la chasse était devenue pour lui un crime qu'il fallait expier.

Cette histoire se situe au début du IIe siècle, celle de saint Hubert est de plus de quatre cents ans postérieure, elle se déroule aux temps mérovingiens et dans la vieille forêt sacrée des Ardennes, ce qui en double pour nous l'intérêt. Une légende populaire fait d'Hubert un grand personnage, un maire du palais des rois d'Austrasie, mais une autre traduction, plus proche de la réalité semble-t-il, le fait naître en 658, il aurait donc eu vingt-cinq ans seulement lors de la conversion. Passionné de chasse, Hubert s'y livrait même le vendredi saint. En un tel jour de l'an 683, il poursuivait un très grand et très beau cerf qu'il allait mettre à mort quand, se retournant, l'animal lui fit face. Entre ses bois, le chasseur vit une croix lumineuse. A la suite de cette apparition, Hubert renonça à la chasse et se convertit. Quelque temps plus tard, il se rendit à Rome auprès du pape Serge Ier (687-701). Celui-ci favorisait de tout son pouvoir l'expansion du christianisme dans les pays encore païens. Il n'est donc pas surprenant qu'il ait fort bien accueilli l'Austrasien Hubert. Il le sacra évêque, lui donnant pour mission d'évangéliser l'Ardenne. A son retour en Brabant, le nouvel apôtre reçut du ciel une étole qui avait le pouvoir de guérir la rage. Cette « sainte étole » figure toujours dans le Trésor de la basilique Saint-Hubert, qui s'élève dans la petite ville de même nom, en Luxembourg belge, dans une région de collines, encore aujourd'hui très boisée. Elle dépendait d'une importante abbaye bénédictine fondée en 687, soit quatre ans après la conversion d'Hubert. Dans une clairière de la forêt voisine de Freyr, une chapelle marque l'endroit où aurait eu lieu le miracle du cerf. Ce qui est historiquement certain, c'est que saint Hubert fut de 705 à 727 évêque de Tongres-Maëstricht-Liège et qu'il se consacra « à la conversion de la Belgique orientale [18] », où régnait encore le paganisme.

L'histoire de saint Hubert ressemble, d'une part, à celle des convertisseurs venus de Bretagne en Armorique et qui sont presque tous des saints guérisseurs et, d'autre part, à la légende du chasseur maudit. Seulement, si elle commence de la même manière – Hubert chasse le vendredi saint –, elle s'inverse, ensuite, le chasseur renonce à sa passion funeste et du même coup devient un apôtre évangélisant ses frères païens. Malheureusement, les chasseurs sont incorrigibles; aussi, de ces saints respectueux de la vie, même sauvage, ils ont fait leurs patrons.

Si étroitement apparenté à Hellequin est l'*Erlkönig* du folklore germanique qu'il ne peut s'agir que du même personnage. L'*Erlkönig* est le roi des aulnes de la ballade de Goethe. Celui-ci en avait emprunté le sujet à une chanson lyrique danoise, « la fille du roi des elfes », figurant dans le recueil des *Chansons populaires* rassemblées par Herder, mais qu'il intitula « la fille du roi des aulnes ». Dans l'original danois, c'est du roi des elfes qu'il s'agit. Au cours d'une promenade nocturne, Oluf rencontre des elfes qui, suivant leur coutume, dansent dans les prés. La fille du roi l'invite à entrer dans la danse, mais Oluf refuse. Alors, la jeune fille le frappe au cœur, puis, le remettant en selle, inanimé et livide, le renvoie chez lui. Le lendemain matin, jour des noces d'Oluf, sa fiancée le trouve mort derrière un rideau d'écarlate. Goethe a réinterprété très librement ce thème. Dans sa ballade, un père chevauche de nuit, tenant son jeune fils entre ses bras. Celui-ci a vu le roi des Aulnes et se met à frissonner. Tandis que son père s'efforce de le calmer, l'enfant ne fait que répéter les paroles que lui a susurrées le roi des aulnes. La terreur

s'empare peu à peu du fils qui se sent menacé de toutes
parts et pousse à la fin un cri de souffrance, car il a été
touché. Le père, qui n'a rien vu ni entendu, s'épouvante
à son tour et fait aller son cheval au triple galop.
Lorsqu'il arrive à la maison, il n'a plus dans les bras
qu'un enfant mort. Très intense, très dramatique, la ballade de Goethe envoûte encore en raison de cette mystérieuse terreur sacrée qu'elle évoque et qui est justement
la panique.

A ce sujet, Michel Tournier, auteur lui-même d'un saisissant *Roi des Aulnes* (1970), écrit dans un livre suivant,
Le Vent Paraclet : « Ce poème de Goethe, dont un *lied* de
Schubert devait redoubler la célébrité, a toujours été
pour l'écolier français abordant la langue et la littérature
allemandes *le* poème par excellence, le symbole même
de l'Allemagne. Le plus étrange est qu'à l'origine de ce
poème se trouve une erreur de traduction de Herder qui
popularisa le folklore danois en Allemagne. *Eller*, les
elfes, devint sous sa plume *Erlen*, les aulnes, parce que
dans le dialecte qu'on parlait à Mohrungen, en Prusse-
Orientale, ville natale de Herder, l'aulne se disait *Eller*.
Or il est peu probable que Goethe se fût intéressé à la
légende du banal roi des Elfes. En revanche, son imagination s'enflamma à l'évocation si précise et originale de
l'aulne, parce que l'aulne est l'arbre noir et maléfique
des eaux mortes, de même que le saule est l'arbre vert et
bénéfique des eaux vives. L'aulne des marécages évoque
les plaines brumeuses et les terres mouvantes du Nord,
de l'*Erlkönig*, l'ogre aérien, amateur d'enfant, qui plane
sur ces tristes contrées [19]. » Il n'est en effet pas surprenant que Goethe, qui était à la fois botaniste et très sensible aux traditions populaires que le préromantisme
remettait à l'honneur, ait vu tout le parti qu'il pouvait
tirer de l'interprétation de Herder.

Trente ans après la ballade de Goethe, les elfes, au
terme d'une longue éclipse, recommençaient à faire parler d'eux, car ils étaient, avec les nains, les ondines et les
fées, les acteurs des *Contes* publiés par de grands écrivains, tels Hoffmann à partir de 1813 et, de 1812 à 1822,
les deux frères Grimm, Jacob et Wilhelm. Jacob Grimm,
historien et philologue, publia également une remarquable *Mythologie allemande* (1835) et des *Légendes*

allemandes (1816-1818). Au sujet des contes qu'avaient pieusement recueillis les deux frères, Wilhelm écrivait : « Ces éléments que l'on retrouve dans tous les contes ressemblent à des fragments d'une pierre brisée qu'on aurait dispersés sur le sol, au milieu de l'herbe et des fleurs : les yeux les plus perçants peuvent seuls les découvrir. Leur signification est perdue depuis longtemps, mais on la sent encore, et c'est ce qui donne au conte sa valeur. » En Allemagne, où les érudits romantiques croyaient retrouver en eux les bribes d'un antique savoir, on ne les appelait pas « contes de fée », mais « contes de bonne femme » (*Ammenmärchen*), ce que Marthe Robert, dans sa préface aux *Contes* de Grimm [20], traduit judicieusement par le mot « sage-femme », en raison de son double sens et de l'interprétation dont il est susceptible. « Avant d'être magicienne ou sorcière, en effet, la "sage-femme", comme les Moires grecques et les Nornes germaniques, paraît bien présider à la naissance de l'homme, dont elle figure le Destin. (On remarquera que la vieille des contes [de Grimm] est souvent fileuse.) Mais, si l'on s'en tient au langage populaire, qui fait de la "sage-femme" une accoucheuse, on peut supposer que dans la société archaïque où s'est fixée son image, la fée est celle qui met les enfants au monde en appliquant les règles de la "sagesse", c'est-à-dire en veillant à la stricte observance des rites qui président à la naissance comme à tout acte important de la vie. Quoique ses traits se soient considérablement dégradés, la vieille des contes de Grimm garde en partie son caractère de gardienne des rites et de la tradition, ce qui explique la crainte et le respect dont elle est généralement entourée... Accoucheuse, savante, et bien entendu magicienne, grâce à ses relations étroites avec les forces obscures de la vie, la "sage-femme" nous renseigne mieux que la fée romantique de nos pays sur la tâche dont son antique modèle était probablement chargée : transmettre aux individus qui en ont le plus besoin, enfants et adolescents, la connaissance des pratiques religieuses et sociales par quoi l'homme peut s'insérer dans l'ordre des choses, venir vraiment au monde et y être à sa place ». Mais peut-être est-ce là justement le rôle qu'assumaient certaines prêtresses gauloises qui sont devenues chez nous les fées, ainsi qu'on le verra quelques pages plus loin.

Elfes, lutins, korrigans

En France, les elfes n'ont jamais tenu dans les contes et légendes un rôle aussi important qu'en Allemagne et en Angleterre. Dans notre langue, le mot n'est en usage que depuis 1842, après une brève et timide apparition au xvie siècle, où il désignait d'ailleurs les fées d'Écosse. Les elfes sont des esprits lumineux, à la manière des feux follets qui hantent les cimetières. Issus de la terre et des eaux, ils flottent dans la brume et ne sont généralement perçus que par des adolescents, comme dans *Le Roi des aulnes* de Goethe.

En revanche, notre folklore est riche d'une multitude d'êtres plus ou moins fantastiques habitant de préférence au fond des bois. Jadis, on y rencontrait même des dragons, ce qui advint à saint Marcel, évêque de Paris à la fin du ive siècle. Marcel, au dire de Venance Fortunat, évêque de Poitiers au vie siècle, alla capturer dans la forêt marécageuse de la basse vallée de la Bièvre un dragon qu'il ramena, le tenant en laisse avec son étole[21]. Au même siècle, saint Liphard débarrassa la forêt d'Orléans, l'antique *silva Carnuta*, d'un serpent monstrueux.

Presque aussi redoutables que les dragons étaient les ogres, qui ne disparurent pas aussi vite qu'eux. Ils présentaient un aspect humain, mais cependant terrifiant, non tant par leur taille – c'étaient des géants – et leur voix formidable, que par leur expression de voracité; en effet, ils ne pouvaient se rassasier de chair fraîche, celle des petits enfants en particulier. Le personnage du conte de Perrault dont le Petit Poucet trompe la faim en lui faisant avaler ses propres filles évoque irrésistiblement Cronos, lui-même « image défigurée et pervertie du père[22] », devenue une menace pour ses enfants, et telle est sans doute son origine. Selon les linguistes, l'ogre ne serait autre qu'Orcus, l'ancien dieu latin de la mort et des Enfers.

Beaucoup moins rares que les dragons ou que les

ogres étaient les créatures sylvestres possédant plus ou moins figure humaine. La multiplicité de leurs noms indique, sinon qu'elles étaient très nombreuses, du moins que l'on distinguait entre elles des catégories, encore qu'il se soit souvent agi de dénominations locales pouvant désigner les mêmes êtres. Dans cette foule, la plupart des personnages étaient de très petite taille, ce qui explique qu'ils aient pu si facilement se cacher, apparaître, puis disparaître. Les nains de la forêt étaient velus, ce qui, semble-t-il, les différenciait des autres, plus nombreux et plus renommés, qui peuplaient les cavernes au flanc des montagnes dont ils passaient pour exploiter les filons métalliques : ils étaient non seulement mineurs mais habiles forgerons. Ce sont eux qui, avec l'aide des elfes, fabriquèrent par exemple la lance magique d'Odin, Gungnir, que rien ne peut détourner de son but. Souvent, les nains sont les gardiens de trésors ou détiennent des secrets, privilège qu'ils partagent avec les lutins.

Nains et lutins ne se distinguent pas toujours les uns des autres. Si, à l'origine, les lutins furent des génies malfaisants, ressemblant quelque peu aux *djinns* d'Afrique du Nord, on vit en eux par la suite de menus êtres malicieux et taquins plutôt que méchants. Selon les étymologistes, le mot lutin serait une déformation de *Neptunus*, contaminé par le mot nuit, car c'est surtout de nuit que les lutins se manifestent. Cette origine paraît au premier abord surprenante, puisque les lutins n'ont rien de marin, mais il faut ici rappeler que Poséidon (Neptune) n'est que secondairement un dieu de la mer; il a régné auparavant sur la terre qu'il ébranle encore et sur les sources qui la fertilisent. En Bretagne, où plus qu'en tout autre province les lutins abondent, les noms qu'on leur donne sont presque innombrables. Ils s'appellent korrigans, kérions, korils, korrikets, cornandons et korrandons, poulpikans ou poulpiquets, boudics, buget-noz, mait'jean, follikeds, dornegans, crions, etc. A tous ces petits êtres, il a malheureusement manqué en France un ethnographe aussi minutieux que l'Allemand Wilhelm Mannhardt, qui s'est livré sur eux à une étude approfondie dans *Wald und Feldkulte* (*Cultes des bois et des champs*, Berlin, 1875-1877). De quelques-uns de leurs noms seule-

ment, on connaît l'étymologie[23]. Les poulpikans sont
ceux qui habitent des terriers dans les lieux déserts et
bas (de *poul*, « lieu bas » et *pika*, « fouiller »). Quant aux
korrigans, korrikets, cornandons et korrandons, korrika-
neds et autres kornandonnezeds, qui portent de petites
cornes – pas toujours sur la tête, mais suspendues à leur
ceinture et dans lesquelles ils soufflent –, dansent au
clair de lune, habitent généralement les bois ou près des
arbres, et passent pour remuer sans difficulté malgré
leur petite taille, les énormes pierres des dolmens et des
menhirs, ce sont les survivants attardés des anciennes
populations païennes. Les vieux poèmes gallois les
appellent *koridgwen* et ils sont déjà mentionnés, sous le
nom de *garrigenae*, dans la *Chorographie* de Pomponius
Mela, auteur latin du Iᵉʳ siècle. Quant à leurs cornes,
elles les mettent en rapport avec Cernunnos, le mystérieux dieu-cerf des Gaulois, qui semble avoir été une
divinité de la mort et de la résurrection[24].

Sur l'existence des lutins, korrigans et poulpiquets,
nous possédons quelques témoignages relativement
récents. En 1880, dans la *Revue celtique*, Le Men pouvait
encore écrire : « J'ai rencontré bien souvent des vieillards qui non seulement prétendaient en avoir vu mais
qui affirmaient avoir été enlevés par eux et n'avoir dû
leur salut qu'à la prompte intervention de leurs parents.
Cependant si, à la fin du XIXᵉ siècle, la plupart des Bretons étaient convaincus que cette race existait, ils pensaient que, s'il se trouvait encore quelques nains dissé-
minés dans les bourgs et les villes de la Bretagne, la
masse de la nation avait émigré, depuis bien des années
déjà, pour se rendre dans une contrée aussi inconnue
que celle dont ils étaient originaires. On ne les voit généralement que le soir sur la lisière des bois sombres ou au
milieu des landes désertes. » Le Men enquêtait en basse
Bretagne, mais, à la même époque, Paul Sébillot, dans
ses *Traditions de la haute Bretagne*[25], notait que les paysans étaient persuadés que, si les fées avaient disparu, les
lutins existaient encore. Mais ils ne se montraient
presque plus par suite de la méchanceté croissante des
hommes et aussi de l'influence mystérieuse de certains
rites chrétiens : depuis que les prêtres font passer le livre
sacré derrière eux à la messe, les lutins, au lieu de

paraître devant les personnes, passent derrière elles, et c'est pour cela qu'on ne les voit plus. On retrouve, comme pour les fées, des calomnies répandues contre eux pour les rendre antipathiques : « Ils auraient fait un pacte avec le diable et tiendraient de lui leurs facultés surnaturelles. » Un peu plus tard, dans son *Folklore de l'Ille-et-Vilaine* (1897), Adolphe Orain écrivait : « Il n'y a pas un village, un hameau ou une ferme du département où l'on ne parle de lutin, joueur de tours, tantôt bon, tantôt mauvais, toujours capricieux. Tout le monde l'a entrevu ou a été victime de ses farces. »

Si leur trace s'est effacée ailleurs plus tôt, on ne trouvait pas les lutins qu'en Bretagne. En Normandie, on les nommait *gobelins* (qui est le même mot que *kobold* en allemand) – et le gobelin d'Évreux, démon « du temple de Diane », au demeurant inoffensif, fut expulsé par Taurin, le premier évêque de la ville, peut-être au viie siècle[26]. En Berry, c'étaient les *fadets*, une certaine *Petite Fadette* berrichonne est même restée célèbre par la grâce de George Sand. En Lorraine, on les appelait *sotrets*; en Provence, *dracs*; *servans* en Dauphiné et dans les Alpes *solèves*, mot qui doit retenir notre attention, puisque ces solèves ne sont autres que les *Suleviae* gauloises que nous rencontrerons sous peu. Quant aux *huguenots*, ils circulaient de nuit dans la ville de Tours et il n'est pas exclu qu'ils aient donné leur nom aux protestants qui y tenaient leurs réunions nocturnes[27]; huguenot viendrait du breton *buguel-noz*, l'enfant de la nuit.

Quant aux populations d'origine germanique, elles ont, outre les elfes et les nains, leurs kobolds, leurs *skogara* (en Suède), leurs *trolls* (en Norvège), leurs *niss* (au Danemark), leurs *Alben* qui, comme l'indique leur nom, sont blancs, en Allemagne. Lorsqu'ils pénétrèrent sur leurs nouveaux territoires, les Slaves, demeurés longtemps païens, durent se frayer passage à travers d'immenses et sombres forêts que défendaient les génies du lieu. Ils les appelèrent *Lechy* (de *less*, « la forêt »). Chaque forêt avait son lechy et le personnage apparaît en de nombreuses légendes populaires. Il vit au plus profond des bois et, s'il a une apparence humaine, sa peau est bleue comme son sang, ses yeux sont exorbités, ses sourcils touffus, sa longue barbe et

son abondante chevelure, qui le couvrent presque
entièrement, sont de couleur verte; au bout de ses
jambes, maigres comme celles des échassiers, ses pieds
ressemblent à des serres de rapace. Le lechy n'a pas
d'ombre et il change constamment de taille : nain à la
lisière des forêts, où il peut se cacher sous une feuille,
dans la futaie, sa tête atteint la cime des arbres les
plus hauts. Il garde soigneusement son domaine;
lorsqu'un chasseur s'y aventure trop loin, le lechy le
fait errer, le ramenant toujours au même endroit. C'est
là le thème commun à tous les folklores de l'homme
qui se perd dans les bois et ne peut retrouver son chemin. Mais le lechy est le plus souvent débonnaire et
finit presque toujours par relâcher sa victime. Toutefois, il vaut mieux savoir comment échapper à son
envoûtement. Il suffit de s'asseoir sur une souche,
d'enlever tous ses vêtements et de les remettre à
l'envers – le lechy lui-même boutonne son kaftan en
sens inverse –, sans oublier d'entrer son pied droit
dans le soulier gauche [28].

On peut aussi faire sortir le lechy des arbres qu'il
fréquente, le plus souvent des bouleaux, mais à des
fins quelque peu suspectes, selon un procédé rapporté
par Mannhardt. On coupe des bouleaux tout jeunes, on
les dispose en cercle, de manière que les pointes
soient tournées vers le milieu; on entre dans le cercle,
et on évoque l'esprit qui paraît aussitôt sous une forme
humaine, tout disposé à rendre n'importe quel service
à celui qui l'a évoqué, pourvu qu'il lui promette son
âme. Voilà qui rappelle de fort près les pratiques des
chamans.

Esprits des arbres, les lechy doivent les quitter
chaque année, quand ils commencent à perdre leurs
feuilles. Ce n'est là qu'une mort temporaire, puisqu'ils
renaîtront avec le nouveau feuillage. Néanmoins, les
lechy deviennent alors comme enragés, et il vaut mieux
ne pas les rencontrer en octobre. On les entend qui
parcourent la forêt en sifflant et en poussant des ricane-
ments stridents, ils imitent les sanglots humains, mais
aussi les cris des rapaces et des bêtes fauves.

Connues surtout comme des sortes de nymphes des
eaux, les *roussalki* doivent inspirer la méfiance, car ce

sont des jeunes filles noyées qui ne songent, semble-t-il,
qu'à réserver le même sort aux imprudents qui se pro-
mènent la nuit aux bord des eaux. Mais les roussalki fré-
quentent aussi les arbres. Lorsque les rivières se
réchauffent, au début de l'été, elles les quittent et vont
élire domicile dans un saule ou un bouleau. Au clair de
lune, on peut les voir se balancer sur leurs branches,
s'interpeller l'une l'autre et, descendant de leurs arbres,
danser dans les clairières. Si les roussalki [29] sont presque
toujours maléfiques, il existe un moyen sûr de leur
échapper, il suffit de tenir à la main une feuille
d'absinthe, l'« herbe maudite » qu'elles abhorrent [30].
Lorsque le soleil vient éclairer les eaux noires et froides
qui les hébergent, les roussalki ne peuvent y demeurer et
se rendent dans les bois. Mais, lorsque les arbres se
dépouillent, les lechy se voient contraints de regagner
leur sombre domaine de sous terre.

Aussi nombreux soient-ils, aussi divers que soient leurs
noms et leurs particularités locales, tous ces êtres menus
et fuyants, actifs, en général invisibles, malicieux plutôt
que méchants, ont trop de traits communs pour ne pas
avoir même origine. Nous avons vu que le plus souvent
les lutins bretons étaient mis en rapport avec les anciens
cultes païens de la nature devenus clandestins. Mais ce
sont aussi les âmes des morts condamnés à demeurer
sur terre afin d'y expier leurs péchés. Pour les anciens
Germains, les nains étaient nés des vers qui rongeaient
le cadavre du géant Yimir, l'homme cosmique, le premier de tous les êtres vivants et le père des Géants. Ces
vers sont des larves et *larva* en latin signifie fantôme,
comme les Lares, qui, par opposition aux Mânes,
ancêtres divinisés considérés comme protecteurs, sont
des esprits des morts revenus tourmenter les vivants. Si
les lutins sont bien des défunts, ce sont des morts très
anciens, des morts qui n'ont pas connu le Christ
rédempteur, ne sont donc pas sauvés et persistent dans
leurs rites sacrilèges. Ils ne mènent plus qu'une vie dimi-
nuée, comme leur taille, encore qu'ils soient capables
d'exploits inaccessibles aux hommes, puisqu'ils sont
magiciens et de surcroît immatériels. Ces âmes d'autrefois, d'un autre monde qui ne survit que dans les lieux
les plus sauvages, « ont très bien pu se réfugier dans des

arbres et des rochers, sans compter les pierres dressées, qui sont leur vieille propriété [31] ».

Si les korrigans sont celtes, les elfes germaniques et les lechy slaves, on trouve des fées dans l'Europe entière, mais, en France, c'est encore en Bretagne qu'elles ont survécu le plus longtemps.

De la nature des fées

Au fond des bois, dans les lieux sauvages, près des fontaines, à l'ombre des vieux arbres, on pouvait naguère entrevoir de grandes femmes, vêtues de blanc, « douées d'une beauté surhumaine » et si lumineuses « qu'en regardant leurs figures, on aurait cru voir une lumière à travers une lanterne de corne [32] ». Souvent, on les apercevait dansant dans les clairières, là où se dessinaient les « ronds de fées », traces indubitables de leur divertissement favori, mais qui ne sont plus pour nous que des cercles formés par le mycélium de certains champignons.

En Bretagne, les fées se montraient de préférence aux abords des dolmens, où elles paraissaient avoir pris refuge. Leurs apparitions semblent avoir été relativement fréquentes jusqu'au début du XIXe siècle, si l'on tient compte du fait que très rares étaient les témoins qui osaient en parler. En règle générale, les fées entretenaient avec les humains des rapports de bon voisinage, leur rendant à l'occasion service, faisant retrouver les objets perdus, mettant à leur disposition la connaissance qu'elles avaient des secrets des « simples ». « Elles étaient toutefois susceptibles et se vengeaient quand on leur désobéissait ou quand on les insultait [33]. » Mais, si on leur témoignait la déférence qui leur était due, elles étaient toujours prêtes à venir en aide à ceux qui leur demandaient secours; aussi les appelait-on les « bonnes dames », ou les « dames blanches » à cause de leurs vêtements. Pourtant, on les accusait parfois de voler des enfants ou de tenter de s'unir à des hommes pour en avoir. « Leur but, disent les paysans, est de régénérer leur race maudite : pour y arriver, elles violent toutes les lois de la pudeur, comme les prêtresses gauloises [34]. »

Mais, à partir du xviii° siècle, les fées commencèrent à
disparaître, même de Bretagne; ce n'était pas seulement
le progrès des «Lumières» qui les chassait, mais plus
encore l'extension des routes qui commençaient à qua-
driller le pays, réduisant d'autant les lieux écartés et sauvages [35].

Dans les fées, on a voulu voir des survivances des trois
Parques romaines, c'est-à-dire des Moires grecques,
déesses lunaires vêtues de lin blanc, Clotho, du fuseau
de laquelle naît le fil de la vie, Lachésis, «celle qui
mesure le fil» à l'aide de sa baguette et Atropos, «celle à
qui l'on ne peut échapper», qui le coupe avec ses
ciseaux. A Rome, «les trois Parques étaient représentées
sur le forum par trois statues que l'on appelait couramment les "trois fées" – les *tria fata* [36]». Il est bien certain
que le mot fée vient de *fata*, pluriel de *fatum*, le Destin,
et a donné *fada* en provençal, *fade* en gascon et les
fadettes ou fayettes, fadets et farfadets de nos campagnes. On ne peut nier non plus que le fuseau de Clotho et la baguette de Lachésis se rencontrent aussi chez
les fées; une de leurs occupations principales consiste à
filer et l'instrument de leur pouvoir est la baguette
magique. Par contre, on ne les voit jamais en possession
des ciseaux d'Atropos, ce qui est significatif: les fées sont
des divinités de la vie, non de la mort. Mais les Parques
constituent une ascendance bien lointaine, les fées sont
d'origine celtique et nous connaissons leurs aïeules
directes, les *Fatae* gauloises, incontestables héritières des
Parques, mais qui sont plus ou moins confondues avec
les *Matres* ou *Matrones* [37]. Ces dernières, représentées
par trois, avec souvent un nourrisson sur leurs genoux,
déesses pré-celtiques de la maternité, apparaissent
comme les ancêtres des «sages-femmes» germaniques,
personnifiant l'inépuisable force créatrice de la nature et
survivantes des cultes néolithiques de la Terre-Mère, de
l'eau fécondante et de la lune. Les fées descendaient
aussi des *Suleviae*, divinités sylvestres mystérieuses, mais
dont le culte est attesté de la Dacie à la Grande-
Bretagne [38].

Le plus souvent d'origine mythique, les fées semblent
bien avoir été, en certains cas au moins, des êtres réels
qui vivaient à l'écart, dans des lieux restés sauvages, et

ne se montraient presque jamais, car ils avaient intérêt à se faire oublier. «Quand on étudie objectivement ces témoignages (ceux, nombreux et isolés, recueillis au cours du XIXe siècle), dont la sincérité désintéressée ne saurait être mise en doute, leur concordance en ce qui concerne l'habitation, les goûts, la manière d'agir et le regret laissé par le départ des "bonnes dames", de nos "bonnes mères les fées", comme s'il s'agissait d'une catégorie de personnes ayant réellement existé, on est alors tenté de chercher à la croyance aux fées une explication historique, humaine [39]. »

Certains traits rapportés par les témoins rendent en effet assez vraisemblable que nombre de fées, sinon toutes, étaient les descendantes attardées des anciennes prêtresses gauloises, qui avaient préféré la solitude à la conversion. «Elles durent se réfugier dans des endroits isolés, venir habiter des fonds, des grottes, des dolmens, demeures toutes trouvées», puisque c'étaient les anciens séjours des divinités païennes dont ces magiciennes maintenaient en secret le culte, séjours protégés par la crainte superstitieuse qui y était attachée. Le peu que l'on sait des druidesses, vêtues de lin blanc – d'où les « dames blanches » –, détentrices de secrets thérapeutiques végétaux, pratiquant différentes formes de mantique, proférant des malédictions magiques contre les ennemis [40] et se livrant parfois à un comportement comparable à celui des Ménades, au témoignage de Strabon – qui, au Ier siècle après J.-C., parle d'une communauté de femmes vivant dans une petite île à l'embouchure de la Loire [41] –, vient corroborer cette hypothèse. Bien que persécutées par les Romains, ces prophétesses gauloises semblent avoir bénéficié à leurs yeux d'un certain prestige, sous l'Empire et même assez tardivement, jusqu'à la fin du IIIe siècle. Selon Lampredus, elles auraient annoncé sa mort à Alexandre Sévère. Aurélien, d'après Vopiscus, interrogea les *gallicanas druydas* sur le destin de ses descendants.

«Les fées, écrivait en 1843 A. Maury [42], nous apparaissent comme le dernier et le plus persistant de tous les vestiges que le druidisme ait laissés empreints dans les esprits. Elles sont devenues comme un faisceau auquel se rattachent tous les souvenirs de l'antique religion des Gaulois, comme le symbole du druidisme abattu par la croix, et leur nom est resté attaché à tous les monuments de ce culte. » Comme elles étaient fort peu nombreuses [43], isolées et, somme toute, inoffensives, les dernières prêtresses ne furent pas persécutées par le clergé. Mais elles le redoutaient fort, jusqu'à ne pouvoir supporter le son des cloches, et lui en voulaient de les avoir « confondues avec les esprits des ténèbres ». Les prêtres se contentaient de les exorciser de loin. Tous les ans, le curé de Domrémy allait chanter l'Évangile près de « l'Arbre des fées », afin d' « en chasser les *mauvaises* fées », ce qui laisse supposer qu'il pouvait en exister de bonnes. On sait que ses juges accusèrent Jeanne d'Arc d'avoir obéi aux fées et non, comme elle l'affirmait, aux saints qui lui avaient parlé près de cet arbre sacré. Jusqu'au xviiie siècle, à Poissy, non loin de Paris, le clergé célébrait une messe « pour préserver le pays de la colère » des fées. Au début du xviie siècle, Le Nobletz, « missionnaire en Bretagne », trouva dans l'île de Sein trois druidesses qui répandaient le culte du Soleil sous le nom de Doué-Tad, dans lequel on reconnaît à la fois Dieu le Père et l'ancien Teutatès des Celtes. On les consultait avant de prendre la mer. Le Nobletz raconte qu'il réussit à les convertir et les fit passer sur la terre ferme, où elles terminèrent leur vie dans un couvent [44]. Ce ne fut probablement pas un cas unique; nombre de « bonnes dames », lasses de l'existence sauvage qu'elles devaient mener et ayant de moins en moins de relations avec les populations christianisées, durent finir leurs jours sous le vêtement des « bonnes sœurs ».

De ces prêtresses celtes, nous avons le modèle dans la *banshee*, la fée irlandaise, magicienne et messagère de l'autre monde, qui, pour voyager, se métamorphosait en oiseau, le plus souvent en cygne. Ne pouvaient lui résister ceux à qui elle tendait un rameau ou une pomme aux pouvoirs merveilleux. Pour les Gallois, les fées étaient les âmes des druidesses condamnées à faire pénitence. Les paysans bretons voyaient en elles des princesses qui, ayant refusé de se convertir lorsque des apôtres vinrent en Armorique, furent frappées de la malédiction divine.

La baguette magique,
le balai des sorcières et le caducée

Quelle qu'ait pu être l'identité des fées, leur attribut principal et, si l'on ose dire, leur outil de travail, était la baguette qui symbolisait le pouvoir magique que les druides exerçaient sur les forces naturelles. Selon les traditions celtiques, il suffisait à un druide ou à un *file* irlandais d'un coup de sa baguette pour changer un être humain en oiseau, le plus souvent le cygne, ou en porc sauvage, ce qui rappelle la métamorphose en pourceaux des compagnons d'Ulysse dont Circé avait touché l'épaule de sa baguette[45]. De même, dans les *Contes* de Perrault, la citrouille du jardin de Cendrillon devient un carrosse et la mauvaise reine un crapaud.

Le mot baguette vient du latin *baculus* ou *baculum*, de la racine indo-européenne *bak-*, qui a donné en grec *baktron*. *Baculus*, comme *baktron*, signifie bâton, il désigne en particulier le bâton des augures et le sceptre, mais nous laisserons de côté cette dernière acception qui nous entraînerait trop loin[46]. En revanche, il nous faut souligner que de *baculus* dérive *imbecillus* (*in* privatif et *baculus*, imbécile), parce que, nous disent les linguistes, un être sans bâton est faible. Mais alors, pourquoi *imbecillus* signifierait-il aussi « stérile » (en parlant, il est vrai, de la terre), sinon parce que le bâton est aussi le sexe masculin, comme le montrent les autres mots qui, en latin et surtout en grec, désignent à la fois le bâton et le phallus considéré comme sacré, c'est-à-dire envisagé non seulement en tant qu'organe de la génération, mais comme porteur d'un pouvoir surhumain, ce qui nous ramène à la baguette des fées et aussi à leur fuseau.

La baguette est simplement un petit bâton, un rameau d'arbre, dont il est parfois précisé, dans le cas de la baguette des fées, qu'il doit être droit et sans nœuds. Le fuseau qu'utilisent les fées, comme les Parques et peut-être avec un sens identique, puisque les fées, bonnes ou méchantes, se penchent sur le berceau des nouveau-nés dont elles déterminent le destin, n'est lui aussi qu'un bâton. Le latin *fusus* provient de la même racine que *fustis*, le bâton, le pieu, mais aussi le pénis, racine qui a donné en grec *phuô*, pousser, faire croître, *phusis*, la nature, tout ce qui pousse, particulièrement le végétal, ainsi qu'en latin *fui*, parfait du verbe *esse* : j'ai poussé, donc j'ai été, et *futurus*, «devant être», le futur. Seulement, le fuseau est un bâton qui tourne, auquel la fileuse imprime un mouvement uniforme correspondant à la rotation cosmique, et en effet il engendre une nouvelle destinée.

Ce bâton qui donne ou transforme la vie, nous le trouvons en Grèce entre les mains de la prêtresse de Déméter qui en frappait le sol, «rite destiné à promouvoir la fertilité ou à évoquer les puissances souterraines [47]», lesquelles sont les maîtresses des germes, des existences futures, des réincarnations. Cette faculté de communiquer avec l'autre monde, celui de sous terre, la magicienne Circé [48], habile en métamorphose, la possédait aussi. C'est elle qui, vaincue par l'astucieux Ulysse, lui indiqua la voie à suivre pour descendre dans le Tartare, afin d'y consulter le devin Tirésias, ainsi que les précautions à prendre pour en remonter vivant.

Dans la mythologie, le maître de la baguette magique est Hermès, à qui les Grecs donnaient pour père Zeus et pour mère une divinité mystérieuse nommée Maïa [49]. Hermès que l'on disait né au fond d'une caverne était, vraisemblablement, un très ancien dieu pélasgique, donc pré-hellénique, d'origine thrace, particulièrement honoré par les bergers d'Arcadie, ce qui explique sa rivalité avec Apollon. Seulement, alors qu'il avait vaincu sans peine ses autres adversaires [50], Apollon ne put venir à bout d'Hermès, beaucoup plus rusé que lui et, semble-t-il, meilleur musicien. Après qu'Hermès, à peine né, eut dérobé les génisses que gardait le fils de Létô, afin de calmer son courroux, il lui montra la lyre faite d'une carapace de tortue qu'il avait inventée et en joua. Apollon fut si charmé qu'il oublia son grief. Ce que voyant, le fils de Maïa lui tendit l'instrument qu'Apollon accepta, offrant en échange sa baguette d'augure, en précisant : «Elle te protégera contre tout danger, en faisant accomplir les décrets favorables, paroles et actes que je déclare connaître de la bouche de Zeus [51].» Autrement dit, Apollon lui-même propose à ce rival qu'il n'a pu vaincre de partager désormais avec lui son don oraculaire.

Le comportement de ce séducteur aussi ingénieux que persuasif lui attira les bonnes grâces des Olympiens. Héra, qui poursuivait de sa vindicte tous les enfants illégitimes de son époux, se prit pour celui-ci d'affection et consentit même à l'allaiter. Quant à Zeus, désirant s'assurer ses services, il le nomma son messager et lui remit le chapeau rond des voyageurs, le pétase, et les sandales ailées d'or qui le rendirent rapide comme le vent, enfin sa baguette fut décorée de rubans blancs, qui devinrent des serpents, les animaux chtoniens par excellence, car Hermès était « le seul messager accrédité auprès d'Hadès [52] ». Ainsi naquit le caducée, le *Kêrukeion* grec, l'insigne du hérault (*kêrux*), le bâton oraculaire qui parle (le mot grec *kêrukeion* est proche du verbe archaïque *karkairô*, résonner, retentir), insigne du pouvoir d'Hermès en tant que psychopompe et transmetteur des messages venus du royaume des morts. Dieu à la personnalité multiple et changeante, Hermès était honoré en tant que divinité oraculaire et chtonienne, ce qui est peut-être l'un de ses caractères premiers; le mois *Hermaios* ou *Hermanion* était à Argos le mois des morts (du 24 octobre au 23 novembre), le même mot désignait la chance imprévue, la bonne aubaine, l'heureuse découverte procurée par le dieu qui faisait communiquer les trois mondes autrement séparés, celui des Olympiens, celui des hommes vivants et celui des morts, des ancêtres.

Le caducée, simple baguette autour de laquelle s'enroulent en sens inverse deux serpents, est un symbole très ancien, de beaucoup antérieur aux Grecs. Il figure déjà sur la coupe de Goudéa, roi sumérien de Lagash (vers 2600 av. J.-C.), ainsi que sur les antiques tables de pierre appelées en Inde *nâgakals*, et semble évoquer la Création. Hermès sépare deux serpents qui se battent et représentent le chaos primordial sous la forme de deux énergies, l'une positive, l'autre négative, qui s'équilibrent ensuite, autour et grâce à la baguette qui les a démêlées. Cette séparation créatrice qui donne naissance au monde manifesté vaut aussi pour l'être humain, reflet du cosmos, ainsi que le montre l'enroulement autour de la *sûshumna* de la *Kundalini*, le serpent cosmique intériorisé qui dort à la base de l' « arbre vertébral» et qui, une fois éveillé, parcourt les branches entrelacées des deux *nâdis*, les canaux énergétiques, l'un positif, l'autre négatif, dans la représentation du corps subtil du tantrisme indien [53]. Le caducée d'Hermès, à partir du moment où celui-ci devient le messager des dieux, s'orne de deux ailes. Ces symboles ouraniens, associés aux serpents, indiquent la fonction du dieu qui est de faire communiquer le ciel et le monde souterrain. Les pouvoirs de cette baguette magique sont explicités par l'histoire du dieu. Hermès y est en effet donné comme le véritable inventeur du feu, obtenu en faisant tourner très rapidement un bâton de bois dur, la baguette, contre un morceau de bois tendre. Il aurait même appris aux dieux cette pratique, d'où la faveur dont il jouit auprès d'eux. C'est ce feu premier, devenu céleste, que déroba par la suite Prométhée. Ceci confirme l'hypothèse qu'Hermès était une divinité très ancienne. N'ayant pu la vaincre, les dieux l'admirent finalement dans l'Olympe [54]. La baguette d'Hermès possédait un autre pouvoir, celui d'endormir et de réveiller les hommes, c'est-à-dire de les faire passer d'un monde dans un autre. A ce titre, le dieu était dénommé *égétôr oneirôn*, le maître des songes. Hadès lui confia aussi le soin d'assister les mourants, et, après les avoir convaincus, en posant sur leurs yeux sa baguette, de les lui amener avec douceur [55].

Enfin, le caducée guérissait, et c'est sous cet aspect qu'il nous est le plus connu. Mais, de ce fait, il est surtout l'attribut d'Asclépios [56], d'abord habile médecin dans l'*Iliade*, devenu par la suite le dieu de la médecine, dont le nom veut dire l' «infiniment bon»; tel était le titre par lequel on honorait les médecins pour s'attirer leurs bonnes grâces. Asclépios, fils d'Apollon et de Coronis, la Corneille, antique déesse de la divination, était représenté avec une baguette qu'il tenait de la main droite et un serpent, emblème et agent de son pouvoir, car il lui était arrivé de ressusciter des morts. Les Asclépiades étaient ses prêtres et c'est grâce à son intervention qu'ils guérissaient. Aussi détenaient-ils aux temps anciens le monopole de la science médicale. Dans les *Asclepeia*, les malades étaient admis à passer la nuit. Le dieu leur apparaissait en songe et leur révélait son oracle qui était ensuite interprété par les Asclépiades. Son savoir, Asclépios le tenait du centaure Chiron, lequel, nous l'avons vu, était le fils de Cronos, métamorphosé en étalon, et de la nymphe du tilleul, Philyra.

C'est évidemment Hermès, tel que nous venons de le définir, qu'il faut reconnaître dans le personnage du Bateleur, la première lame du tarot, qui marque le début du jeu cosmique dont les cartes suivantes illustreront le développement. Or que désigne ce nom, devenu celui de l'escamoteur, qui, étymologiquement, procède du vieux verbe *basteler*, au sens de « faire des tours d'adresse », sinon à l'origine celui qui tient un bâton, une baguette magique? Le Bateleur est représenté avec l'apparence que les Grecs prêtaient à Hermès à l'époque classique; c'est un jeune homme au corps svelte et agile, la tête légèrement inclinée; ses yeux pétillent d'une intelligence quelque peu malicieuse. Dans la main gauche, il tient la baguette, tandis que de la droite, il désigne un sicle d'or posé sur la table placée devant lui. Ce dernier invite les initiés à garder le silence sur le geste magique qu'il exécute et qu'ils sont les seuls à comprendre, tandis que le public, tout aux sortilèges destinés à masquer l'opération réelle qui se déroule pourtant sous ses yeux, n'y voit que du feu, c'est-à-dire ce que le Bateleur veut lui montrer, le feu magique transformateur qu'Hermès a le premier produit. Cet illusionniste n'est autre que le Créateur lui-même, ainsi qu'en témoignent et les contours de son chapeau qui dessine un huit couché, symbole de l'infini – les deux serpents du caducée forment aussi le chiffre huit –, et ses gestes, car la baguette créatrice, en qui se concentrent les énergies encore potentielles, est dirigée exactement vers le denier d'or, représentant aussi le monde créé. Le cours magistral du Bateleur apprend à ceux qui peuvent le comprendre que le monde n'est qu'une illusion de nos sens. Nous avons vu que le nom de la mère d'Hermès connotait probablement ce même concept. Ajoutons que Maïa était l'une des Pléiades ou Péléiades, ce qui nous renvoie une fois de plus à Dodone et à son Arbre cosmique, le chêne sacré, et surtout que, dans la mythologie romaine, Maïa était une très ancienne divinité italique, fille de Faunus, qui incarnait la renaissance de la végétation et dont les fêtes se célébraient au cours du mois de mai[57], auquel la déesse a donné son nom. Grâce à elle, les Romains purent attribuer une antique origine latine au dieu récent du commerce, Mercure, reflet de l'Hermès grec, mais dont le nom apparaît seulement vers le vᵉ siècle av. J.-C. Là aussi, comme dans le cas de l'archaïque Vejovis, identifié avec le Zeus juvénile de Crète, on peut se demander si les Italiques n'avaient point conservé certaines divinités pélasgiques disparues dans la Grèce classique. Nous savons que plusieurs d'entre elles étaient communes à tous les Indo-Européens. Il n'est donc pas impossible de rapprocher l'antique Maïa, très effacée chez les Grecs, un peu plus nette en Italie, de la Mâyâ hindou, « la puissance d'illusion... à la fois source du cosmos et de la conscience qui le perçoit[58] ». C'est en somme parce qu'il est le fils de Maïa qu'Hermès est le dieu de la magie, le « Trismégiste », (le « trois fois très grand »). Ce que semble corroborer l'étymologie du mot Maïa, lequel provient de la racine indo-européenne qui a donné en latin *magister*, maître, et *magus*, en grec *magos*, mage, magicien, mot d'origine perse, qui désignait chez les Mèdes le prêtre interprète des songes. Qu'il y ait quelque correspondance entre les songes (Hermès est aussi un dieu des rêves), la guérison (Asclépios), l'illusion du monde (Maïa), l'art du magicien, du Bateleur et l'enchantement du mois de mai n'est, après tout, guère surprenant.

Le bâton de la prêtresse de Déméter, le caducée d'Hermès, la baguette des fées permettaient aussi de découvrir dans la terre les trésors cachés, et c'est à quoi servait la baguette du sourcier, qui, de nos jours encore, est utilisée, sinon afin de rechercher comme jadis les filons métalliques, du moins pour détecter la présence d'une eau invisible[59]. Cette baguette, dite « divinatoire », n'est qu'une branche fourchue, généralement de coudrier, autre nom du noisetier, arbre qui possède une grande affinité avec l'eau et était lié aux pratiques magiques chez les Celtes comme chez les Germains[60]. Les sourciers et les chercheurs d'or l'utilisaient parce que, mieux que tout autre bois, un rameau détaché du coudrier entrait en résonance avec les ondes émises par la radiation des nœuds métallifères mûris au sein de la terre, ou par la concentration des eaux. S'il fallait que la baguette fût fourchue, c'est peut-être simplement parce qu'on devait la tenir avec les deux mains écartées, le courant supposé étant censé passer à travers le corps de l'opérateur. P. A. Chéruel explique comment l'on s'en sert : « On tient dans sa main l'extrémité d'une branche, en ayant soin de ne pas trop la serrer; la paume de la main doit être tournée en haut. On tient de l'autre main l'extrémité de l'autre branche, la tige commune étant parallèle à l'horizon. On avance ainsi doucement vers l'endroit où l'on soupçonne qu'il y a de l'eau. Dès qu'on y est arrivé, la baguette tourne dans la main et s'incline vers la terre comme une aiguille qu'on vient d'aimanter. Tel est du moins le récit de ceux qui croient à la vertu de la baguette divinatoire. Ils ajoutent qu'elle a aussi la propriété de découvrir les mines, les trésors cachés, les voleurs et les meurtriers fugitifs[61]. »

La baguette du sourcier joue en somme le même rôle que la verge de Moïse, rendue fameuse par un épisode de la Bible. Notons au passage que le mot verge qui signifie au sens propre une tige, un rameau – en latin, *virga* désigne plus particulièrement la baguette magique – est aussi en français un des noms du sexe masculin. Quand, au cours de leur traversée du désert, les Hébreux campèrent à Rephidim, « le peuple ne trouva pas d'eau à boire. Alors le peuple chercha querelle à Moïse. Ils dirent : Donne-nous de l'eau, afin que nous buvions! Moïse leur répondit : Pourquoi me cherchez-vous querelle? Pourquoi mettez-vous l'Éternel à l'épreuve? Le peuple torturé par la soif en ce lieu murmurait, disant : Pourquoi nous as-tu fait sortir d'Égypte? Est-ce pour me faire mourir de soif, moi, mes enfants et mes bêtes? Moïse implora l'Éternel : Que dois-je faire avec ce peuple qui va me lapider? L'Éternel répondit à Moïse : Passe devant le peuple et prends avec toi des anciens d'Israël; prends aussi dans ta main la verge avec laquelle tu as frappé le fleuve, et marche! Voici, je me tiendrai devant toi sur le rocher d'Horeb. Tu frapperas le rocher, l'eau en jaillira et le peuple boira. Et Moïse fit ainsi aux yeux des anciens d'Israël[62] ». Cette verge de Moïse était bien une baguette magique, comme le montre un passage antérieur de l'Exode : « L'Éternel dit à Moïse et à Aaron : Si Pharaon vous met en demeure d'accomplir quelque prodige, tu diras à Aaron : Prends ton bâton, jette-le devant Pharaon et qu'il devienne serpent. Moïse et Aaron se rendirent chez Pharaon et agirent selon l'ordre de l'Éternel. Aaron jeta devant Pharaon et ses courtisans son bâton qui se transforma en serpent. Pharaon à son tour convoqua les sages et les enchanteurs. Et les magiciens d'Égypte, eux aussi, accomplirent par leurs sortilèges le même prodige. Ils jetèrent chacun son bâton qui se changea en serpent, mais le bâton d'Aaron engloutit ceux des magiciens [63].» On n'aura pas manqué de remarquer l'équivalence bâton-serpent qui n'est pas sans rappeler le caducée dont nous avons mentionné la très haute antiquité dans le Proche-Orient, et aussi ce lien entre l'arbre et le serpent, sa racine métamorphosée en animal chtonien, que nous avons souligné en décrivant le frêne sacré Yggdrasill et que nous retrouverons quand nous étudierons l'arbre du Paradis.

Bien que les sourciers qui pratiquent aujourd'hui n'aient, semble-t-il, rien de commun avec la sorcellerie et que l'on puisse présumer qu'il en allait de même jadis, on a dû souvent confondre dans une identique réprobation sourcier et sorcier, sinon leur baguette divinatoire avec le fameux balai des sorcières. Et pourtant! Le balai, en effet, est à l'origine magique. Dans les sanctuaires anciens, et de nos jours encore dans les temples d'Extrême-Orient, hindouistes ou bouddhistes, le balayage était un acte cultuel; il débarrassait le sol sacré des souillures venues du monde extérieur, du monde profane, et ne pouvait être accompli que par des mains pures. Le balai est un faisceau de verges, de minces rameaux d'arbres; encore ne pouvait-on se servir de n'importe quelle essence; dans les pays où il croît en abondance, on liait ensemble des brindilles de bouleau, l'arbre des chamans et, au sud de l'Europe, des branches du genêt « à balai» (*Sarothamnus scoparius* Wimm.) [64], espèce qui a donné son nom au balai lui-même [65]. La raison pour laquelle on utilisait le genêt exclusivement, même jusqu'à une époque récente, en Bretagne, où l'on se servait de préférence de genêts fleuris, nous est donnée par un usage en cours chez les Berbères de Kabylie pour qui le balayage est resté une opération magique, entraînant certains interdits. Le balai est constitué d'une

touffe de genêts ou de bruyères en fleurs que l'on fait
« passer par la fenêtre ou par le toit afin que les génies
gardiens du seuil ne soient pas écartés [66] ». Nous savons
que des prescriptions comparables étaient respectées
naguère en Bretagne, où l'on ne pouvait balayer, la nuit
venue, de peur d'écarter la prospérité ou de heurter par
mégarde les âmes errantes [67].

Chassant les impuretés, le balai, soumis aux puissances des ténèbres à qui appartient la poussière qu'il
soulève, peut être contaminé par elles. Il devient alors
maléfique. C'est à ce titre que les sorcières l'utilisent en
passant par la cheminée pour se rendre au sabbat. Rappelons que l'on appelle encore « balai de sorcière » une
touffe de ramifications anormalement courtes et serrées,
fréquente sur les conifères et sur certains arbres fruitiers ; il s'agit le plus souvent d'une infestation par divers
champignons. Le balai qui vole rappelle le caducée
d'Hermès et son caractère phallique, en rapport avec le
dieu Pan que ces écuyères sataniques partaient adorer
dans une éclaircie de la forêt qui était selon toute vraisemblance un ancien *nemeton* celte. Les sorcières le
chevauchent à califourchon – mot composé de *kall*, en
breton « testicules » et du français *fourche* qui évoque ici
le diable. En fait, par une dégradation concertée, on
attribuait aux sorcières, anciennes prêtresses ou magiciennes druidiques, le comportement des Ménades agi-
tant le thyrse et se livrant dans la clairière sacrée au
délire dionysiaque. Que le balai soit, comme la baguette,
un instrument magique, nous en trouvons la confirmation avec *L'Apprenti sorcier*, la ballade dont Goethe a
probablement puisé le sujet dans le folklore juif d'Allemagne, car il se rapproche du mythe judaïque du *golem*,
l'homme-robot. Au prononcé de la formule magique par
un néophyte imprudent, le balai devient un être vivant,
et n'obéit que trop bien à l'ordre donné par le magicien
inexpérimenté qui a oublié l'autre formule, celle qui doit
faire cesser l'enchantement.

Bâton ou balai, verge ou caducée, la baguette magique
n'est jamais qu'une branche d'arbre et celle-ci tient son
pouvoir du seul fait qu'elle est censée provenir de
l'arbre sacré, Arbre de vie ou Arbre cosmique. « La
baguette magique que représente le caducée... évoque

des cultes, très anciens dans le bassin égéen, de l'arbre et de la terre nourricière des serpents[68].» De même, «le caducée hindou est immanquablement associé à l'arbre sacré... Le caducée mésopotamien montre une baguette centrale. Elle semble bien être le souvenir de l'arbre... On est donc en droit de regarder la baguette du caducée d'Hermès (et aussi d'ailleurs le bâton du caducée d'Esculape [Asclépios]) comme le symbole de l'arbre, associé, demeure ou substitut de la divinité. Que cette baguette ait pris par suite une autre signification, la puissance de la divination ou le pouvoir guérisseur, il n'en reste pas moins qu'elle symbolise l'efficience de la divinité de l'arbre[69]».

Forêt vierge et réalité fantastique

Finalement, c'est moins la religion que le rationalisme militant qui fit disparaître les fées et autres créatures sylvestres. L'Église avait seulement mis en garde les fidèles contre des esprits qui pouvaient bien être d'obédience satanique, le rationalisme nia leur existence, comme il niait celle du diable. A l'école, on apprit qu'il s'agissait là de superstition d'un autre âge. La forêt étant enfin désenchantée, on pouvait désormais l'exploiter selon les nouvelles techniques, souvent destructrices du milieu, des routes la sillonnèrent, des laies pénétrèrent jusqu'au plus profond du taillis. La forêt fut violée. Or, c'est précisément à la même époque, la fin du xviiie siècle et le début du xixe, que les naturalistes qui accompagnaient les premières grandes circumnavigations scientifiques, celle de Bouginville (1766-1769) et les trois expéditions du capitaine Cook (1768-1780), redécouvrirent aux antipodes la forêt «vierge»[70].

Dès qu'ils eurent mis le pied sur une terre nouvelle – c'était Tahiti –, les navigateurs s'extasièrent: «Je me croyais transporté dans le jardin d'Éden», s'écrie significativement Bougainville, et Commerson, le botaniste qui l'accompagnait, renchérit. Pénétré des thèses que Jean-Jacques Rousseau avait exposées quelques années plus tôt dans son *Discours sur l'inégalité parmi les hommes* (1754), Commerson fut persuadé que l'on avait enfin découvert « l'état de l'homme naturel, essentiellement bon, exempt de tout préjugé et suivant, sans méfiance comme sans remords, les douces impulsions d'un instinct toujours sûr, parce qu'il n'a pas dégénéré en raison [71] ». Le « sauvage », autrement dit, l'homme des bois devenait pour les Français ultra-civilisés de la seconde moitié du XVIIIe siècle, un modèle, l'idéal que l'on avait perdu et que l'on retrouvait dans l'inconnu, à l'autre extrémité de la terre. Hélas, il fallut vite déchanter et celui qui réagit le plus violemment contre cette chimère fut un autre Français, La Pérouse. Débarquant à Manoua (Tuitila), dans les îles des Navigateurs, en décembre 1787, il fut pourtant d'abord séduit, au point d'écrire : « Les insulaires... sont sans doute les plus heureux habitants de la terre; entourés de leurs femmes et de leurs enfants, ils coulent au sein du repos des jours purs et tranquilles; ils n'ont d'autre soin que celui d'élever des oiseaux et, *comme le premier homme, de cueillir, sans aucun travail, les fruits qui croissent sur leurs têtes.* » Mais, quelques jours plus tard, La Pérouse découvrait que ces Tuitilans étaient les plus fieffés et les plus insolents voleurs; au moment du départ, ils exterminèrent une partie de l'équipage. Le navigateur dut conclure que « l'homme presque sauvage et dans l'anarchie est un être plus méchant que les animaux les plus féroces », et s'en prit aux « philosophes » qui, pour appuyer leurs thèses, avaient voulu faire croire le contraire : « Ils font leurs livres au coin du feu et je voyage depuis trente ans »; cet homme « qu'on nous a peint si bon parce qu'il est très près de la nature » est en fait « barbare, méchant et fourbe [72] ». L'infortuné La Pérouse devait en produire la démonstration involontaire puisqu'il disparut, massacré et avec lui tous ses hommes, quelques mois après avoir écrit ces lignes.

Si le « bon sauvage » ne survécut guère à de tels événements, on n'en continua pas moins d'exalter la nature tropicale dont on venait d'avoir la révélation. Un disciple de Rousseau l'avait chantée sur tous les tons dans ses *Études de la nature* (1784), puis dans ses *Harmonies de la nature* (1796). Bernardin de Saint-Pierre, auteur aussi de *Paul et Virginie* (1787) qui avait tant fait pleurer les âmes sensibles, eut une abondante postérité, particulièrement parmi les jeunes naturalistes enthousiastes qui s'embarquèrent pour les grandes expéditions maritimes de découverte. Ainsi, François Péron, zoologiste de la mission Baudin en Nouvelle-Hollande (l'Australie) en 1800-1804, découvrant la vaste forêt de la Tasmanie, écrit-il : « C'est un spectacle bien singulier que celui de ces forêts profondes, filles antiques de la nature et du temps, où le bruit de la hache ne retentit jamais, où la végétation, plus riche tous les jours de ses propres produits, peut s'exercer sans contrainte, se développer partout sans obstacle; et lorsqu'aux extrémités du globe de telles forêts se présentent exclusivement formées d'arbres inconnus à l'Europe, de végétaux singuliers dans leur organisation, dans leurs produits variés, l'intérêt devient plus vif et plus pressant. Là, règnent habituellement une ombre mystérieuse, une grande fraîcheur, une humidité pénétrante; là, croulent de vétusté ces arbres puissants d'où naquirent tant de rejetons vigoureux; leurs vieux troncs, décomposés maintenant par l'action réunie du temps et de l'humidité, sont couverts de mousses et de lichens parasites; leur intérieur recèle de froids reptiles, de nombreuses légions d'insectes; ils obstruent toutes les avenues des forêts, ils se croisent en mille sens divers; partout, comme autant de termes protecteurs, ils s'opposent à la marche, et multiplient autour du voyageur les obstacles et les dangers; souvent ils s'affaissent sous le poids de son corps, et l'entraînent au milieu de leurs débris; plus souvent encore leur écorce humide et putride glisse et se détache sous ses pieds : quelquefois ils forment par leur entassement des digues naturelles de 25 ou 30 pieds d'élévation, ailleurs, ils sont renversés sur le lit des torrents, sur la profondeur des vallées, formant autant de ponts naturels dont il ne faut se servir qu'avec méfiance. A ce tableau de désordre et de ravage, à ces scènes de mort et de destruction, la nature opposait, pour ainsi dire avec complaisance, tout ce que son pouvoir créateur peut offrir de plus imposant [73] ».

Dans cette description lyrique, par-delà la curiosité émerveillée du naturaliste, par-delà cette sorte de vertige qui saisit l'explorateur découvrant un monde inconnu et mystérieux, on retrouve quelque chose de l'effroi sacré qui s'emparait des légions romaines pénétrant au sein des grandes silves de la Germanie, émotion que le romantisme avait en quelque sorte renouvelée. Cette forêt intacte, cette forêt « vierge », elle est telle qu'elle fut à l'aube de la création; on y est miraculeusement transporté hors du temps, comme si l'on était admis à en contempler l'origine. Ce thème, commun dans les récits des voyageurs, devait engendrer chez les auteurs de romans d'aventure de la fin du XIXᵉ siècle le mythe d'un état préhistorique de la nature survivant dans les recoins encore inexplorés de la planète. Si le capitaine Nemo le retrouve dans les forêts sous-marines de *Vingt mille lieues sous les mers* (1870), Jules Verne l'avait d'abord localisé au fond du volcan islandais du *Voyage au centre de la Terre* (1864), où les héros rencontrent des fossiles toujours en vie, y compris une sorte d'homme-singe géant gardant un troupeau de mastodontes, mais c'est plus significativement au sein de l'immense silve amazonienne que l'Anglais Conan Doyle fait se dérouler les étapes de la découverte du *Monde perdu* (1913) par l'inénarrable professeur Challenger. En dépit, ou plutôt à cause du caractère enfantin de ce récit empreint d'un scientisme encore victorien, Conan Doyle peut-être parce qu'il descendait, comme il se plaisait à le dire, du « meilleur sang breton », rejoint les traditions des vieux conteurs celtes. Dans *Le Monde perdu*, on retrouve avec amusement « l'esprit des forêts » : « Curupuri est l'esprit des forêts : quelque chose de terrible, quelque chose de malveillant, quelque chose à éviter... Personne ne peut décrire sa forme ni sa nature, mais c'est un nom qui répand l'effroi sur les bords de l'Amazone », on y retrouve même surtout « l'homme des bois », et dans des circonstances non dépourvues de sens. Tandis que la petite expédition scientifique conduite par le professeur Challenger s'installe sur le plateau, où elle a déjà pu observer ptérodactyles et iguanodons, ses membres se préoccupent d'obtenir une vue d'ensemble de ce territoire que dissimulent des bois très épais. Le plus jeune des participants, le journaliste Malone, avise « l'énorme tronc noueux de l'arbre à épices qui étendait au-dessus (d'eux) ses branchages », et il lui vient l'idée d'y grimper ainsi qu'il le faisait dans son enfance. Parvenu au plus profond du feuillage de cet «arbre immense», Malone s'aperçoit non sans inquiétude qu'il n'y est pas seul. «A trente ou quarante centimètres de mon visage une figure me regardait... C'était une figure humaine... ou du moins qui ressemblait bien plus à une figure d'homme qu'à n'importe quelle face de singe. Elle était allongée, blanchâtre, parsemée de pustules, avec un nez aplati, une mâchoire inférieure proéminente et quelque chose comme des favoris autour du menton. Les yeux, sous des sourcils épais et lourds, avaient un regard bestial et féroce. La bouche s'entrouvrit pour un reniflement qui m'avait tout l'air d'une malédiction, et exhiba des canines pointues et recourbées. Pendant un instant je lus clairement de la haine et une menace dans son regard. Puis, ces sentiments firent place à une peur incontrôlable, folle. La créature plongea désespérément dans la verdure des feuilles, cassa deux ou trois branches... J'aperçus un corps poilu, comme celui d'un cochon rougeâtre, qui disparut[74]». Cet être imaginaire ne ressemble-t-il pas au mystérieux homme des bois des descriptions médiévales? Mais, qu'il le sût ou non, Conan Doyle ne faisait que refléter les croyances des Indiens qui peuplent les vastes forêts de l'Amérique du Sud. En 1814, dans le récit de son voyage «aux régions équinoxiales du Nouveau Continent[75]», Alexandre de Humboldt notait les bruits qu'il avait recueillis sur l'existence d'un «homme velu des bois, appelé *selvaje* (sauvage)». «Dans tous ces lieux, éloignés les uns des autres, on répète que le *selvaje* se reconnaît facilement par les traces de ses pieds qui ont les doigts tournés vers l'arrière.» L'enquête menée par Humboldt n'amena aucun résultat, mais l'illustre naturaliste conclut fort prudemment: «N'oublions pas que toutes les croyances populaires, même les plus absurdes en apparence, reposent sur des faits réels, mais mal observés. En les traitant avec dédain, on peut perdre la trace d'une découverte en physique comme en zoologie.»

En 1913, des aventures comme celle que conte Sir Conan Doyle ne pouvaient plus guère avoir pour cadre que l'Amazonie au sein de laquelle l'homme blanc avait à peine pénétré, et non sans risque, puisqu'en 1925

encore, Percy Harrisson Fawcett y disparut avec ses
deux compagnons sans laisser de trace. Là seulement un
imaginatif romancier, sinon un homme de science, pouvait situer l'habitat de l'hypothétique *missing link*, le
maillon manquant, créature intermédiaire entre les
singes fossiles déjà connus et l'homme. La recherche de
l'origine, non seulement de l'homme, mais du monde
lui-même, était devenue à la fin du xixe siècle, qui voulait tout comprendre et tout expliquer, une véritable
obsession, tant chez les paléontologistes que chez les
explorateurs. Et seules les forêts profondes et intactes
pouvaient à leurs yeux fournir la clé du mystère. C'est
dans la forêt pluvieuse de Java que Dubois, en 1891-
1892, avait trouvé les restes du Pithécanthrope, et dans
les bois de l'Afrique du Sud que l'on exhuma plus tard
ceux des Australopithèques. Dans la silve équatoriale du
centre de l'Afrique, on avait même découvert, dans les
années 1880-1890, les Pygmées tenus pour légendaires
depuis l'Antiquité. Hérodote les mentionnait déjà[76] et
Aristote[77] plaçait sur les bords du Nil ce peuple mystérieux, dont le nom grec *pygmaios* signifie haut d'une
coudée (moins de cinquante centimètres). C'étaient
donc des nains d'une extrême petitesse. Or les Pygmées
existaient, ce n'étaient point des nains difformes, mais
des hommes bien faits, malgré leur très petite taille.
Pour les ethnologues du temps, ils représentaient une
étape évolutive extrêmement ancienne, c'étaient de véritables « primitifs », et le mot, si souvent employé à
l'époque, trahissait la conviction qu'on allait enfin retrouver l'homme des origines, le vrai homme « sauvage ». La forêt vierge alimentait tous les espoirs. On ne
croyait plus aux lutins qui avaient si longtemps peuplé
les bois européens, mais on les retrouvait dans les silves
de l'Afrique et de l'Amérique du Sud, et ils étaient bien
réels.

La peur de ces immenses territoires que l'imagination
et l'inconscient peuplent encore de monstres n'a point
cessé d'être actuelle, elle s'est cristallisée autour de
quelques tribus d'Indiens qui y survivent à grand-peine,
voués à une malédiction dont l'homme blanc est seul
responsable. La terreur que peut provoquer l'apparition
soudaine des Indiens de l'Amazonie, les derniers véri-

tables «hommes sauvages» puisqu'ils vivent de la forêt, dans laquelle ils demeurent presque invisibles, se confondant avec les arbres et les lianes d'où ils émergent soudain à l'effroi du voyageur, n'a pas cessé de hanter les esprits, ce que montre encore un film récent, *La Forêt d'émeraude* (1985). Plus que des motifs cyniques, c'est au fond la peur qui engendre la destruction systématique des Indiens au Brésil, une des hontes de notre temps [78]. Cette peur de l'inconnu est aussi à l'origine du projet à demi exécuté de la grand-route transamazonienne, accompagné d'un défrichement dont les biologistes ont démontré l'inanité, puisque le terrain dénudé devient aussitôt stérile, ainsi que le grave préjudice qu'il peut porter à la planète entière à qui la forêt amazonienne sert en quelque sorte de poumon. Comme naguère dans les bois enchantés de la Bretagne, il s'agit de chasser les fantasmes, opération à coup sûr ruineuse, mais, hélas, irrésistible pour la société moderne.

Afin de remédier à la mauvaise conscience qu'elle pourrait éprouver en détruisant les équilibres naturels, celle-ci a trouvé une sorte de palliatif rassurant, la création de «réserves naturelles» qui, au cours des dernières décennies, se sont multipliées de par le monde. Profanant d'une main, la société technocratique resacralise de l'autre – en anglais ces parcs nationaux sont appelés de manière significative des *sanctuaries* –, elle recrée le bois sacré, la forêt vierge, elle prétend même «protéger» la nature, contre qui, sinon elle-même? Mais, évidemment, les parts ne sont point égales. Il s'agit bien de «réserves» au sens où l'on parle de réserves d'Indiens, espaces restreints concédés aux anciens propriétaires du pays afin qu'ils puissent s'y éteindre en paix. Lorsque l'on a mis de tels territoires entre parenthèses, on a toute licence pour piller et détruire au-dehors. Enfin, ces réserves sont elles-mêmes récupérées par la société si bien nommée de consommation qui compte les exploiter grâce au tourisme.

Si l'on a cru, en la personne des Pygmées, redécouvrir les nains des légendes d'autrefois, on n'a jamais retrouvé la trace des géants, présents dans toute les mythologies.. Et pourtant, il suffit de la moindre dépêche de presse pour faire vibrer l'opinion. On l'a vu, il y a peu, avec la résonance qui accueillit les très vagues témoignages concernant un être gigantesque qui hanterait encore les solitudes himalayennes. Le « Yéti », l' « abominable homme des neiges », ne pouvait habiter que les seuls espaces encore « inviolés ». Mais, aujourd'hui, la terre, trop connue, ne suffit plus. Les étrangers viennent d'ailleurs, d'autres planètes, voire d'autres galaxies. Les extra-terrestres des romans d'anticipation et des bandes dessinées – auxquels certains auteurs naïfs ont consacré des ouvrages pseudo-scientifiques où figurent pêle-mêle d'authentiques traditions, de prétendus enseignements initiatiques et l'affabulation la plus délirante – sont nos ogres et nos fées. L'inconnu aujourd'hui n'est plus la forêt, c'est l'espace, lequel suscite, hélas, plus de convoitise que de curiosité.

Quand ils pénétrèrent dans les régions encore inexplorées, les voyageurs scientifiques du siècle dernier y découvrirent des arbres tellement extraordinaires que l'imagination elle-même n'aurait pu les concevoir. Pourtant, dans l'ancienne littérature de voyage ne manquaient pas les arbres fantastiques. Dans son *Devisement du monde*, Marco Polo décrit avec émerveillement des espèces inconnues dont l'une fournit du vin, blanc et rouge, l'autre est « tout plein de farine en dedans », la troisième porte des « noix du Pharaon », contenant une pulpe « très savoureuse et douce comme le sucre, blanche comme le lait et faite en forme de coupe... dont un homme se nourrit très suffisamment [79] ». On aura reconnu notre noix de coco; Polo nous dit que les arbres à vin sont « semblables à de petits dattiers », il s'agit donc du vin de palme. Quant à l' « arbre à farine », c'est sans doute l'arbre à pain et, si sa description est inexacte, c'est probablement parce que le voyageur n'a pas bien compris les explications qu'on lui donnait. Le seul arbre vraiment fantastique dont parle le Vénitien est « l'Arbre seul », qui se dresse au milieu d'une « grandissime plaine » dans la « province qui est appelée Tunocain ». C'est l'actuel Khorasan, au nord-est de l'Iran, région de steppes arides dans laquelle les Polo pénétrèrent après avoir traversé le désert salé de Lout. Dans la plaine du Tunocain, selon les gens du pays, « eut lieu la bataille

entre Alexandre le Grand, roi de Macédoine et Darius,
roi des Persiens». Autrement dit, l' «Arbre seul» que les
chrétiens dénomment l' «Arbre sec», marque la limite
entre Occident et Orient, facile à repérer parce que
l'Arbre, comme l'indique son nom, est complètement
isolé: «il n'y a point d'autres arbres à moins de cent
miles, sauf d'un côté, où il y en a à dix miles de là».
L'Arbre est «très grand et très gros; ses feuilles sont
vertes d'un côté et blanches de l'autre; il produit des
noix pareilles à la châtaigne, mais il n'y a rien dedans;
elles ne sont point bonnes à manger. De son bois, on fait
un baume; c'est un bois très dur, jaune comme du
buis [80]». Marco Polo décrit ici un arbre réel qu'il a vu et
qui ressemble beaucoup, comme le remarque l'annota-
teur du texte, Stéphane Yerasimos, à un platane. Ce
pourrait être en effet un platane d'Orient *(Platanus orien-
talis)*, mais les feuilles de cette espèce ne sont point
blanches au revers. En fait, dans ce supposé platane, qui
a des feuilles de peuplier blanc, Marco Polo a reconnu
un arbre légendaire, l' «Arbre seul» ou «Arbre sec»,
mais le mythe apocalyptique médiéval qu'il représente
ne peut s'expliquer que dans un autre contexte [81].

Le bienheureux Oderic de Pordenone, qui avait traversé l'Asie de part en part en se rendant de Venise à
Pékin où il séjourna en 1327, entendit parler en Inde,
dans le Malabar, d'arbres qui, en place de fruits, produisaient des hommes et des femmes. Ceux-ci mesuraient à
peine une coudée de hauteur [82] et se tenaient au tronc
par leurs extrémités inférieures. Lorsque le vent souf-
flait, leurs corps étaient frais, mais ils se desséchaient
quand le vent cessait. Toujours en Inde, existait un arbre
d'où naissaient de la même manière des agneaux [83]; cet
arbre était connu en Russie sous le nom de *baranietz*
(petit agneau). Au XVe siècle, le grand humaniste italien
Æneas Sylvius Piccolomini, qui devint pape sous le nom
de Pie II, décrit, non sans une certaine ironie, dans son
livre sur l'Asie et l'Europe, un arbre merveilleux qui
poussait, lui, en Occident. «On nous a rapporté qu'en
Écosse, il y avait sur le rivage d'un fleuve un arbre qui
produisait des fruits semblables à des canards; ces fruits,
lorsqu'ils étaient mûrs, tombaient sur le rivage ou dans
l'eau; ceux qui tombaient sur la terre pourrissaient

immédiatement; ceux qui tombaient dans l'eau s'animaient, s'ornaient de plumes et s'envolaient; ce que, dans le désir d'atteindre la vérité, nous avons voulu approfondir; mais nous devons bien savoir que les miracles s'éloignent, dès qu'on veut les examiner de près, et que l'arbre merveilleux ne poussait déjà plus en Écosse, mais dans les îles Orcades.» Cette légende, antérieure au xvᵉ siècle puisqu'Oderic de Pordenone y fait déjà allusion, eut semble-t-il une très grande extension. On la trouve jusqu'en Chine, où le Père Athanase Kircher dans sa *Chine illustrée* mentionne en 1670 un arbre de la province de Ho-nan, dont les feuilles en tombant devenaient des oiseaux. Cette croyance eut la vie très longue; au xviiᵉ siècle, des érudits s'efforçaient encore de l'expliquer. Aussi, à tous ces commentaires, nous permettons-nous d'ajouter le nôtre. Les auteurs appellent ces oiseaux nés des arbres des «barnacles». L'origine de la légende est anglaise. En anglais, le mot *barnacle* désigne à la fois une oie marine, que nous nommons en français «bernache» ou «bernacle» et un mollusque à coquille ventrue, appelé en francais «bernacle» ou «anatife». On croyait que ces coquilles donnaient naissance dans la mer, comme des œufs, aux oies appelées aussi bernacles, et que les anatifes étaient produits par des arbres. On les trouvait en effet généralement sur des pièces de bois immergées, et même sur la coque en bois des bateaux.

Beaucoup plus récent, moins ambigu que mystique est le phénomène rapporté par le père Huc dans ses fameux *Souvenirs d'un voyage dans la Tartarie et le Tibet pendant les années 1844, 1845, 1846*. Séjournant au monastère de Kum-Bum dans la province tibétaine d'Amdo, le père Huc et son compagnon, le père Gabet purent y admirer un sandalier blanc, espèce dont le bois odoriférant est souvent brûlé dans les temples en guise d'encens. Le sandalier de Kum-Bum passait pour être né en 1356 d'une goutte de sang, tombée du cordon ombilical du grand maître Ts'ong-K'a-pa, le fondateur de l'ordre des Gelugs-pa (Bonnets jaunes), auquel appartient le Dalaï Lama. Lorsque, bien des années plus tard, la mère de Ts'ong-K'a-pa, dont le fils était devenu moine errant, lui demanda de revenir en Amdo, celui-ci lui fit parvenir son portrait et des images des dieux. Au moment où le messager remettait ces présents, les images se trouvèrent imprimées sur les feuilles du sandalier de la naissance, tandis que le mantra *Aum mani padme hum* apparaissait sur les branches et l'écorce du tronc. C'est de ce prodige que le monastère fondé plus tard sur cet emplacement tira son nom; Kum-Bum signifie « cent mille images ». Les pères Huc et Gabet affirment avoir vu de leurs yeux, sinon les images divines, du moins les mots *Aum mani padme hum* inscrits sur les feuilles et le tronc de l'arbre. Selon le premier, on distinguait nettement les lettres qui se formaient sur les jeunes feuilles et sous l'écorce, quand on en soulevait un fragment.

Séjournant à son tour en 1918 à Kum-Bum, Alexandra David-Néel voulut vérifier les dires de ses prédécesseurs. L'arbre existait toujours – il avait plus de cinq cents ans –, mais se trouvait enfermé dans une sorte de reliquaire. On dit à la « dame-lama » que celui-ci était récent, mais, d'après la chronique, il aurait été édifié au xvie siècle. Alexandra David-Néel supposa donc que ce que les pères Huc et Gabet avaient vu n'était point l'arbre lui-même, mais ses deux rejetons qu'elle examina. Les pèlerins venus de loin affirmaient voir sur leurs feuilles le mantra sacré. Alexandra ne put le distinguer. Elle interrogea les moines; eux non plus ne voyaient rien [84].

Lorsque les pères Huc et Gabet virent le sandalier de Kum-Bum, il y avait déjà longtemps que les botanistes-collecteurs qui parcouraient le monde en quête d'espèces nouvelles y avaient découvert des arbres plus étonnants encore. A leur grande surprise, ils étaient souvent beaucoup plus gros et probablement beaucoup plus vieux que ceux des pays d'où ils venaient. En 1757, dans son *Histoire naturelle du Sénégal*, le Français Michel Adanson fit connaître les baobabs de la Sénégambie. C'étaient, sinon les plus élevés, du moins les arbres les plus épais qu'on ait jamais vus [85]. Le tronc de ce « colosse végétal » était en effet plus large que haut; son diamètre atteignait jusqu'à 9 ou 10 mètres. Perrottet dans la même région découvrit quarante ans plus tard les baobabs de 20 à 30 mètres de circonférence [86]. Aux plus épais d'entre eux, Adanson assignait jusqu'à 6 000 ans d'âge; ils étaient donc trois fois plus vieux que les plus anciens de tous les arbres d'Europe [87]. On devait trouver mieux encore. En 1799, à Teneriffe, Alexandre de Humboldt étudia un arbre depuis longtemps fameux. Il portait bien son nom de dragonnier *(Dracoena draco)*, et pas seulement parce qu'il produisait une sorte de gomme, le « sang-dragon », employée par les apothicaires, et qui, une fois sèche, devient friable et couleur rouge sang. En 1799, le stipe du dragonnier de l'Orotava mesurait 15 mètres de circonférence et Humboldt estima son âge à quelque 8 000 ans. Au retour de son voyage en Amérique du Sud, Humboldt, parcourant le Mexique en 1804, admira un cyprès géant *(Taxodium mexicanum)* à Santa Maria del Tulé, près d'Oaxaca; il avait selon lui entre quatre et six mille ans [88].

En avril-mai 1770, lorsque l'*Endeavour*, commandé par James Cook, aborda dans une baie [89] de la côte sud-est encore inexplorée de l'Australie, les botanistes du bord découvrirent des arbres qui atteignaient cent mètres de haut, deux fois la taille des arbres les plus élevés d'Europe. C'étaient les premiers eucalyptus qu'aient vus des Européens [90]. A l'autre bout du monde, sur les pentes des montagnes qui, au nord-ouest de l'Amérique du Nord, bordent l'océan Pacifique, l'Écossais Menzies, compagnon de Vancouver [91], avait parcouru en 1792-1793 des forêts de conifères géants dont il inventoria quelques espèces, toutes dépassaient de vingt ou de trente mètres la taille de nos sapins. Entre 1825 et 1831, un autre botaniste écossais, David Douglas, explora systématiquement les mêmes régions, expédiant en Europe des graines de quelques-uns de ces colosses qui atteignaient 80 mètres de haut [92]. La lecture des journaux tenus par ces prospecteurs nous les montre enfiévrés par ces découvertes pour lesquelles ils risquaient souvent leur vie, persuadés d'accomplir une mission importante pour l'humanité et aussi saisis par l'incomparable majesté de ces géants végétaux, bouleversés par la révélation de la force inépuisable de la nature sauvage, infiniment plus vigoureuse et plus diversifiée que celle qu'ils connaissaient jusqu'alors, submergés par un sentiment archaïque et sacré venu du fond des âges, l'enthousiasme, au sens que les Grecs donnaient à ce mot de « transport inspiré par la divinité ».

Pourtant, ni Menzies ni même Douglas ne s'étaient trouvés en présence de l'arbre qui pulvérisa tous les records existants, le séquoia, ou plutôt les séquoias, car on en dénombre deux espèces, le séquoia toujours vert (*Sequoia sempervirens* (Lamb. Endl.) et le séquoia géant (*Sequoiadendron giganteum* Buch.) qui toutes deux peuvent dépasser 100 mètres de haut. Sur la seconde surtout, découverte en 1841 à Calaveras Grove, site pieusement visité aujourd'hui encore par les touristes américains, se concentrèrent l'intérêt du monde savant et la curiosité du public. C'est en effet le géant du règne végétal, tant par sa taille – jusqu'à 133 mètres – que par l'épaisseur de son tronc, il atteint 36 mètres de tour à la base. Dans les années qui suivirent cette découverte, qui fut à l'époque un événement mondial, on mesura les séquoias et surtout on évalua leur âge. Comme ceux qu'avaient avancés les anciens naturalistes pour les espèces qu'ils avaient découvertes avaient paru exagérés, on compta cette fois systématiquement les cernes de tous les exemplaires abattus. Certains avaient dépassé 3 000 ans, et ce n'étaient pas les plus gros. Quelques séquoias, toujours sur pied, auraient atteint leur quatrième millénaire [93]. Ces arbres étaient les plus grands de tous les êtres vivants nés sur cette terre. Plus vieux encore se révélèrent les pins (*Pinus aristata*) que l'on trouva seulement dans les années 1950, vivant à plus de 3 000 mètres d'altitude, dans un climat froid et très sec, en une région mal connue encore des montagnes rocheuses. Ces conifères peuvent vivre jusqu'à près de 5 000 ans.

Ce qui étonna plus encore les naturalistes, il existait des arbres fossiles toujours vivants. Dès 1690, le médecin et botaniste allemand Engelbert Kaempfer découvrit au Japon une espèce tout à fait singulière, qui n'entrait dans aucune famille ni même dans aucun ordre connus. Lorsque les dendrologues purent étudier le *Ginkgo biloba* [94], ils durent se rendre à l'évidence : l'espèce remontait au Jurassique moyen et s'était conservée depuis lors inchangée, ce qui lui donnait quelque cent cinquante millions d'années d'existence. Kaempfer avait remarqué qu'on ne la trouvait que dans les bois qui entourent au Japon les temples. Il en allait de même en

Chine. En somme, c'est parce qu'il s'agissait d'un arbre sacré que la vie du Gingko avait été pendant des millénaires, et peut-être davantage préservée. Deux cent cinquante ans après Kaempfer, en 1946-1947, des dendrologues chinois trouvèrent dans une région reculée de Chine occidentale un arbre que l'on ne connaissait jusqu'alors qu'à l'état de fossile, le *Metasequoia glyptostroboïdes* Hu et Cheng, que l'on plante aujourd'hui dans les parcs [95].

On avait donc la preuve de l'extraordinaire pérennité du règne végétal, et, en particulier, des plus grands de ses représentants, les arbres. Pourtant, l'apparition des métaséquoias fut loin de soulever l'enthousiasme qu'avait suscité les découvertes précédentes. Entretemps, s'étaient perdus, avec le sens du sacré, l'émerveillement et le respect devant la nature considérée comme un présent divin. Seul désormais comptait le profit que l'on pouvait en tirer.

Il ne faudrait pas croire cependant que cette perspective fût étrangère à ceux qui, à la fin du XVIIIᵉ siècle et dans la première moitié du XIXᵉ siècle, étaient partis à la découverte des zones encore inexplorées du globe; seulement, elle aussi contribuait au sentiment de reconnaissance qu'ils éprouvaient à l'égard de la Terre-Mère, nourricière de l'homme. Ils admiraient sa générosité et sa prévoyance qui permettaient aux populations des régions chaudes de vivre grâce à ses dons à l'« état de nature ». Sous les tropiques, les arbres fournissaient tout le nécessaire. Humboldt écrit : « Les fruits du *Crescentia* et du *Lecythis* servent de vases; des spathes de palmiers et des écorces d'arbres offrent des bonnets et des vêtements sans couture [96]... Les nœuds ou plutôt les cloisons intérieures du tronc des bambousiers fournissent des échelles et facilitent, de mille manières, la construction d'une cabane, la fabrication des chaises, des lits et des autres meubles, qui font la richesse du sauvage [97]. » Plus loin dans le récit de son voyage en Amérique du Sud, Humboldt vante les vertus du sagoutier d'Amérique (*Mauritia flexuosa*), appelé par les Espagnols *Arbol de la vida*, qui fournit « de la farine, du vin, du fil à tisser des hamacs, des filets, des paniers et des vêtements », celles du *palo de vaca* (arbre de la vache), qui « lorsqu'on fait des incisions dans son tronc... donne en abondance du lait gluant, assez épais, dépourvu de toute âcreté et qui exhale une odeur de baume très agréable », ce « lait » constituait en saison la nourriture principale des indigènes.

A la même époque, en 1796, l'explorateur anglais Mungo Park décrivait les mérites du « beurre végétal » que les habitants du Bambara tiraient de la pulpe du fruit du *Shea*. Ce beurre, « outre l'avantage qu'il a de se conserver toute l'année, sans sel, est plus blanc, plus ferme et à mon goût plus agréable qu'aucun beurre de lait de vache que j'ai jamais mangé[98] ». Plus utile encore était l' « arbre à pain » (*Artocarpos*, du grec *artos*, « pain » et *carpos*, « fruit ») découvert d'abord aux Moluques, dans les îles de la Sonde, puis par Banks, naturaliste du premier voyage de Cook, à Tahiti. On sait que c'est en transportant des plants d'arbre à pain de Tahiti aux Antilles en 1789 que William Bligh eut à affronter une mutinerie à bord du *Bounty* qu'il commandait, et fut abandonné avec dix-neuf hommes sur une chaloupe qui parcourut 6 700 kilomètres avant d'aborder à Timor. Bligh n'en reprit pas moins la mer deux ans plus tard et réussit à introduire 300 arbres à pain à la Jamaïque. La surprise éprouvée par les navigateurs devant l'Artocarpe est encore sensible dans les études qu'en firent par la suite les botanistes. Le fruit de l'*Artocarpus incisa*. L. « fournit aux habitants de ces contrées, pendant huit mois consécutifs, une nourriture aussi saine qu'agréable. Ce fruit... se compose, avant sa parfaite maturité, d'une chair blanche, ferme et un peu farineuse. C'est en cet état qu'on le mange, soit cuit au four en guise de pain, soit bouilli ou accommodé de diverses autres manières... Les Polynésiens en préparent une pâte fermentée qui se conserve assez longtemps, et à laquelle ils ont recours pendant la saison où l'arbre à pain reste dépourvu de fruits... Les amandes de l'arbre à pain sont du volume des châtaignes, et elles servent également aux usages alimentaires. Avec l'écorce intérieure du tronc, les habitants de la Polynésie confectionnent les étoffes dont ils s'habillent. Les feuilles sont assez grandes et assez fermes pour tenir lieu de nattes. Enfin, les chatons mâles desséchés s'emploient comme de l'amadou, et le suc laiteux qui abonde dans toutes les parties du végétal sert à faire de la glu [99] ». L'arbre à pain était véritablement providentiel. Les populations des tropiques n'avaient que la peine de cueillir ses fruits et d'utiliser ses diverses productions pour vivre sans soucis, nourris et protégés par l'arbre-dieu, comme l'avaient été jadis, selon les auteurs grecs et latins, les premiers hommes. Loin de la civilisation, l'âge d'or existait encore.

Chapitre 8

Les fruits, les mythes et l'histoire

L'olivier et la fondation d'Athènes – A l'origine
de Rome, le figuier de Mars – Les pommes des
Hespérides.

Dans la vénération que portaient aux arbres nos
ancêtres, entraient pour une part, mais pour une part seulement, les services qu'ils leur rendaient. Aussi hono-
raient-ils particulièrement les fruitiers. Cependant, leur
fécondité avait décru d'une manière considérable depuis
les temps primitifs où ils procuraient aux humains
l'essentiel de leur subsistance. Virgile, reflétant une
croyance très répandue, fait naître l'agriculture de la
pénurie qui se produisit « lorsque les fruits des arbres et
le gland des forêts sacrées commencèrent à manquer[1] ».
L'âge d'or n'était plus qu'un souvenir, avec sa fin avait
commencé une décadence à laquelle pouvaient seuls
remédier les travaux des hommes. Désormais, pour
s'assurer récolte suffisante, il fallait cultiver les arbres, les
soigner. Au moment où écrivait Virgile, l'arboriculture
était en effet devenue une véritable technique décrite par
les écrivains dont s'inspira l'auteur des *Géorgiques*, tels
Caton le Censeur[2] et Varon[3], ou ses contemporains,
Columelle[4] et Pline. Dans le livre qu'il consacre aux
arbres fruitiers[5], ce dernier parle de nombreuses greffes
pratiquées depuis peu, qui ont engendré de nouvelles
variétés de fruits, et particulièrement des prunes que
Caton, un siècle plus tôt, ne cite pas. Pline mentionne
aussi l'introduction d'espèces fruitières auparavant
inconnues : le cerisier, amené du Pont par Lucullus en 73
avant J.-C., le pêcher et l'abricotier venus d'Orient que
l'on commençait seulement à cultiver en Italie.
. Pour les Anciens, les fruits étaient des présents des

dieux. Les Latins avaient même une déesse, Pomone, qui présidait à leur maturation; ils lui avaient associé un dieu probablement antérieur, peut-être même étrusque, Vertumnus (de *vertere*, « changer »), qui présidait au changement des saisons et veillait avec un soin particulier sur les arbres fruitiers. Qu'il y ait eu quelque rivalité entre les deux concurrents, la jeune Pomone et le vieux Vertumne, c'est ce que laisse supposer la mythologie. Désirant séduire la jeune fille, Vertumne dut prendre les traits successifs d'un laboureur, d'un vigneron et d'un moissonneur, mais sans résultat; changeant alors de sexe, il se présenta sous les apparences d'une vieille femme, et cette fois vint à bout de son dessein.

Fruit vient de *fructus*. En latin, ce mot ne désigne pas le fruit, mais proprement, dans cette langue de juristes, ce que nous appelons usufruit, le droit de percevoir et d'utiliser les produits d'une chose dont la propriété reste à un autre. Plus généralement, *fructus* est le revenu d'un bien, puis le résultat, l'avantage, la récompense. La racine européenne *bhrug-*, qui a donné *fructus*, possède un sens plus étendu, la jouissance que procurent les biens de la terre; *fruges*, ce sont ses productions et *fructuosus*, ce qui est fécond, fertile, ce qui rapporte, d'où notre adjectif fructueux. Retenons ce sens originel, le fruit est objet de jouissance, c'est aussi le produit, l'enfant de l'arbre, comme dans « le fruit de vos entrailles » du *Je vous salue, Marie*. En latin, le fruit se dit *pomum* et l'arbre fruitier *pomus*; la pomme, *malum* en latin, est donc en notre langue le fruit par excellence, et en général, puisque l'on dit « pomme de pin » et « pomme de terre ». Pour nommer le fruit, le grec a un mot plus riche encore d'acceptions diverses. *Carpos* désigne non seulement le produit de la terre et des plantes (en latin, *carpo-carpere* veut dire « cueillir, détacher, arracher »), la graine, la semence, mais le rejeton d'un animal et aussi le poignet, comme si la main était le fruit du bras. Rappelons que le mot datte vient du grec *dactylos*, « doigt ». Peut-être faut-il rapprocher *carpos* de l'énigmatique *Kar*, qui a donné *carya*, « la noix » et auquel semble apparenté *caro-carnis*, qui en latin ne signifie pas seulement « la chair », mais aussi la pulpe du fruit, et même la partie tendre et interne de l'arbre, celle où passe la sève, l'aubier.

Plus proches que nous de la nature, plus sensibles surtout à son caractère sacré, les Anciens conservaient une
fraîcheur du regard qui les faisait s'émerveiller encore
devant la mystérieuse genèse des fruits, devant les usages
multiples que leur offrait leur très grande diversité,
puisque les glands et les pommes, les amandes et les
figues, les olives, les noix et les châtaignes sont également
des fruits, mais né chacun d'une évolution qui lui est
propre, possédant une structure différente.

Ainsi, le gland est une akène (du grec, *a-* privatif et *khei-
nein*, ouvrir), c'est-à-dire une très grosse graine unique
sortant d'une cupule, et il en va de même de la faîne du
hêtre, de la châtaigne dans sa bogue piquante et de la noi-
sette enfermée dans une coque ligneuse, mais non de la
noix et de l'amande, lesquelles sont des drupes dont la
partie charnue est incomestible et dont nous consom-
mons la graine incluse dans le noyau (le mot vient de
noix); elle est généralement double dans l'amande – mais
l'une est souvent avortée –, et unique dans la noix, où elle
forme deux gros cotylédons oléagineux. Dans les autres
drupes, l'olive, la cerise, la prune, la pêche, l'abricot, par
exemple, c'est au contraire l'enveloppe juteuse que l'on
mange. Dans la pulpe des baies (du latin, *bacca*), on
trouve, non un noyau unique, mais de multiples pépins
(du latin *pipinna*, verge de petit garçon). Bien que les
pommes et les poires en contiennent aussi, ce sont des
fruits d'un type tout différent, auquel les botanistes
donnent le nom de piridion (mot pseudo-grec, issu du
latin *pirus*, « la poire »). Ici, sont visibles encore les cinq
carpelles du pistil floral devenus les cinq loges du fruit. A
ce type ressortissent les coings, les nèfles, les sorbes, les
cornes et les cenelles des aubépines. De tous les fruits
que consommaient les Grecs et les Latins, le plus étrange,
le plus mystérieux était la figue, mais, bien qu'elle ait joué
chez eux un rôle majeur, ils ne parvinrent pas semble-t-il
à en percer le secret.

L'olivier et la fondation d'Athènes

Pour les Grecs, il n'était pas de fruit plus utile que
l'olive et l'on ne peut guère concevoir la civilisation hel-

lénique et le pays lui-même sans l'olivier. Dans l'Antiquité comme aujourd'hui, les olives étaient consommées, soit noires, c'est-à-dire mûres, après qu'elles aient macéré quelque temps dans l'eau, afin de perdre leur âpreté, soit vertes, et alors lessivées, puis laissées dans l'eau douce, et légèrement salées. Exprimée des fruits par pression, l'huile surtout était un produit de première nécessité. On ne l'utilisait pas seulement dans la cuisine, mais, usage presque aussi important, et plus noble, pour l'éclairage; ainsi, déjà, dans la Crète minoenne : « d'innombrables lampes en argile, en stéatite, en gypse, en marbre indiquent assez comment on s'éclairait dans les palais comme dans les chaumières; leur capacité dénote un véritable luxe d'éclairage : on ne visait pas à l'économie [6] ». L'huile d'olive servait également aux soins des corps, qu'elle faisait briller dans la palestre, leur donnant le poli du marbre [7]; même les dieux et les héros, dans l'*Odyssée*, aiment à s'en frotter afin de conserver leur immortelle et lumineuse beauté. Aussi, dans la Grèce homérique, enduisait-on d'huile leurs statues [8]. L'huile d'olive formait encore la base des onguents et des parfums. On s'en servait pour la toilette des morts, pour les onctions sacrées, en médecine et en magie, enfin on en faisait offrande aux dieux.

La culture des oliviers, la récolte de leurs fruits et le pressage de l'huile avaient dans la vie antique une très grande importance, et cela dès l'époque égéenne préhellénique. Paul Faure, qui a étudié la *Vie quotidienne en Crète au temps de Minos* [9] en se référant très utilement aux survivances actuelles, nous fournit sur ce sujet d'utiles précisions : « La récolte des olives était à la fois la dernière et la plus longue de l'année. Elle commençait au mois de novembre et ne finissait qu'au début de mars, lorsque les fruits trop mûrs tombaient d'eux-mêmes. Quelques olives étaient cueillies à la main, mais les branches hautes devaient être gaulées par les hommes. Les femmes et les enfants ramassaient les olives sur un sol bien nettoyé et même recouvert de draps, les séparaient des feuilles et des fragments de tiges. Comme lors de la moisson et de la vendange, tout le petit monde de la ferme se retrouvait rassemblé dans la plantation. Trois bonnes ouvrières pouvaient ramasser, au cours de la saison, de quoi faire une tonne d'huile. Les fruits destinés à être conservés et consommés étaient mis dans la saumure. Les autres étaient concassés dans un mortier de bois, avec un pilon de bois, si l'on en croit le poète Hésiode. La pâte ainsi obtenue, mise dans des sacs de crin, prenait place dans une sorte de cuveau à gargouille et un entassement de madriers servait de presse. Tel était encore l'usage dans bien des villages jusqu'à nos jours... L'huile de cette première pression à froid [10] s'écoulait dans une jarre ou un bassin, où on la puisait pour la stocker dans des réservoirs de la ferme, ou pour emplir des outres en peau de chèvre, le poil dedans. Les outres transportaient l'huile ailleurs, chez le prince, le prêtre ou le marchand.» Dans un second stade, «les marcs, fort riches encore, sont entassés et s'échauffent pendant vingt jours. Alors on les concasse et on les soumet de nouveau à la presse, ce qui produit une huile plus âcre, plus acide, atteignant en volume environ le tiers de la première pression. Enfin, on fait dégorger la dernière huile en soumettant les marcs à l'action de l'eau chaude dans une cuve spéciale d'argile, le séparateur d'huile : on en a trouvé des exemplaires minoens à Praisos, Gournia, Malia et Vathypetro, analogues à ceux de nos contemporains... On voit tout ce que la fabrication d'huile coûtait de main-d'œuvre et de soins, et combien pouvaient varier le prix et la qualité de la production».

En Grèce, l'olive et l'olivier se disaient *élaia* et l'huile *élaion*, deux mots crétois. *Elaion* puis *oleum*, en latin, qui a donné le verbe *olere*, avoir une odeur, désignaient l'huile en général, car dans l'Antiquité on n'en connaissait pour ainsi dire point d'autre. Cette dénomination unique a subsisté, même quand on a utilisé des huiles provenant d'autres plantes, non seulement dans les langues issues du latin, *huile* en français, *olio* en italien, *oleo* en espagnol, mais aussi dans les langues germaniques : *oil* en anglais, *Öl* en allemand. De même le mot drupe, qui dans le vocabulaire botanique s'applique à tous les fruits à noyau, vient du latin *drupa* ou *druppa*, l'«olive noire», donc mûre, issu lui-même des grecs *drupetès*, «fruit qui tombe spontanément de l'arbre» et *drupépès*, «ce qui mûrit sur l'arbre», en particulier l'olive, et en second lieu la figue. Or, *drupetès* et *drupépès* viennent de *drus*, « l'arbre en tant que sacré »; par opposition à *dendron*, *drus* désignait surtout le chêne. On peut se demander pourquoi l'on retrouve la racine *dru-* dans des mots qui concernent l'olive mûre. Ce n'est pas seulement parce que l'olivier était aussi un arbre sacré. Le gland était considéré comme la nourriture principale des hommes de l'âge d'or, et nous avons vu que Virgile, reflétant d'antiques croyances, note dans ses *Géorgiques* que la raréfaction du « gland des forêts sacrées » marqua la fin de l'âge d'or. Ce fut l'olive qui le remplaça, mais seulement grâce à la culture, car l'olivier n'est point sauvage, c'est une espèce cultivée. L'olive était pour les Anciens le fruit de la civilisation, comme le gland avait été celui de l'âge d'or.

Bien qu'inséparable aujourd'hui du paysage grec, l'olivier n'en est point originaire. Son aire primitive, déterminée par les enquêtes des botanistes, est l'Asie Mineure, où il forme de véritables forêts dans la vaste région qui, partant de l'Arabie méridionale, remonte par la presqu'île du Sinaï, la Palestine, la Syrie et la côte sud de la Turquie jusqu'au pied du Caucase. C'est là de toute évidence que l'on a commencé à le cultiver. Aussi n'est-il pas surprenant que la première mention de l'olivier figure dans les chapitres de la Genèse qui racontent le Déluge : Noé « attendit encore sept autres jours et lâcha de nouveau la colombe hors de l'arche (la première fois, n'ayant pas trouvé "un endroit où poser ses pattes", elle y était revenue). La colombe fut de retour le soir et voici qu'elle avait dans le bec un rameau tout frais d'olivier [11] ». Le courroux de Dieu était donc apaisé; les eaux s'étaient retirées, la végétation commençait à reverdir.

Dès l'origine, l'olivier fut pour les Hébreux un des dons les plus précieux de Yahvé, le symbole même de l'alliance conclue par Lui avec les hommes, en la personne des patriarches, Noé, puis, ainsi que nous allons le voir, Abraham. L'huile d'olive servait à la consécration. Aussi, l'Envoyé de Dieu, celui dont le peuple attendait la venue, était-il appelé le Messie, en hébreu *Mâschiak*, « l'Oint du Seigneur », traduit en grec par *Khristos*, « celui qui a reçu l'onction de l'huile sainte ». En France, comme l'on sait, les rois, au cours du sacre, étaient oints avec l'huile provenant de la Sainte Ampoule que l'on disait avoir été apportée par un ange, ou par une colombe, lors du baptême de Clovis, le premier roi des Francs [12]. L'onction, ou plutôt les onctions, au nombre de sept, étaient données solennellement par le prélat consécrateur qui, sauf de rares exceptions, fut l'archevêque de Reims, successeur de saint Rémi, lequel avait baptisé et oint Clovis. Elle était reçue par le monarque sur la tête, sur la poitrine, entre les épaules, sur l'épaule droite et sur l'épaule gauche, à la jointure du bras droit et à celle du bras gauche. A chacune de ces onctions, l'officiant prononçait en latin les paroles suivantes : « Je t'oins de l'huile sanctifiée, afin de te faire roi, au nom du Père, du Fils et du Saint-Esprit. Amen.» L'onction, qui «faisait» donc le roi, était considérée comme l'action principale du sacre. Elle rattachait la Nouvelle Loi à l'Ancienne, celle du peuple élu; sous l'ancienne Loi, en effet, Saül et David furent sacrés par le prophète Samuel – les prophètes recevaient l'onction comme les rois –, et Salomon par le grand-prêtre Sadoc et le prophète Nathan. C'est ce que rappelait l'antienne chantée par le chœur, à Reims, pendant l'onction.

Le Nouveau Testament ayant accompli les promesses de l'Ancien par la venue d'un Sauveur, l'«Oint du Seigneur», l'onction s'en trouva renouvelée. Elle fut magnifiée par l'Eglise qui la rendit accessible à tous les fidèles, rachetés par le Christ et identifiés à Lui. Des onctions accompagnent la plupart des sacrements qui jalonnent la vie du chrétien jusqu'à sa mort. Pour ces onctions, on utilise le «chrême» (du latin et du grec *chrisma*, «onction, onguent»), composé d'huile d'olive additionnée de baume; mais, selon un historien de la liturgie, «le baume n'est que de précepte ecclésiastique, car il est bien prouvé que dans les quatre ou cinq premiers siècles de l'Eglise on n'en a point mêlé avec l'huile». Celle-ci doit être nécessairement d'olive (*oleum ex oliva*), toute autre étant proscrite [13].

Seul, le chrême proprement dit contient d'ailleurs du baume, l'huile «des catéchumènes» et celle «des infirmes», «n'admettent aucun mélange». Ces trois huiles ne peuvent être consacrées que par l'évêque du diocèse, au cours d'une cérémonie solennelle – «le pontife doit être assisté de douze prêtres, de sept diacres et d'un nombre suffisant d'acolytes » – qui n'a lieu qu'une fois l'an, le jeudi saint. La cérémonie commence par un exorcisme et l'huile, une fois bénite, est saluée par l'évêque et les prêtres.

Les saintes huiles sont utilisées lors du baptême – l'onction est donnée sur la poitrine et les épaules du catéchumène –, dans la confirmation – l'évêque trace le signe de la croix avec son pouce qu'il a trempé dans le saint chrême sur le front du confirmant, après lui avoir imposé les mains –, mais elles jouent un rôle plus important encore dans l'ordination des prêtres et le sacre des évêques, ainsi que dans le dernier sacrement, appelé justement l'extrême-onction. Les futurs prêtres reçoivent de l'évêque une onction en forme de croix sur les mains, faite avec l'huile des catéchumènes, tandis que l'évêque est consacré par une onction en forme de croix faite sur la tête, puis une autre sur les mains; pour les deux, on utilise le saint chrême. Quant à celles que reçoivent les mourants, elles constituent un véritable exorcisme, ainsi qu'en témoigne la formule du Sacramentaire de saint Grégoire le grand : « Je t'oins de l'huile sainte, de même que Samuel oignit David pour en faire un roi et un prophète. Créature d'huile, opère ton effet, au nom du Père Tout-Puissant, afin qu'ici ne se cache point l'esprit immonde, et que ces membres n'en soient pas possédés, mais qu'en toi habite la vertu du Christ très-haut, et de l'Esprit Saint. » Elles sont aussi censées remettre les péchés commis par les divers sens et autres parties du corps; c'est pourquoi elles se font sur les yeux, les narines, la bouche, les oreilles, les mains et les pieds [14]. L'extrême-onction fut « instituée non seulement pour purifier l'âme, la consoler et la fortifier contre les attaques de l'Ennemi, mais encore pour adoucir les souffrances du corps, et même lui rendre la santé, s'il plaît à la Bonté divine [15] ».

La vénération des Hébreux pour l'olivier fut transmise à d'autres Sémites, les Arabes, chez qui l'arbre était indigène et depuis longtemps cultivé. Dans l'Islam, c'est l'Arbre cosmique par excellence, centre et pilier du monde; il symbolise l'Homme universel, le Prophète et « l'un des noms de Dieu, ou quelque autre mot sacré est écrit sur chacune de ses feuilles; et la *baraka* de son huile peut être si forte qu'elle peut faire s'accroître la quantité d'huile elle-même et devenir dangereuse. Dans certaines tribus, les hommes boivent de l'huile d'olive pour augmenter leur pouvoir de procréation [16]». L'olivier est donc aussi un arbre de vie, mais, dans l'Islam, l'*Arbre béni* est surtout considéré comme la source de la lumière par l'huile qu'il donne. La sourate XXIV du Coran, sur «La Lumière» s'exprime ainsi : «Dieu est la lumière des cieux et de la terre. Sa lumière est semblable à une niche où se trouve une lampe. La lampe est dans un verre pareil à un astre étincelant qui s'allume grâce à un arbre béni : un olivier qui n'est ni de l'Orient ni de l'Occident et dont l'huile brillerait sans qu'un feu la touche ou peu s'en faut [17].» Cet arbre merveilleux et secret est l'arbre céleste, «sans rapport avec la rotation (de la terre) autour du soleil [18]», en effet, il est l'axe immobile du monde créé.

L'olivier, *arbre béni* représente aussi Abraham, le père des fidèles, l'ancêtre commun des juifs, des chrétiens et des musulmans. Abraham, comme Noé avant lui, est identifié à l'olivier en signe de cette alliance, dont les olives, présents divins, sont en quelque sorte les garants.

Monter dans l'olivier sacré, c'est retourner à la source, rentrer dans «le sein d'Abraham», ce qu'exprime le songe de Mahomet, rapporté dans un «hadith» : «J'ai vu cette nuit deux hommes qui sont venus me prendre par la main pour m'amener dans la Terre Sainte... Puis ils me conduisirent dans un jardin vert. Il y avait un arbre immense, et dans le tronc de l'arbre il y avait un vieillard et des enfants. Un homme, près de l'arbre, allumait un feu. Les deux hommes me firent monter dans l'arbre, et m'introduisirent dans un lieu de séjour si merveilleux que je n'en avais jamais vu d'aussi beau; il y avait là des vieillards et des jeunes gens, des femmes et des enfants.» Le Prophète demanda la signification de ce qu'il avait vu à ses deux guides. Ceux-ci lui répondirent : «Le vieillard que tu as vu dans le tronc de l'arbre est Abraham, et les enfants des hommes; celui qui allumait le feu est le Trésorier du Feu. Le premier lieu de séjour où tu es entré est celui du commun des fidèles. Plus haut encore dans l'arbre, il en existe un second plus beau encore, c'est le séjour des martyrs.» A la cime de l'Arbre cosmique, ici l'olivier, qui touche le ciel se trouve le Paradis des élus et

son point le plus élevé est réservé aux martyrs, aux
témoins [19] qui ont tout abandonné à Dieu, même leur vie.
L'olivier était un arbre oriental. Ce sont, semble-t-il, les
Phéniciens qui le propagèrent le long des côtes de la
Méditerranée et particulièrement dans leur colonie de
Carthage, d'où l'espèce se répandit dans toute l'Afrique
du Nord.

Selon la version la plus courante en Grèce, l'olivier
aurait été apporté d'Egypte ou de Libye en Attique par
Cécrops, héros pélasge qui en fut le premier roi, enseigna
l'agriculture et fonda Athènes. Les textes anciens et
l'archéologie nous apprennent que la colline qui porte
l'Acropole s'appela d'abord Glaucôpion [20], elle était en
effet dédiée à la déesse chouette (*glaux*), elle le fut ensuite
au dieu serpent Cécrops, nom qui paraît résulter du croisement de *cryptô* « cacher » et de *cercos*, « queue », avec la
terminaison *ops*, « la voix », *opsis*, « la vue », donc le
visage ; autrement dit, Cécrops était un dieu mi-homme,
mi-serpent et c'est ainsi qu'il est représenté dans la
sculpture archaïque. Or nous avons vu que le serpent,
puissance chtonienne, était intimement lié à l'arbre
sacré. Selon les archéologues, l'Acropole, nommée
d'abord Glaucôpion, puis, aux temps pélasgiques, Cécropia, était déjà fortifiée et entourée de cinq ou six villages
lors de l'invasion des Hellènes, qui comprirent tout de
suite l'importance de sa position. Ils y installèrent une
nouvelle divinité, Erechthée [21], qui prit la forme de
l'ancien dieu-serpent Cécrops, désormais « relégué dans
l'ombre », et partagea l'Acropole avec leur déesse,
Athéna, « qui elle absorba le culte de la chouette. La colline lui fut consacrée pour toujours. Les petits groupes de
la Cécropia devinrent son peuple : la fusion de leurs villages donna naissance à sa cité des Athènes. Quand son
domaine s'étendit dans la plaine du Céphise, elle s'incorpora encore une autre Athéna, la déesse à l'olivier ; quand
il atteignit le littoral, elle s'adjoignit Poséidon. L'Erechtheion symbolisa tout ce passé, avec sa chapelle de
Cécrops, avec ses autels d'Erechthée, d'Athéna et de
Poséidon, avec son olivier sacré et sa petite mer [22] ». Cette
succession des cultes a été démontrée par les fouilles.
L'Erechtheion actuel fut construit au-dessus d'un temple
grec et d'un édifice mycénien dont il respecta les ruines
en épousant leurs lignes principales [23].

Sur la fondation et le développement de la cité des Athènes – le nom est au pluriel et désigne la fédération qui se constitua sous l'égide d'Athéna –, on connaît plusieurs autres légendes, car manifestement, pour les Grecs de l'époque classique, la création d'Athènes restait confuse au point de vue historique. Ainsi, Cécrops est tantôt le père, tantôt le fils d'Erechthée qui fut mis à mort par Poséidon. Il se peut fort bien qu'une telle confusion n'ait pas été tout à fait innocente, les Athéniens, qui se prétendaient autochtones, préféraient sans doute oublier le mélange des races dont ils étaient issus, mais la succession des cultes sur le même lieu, confirmée par les fouilles, semble bien correspondre, comme d'ordinaire dans le monde grec, à des flots successifs d'envahisseurs. Il paraît « clairement établi que les Pélasges ioniens d'Athènes [et l'on sait les rapports privilégiés qu'entretinrent de tout temps les Athéniens avec l'Ionie] furent vaincus par les Eoliens et qu'Athéna ne reconquit la souveraineté qu'en s'alliant aux Achéens de Zeus qui, par la suite, lui retirèrent la paternité de Poséidon et la firent naître une seconde fois de la tête de Zeus [24] ».

Cette hypothèse de Graves est corroborée par plusieurs données légendaires. Ainsi, le fils et successeur de Cécrops, fils lui-même d'Erechthée, mis à mort par Poséidon, se nommait Pandion, nom qui signifie « Zeus le Tout (Puissant) », c'était donc un prêtre du Zeus des Achéens. Quant à la rivalité d'Athéna et de Poséidon, elle est illustrée par l'épisode fameux au cours duquel s'affrontèrent l'ancienne divinité pélasgique et celui qui était le dieu des envahisseurs éoliens. Toujours avide de royaumes terrestres, Poséidon revendiqua la possession de l'Attique en plantant son trident dans le sol de l'Acropole, où se forma aussitôt un puits d'eau salée qui s'y trouve encore. En riposte, la déesse fit naître près du puits le premier olivier [25]. Poséidon, furieux, la provoqua alors en combat singulier, mais Zeus s'interposa et soumit le litige à un tribunal composé des autres Olympiens. Appelé en témoignage, Cécrops se prononça en faveur d'Athéna. Tous les dieux soutinrent Poséidon et toutes les déesses Athéna, laquelle finalement l'emporta, Zeus ayant décidé de ne pas émettre d'opinion. A une voix de majorité, le tribunal décréta que la déesse avait plus de droit sur le territoire, puisqu'elle lui avait apporté le plus beau présent. L'avis de Cécrops fut donc décisif et Pallas, la «jeune fille» divine, l'archaïque déesse égéo-mycénienne, conserva son ancienne souveraineté. Sous son autorité, Cécrops fut le héros civilisateur de l'Attique qu'il organisa en douze communautés, y élevant des temples à la déesse poliade, remplaçant les sacrifices sanglants par des offrandes de gâteaux d'orge, partageant avec Athéna l'honneur d'y avoir introduit l'olivier, dont elle demeura, avec Zeus lui-même, la protectrice. Il y avait en grec un mot propre pour désigner ces oliviers sacrés vénérés à Athènes, non seulement sur l'Acropole, mais à l'Aréopage et à l'Académie. On les appelait *moria* et non *éléa*; *morios* signifie «donné en partage» (par le destin, par les dieux), *morios Zeus* était le maître des oliviers sacrés.

Dans ce guide à l'usage des pieux touristes qu'est la *Périégèse*, Pausanias donne une description minutieuse de l'Acropole, telle qu'elle se présentait au IIe siècle après J.-C. Elle avait été pillée et remaniée de nombreuses fois. Néanmoins, on y voyait toujours «dans le rocher l'empreinte du trident» de Poséidon, le puits d'eau de mer où, «par vent du sud», on entendait «le bruit des vagues[26]», et, tout à côté, l'olivier d'Athéna. Il avait pourtant été brûlé lors de l'incendie du temple d'Erechthée par les Perses de Xerxès, «mais, le lendemain de l'incendie, quand les Athéniens chargés par le roi d'offrir un sacrifice montèrent au sanctuaire, ils virent qu'une pousse haute d'une coudée[27] avait jailli du tronc calciné»[28]. Non loin de là, on pouvait encore admirer du temps de Pausanias une lampe d'or consacrée à la déesse; «on la remplit d'huile et on attend le même jour de l'année suivante, car cette huile suffit pour ce laps de temps, bien que la lampe soit allumée de jour comme de nuit». Même si l'auteur de la *Périégèse* ne le dit pas, il est clair que cette huile merveilleuse provenait des fruits de l'olivier sacré.

Non seulement Athènes conserva le privilège de ces arbres divins – les Epidauriens durent solliciter des Athéniens la faveur de couper l'un d'eux pour en faire deux statues afin d'obéir à l'oracle de Delphes –, mais, écrit Hérodote, «on dit aussi qu'à cette époque Athènes était le seul endroit de la terre où il y en eût». Les oliviers plantés dans la plaine d'Eleusis étaient spécialement vénérés, ils sont comme divinisés dans l'*Hymne homérique à Déméter* qui les relie aux initiations éleusiniennes. Ceux qui les endommageaient étaient traduits en justice et sévèrement châtiés. Partout en Grèce, les oliviers étaient protégés, on n'utilisait leur bois que pour en faire des statues de culte. Les abattre ou les brûler était un crime, puni par les hommes et surtout par les dieux. Si les Lacédémoniens qui ravageaient l'Attique y épargnèrent les oliviers, c'est qu'ils craignaient la vengeance divine.

D'Attique, l'olivier émigra dans toute la Grèce, mais l'Italie ne le reçut que bien plus tard. Selon Fenestella, historien latin qui mourut au début du règne de Tibère, cité par Pline [29], « il était tout à fait inconnu en Italie, en Espagne ou en Afrique sous le règne de Tarquin l'Ancien, en l'an 173 de Rome », alors que du temps de Pline (Ier siècle ap. J.-C.), donc sept cents ans plus tard, l'olivier avait « franchi les Alpes et atteint le centre des Gaules et des Espagnes ».

A l'origine de Rome, le figuier de Mars

Presque aussi riches que ceux de l'olive et de l'olivier étaient dans le monde antique le symbolisme et la mythologie de la figue et du figuier. L'histoire de l'espèce et de son expansion géographique présente beaucoup d'analogies avec celle de l'olivier, avec cette différence toutefois que le figuier existe à l'état spontané dans toute l'Afrique, jusqu'à l'extrême Occident, puisque les botanistes ont découvert des figuiers sauvages dans les endroits les plus écartés des îles Canaries [30]. On en trouve aussi de l'Afrique du Nord jusque dans les oasis sahariennes, jusqu'à l'Afghanistan et au Béloutchistan, jusqu'au pied du Caucase où le figuier s'arrête comme l'olivier [31]. On sait que c'est une figue africaine qui déclencha la troisième guerre punique et entraîna la destruction de Carthage. Caton, « brûlant d'une haine mortelle pour les Carthaginois et inquiet pour la sécurité future des Romains », montra un jour aux sénateurs une figue fraîche. « Sachez qu'elle a été cueillie à Carthage, il y a trois jours, tant l'ennemi est près de nos murs [32] ».

C'est en tout cas de Crète que les Grecs reçurent le figuier, ce qu'attestent les noms grecs de son fruit [33]. Dans l'île, on donnait le nom de *sykon* à la figue sèche et on appelait la figue fraîche *olynthos*; en grec, le même mot *sykon* – *sykea*, la figue, le figuier –, semble avoir désigné l'une et l'autre, tandis que, pour les linguistes [34], *olynthos* n'aurait survécu qu'avec le sens de « figue tardive qui ne mûrit pas »; il semble plus probable que le mot voulait dire « figue sauvage », celle du caprifiguier, qui en effet ne parvient pas à maturité; d'*olynthos* dérive le verbe *olynthadzein*, « féconder les palmiers femelles avec le pollen des palmiers mâles », très certainement parce que les Grecs, qui ne connaissaient cette opération que par ouï-dire, la comparaient avec la caprification qu'eux-mêmes pratiquaient.

Dès l'époque homérique, on a cultivé le figuier en Grèce, ainsi qu'en témoigne, au chant VII de l'*Odyssée*, la description du verger d'Alkinoos, roi des Phéaciens : « Là poussent de grands arbres vigoureux, poiriers, grenadiers, pommiers aux fruits éclatants, figuiers aux baies sucrées, oliviers gonflés de sève. » Avec le figuier était venue de Crète la technique de la caprification, connue depuis la plus haute antiquité. Pline [35], résumant Théophraste, écrit : « La maturation (de la figue) excite l'admiration, car seul entre tous les fruits, il arrive à maturité par un artifice de la nature. » On pensait en effet que la fécondation des figues ne pouvait se produire sans l'intervention d'un insecte né sur le figuier sauvage. La variété cultivée ne portant que des fleurs femelles ou trop peu de fleurs mâles, on suspendait dans l'arbre des fruits du figuier sauvage ou caprifiguier. *Caprificus*, en latin, vient de *caper*, « le bouc », mot qui possède un sens très particulier puisqu'il est issu du grec *capraein*, « être en rut » (*capridzein* signifie « se livrer à la débauche »). Selon Théophraste : « On opère la caprification (en grec *erinasmôs*, du nom du caprifiguier, *érinos* ou *érineos*) de la manière suivante : les moucherons nés des figues sauvages entrouvrent ces figues. C'est d'elles en effet qu'ils naissent [36]. Mais, cherchant une nourriture semblable, ils s'envolent et se dirigent vers les fruits du figuier (cultivé). ... Une fois le cœur de la figue entrouvert, ils absorbent l'excès d'humidité et livrent passage à l'air extérieur...

Privés de nourriture [les fruits du caprifiguier pourrissent avant d'être mûrs], cherchant celle qui leur est propre, ils sont portés vers ce qui lui ressemble.» Théophraste ajoute : «Cela se produit aussi quand on n'a pas recours à la caprification, si des caprifiguiers se trouvent à proximité des figuiers cultivés. C'est pourquoi on plante à côté de ceux-ci ces caprifiguiers au sommet des plantations, des espèces précoces à côté des précoces, des tardives à côté des tardives, des moyennes à côté des moyennes, afin que la caprification se produise pour chaque espèce au moment approprié [37].» Palladius ajoute que l'on passait un fil de lin dans les fruits du caprifiguier pour en faire un collier que l'on suspendait dans l'arbre [38]. C'est ainsi que procèdent encore les Berbères en Afrique du Nord [39].

En Grèce, la figue, surtout sèche que l'on pouvait consommer à n'importe quel moment de l'année, jouait un rôle important dans l'alimentation. On trouve souvent mentionné chez les auteurs anciens des repas composés de pain d'orge, de fromage de chèvre et de figues, qui surprennent les gros mangeurs que nous sommes devenus. La figue bien mûre passait pour particulièrement hygiénique et les médecins la recommandaient à ceux qui voulaient se bien porter. Une production abondante était donc nécessaire et, au xviie siècle, Tournefort notait déjà que les figuiers des îles grecques portaient jusqu'à 280 livres de figues, alors que ceux que l'on cultivait en France ou en Italie n'en donnaient guère plus de 25 [40].

En grec, le verbe *sykadzein*, «cueillir des figues» s'employait aussi pour dire «tâter, explorer, comme on tâte des figues pour savoir si elles sont mûres», mais dans un sens obscène, car dans la figue les Grecs voyaient l'image du scrotum. Il en va encore de même aujourd'hui chez les Berbères. Le nom du fruit «est devenu à ce point synonyme de testicules qu'il ne s'emploie pas dans la conversation courante et s'est trouvé remplacé par le nom de la saison, le *khrif*, l'automne». Le mot *sykon* désignait non seulement la figue, mais de petites excroissances charnues aux paupières et à l'anus, et aussi le *mons Veneris*, et *sykea*, une ulcération, une tumeur. Il en allait un peu de même en latin avec le mot *ficus*, au féminin, «la figue» et au masculin «la verrue» [41]. Assez curieusement, *ficus* a donné en français et en d'autres langues latines « le foie », par l'entremise du latin « ficatum », « le foie gras ». Les Grecs engraissaient les oies en les gavant de figues, ce qui faisait surtout grossir leur foie, appelé alors *hépar sykoton* (de *sykon*, « la figue »). Sous l'influence du nom grec, les Romains appelèrent le foie gras *ficatum*, le mot passa dans l'usage pour désigner le foie humain et remplaça l'ancien *jecur, jecoris*. Sans doute ne serait-ce là qu'une anecdote linguistique si le foie n'avait été pour les Anciens d'une part le siège des passions, en particulier de la colère, de la violence [42], et d'autre part un organe gorgé d'un suc amer, la bile, qui rappelle le lait âcre que contient la figue avant maturité. En fait, sous ce passage d'un sens à l'autre est implicite l'allusion à la figue succulente et au scrotum considéré comme source d'un suc, le sperme, et bourré de semences, de plus, attribut viril par excellence, le scrotum était autant que le foie responsable des passions et de la violence masculines. Le mot latin dérive de *scortes*, « les bourses », qui vient de *scortum*, « peau épaisse, cuir », lequel a donné en français « écorce », mais signifie aussi, en latin, prostituée ou prostitué.

Quant à *ficus*, il découle, comme *sykon*, de la racine *fik* ou *suk*, dont l'origine, certainement méditerranéenne, demeure inconnue des linguistes, mais nous avons vu qu'elle se situe en Crète. De cette même racine, vient le français suc, en latin *sucum*, « la sève ». C'est donc du mot qui désigne la figue que sont venus le suc et la sève, et non l'inverse. La figue est le fruit « succulent » par excellence.

Toujours est-il que la figue a eu un sens obscène qu'elle n'a jamais tout à fait perdu, sens double d'ailleurs puisqu'elle évoque à la fois le scrotum et, entrouverte, la vulve (en italien le mot *fica* a ce sens). « Faire la figue » à quelqu'un, en montrant le bout du pouce entre l'index et le médius, a toujours eu la même signification.

En grec, le mot sycophante (révélateur de la figue) était injurieux, ce qu'expliquait le rôle joué par ces personnages, celui de délateurs. Mais leurs dénonciations étaient nécessaires au fonctionnement du système judiciaire athénien. Quand il s'agissait d'une cause publique, donc d'un « acte présumé contraire à l'intérêt général, tout citoyen avait le droit et même le devoir de " venir au secours " de la loi, en déposant une plainte devant un magistrat. Il découla de cet état de choses que l'État se vit pratiquement obligé d'encourager les dénonciations, ce qui favorisa le développement du nombre des sycophantes 43 ». Au Vᵉ siècle av. J.-C., ils touchaient comme prime les trois quarts de l'amende infligée au coupable, mais non sans risque, car si l'accusé était absous et que l'accusateur n'avait pas obtenu le cinquième des voix des héliastes (le jury), il était condamné à une amende, ou même à une peine très grave, l'atimie, c'est-à-dire la privation de ses droits civiques. Que les sycophantes, souvent des calomniateurs intéressés, aient été objets de mépris, il n'y a pas lieu de s'en étonner, mais pourquoi les appelait-on « révélateurs de la figue »? A l'origine, selon les hellénisants 44, le mot désignait « le dénonciateur de ceux qui exportaient des figues en contrebande ou de ceux qui volaient les figues des figuiers consacrés ». Il est vrai qu'il était interdit jadis de faire sortir d'Attique pour les vendre les figues, produits de première nécessité, et que le vol des fruits des arbres sacrés était une sorte de sacrilège. Une telle explication est cependant insuffisante. Mais nous savons par ailleurs que la « révélation de la figue » existait en Grèce dans certains cultes agraires primitifs. C'était très probablement un rite d'initiation aux secrets de la fécondité, comme le fut la « révélation de l'épi» dans le cours des mystères d'Eleusis. Nous en trouvons la trace, en particulier, dans le cortège des offrandes à Dionysos décrit par Plutarque : « une cruche de vin, une vigne, un bouc, une corbeille de figues, enfin le phallus 45 ». Étant donné ce que nous venons de dire de la signification symbolique des figues, leur association avec le phallus s'explique d'elle-même. Les sycophantes révélaient donc en public des secrets qui auraient dû être tus, l'intimité de chacun, et leur activité avaient de ce fait quelque chose de sacrilège.

Porteur de fruits aussi suggestifs, le figuier était considéré comme un arbre impur. Nous savons par les actes du très archaïque collège des Frères Arvales 46 que ceux-ci devaient faire de grandes expiations quand un figuier poussait par hasard sur le temple de la déesse Dia, ancienne divinité latine des champs, assimilée à Cérès

(Déméter). Il fallait alors non seulement arracher l'arbre, mais détruire le temple devenu impur. Pline et quelques autres écrivains latins tardifs pensaient que la cause de cette destruction était la crainte que le toit s'effondre, mais, comme le fait remarquer De Gubernatis, il devait y avoir « eu une raison plus sérieuse et plus grave pour amener la démolition de tout le temple... Il faut donc voir dans l'apparition du figuier sur le temple que les Vestales desservaient la présence d'un être impur au milieu de la pureté même [47] ».

En tout cas, le figuier était pour les anciens inquiétant. Ainsi, c'était toujours sur un bûcher de bois de figuier qu'à Rome on brûlait les monstres, d'après Macrobe [48], tandis qu'en Grèce, selon Lucien, on en faisait autant pour les livres impies [49], non que le figuier fût purificateur, mais au contraire parce qu'il présentait avec ces objets impurs une affinité certaine. Plutarque note que le figuier était considéré comme un arbre chaud; il exhalait « des émanations fortes et violentes » et son bois était remarquable par son « acrimonie »; « quand on y mettait le feu, il dégageait une fumée très âcre et très piquante [50] ». Que le figuier ait été considéré comme maléfique, nous en trouvons peut-être une illustration dans un épisode de la vie de Timon d'Athènes, le fameux misanthrope, « ennemi de tout le genre humain », rapporté par Plutarque. Un jour, Timon se présenta à l'assemblée où il n'allait jamais et monta à la tribune aux harangues : « Chacun était très attentif à ouïr ce qu'il voulait dire, à cause que c'était une chose bien nouvelle et bien étrange de le voir en chaire; à la fin, il commença à dire : " Seigneurs Athéniens, j'ai en ma maison une petite place, où il y a un figuier auquel plusieurs se sont déjà pendus et étranglés, et pour autant que j'y veux faire bâtir, je vous en ai bien voulu avertir devant que faire couper le figuier, à celle fin que si quelques-uns d'entre vous se veulent pendre, qu'ils se dépêchent " [51]. »

Bien que, sous certains de ses aspects, impur et néfaste, le figuier n'en passait pas moins pour un arbre oraculaire. Un fragment d'Hésiode, cité par Strabon [52], met en relation directe la vie de Calchas, le devin de la guerre de Troie, avec un figuier. La guerre terminée, sur la voie du retour, Calchas s'arrêta à Colophon et y rencontra un autre devin, Mopsos, petit-fils de Tirésias. Voulant mettre à l'épreuve ses dons, Calchas lui demanda combien de figues, à son avis, on cueillerait sur l'arbre qui les abritait. Mopsos cita un chiffre considérable mais ajouta qu'après la récolte, il n'en voyait plus qu'une seule. Calchas sut alors que son dernier jour était arrivé et il mourut, car il avait rencontré plus fort que lui. En tant qu'arbre divinatoire, le figuier joue un rôle toujours ambigu. A Rome, on vénérait plusieurs figuiers sacrés. Pline mentionne l'un d'eux qui se trouvait devant le temple de Saturne[53]. Comme il sapait la base de la statue de Silvanus, on dut l'arracher en 153 av. J.-C., après un sacrifice célébré par les Vestales[54].

Un autre figuier, au milieu du Forum, était « né fortuitement » à l'endroit même où mourut de manière héroïque M. Curtius. En 362 av. J.-C., sur cet emplacement, la terre s'entrouvrit subitement, et un gouffre immense resta béant. Les augures ayant déclaré qu'il ne pourrait être comblé qu'en y jetant le trésor le plus précieux de Rome, le jeune patricien M. Curtius proclama que la ville ne possédait pas « de plus grands biens que ses armes », puis se précipita à cheval et tout armé dans l'abîme qui se referma immédiatement sur lui[55]. On peut se demander si le figuier commémorait le sacrifice sublime de M. Curtius, ou conjurait le « présage funeste » qu'avait constitué cet effondrement « aux bases mêmes de l'empire ».

Un troisième figuier qui poussait sur le Forum, dans le Comitium, était plus vénéré encore. En effet, on y avait « enterré les foudres », opération déjà pratiquée par les Étrusques et qui consistait à creuser à l'endroit où elles étaient tombées un trou entouré d'une margelle. Ce rite était accompagné d'une cérémonie expiatoire, destinée à écarter les menaces annoncées par la foudre. Le figuier avait la réputation d'être un *arbor felix*[56] qui préservait de la foudre; pour cette raison, il était souvent planté à Rome, celui du Forum avait pour fonction d'éviter son retour dans ce lieu. Mais sa célébrité tenait surtout au fait qu'il était censé représenter l'arbre « nourricier des fondateurs de l'empire »[57], consacré à Mars, le plus romain des dieux puisqu'on lui attribuait la paternité de Romulus et Remus, nés de la vestale Rhéa Silvia qu'il aurait surprise en plein sommeil.

Lorsque les jumeaux nés de la vestale, fille de Numitor, le roi d'Albe détrôné par son frère Amulius – lequel avait pris ses précautions, en faisant périr le fils de Numitor et en vouant sa fille à Vesta, afin qu'obligée à la chasteté, elle ne puisse avoir de descendance –, furent par ordre de ce dernier exposés dans un van jeté dans le Tibre, les eaux déposèrent cette nacelle au pied d'un figuier sauvage, devant la grotte Lupercal. Là, une louve vint allaiter les enfants et un pic [58] leur déposa dans la bouche quelque nourriture, ce qui leur permit de survivre jusqu'à ce qu'ils fussent recueillis par le berger Faustulus et sa femme Acca Larentia ou Laurentia, en qui certaines versions de la légende, mentionnées par Tite-Live et Plutarque [59] reconnaissent la louve, le mot *lupa* désignant aussi les prostituées. Ce figuier fut nommé Ruminal, « parce que sous son ombre fut trouvée la louve donnant aux petits enfants la mamelle *(rumis)* – c'est l'ancien nom pour *mamma*... [60] », selon Pline; mais Varron soupçonnait que ce figuier avait été planté par des bergers devant le sanctuaire de Rumina, déesse de l'allaitement. Toujours est-il qu'il était censé avoir un rapport avec le lait. Tous les figuiers contiennent en effet un suc d'aspect laiteux, le *latex*, et Pline note : « le suc (de la figue) a l'apparence du lait au début de la maturité, du miel à la fin...; devenues vieilles (les figues) distillent des gouttes semblables à de la gomme [61] ». Le figuier étant considéré comme un arbre phallique, ce pseudo-lait pourrait bien être du sperme, en l'occurrence celui du dieu Mars auquel l'arbre était consacré. N'est-ce pas ce à quoi se rapporte une autre légende de la conception de Romulus et Remus, citée aussi par Plutarque? « C'est qu'il sourdit en son foyer [celui de Tarchétius, roi d'Albe, autrement dit Numitor] une forme de membre viril, laquelle y demeura plusieurs jours. » Tarchétius ayant consulté un oracle sur la signification de ce phénomène s'entendit répondre « que sa fille, qui était encore à marier (elle était vierge, puisque vestale) eût la compagnie du dit monstre, parce qu'il en naîtrait un fils lequel serait très renommé par sa vaillance, et qui en force de corps et prospérité de fortune surpasserait tous ceux de son temps. Tarchétius communiqua cet oracle à sa fille, et lui commanda qu'elle s'approchât du monstre : ce qu'elle dédaigna de faire, et y envoya l'une de ses servantes, dont Tarchétius fut si aigrement courroucé qu'il les fit toutes deux prendre pour les faire mourir». Mais Vesta, la déesse du foyer (Rhéa Silvia était une vestale), apparut en songe au roi et «lui défendit de le faire». Tarchétius fit alors enfermer sa fille et la servante, mais cette dernière «qui avait été engrossée par le monstre, se délivra de deux beaux fils jumeaux, lesquels Tarchétius bailla à un nommé Teratius, lui enjoignant de les faire mourir. Ce Teratius les porta au bord de la rivière... [62]». A partir d'ici, cette singulière légende rejoint le récit habituel, et même officiel, de l'origine.

Il n'est peut-être pas trop hardi de supposer que ce mystérieux «membre viril», apparu sans corps à quoi il se rattachât dans le feu du foyer, était de bois et même de bois de figuier. Le figuier serait dès lors le père de Romulus et Remus, ce qui n'est pas sans rappeler la conception d'Attis, la figue jouant ici le rôle de la grenade mise en son sein par Nanâ, sa future mère. Quoi qu'il en soit, c'est bien des arbres que descendaient les jumeaux, comme en témoignent les noms de la lignée des rois d'Albe-la-Longue, dont ils procèdent, lignée inaugurée par Silvius (de Silvia, la forêt), fils d'Ascagne et petit-fils d'Énée, «né, dit Tite-Live [63], par je ne sais quel hasard dans une forêt» et dont les successeurs portèrent tous le surnom de Silvius, jusqu'à Rhéa Silvia, mère de Romulus et Remus. Enfin, une tradition affirme que Romulus prit possession du mont Palatin en fichant dans le sol son javelot de cornouiller [64], arbre qui appartenait aussi à Mars.

Le Mars latin est bien distinct de l'Arès des Grecs. Il ne devint dieu de la guerre que lorsque les agriculteurs qu'il protégeait durent, pour défendre leur sol, se conduire en soldats. A l'origine, Mars était un dieu de la nature en fleur. S'il naquit de Junon, comme Arès d'Héra, il n'était pourtant pas le fils de Jupiter, mais d'une fleur merveilleuse avec laquelle la déesse se serait unie mystiquement. En conséquence, il présidait à la renaissance printanière de la végétation, celle en particulier des arbres; lui étaient consacrés, outre le figuier et le cornouiller *(Cornus Mas)*, le laurier et parfois le chêne, car, pour les Romains, Mars avait dans le culte prééminence sur Jupiter lui-même. Les animaux dédiés à Mars étaient le loup et le pic, autrement dit les nourrices des jumeaux divins.

ces fêtes se déroulaient au début du printemps, en mars; elles célébraient la montée de la sève. Aussi appelait-on le dieu *Mars Gradivus* (du verbe *grandire*, faire pousser), mais sous cette forme également *Silvanus*.

Le figuier du Comitium qui, selon Tite-Live, porta le nom de « Romulaire », était étroitement lié à la vie même de l'*Urbs*.

« C'est toujours un présage, écrit Pline, quand il se déssèche et les prêtres ont soin d'en planter un nouveau. » Dans ses *Annales*, Tacite précise : « La même année (58 ap. J.-C.), le figuier Ruminal, qu'on voyait au Comice, et qui, plus de huit cent quarante ans auparavant, avait ombragé l'enfance de Remus et Romulus, perdit ses branches, et son tronc se dessécha, ce qui parut d'un sinistre augure; mais il poussa de nouveaux rejetons » [65]. Ce qu'annonçait l'arbre, les Romains le surent dès l'année suivante. Néron fit périr sa mère qui, jalouse de la passion de son fils pour Poppée, avait tenté de le pousser à l'inceste. Le meurtre d'Agrippine marqua le début des années terribles du règne de Néron qui se termina par son assassinat neuf ans plus tard, lequel engendra pour l'empire une crise à laquelle il faillit succomber. Mais, effectivement, il « poussa de nouveaux rejetons ».

Étant donné le caractère complexe et l'ambiguïté du figuier, les mythographes grecs, sinon latins qui l'attribuaient à Mars, semblent avoir hésité quant au dieu auquel il appartenait. Un mythe de la ville africaine de Cyrène donnait Cronos pour son inventeur et l'on peut en voir le reflet dans le fait que l'un des figuiers sacrés de Rome était planté devant un temple de Saturne. Mais c'était surtout l'arbre de Dionysos, le dieu de la sève et des sucs, auquel convenait son fruit « gonflé de pulpe juteuse et sanguine [66] ». On l'appelait *Sykirès* (de *sykon*, « la figue ») en Laconie. Le figuier était aussi revendiqué par Priape, le dieu phallique par excellence, quelquefois considéré comme son fils (ou celui d'Hermès) et qui faisait partie de son cortège. En fait, Priape « se confondait avec Dionysos dans leur rôle commun de protecteurs des jardins » [67], et plus particulièrement du figuier. C'est avec son bois que l'on sculptait les phallus portés en procession et qui étaient désignés d'un des surnoms de Dionysos, *Thyônidai* [68]. Dans la feuille du figuier elle-même, les

Anciens reconnaissaient un symbole phallique. Au cours de sa longue comparaison de Dionysos et d'Osiris, Plutarque écrit : « On désigne aussi par une feuille de figuier le roi Osiris et le climat du Midi, et l'on explique cet emblème en disant que la feuille du figuier renferme un principe d'humidité et de génération et qu'elle paraît avoir quelque ressemblance avec un membre viril » [69]. C'est donc bien du Dionysos priapique, ithyphallique, qu'il s'agissait en l'occurrence.

Par ailleurs, le figuier était mis en rapport avec l'animal consacré au dieu sous cet aspect, le bouc. De même qu'à Rome, le figuier sauvage s'appelait *caprificus* (de *caper*, « le bouc »), de même, en certaines régions de la Grèce, la Messénie par exemple, on le nommait *tragos* [70], « le bouc », mot qui désignait aussi la puberté et la lubricité. Quand, lors d'une calamité publique, on sacrifiait un homme et une femme en tant que boucs émissaires, le premier portait un collier de figues noires, la seconde un collier de figues blanches [71]. Au cours des Thargélies, fêtes d'Apollon et d'Artémis, célébrées à Athènes en mai-juin, on chassait avec des branches de figuier les profanes qui les auraient souillées de leur présence.

Il est intéressant de noter que ces usages et ces idées ont partiellement survécu en pays berbère. Nous avons noté que le mot figuier était exclu du vocabulaire courant. Il convient d'ajouter qu'en Afrique du Nord, les figues sont en relation, non seulement avec la fécondité, mais avec le monde des ancêtres, d'où celle-ci remonte, portée en quelque sorte, à partir des racines plongeant dans la terre, par la sève des arbres et singulièrement du figuier priapique. Ainsi dépose-t-on des figues dans les premiers sillons lors des labours et en abandonne-t-on sur les tombeaux et dans les sanctuaires comme « la part des Invisibles » ; les figues sont « l'offrande de choix réservée aux morts [72] ».

Le pommier des Hespérides

Contrairement à l'olivier et au figuier, le pommier n'a jamais été exotique en Europe, même dans la plus haute antiquité. Les Hellènes et les Troyens, ancêtres « officiels » des Romains, l'avaient rencontré partout au cours de leurs migrations, avant de s'établir en Grèce, en Asie Mineure ou en Italie. Au témoignage de Pline[73], les Romains du Ier siècle de notre ère connaissaient déjà trente espèces de pommes; leurs usages tant alimentaires que médicinaux étaient nettement différenciés. Pomme, nous l'avons déjà noté, se disait en latin *malum*, du grec *mèlon*, mot d'origine méditerranéenne, mais non grec. *Mèlon* avait un sens plus étendu que *malum*, il désignait aussi le petit bétail, le mouton ou la chèvre. Mais les deux mots, le latin comme le grec, servirent à dénommer tous les fruits exotiques ressemblant plus ou moins à des pommes, accompagnés alors d'adjectifs indiquant leur provenance. *Mèlon cydônion* était le coing, de Cydônia (aujourd'hui Khania ou Canea, en Crète) et *mèlon persicon*, la pêche. Le pêcher, originaire de Chine, avait été découvert lors de l'expédition d'Alexandre en Perse, où il était depuis longtemps cultivé. L'abricot se disait *mèlon armeniacon*, car, bien que l'abricotier fût lui aussi venu de Chine, les Grecs le reçurent d'Arménie au Ier siècle ap. J.-C. *Mèlon citrion* désignait le citron et *mèlon mêdicon* serait le cédrat. On a voulu voir dans les pommes des Hespérides des oranges ou des citrons, sous le prétexte que Sophocle, au Ve siècle av. J.-C., les appela « pommes d'or ». Mais les Grecs n'ont connu les agrumes qu'au IVe siècle au plus tôt, sous la forme des cédrats, et les citrons seulement quelques siècles plus tard, et ni eux ni même les Romains n'ont jamais soupçonné l'existence des oranges qui n'apparurent en Europe qu'autour de l'an 1000. « Pommes d'or » ne se réfère pas à une espèce donnée, mais désigne des fruits mythiques, des « fruits d'immortalité ».

C'est bien le sens qu'ont les pommes dans la légende. Héraclès avait déjà accompli les dix travaux que lui avait infligés Eurysthée. Rappelons qu'il s'était rendu auprès de lui à Tyrinthe, après que l'oracle de Delphes, qu'il avait consulté pour savoir comment se purifier des crimes perpétrés dans sa folie, lui avait conseillé d'entrer au service de ce roi d'Argolide, et de se soumettre à toutes les épreuves que celui-ci lui imposerait, quelque pénibles qu'elles fussent, moyennant quoi il obtiendrait l'immortalité. Le onzième des travaux devait être à cet égard décisif, puisqu'au cours du douzième et dernier, le héros put descendre impunément aux Enfers et mettre fin à sa servitude.

Le pommier dont Eurysthée exigea d'Héraclès qu'il lui rapporte les fruits d'or appartenait à Héra, qui l'avait reçu en cadeau de la Terre-Mère et l'avait planté dans un jardin divin situé sur les pentes du mont Atlas, « aux extrémités de la terre », là où « la mer... ouvre ses flots aux coursiers haletants du Soleil et reçoit son char fatigué 74 ». Sur ce jardin, veillait Atlas qui tirait grand orgueil des fruits d'or du pommier, mais, occupé comme il l'était à soutenir sur ses épaules les « colonnes du ciel » (son nom veut dire « celui qui supporte »), c'est à ses filles qu'Héra avait confié la garde de l'arbre merveilleux. Leur mère, Hespéris, était la fille d'Hespéros, le dieu du couchant, lequel n'était autre qu'Hadès qui régnait sur les morts, puisque leurs âmes, suivant le soleil dans sa course, disparaissaient avec lui à l'Ouest. Les Hespérides étaient trois : Hespéria, Æglé, la « très brillante » et Erythie « terre rouge »; belles femmes, insouciantes, elles chantaient « d'une voix sonore 75 », mais Héra s'aperçut qu'elles volaient ses pommes d'or. Aussi commanda-t-elle à Ladôn, le dragon, d'enserrer de ses anneaux le tronc de l'arbre et d'en interdire l'approche à tout étranger. L'image du serpent dans l'arbre évoque évidemment la tentation d'Adam et Eve et le jardin d'Atlas l'Eden biblique. Ladôn 76 était né à l'origine des temps, on le donnait pour le fils, soit de Typhon et d'Echidna, parents d'autres monstres, soit de Phorcys et de Ceto, incarnations de la mer écumante et perfide, terreur des marins, soit enfin, ce qui est plus congruent avec l'histoire des Hespérides, comme un des enfants nés par parthénogenèse de Gaea, la Terre-Mère, laquelle avait fait don à Héra de l'arbre symbolique.

L'entreprise était d'autant plus malaisée qu'Héra persécutait depuis sa naissance le fils que Zeus avait eu de la mortelle Alcmène et qu'Héraclès ignorait où se trouvait le jardin des Hespérides; la seule certitude était qu'il ne pouvait se situer qu'à l'Ouest, au couchant. Héraclès cependant hésita sur le chemin à prendre. Il se dirigea d'abord vers le nord, afin de consulter Nérée, le dieu marin oraculaire, qui résidait sur les bords de l'Eridan (le

Pô). Les nymphes du fleuve le conduisirent au dieu qui était endormi. Le héros s'empara de lui et, malgré les différentes formes qu'il prenait afin de lui échapper, parvint à lui arracher son secret: le moyen de s'emparer des pommes d'or. Selon d'autres auteurs [77], c'est à Prométhée qu'Héraclès, qui devait par la suite le délivrer, alla demander ces renseignements. Prométhée lui conseilla d'utiliser une ruse: qu'il ne cueille pas lui-même les pommes trop bien défendues par Ladôn, qu'il propose plutôt à Atlas de le soulager de son énorme faix et lui demande en échange d'aller les cueillir. Seulement, un oracle, rendu jadis par Thémis «la Fatidique», avait mis Atlas en garde: «Un temps viendra où tes arbres seront dépouillés de leur or et où un fils de Zeus recueillera l'honneur d'en avoir fait sa proie.» Néanmoins, l'idée de disposer de quelques instants de répit eut raison de la méfiance d'Atlas. Mais il redoutait Ladôn. Héraclès, ayant abattu le monstre d'une de ses flèches, mit sur ses épaules le globe terrestre, acte symbolique, lui aussi un des éléments indispensables de sa quête. Un héros, mortel encore, prenait la place d'un dieu, il assumait le poids du monde. Le nom des colonnes d'Héraclès ou d'Hercule pour désigner le détroit de Gibraltar, après quoi commençait l'inconnu, l'«Autre Monde», commémora l'événement. Lorsque Atlas revint, portant les trois pommes d'or, il avait eu le temps d'apprécier sa liberté. Aussi proposa-t-il à Héraclès d'aller les remettre à Eurysthée, pendant que le héros tiendrait le globe à sa place. De cette difficulté imprévue, celui-ci se tira grâce à une nouvelle ruse. Qu'Atlas lui permette au moins de poser un coussin sur sa tête, puisque son voyage durerait plusieurs mois. Pour cela, il fallait qu'Atlas reprenne un instant son fardeau. Le balourd se laissa faire. Héraclès ramassa les pommes et s'éloigna avec un petit salut ironique.

Si l'on rapproche cette histoire de ce que nous avons dit de l'Arbre cosmique soutenant la voûte céleste et l'empêchant d'écraser les hommes, par exemple chez les Celtes et les Germains, il devient évident que le pommier des Hespérides en est un, lui aussi, et c'est parce qu'il supporte le ciel que ses fruits permettent d'accéder à l'immortalité. Le mot *mèlon* désignant à la fois la pomme et le petit bétail, certains auteurs grecs, dont Hésiode [78], ont vu dans les pommes des Hespérides des « moutons d'or » gardés par un berger, nommé Dragon ou Ladôn; autrement dit, les pommes d'or et la « toison d'or », suspendue à un arbre seraient équivalentes et la quête des Argonautes, conduits par Jason – lequel dut se soumettre aux épreuves à lui imposées par le roi Ætès, comme par le roi Eurysthée à Héraclès –, reproduirait en un autre temps celle d'Héraclès, avec la différence que Jason, secouru par Médée, la magicienne, mais par elle envoûté, ne put échapper à la mort.

Héraclès non plus, dans un premier temps, puisque, ayant achevé ses travaux, il périt de son propre gré, afin d'échapper à l'atroce supplice de la tunique envoyée par la jalouse Déjanire, trompée d'ailleurs par Nessos qui la lui avait remise, laquelle de remords se pendit. Après une de ces crises de fureur meurtrière qui le prenaient parfois, Héraclès, ayant pardonné à Déjanire, monta, « le visage empreint de la sérénité heureuse d'un convive », sur le bûcher « fait de branches de chêne (l'arbre de Zeus) et de troncs d'oliviers sauvages mâles » (arbre à lui-même dédié). Au moment où les flammes crépitantes allaient atteindre le corps du héros, la foudre tomba du ciel et le fils de Zeus disparut aux yeux des hommes, accueilli dans l'Olympe par son père qui persuada Héra de l'adopter par un simulacre d'accouchement. Désormais, Héra considéra Héraclès comme son fils et lui accorda la main de sa fille, Hebé.

Le voyage du héros vers l'extrême-Occident était le prélude nécessaire à sa descente aux Enfers. Empruntant le parcours suivi par les âmes, il alla jusqu'au bord du gouffre où elles s'engloutissent avec le Soleil, mais lui en revint sain et sauf, rapportant le talisman d'immortalité qui lui permit de pénétrer ensuite, invincible, jusque dans le royaume d'Hadès, puis, étant passé par la mort, d'accéder au rang d'immortel. Qu'étaient devenues entre-temps les pommes d'or? Quand Héraclès les remit à Eurysthée, celui-ci les lui rendit. Il les offrit alors à Athéna qui les restitua aux Héraclides, « car il aurait été illicite que la propriété d'Héra lui fût retirée ». La déesse déplora la mort de son protégé Ladôn et le plaça au milieu des étoiles, où il figure la constellation du Dragon.

Le pommier, en tant qu'espèce, appartenait donc, semble-t-il, à Héra, mais il lui fit retour par l'entremise d'Athéna. Nous retrouvons ces deux déesses lors du jugement de Pâris, mais dans l'histoire du jardin d'Atlas il manque la troisième d'entre elles – car elles sont trois comme les Hespérides –, Aphrodite, à qui justement le jeune Troyen fit hommage d'une pomme. Mais celle-ci était une «pomme de discorde», portant les mots «A la plus belle». Eris, la «Querelle», fille de la Nuit, indignée de n'avoir pas été invitée aux noces de Pélée et Thétis, l'avait jetée à terre, provoquant aussitôt une âpre contestation entre Héra, Athéna et Aphrodite. Zeus, se refusant à prendre parti dans cette absurde dispute, désigna pour la trancher un mortel, et des plus humbles, le berger Pâris. Mais il se trouve que Pâris-Alexandre n'était autre que le fils de Priam, le roi de Troie, ce que seuls les dieux savaient. Peu avant sa naissance, sa mère Hécube (Hékabé, en grec) avait rêvé qu'elle mettait au monde un fagot grouillant de serpents en feu. Elle s'éveilla en hurlant que la ville de Troie était en flammes. Le devin Æsacos, consulté, déclara: «L'enfant qui va naître causera la ruine de son pays.. Je te conseille de t'en débarrasser.» Quelques jours plus tard, Æsacos précisa: «La Troyenne de sang royal qui enfante aujourd'hui doit être mise à mort et son enfant avec elle.» Malheureusement, Priam préféra se méprendre sur le sens de cet avertissement et fit mettre à mort sa propre sœur qui à la suite d'une union secrète venait d'accoucher. Mais, juste avant la nuit, Hécube mit au monde Pâris. Les devins insistèrent pour que l'enfant royal fût tué, Hécube ne put s'y résigner et, à l'insu de son mari, fit exposer le nouveau-né sur le mont Ida, où il fut allaité par une ourse. Le destin était en marche, rien ne pouvait plus l'arrêter.

Au moment où il rendit son fameux jugement, Pâris ignorait le secret de sa naissance et ses parents le croyaient mort depuis longtemps. On connaît la suite de l'histoire[79]. Aphrodite eut vite fait de circonvenir l'adolescent aussi naïf que beau en lui promettant Hélène, la plus séduisante des Grecques, épouse de Ménélas. Pâris lui remit alors la pomme «A la plus belle» et la guerre de Troie s'ensuivit, au cours de laquelle Aphrodite prit le parti des Troyens, pour qui elle nourrissait une très humaine faiblesse, ayant eu du Troyen Anchise un fils, Enée, tandis que ses rivales soutenaient les Achéens. Ce que dans le présent contexte nous avons à retenir, c'est qu'apparemment la propriété du pommier passa d'Héra à Aphrodite. A l'épouse de Zeus, ne serait resté que le poirier qui lui était aussi consacré; il existait une Héra Apia, d'*apios*, « le poirier », et les statues du culte de la déesse étaient taillées dans son bois, particulièrement celle de l'Héraion de Mycènes, l'un de ses plus anciens sanctuaires. Peut-être partageait-elle cette propriété avec Athéna, car à Thèbes, en Béotie, il existait un temple à Athéna Onga [80], d'après le nom phénicien du poirier. De sorte que le conflit qui opposa les Achéens aux Troyens est à rapprocher des « combats des arbres » des légendes celtiques, ici poirier (Héra et Athéna, donc leur parti, les Achéens) contre le pommier (Aphrodite et les Troyens).

De la préférence donnée par Pâris à Aphrodite sur Héra et Athéna dont les suites furent si funestes, les contemporains d'Homère tiraient une autre leçon. La cause première de la guerre de Troie fut la convoitise, la concupiscence qu'Aphrodite avait su éveiller chez l'innocent berger, et l'adultère qu'elle le poussa à commettre. Aphrodite, déesse des unions clandestines et du désir passionné et aveugle, capable d'asservir les humains et de les pousser au sacrilège, voire au crime, s'opposait dans cette histoire à la chaste Athéna et à Héra, déesse de l'union conjugale. Divinité venue d'Orient, Aphrodite en reflétait toutes les séductions, mais aussi tous les dangers. Elle était née, selon Hésiode, de la semence écumeuse d'Ouranos, émasculé par son fils Cronos [81], donc de la castration consécutive à un inceste. Mais Ouranos n'en était pas moins l'ancêtre des dieux, qui, descendant tous d'un inceste à la fois primordial et inévitable, ne pouvaient résister à la puissance née de la semence qui les avait engendrés. Le fils de Cronos, devenu le maître des Olympiens, était lui aussi soumis aux lois d'Aphrodite, elle « égara l'esprit de Zeus, trompa cette âme prudente et unit le dieu à des femmes mortelles », en cachette d'Héra, sa sœur et son épouse.

Pour se venger, « Zeus mit au cœur » d'Aphrodite « ce doux désir à l'égard d'un mortel, afin que, n'étant plus elle-même exempte de pareilles amours, il fût défendu à

Aphrodite au doux sourire de faire l'orgueilleuse avec les dieux, et de les railler de ce qu'elle avait le pouvoir, en les mêlant aux filles de la terre, de leur faire faire des fils mortels, puisqu'à ce pouvoir elle allait elle-même succomber. Anchise fut celui dont s'éprit la déesse. Égal en beauté aux immortels, il paissait alors ses bœufs sur le sommet de l'Ida. Aphrodite le vit et fut transportée de son amour [82] ». Elle prit alors « la taille et le visage d'une jeune fille mortelle, de peur que, voyant de ses yeux la déesse, (Anchise) ne fût interdit de crainte », et se donna pour la « fille d'Otrée, roi de Phrygie ». La ruse réussit au point que le Troyen se déclara prêt à l'épouser. « Ainsi le mortel entra au lit d'une immortelle qui se celait à lui. » Mais, au réveil, lorsqu'Aphrodite eut repris son véritable aspect, le malheureux s'affola : « Je t'en conjure à genoux, ne me renvoie pas épuisé parmi les hommes. Aie pitié de moi. Car il n'y a plus de fleur de l'âge pour celui qui a couché avec les immortelles. » Après l'avoir rassuré, la déesse lui apprit que le fruit de leur union serait un roi « dont la race se perpétuerait sans fin ».

Cet amour, dont Aphrodite eut seule l'initiative, n'est pas sans rappeler celui qu'elle conçut pour le bel Adonis, dès sa naissance, et il n'est pas impossible, ainsi que le soutient Robert Graves [83], qu'Anchise, dont le nom signifierait « qui vit avec Isis », soit en réalité un synonyme d'Adonis, le dieu émasculé par un sanglier, comme Osiris, l'époux d'Isis, le fut par son frère Seth qui avait revêtu la même forme animale.

Toujours est-il que le fils d'Anchise et d'Aphrodite fut Enée, nom que les Grecs faisaient venir de l'adjectif *ainos*, « terrible, effrayant ». Ainsi, dans l'*Hymne homérique*, parlant du fils qui va naître la déesse déclare-t-elle à Anchise : « Il aura nom Enée, à cause des terribles souffrances que j'aurai souffert pour lui, en punition d'avoir reçu un mortel dans mon lit. » Car les amours d'Aphrodite, de même que celles qu'elle suscite chez les mortels et même chez les dieux, sont toujours irrégulières et coupables, destructrices des couples légitimes et perturbatrices de l'ordre social. L'amant auquel elle est le plus attachée est Arès, son allié naturel, car le désir qu'elle attise peut conduire jusqu'à la guerre, ainsi celle de Troie.

En fin de compte, c'est seulement la chute de cette ville qui fera d'Enée un roi, mais fort loin de la Troade. Au terme d'une longue pérégrination, Enée débarqua avec ses compagnons sur les bords du Tibre, aida le roi Latinus à lutter contre les Rutules et, se fixant dans le pays, y bâtit Lavinium, avant de succéder à Latinus, dont il avait épousé la fille, Lavinia. Silvius, fondateur de la lignée qui devait donner naissance à Romulus, était, rappelons-le, le petit-fils d'Enée. Rome naquit donc sous les auspices, non seulement de Mars, mais d'Aphrodite, et plusieurs familles romaines se flattaient de descendre d'elle. La plus célèbre fut la *gens* Julia, qui se prétendait issue du propre fils d'Enée, nommé Ascagne ou Iule, dont elle portait le nom. A cette *gens* appartenait Jules César, et l'on sait que celui-ci en tira argument pour justifier une suprématie en quelque sorte naturelle, puisqu'il la tenait de son hérédité même, se disant aussi descendant des premiers rois légendaires de Rome. Aussi aimait-il à déclarer que les Julii, « unissent au caractère sacré des rois qui sont les maîtres des hommes, la sainteté des dieux de qui relèvent même les rois». L'enlèvement d'Hélène avait causé la guerre de Troie, celui des Sabines, qui entraîna un conflit armé, assura l'avenir d'une cité où manquaient les femmes. Aphrodite, devenue Vénus, était parvenue à ses fins, puisque les Romains, descendants des Troyens, conquirent un jour la Grèce, son ennemie, vengeant ainsi d'une certaine manière la défaite troyenne. Voilà en définitive quelles furent les conséquences, qu'il nous a fallu dérouler jusqu'à leur terme afin d'en montrer les rebonds, du jugement de Pâris et du rôle que joua la « pomme de Discorde ».

Le symbolisme de ce fruit est donc, au total, fort ambigu. Le pommier, arbre de la connaissance, peut être celui de l'aveuglement; arbre de vie, il est aussi arbre de mort. Consacrée à Aphrodite, déesse de « la Mort dans la Vie », ainsi que la nomme si justement Robert Graves dans ses *Mythes grecs*, la pomme suggère par sa forme un sein ou le galbe d'un ventre, la dépression à la base du fruit étant comparable à celle du nombril, elle représente donc la féminité. De ce fait, la pomme est presque aussi dangereuse que la figue virile. Notons, cependant, que ces deux attributions sont relativement interchangeables :

la figue, nous l'avons vu, passe parfois pour une image de
la vulve; en sens contraire, il arrivait que *malum* au pluriel désignât les testicules[84]. A ces deux fruits sexualisés,
s'oppose l'olive, qui n'est elle ni féminine ni masculine,
mais neutre, asexuée, produisant de l'huile «vierge»,
chaste comme sa protectrice Athéna, qui est aussi Pallas,
la jeune fille[85].

Chapitre 9

Du jardin d'Éden
au bois de la Croix

De la chute à la rédemption – L'Arbre de Jessé –
L'aubépine de Joseph d'Arimathie.

L'art chrétien représente l'arbre de la Tentation sous la
forme d'un pommier. Les réactions diverses que fait
naître dans le subconscient la pomme nous permettent
de comprendre pourquoi. Malgré son apparence, à première vue, simple, rustique, rassurante, ce fruit, en tant
que symbole devient complexe et même quelque peu
inquiétant. Sa signification présente en effet trois aspects :
la connaissance, l'immortalité et le désir. Mais les deux
premiers termes sont finalement réductibles au troisième. Ils font, l'un et l'autre, l'objet d'un désir sacrilège.
La connaissance dont il est ici question est la connaissance initiatique, qui ne saurait être acquise sans péril,
puisqu'elle se propose de percer les mystères, les secrets
qui sont par nature cachés et impénétrables à l'esprit
humain. Quant à l'immortalité, elle est surhumaine et ne
savait être conquise que par des héros. C'est par ruse
qu'Héraclès dérobe les pommes des Hespérides et il n'en
doit pas moins mourir d'abord. Chez les Germains et les
Celtes, comme chez les Grecs, les pommes d'immortalité
appartiennent aux dieux, aux créatures de l'Autre Monde,
et non à ceux qui sont en leur essence des mortels. Enfin
le désir, tel que l'incarne Aphrodite, est perturbateur, pas
seulement de l'ordre social, mais de l'ordre divin, de
l'ordre universel, qu'il enfreint, puisqu'il peut aller
jusqu'à faire se mêler mortels et immortels. De cette
transgression, on trouve un exemple même dans la Bible
avec l'épisode des « fils de Dieu et des filles des
.hommes », conséquence indirecte de la manducation du

fruit défendu[1]. Selon les exégètes, il s'agirait d'une légende populaire sur les Nephilim, sortes de Titans orientaux nés de l'union des mortelles avec des êtres célestes. «Les fils de Dieu trouvèrent que les filles des hommes leur convenaient et ils prirent pour femmes toutes celles qu'il leur plut.» Les enfants qui résultèrent de ces unions furent «les héros du temps jadis, ces hommes fameux». Il est significatif que cette histoire, si elle n'est pas donnée comme une des causes du déluge universel, figure dans la *Genèse* juste avant son récit. Dieu, en effet, ne peut que châtier ces unions contre nature, cette seconde chute de l'esprit dans la matière, dans la chair. «Yahvé dit: "Que mon esprit ne soit pas indéfiniment humilié dans l'homme puisqu'il est chair; sa vie ne sera que de cent vingt ans."» Ainsi, depuis Adam, dont la *Genèse* dit qu'il vécut neuf cent trente ans, la vie n'a cessé de se rétrécir avec le progrès du mal. Cent vingt ans seront désormais la durée maxima de l'existence humaine. Or, selon les rédacteurs de la *Genèse*, c'est à cent trente ans qu'Adam engendra un fils, Seth, destiné, comme le déclare Ève, à prendre «la place d'Abel, puisque Caïn l'a tué[2].» La chute d'Adam et Ève fut suivie d'une série de chutes qui amenuisa peu à peu la vie des hommes, au fur et à mesure qu'ils s'éloignaient de Dieu.

En mangeant le fruit de l'arbre de la Connaissance du Bien et du Mal, Adam et Ève ont contrevenu à un interdit formel, ils ont voulu dépasser la condition que Dieu avait prévue pour eux. C'est ce qu'explicite le dialogue d'Ève et du Serpent sous l'arbre: «Alors Dieu a dit: Vous ne mangerez pas de tous les arbres du jardin. La femme répondit au Serpent: Nous pouvons manger du fruit des arbres du jardin. Seulement quant au fruit de l'arbre qui est au milieu du jardin, Dieu a dit: Vous n'en mangerez pas, vous n'y toucherez pas, sous peine de mort. Le Serpent rétorqua à la femme: Pas du tout! Vous ne mourrez pas! Mais Dieu sait que, le jour où vous en mangerez, vos yeux s'ouvriront et vous serez comme des dieux qui connaissent le bien et le mal.» Le fruit ainsi défini correspond assurément à la signification symbolique de la pomme, et la «pomme d'Adam», saillie du cartilage tyroïde, visible surtout chez l'homme, attestait que le fruit défendu lui était resté «dans le gosier». Seulement, nulle part, il n'est dit que l'arbre de la Connaissance fût un pommier. La seule espèce nommément citée est le figuier, dont Adam et Ève, après avoir cédé à la tentation, utilisent les feuilles pour s'en faire des pagnes. Comme la *Genèse* ne précise pas qu'il s'agit du même arbre, il serait téméraire de conclure que le porteur du fruit tentateur fût le figuier. Pourtant, si l'on se reporte à la signification symbolique de cette essence, et en particulier à celle de sa feuille « qui paraît avoir quelque ressemblance avec un membre viril », la coïncidence est troublante. On ne peut se défendre de penser qu'en se couvrant de feuilles de figuier, nos premiers parents ont auparavant découvert le phallus, au moins comme organe peccamineux, et, en tant que tel, naturellement identifié au Serpent[3] lui-même qui révèle à Ève sa féminité, la pomme. Ce double symbolisme sexuel est même si clair qu'il risque d'amener à réduire toute cette histoire à un interdit caricaturalement enfantin : la découverte du sexe et la jalousie du Dieu-Père castrateur, ce qu'elle n'est qu'en partie, car ses implications débordent ce cadre trop étroit. Restons-en là cependant, il serait hors de notre propos d'esquisser ici une théologie ou une métaphysique, encore moins une psychanalyse, du péché originel, et revenons à l'arbre lui-même tel qu'il figure dans le récit de la *Genèse*. « Yahvé Dieu planta un jardin en Éden, à l'Orient, et il y mit l'homme qu'il avait modelé. Yahvé Dieu fit pousser du sol toute espèce d'arbres attrayants à la vue et appétissants à manger, et l'Arbre de Vie au milieu du jardin, et l'Arbre de la Connaissance du Bien et du Mal[4] ». C'est ce jardin qui dans la version grecque de la Bible sera appelé « paradis », d'après le terme perse désignant un parc royal de chasse et de plaisance, tandis que dans le mot Éden, il faut probablement reconnaître l'assyrien *edinu*, qui signifie « steppe », le paradis serait donc une oasis dans le désert. Quant à sa situation, elle ne peut être qu'orientale ; dans toutes les traditions, la vie naît à l'est avec le soleil et le royaume des morts s'étend au couchant.

La présence de deux arbres a depuis toujours intrigué les commentateurs, et les exégètes modernes admettent que l'un des deux constitue peut-être une addition ultérieure ; pour eux, l'arbre ajouté serait l'Arbre de Vie. Ne s'agirait-il pas plutôt d'un même arbre considéré sous deux aspects? Il suffit de se reporter à la signification duelle de la pomme et du pommier pour comprendre à la fois pourquoi l'on a identifié l'arbre de l'Éden avec cette essence et ce que représente cet arbre, s'il est unique. Ses fruits peuvent donner la vie, ou la mort, ils représentent le désir, donc l'instinct de reproduction, de procréation, qui, par ruse, fait croire à une survie sous forme de postérité, survie somme toute illusoire. Mais ils représentent aussi la connaissance suprême dont l'acquisition n'est accessible qu'aux héros capables de surmonter d'inévitables épreuves, de pratiquer une ascèse dont l'issue peut être mortelle, celle que s'impose Odin, par exemple, pendu au frêne Yggdrasill, ou les austérités auxquelles se livre pendant dix années le Bouddha, avant de s'asseoir sous l'Arbre de l'Éveil. L'arbre forme une fourche, se divise en deux branches, représentant les deux voies entre lesquelles le premier homme – tout homme – doit choisir, la voie biologique qui conduit à la perpétuation de l'espèce, donc enclenche le processus de l'Histoire, et la voie mystique, intemporelle, où l'homme ne se sépare pas de son Créateur, reste comme il l'a fait, « à son image et à sa ressemblance », et alors l'Histoire ne commence même pas d'exister.

Il existe une autre interprétation possible de la dualité Arbre de Vie-Arbre de la Connaissance, qui dans notre optique semble préférable, car elle est non seulement plus proche du texte de la *Genèse*, mais surtout conforme aux différents mythes relatifs à l'Arbre de Vie dans d'autres traditions, particulièrement mésopotamiennes, donc du pays d'où sortit Abraham. Ainsi, pour les Babyloniens, au seuil oriental du ciel se dressaient deux arbres, celui de la Vérité et celui de la Vie, qui pourraient être les prédécesseurs immédiats de ceux de la Bible. Le chapitre 3 de la *Genèse* pourrait se commenter comme suit [5]. Les yeux d'Adam, après qu'il a mangé le fruit de l'Arbre de la Connaissance, s'ouvrent en effet; alors seulement, parmi les arbres du Jardin, il découvre l'Arbre de Vie, qu'il n'avait pas encore identifié en tant que tel. Cette interprétation est confirmée par le texte de la *Genèse* : « Et Yahvé Dieu dit : Voici que l'homme est devenu comme l'un de nous par sa connaissance du bien et du mal! Qu'il n'étende pas maintenant la main, ne cueille de l'arbre de vie, n'en mange et vive éternellement.» C'est pour écarter définitivement ce risque que Dieu «bannit l'homme et posta devant le Jardin d'Éden les Chérubins⁶».

Ainsi, Adam ne pouvait gagner l'immortalité à lui révélée par la Connaissance qu'en mangeant du fruit du deuxième arbre, l'Arbre de Vie. Le rôle du Serpent, préfigurant l'esprit malin, devient alors tout autre, il détourne l'attention d'Ève, puis d'Adam du bon arbre, celui de l'immortalité, dont il est le gardien. Mais la tentation par le Serpent peut avoir un autre sens : il voulait acquérir l'immortalité pour lui-même (comme il l'a en effet conquise dans les croyances d'autres peuples), il lui fallait donc trouver l'Arbre de Vie dissimulé au milieu des arbres du jardin. Incapable d'accéder lui-même à la connaissance, il incite perfidement ceux qui le peuvent à manger le fruit de l'Arbre de la Connaissance, mais au prix de la désobéissance aux ordres formels de Dieu. Adam, en le découvrant, grâce à la science qu'il vient d'acquérir, révèle au Serpent l'endroit où se trouve l'Arbre de Vie.

Dans la plupart des autres traditions, l'Arbre (ou la Fontaine) de Vie est situé dans un endroit inaccessible, aux extrémités de la terre, près du monde des morts, par exemple dans le Jardin des Hespérides que même un héros, tel Héraclès, a la plus grande peine à trouver, et il est défendu par un monstre, serpent ou dragon qui en interdit l'accès, Ladôn dans le Jardin d'Atlas, le dragon que doit affronter Jason pour conquérir la Toison d'or suspendue à un arbre, monstre qu'il faut d'abord vaincre avant de pouvoir s'emparer de l'objet convoité. Quant au héros babylonien Gilgamesh, après être descendu au fond de la mer et avoir arraché une branche de la plante «pleine d'épines», dont Ut-Napishtim, le sage échappé au Déluge et devenu immortel, lui a révélé l'existence, sur la voie du retour, il se laisse dérober la branche par le serpent qui l'avale, devenant ainsi immortel à la place du héros. Cette triade, le premier homme ou le héros en quête d'immortalité, l'Arbre de Vie qui peut la lui donner et le serpent qui en défend l'accès, se retrouve dans la plupart des mythologies, par exemple, sous une forme un peu différente chez les Germains avec Yggdrasill, Odin et Nioggrh, le serpent géant. La leçon qui s'en dégage est évidente : l'immortalité ne peut s'acquérir qu'au prix d'épreuves surhumaines. Adam ne lutte même pas contre le serpent, il l'écoute et le croit, Gilgamesh par étourderie lui laisse une victoire facile ; même ceux qui en viennent à bout, tel Héraclès, doivent passer par la mort [7].

Dans le récit de la *Genèse*, Yahvé, après avoir modelé l'homme de la glaise du sol [8], prélevée suivant la tradition juive sur le mont Sion, considéré comme le « nombril du monde », et l'avoir « animé » de son souffle, plante pour lui un jardin, et, dans le jardin, les arbres dont Philon d'Alexandrie dans son *Commentaire allégorique de la Genèse* [9] dit qu' « ils avaient âme et étaient raisonnables, portant pour fruits les vertus, l'entendement immortel et la vivacité d'esprit par laquelle l'honnête et le déshonnête, la vie saine, l'immortalité et tout autre principe est distingué et connu ». Cet Arbre, s'il est unique, représente les deux possibilités qui s'ouvrent devant Adam, le désir ou le renoncement, l'existence ou l'être, entre lesquelles Yahvé lui recommande de ne pas faire le mauvais choix, c'est-à-dire de ne pas préférer la matière, la terre dont il est pétri, à l'esprit qui lui fut insufflé et qui l'anime. Mais, bien avant la tentation, dès l'interdit édicté par Yahvé, le choix d'Adam est fait, puisque le récit enchaîne : « Yahvé Dieu dit : " Il n'est pas bon que l'homme soit seul. Il faut que je lui fasse une aide qui lui soit assortie " [10]. » Dieu ne fait ici qu'entériner le choix implicite du premier homme. Son désir encore obscur d'être deux rompt déjà l'unité primordiale, toute la suite en découlera naturellement, inévitablement.

Les exégètes modernes distinguent dans les premiers chapitres de la *Genèse* deux récits différents, qui se succèdent et sont en effet distincts, ne serait-ce que parce que Dieu, dans le premier, est désigné par le pluriel *Elohim* [11], dans le second par *Yahvé*, au singulier. Le début de la *Genèse*, attribué à une supposée « source sacerdotale », est en somme une cosmogonie, les sept jours de la Création, tandis que les chapitres suivants constituent un mythe explicatif de la condition humaine. Mais peut-être a-t-on, de ce fait, établi une séparation trop nette entre les deux textes qui, malgré les maladresses évidentes du raccord, peuvent être aussi, plus ou moins intentionnellement, complémentaires. Adam y est en effet donné

comme un androgyne : « mâle et femelle, il les créa » [12] –
et le *Midrash Bereshit Raba* précise : Dieu créa Adam en
même temps mâle et femelle. Au début du même verset
de la *Genèse* : « Faisons l'homme à notre image », le mot
« homme », est un collectif. La corrélation est donc bien
établie : un dieu dont le nom est pluriel, faisant l'homme
« à son image » et « à sa ressemblance », le crée lui-même
pluriel. Et ce double pluriel ne peut désigner que l'androgynat. Dans toutes les traditions, les dieux uniques sont
androgynes, en vertu d'une nécessité logique, et toute
création ne peut commencer que par l'auto-division
divine ; par la distinction des sexes, par l'apparition d'un
ou d'une parèdre, l'un devient deux. C'est en ces termes
du moins que l'intellect humain est en mesure d'appré-
hender ce mystère. Le processus qui fait naître Ève de la
côte d'Adam reproduit celui par lequel Dieu s'est séparé
de lui-même afin d'engendrer l'univers ; il correspond
aussi au désir d'altérité, au désir de l'autre, la femme ou
la Création, qui sont en définitive une seule et même
chose, puisque l'une et l'autre sont la source et l'origine
de tout, la « Mère de tous les êtres [13] ».

Cette androgynie primordiale, gommée dans la *Genèse*,
texte sacré issu d'un milieu patriarcal où le principe masculin avait seul autorité, et qui d'ailleurs n'a été effacée
qu'à demi puisqu'elle y transparaît encore, est tout à fait
manifeste dans la tradition hébraïque ultérieure, ainsi
dans le diagramme ésotérique de la Kabbale, appelé
l'« arbre des Sephiroth ». Celui-ci représente le processus
des émanations procédant du Pouvoir créateur, qui part
de l'Esprit innomé [14], du Vide absolu, dont rien ne peut
être dit, pour descendre par degrés jusqu'à la matière. De
Kether, la première Sephirah, le point lumineux, donc
déjà manifesté et source de toute manifestation, qui
représente la graine d'où sort la tige de l'Arbre, prennent
naissance deux branches, celle de droite est dénommée
Abba, « Père », le Père cosmique, le principe masculin,
celle de gauche est *Aïma*, la « Grande Mère », tandis
qu'entre les deux, pousse le tronc, équilibre axial, voie
céleste unitaire. « Bien plus, la dernière Sephirah, appelée à jouer un rôle éminent dans la dramaturgie du
monde, est nommée *Schekinah*, la " Mère ", ou la
" Reine ", ou la " Matrone ", ou encore la " Mariée " [15]. »

L'Arbre des Sephiroth est donné par la tradition comme une figure de l'*Adam Kadmon*, l'homme originel en sa pure essence, symbole du Dieu vivant en l'homme. La Couronne *(Kether)*, le point lumineux primordial, se situe au-dessus de sa tête, le Royaume *(Malkut)*, l'énergie entièrement matérialisée, sous ses pieds. L'Arbre des Sephiroth est aussi la forme propre que prend dans la tradition hébraïque l'Arbre cosmique, qui est ici un Arbre inversé, racines en haut, il représente l'Arbre de la Connaissance du Bien et du Mal.

Pour condenser en une image unique cet ensemble de concepts religieux et métaphysiques, nul symbole ne pouvait mieux convenir que l'arbre, avec son tronc, ses racines, ses branches, l'arbre qui est par essence hermaphrodite, non tant parce que nombre de ses espèces le sont effectivement, mais surtout parce que l'arbre peut se multiplier selon un mode asexué, grâce aux rejets qu'il engendre à son pied. C'est cette faculté propre aux végétaux de reproduction à l'identique, par laquelle un arbre abattu se régénère de lui-même, que l'on utilise dans le marcottage et le bouturage.

Quant aux fleurs, organes de la reproduction sexuée, elles sont tantôt mâles, tantôt femelles, et portées soit sur le même pied, qui est donc hermaphrodite, soit sur des pieds différents, mais, chez beaucoup d'arbres, les fleurs sont à la fois mâles et femelles, portant étamines et pistil. Toutefois, comme le but de la sexualité est le mélange des chromosomes, engendrant un être ressemblant à ses géniteurs, mais pourtant différent, en l'individualité qui lui est propre, certains processus interviennent pour que les fleurs ne puissent s'auto-féconder. Il en va ainsi, par exemple, pour la plupart des Conifères, chez qui la reproduction sexuée a plus d'importance que dans les autres espèces, puisque eux ne possèdent pas la faculté de multiplication végétative.

Cette ambiguïté de l'arbre, qui est le plus souvent à la fois mâle et femelle et peut aussi, dans le plus grand nombre des espèces se reproduire de lui-même, explique l'incertitude du genre qui lui est donné dans le langage. Les arbres sont en grec et en latin toujours féminins, même si, et cela est ambigu, leur nom présente, le cas est fréquent, une terminaison masculine. En français, les noms des arbres sont, à quelques très rares exceptions près, masculins, et de même en allemand, en anglais et dans la plupart des langues européennes actuelles. Cette différence si frappante s'explique probablement par le fait que les Anciens étaient plutôt sensibles à la fécondité de l'arbre, donc à son caractère maternel, tandis que nous voyons plutôt en lui une figure phallique.

De la chute à la rédemption

A tout Arbre cosmique est associé le serpent, puissance chtonienne, surgie des ténèbres et sous terre parmi les racines, comme l'une d'entre elles qui se serait animée, mais qui parfois les ronge et menace la vie de l'arbre, ainsi Nioggrh au pied d'Yggdrasill. Le serpent est un symbole phallique, complémentaire de la féminité géante de l'arbre, et comme tel mystérieux et dangereux. Dans l'Arbre de la Connaissance, se tient le Serpent, « le plus rusé de tous les animaux », personnifiant ici les impulsions inconscientes du psychisme, il rampe sur le sol. Puisque Ève est le désir incarné du premier homme, c'est elle qu'il doit convaincre d'abord de goûter le fruit défendu, accusant en somme Yahvé d'avoir menti : « Dieu sait que le jour où vous en mangerez, vos yeux s'ouvriront et vous serez comme des dieux, connaissant le bien et le mal... Alors leurs yeux à tous deux s'ouvrirent... » Mais c'est le mal seulement qu'Ève et Adam découvrent en perdant l'innocence originelle, en passant de l'état enfantin au statut d'adulte. L'âge d'or aussitôt se termine; ils sont chassés du Jardin qui les nourrissait de ses fruits, sans qu'ils aient à le cultiver. Désormais, ce n'est qu'à force de peines que l'homme tirera sa substance « tous les jours de sa vie du sol qui produira pour lui épines et chardons ». Tout retour vers le Jardin lui sera interdit par les Chérubins portant « le glaive fulgurant » qui gardent « le chemin de l'Arbre de Vie [16] ».

Pendant toute sa dure existence, Adam, dans « la vallée de larmes », ne cessa de penser avec nostalgie à la béatitude qu'il avait connue dans l'Éden. Aux yeux de ses descendants, l'Arbre de Vie dont « le feuillage ne se flétrit point » et dont « les fruits mûrissant tous les mois..., servent de nourriture et les feuilles de remèdes [17] » symbolisera la sagesse perdue [18]. Dans le dernier chapitre de l'*Apocalypse* [19], saint Jean, décrivant la Cité de Dieu, la « nouvelle Jérusalem » christique, s'exprime ainsi : « Au milieu de la place de la ville et sur les deux bords du fleuve, il y avait un arbre de vie, produisant douze fois des fruits, donnant son fruit chaque mois et dont les feuilles servaient à la guérison des nations. » Cet arbre est donc l'Arbre de Vie de la *Genèse*, celui qu'évoquent les prophètes, mais, depuis lors, on est passé de l'Ancien au Nouveau Testament, l'humanité a été rédimée par la venue du Messie et par son sacrifice. L'eau du fleuve qui irrigue les racines de l'arbre est « l'eau de vie qui sort du trône de Dieu et de l'Agneau », elle est celle même qui coule du flanc de Jésus en croix; ne peuvent profiter des fruits de l'arbre que ceux qui se sont purifiés dans le sang de l'Agneau. Cet Arbre de Vie au milieu de la Ville est identique à celui du Paradis, comme la Jérusalem céleste l'est à l'Éden. Mais, s'il est réapparu et prodigue à nouveau ses bienfaits, c'est qu'entre-temps il est devenu le bois de la Croix.

L'identification de l'Arbre de Vie et du bois de la Croix arbre de mort, mais d'un mort divin et ressuscité, arbre de l'oblation suprême qui rend la vie à toute l'humanité devenue mortelle depuis la chute, entraîne l'identification d'Adam et de Jésus, le « nouvel Adam ». L'un et l'autre sont des dieux devenus hommes, mais alors que le premier a chu pour avoir désobéi au Père, le second a choisi de s'incarner pour exécuter ses ordres et racheter ainsi les hommes, devenus ses frères, sans pour autant cesser d'être Dieu. Cette équivalence de la chute originelle et du Salut, qui est résurrection et ascension, donc retour à la béatitude primordiale, est si étroite qu'il est dit qu'Adam mourut à la neuvième heure, un vendredi, le 14 de Nisan, à la même date et à la même heure que Jésus sur la Croix.

Durant tout le Moyen Age et dans toutes les nations chrétiennes, fut très répandue une légende populaire qui expose, avec force détails pittoresques, la relation mystérieuse qui unit la Croix du Christ à l'Arbre de Vie [20]. Elle a sa source dans divers apocryphes, l'*Apocalypse de Moïse*, la *Vie d'Adam et Ève* et surtout l'*Évangile de Nicodème*

Parvenu à 932 ans au terme de sa vie, Adam, après avoir déraciné un énorme buisson, se sent mourir d'épuisement. Agonisant, il appelle son fils Seth à son chevet et le charge d'aller jusqu'au « Jardin de délice », afin de lui rapporter l'huile qui guérit miraculeusement. Seth suit les instructions données par son père : « Dirige-toi vers l'Orient, bientôt tu trouveras une voie verdoyante jusqu'à une région désolée, où ne pousse pas un brin d'herbe. Ce sont là les traces laissées par Ève et moi, quand nous quittâmes le Paradis. » Seth refait en sens inverse le chemin qui est resté marqué de l'empreinte noircie de leurs pas. Au fur et à mesure qu'il approche de l'Éden, le paysage, d'abord âpre et désolé, se modifie, la terre reverdit, dans l'air purifié flotte le parfum des fleurs et se répand une musique divine. Enivré par cette splendeur, Seth, oublieux de sa mission, poursuit sa route, quand soudain se dresse devant lui, tel un éclair, une ligne de feu. C'est l'épée étincelante de l'archange Michel qui garde le seuil. Saisi et incapable de proférer un mot, Seth tombe à genoux. L'ange n'ignore pas ce que le fils d'Adam est venu faire. Mais, lui dit-il, l'heure du pardon n'a pas encore sonné. « Quatre mille ans doivent encore s'écouler avant que le Rédempteur vienne ouvrir les portes closes par la désobéissance d'Adam. » Toutefois, en signe de la future réconciliation de Dieu avec l'humanité pécheresse, le bois grâce auquel sera conquise la rédemption proviendra de l'arbre qui poussera sur la tombe d'Adam. Puis, comme Seth a le cœur pur, saint Michel le convie à regarder trois fois le Paradis. La première, Seth voit une fontaine merveilleuse d'où partent quatre fleuves, à côté d'elle s'élève un arbre desséché dont l'écorce est tombée, c'est l'« Arbre sec », dont nous avons parlé au chapitre 7. La seconde fois, il aperçoit un serpent redoutable enroulé autour du tronc d'un arbre qui surplombe un abîme. Saisi d'horreur, Seth voit son frère Caïn se débattre au milieu des racines qui pénètrent son corps. Enfin, lorsqu'il jette un dernier regard dans le Jardin, il y contemple un arbre magnifique, dont la cime atteint le ciel et les racines descendent jusqu'aux Enfers. Au milieu des branches, un enfant merveilleux, rayonnant comme le soleil, regarde sept colombes qui volètent autour de lui [21]. Il est assis sur les genoux d'une femme plus belle que toutes celles que Seth a rencontrées. L'ange lui dit que cet enfant est le futur Rédempteur, qui viendra délivrer les hommes du péché. Puis il le congédie, après lui avoir remis trois petites graines nées des fruits de l'arbre, et le charge de les placer sous la langue de son père, qui mourra trois jours plus tard. Au retour de son fils, Adam rit pour la première fois depuis qu'il a été banni de l'Éden.

Après qu'on l'eut enseveli dans la vallée de l'Hébron, trois arbres naquirent de son corps, représentant la Trinité, un cèdre (le Père), un cyprès (le Fils, car il doit mourir), un pin ou un palmier (le Saint-Esprit). Par la suite, les trois arbres s'entrelacèrent pour n'en former plus qu'un, non seulement image de la Trinité, mais grâce à l'action rédemptrice du Fils, l'Arbre du Paradis lui-même reconstitué sous la forme d'un cèdre du Liban. Les trois tiges ne mesuraient encore qu'une coudée, lorsque Moïse, parvenu au seuil de la Terre promise, les trouva dans la vallée de l'Hébron, répandant un parfum paradisiaque. Inspiré de Dieu, il proclama le mystère de la Sainte Trinité et coupa une branche de l'arbre. C'est avec cette baguette que Moïse fit jaillir l'eau du rocher, ainsi que Yahvé le lui commandait; plantée en terre, elle délivra ceux qui la regardaient de la menace des serpents, elle aurait aussi séparé les eaux de la mer Rouge, afin de permettre aux enfants d'Israël d'échapper à l'armée de Pharaon [22], elle devint enfin la verge d'Aaron. Avant de mourir, Moïse aurait replanté les arbres merveilleux sur le mont Thabor, à l'endroit où eut lieu la Transfiguration du Christ. Mille ans plus tard, un ange, apparu au roi David, lui enjoignit de rechercher ces arbres et de les amener à Jérusalem. Là, David, qui les avait abrités pour la nuit dans une citerne, les retrouva ne formant plus qu'un arbre unique. Il le laissa en place, où il crût très vite. A son contact, les lépreux et les paralytiques, les aveugles et les muets guérissaient. David entourait l'arbre de grands honneurs, l'ornait chaque année d'un nouveau cercle d'argent et priait à son pied. Son fils, Salomon, lorsqu'il entreprit la construction du Temple, voulut faire de l'arbre un de ses piliers mais le fût coupé changeait constamment de longueur, tantôt il était trop court et il fallait abaisser les murs, tantôt trop long et il crevait le toit. Une femme, s'étant assise sur une poutre, saisie par l'esprit de prophétie, s'exclama : « Le Seigneur annonce ainsi les vertus de la Sainte Croix. » Ce qu'ayant entendu, les Juifs se jetèrent sur la femme et lapidèrent celle qui devint ainsi le premier martyr de la future nouvelle foi. Quant au bois inutilisable, il fut jeté dans la piscine probatique, dont l'eau acquit aussitôt des pouvoirs miraculeux. Les Juifs, dans l'espoir de le profaner, en firent un pont à Siloë. Tous les piétinaient, mais la reine de Saba, rendant visite à Salomon, refusa d'y poser le pied, préférant passer le courant à gué. Elle révéla au roi la raison de son geste : de ce bois, un jour, on ferait la Croix du Sauveur des hommes.

Quand fut venu le temps de la Crucifixion, cette pièce de bois prédestinée se trouva toute désignée pour être l'instrument du supplice. Mais ici les variantes de la légende diffèrent notablement l'une de l'autre. Selon les uns, le fût indocile se trouvait toujours dans le Temple et Caïphe envoya trois cents Juifs le quérir; ils ne le purent remuer. Caïphe leur commanda alors d'y couper les deux poutres transversales nécessaires pour former une croix. D'autres assurent que l'arbre qui avait été enterré au fond de la piscine probatique « sortit de terre, et que les Juifs, le voyant surnager à la surface de l'eau, le prirent pour faire la croix du Seigneur[23]. Mais selon la version de beaucoup la plus répandue, celle-ci fut formée de quatre bois différents, de cèdre, de cyprès, de palmier et d'olivier[24]. Dans les trois premiers, on retrouve les arbres nés du corps d'Adam, représentant les trois personnes de la Sainte Trinité, et ayant chacun, selon la tradition, sa signification propre : le cèdre incorruptible, le cyprès figurant le deuil et le palmier identifié avec le Phénix, symbole de résurrection. Quant au bois ajouté, l'olivier, nous avons vu au chapitre précédent que l'huile tirée de ses fruits devait consacrer l'« Oint » du Seigneur, le Messie.

La Croix fut dressée sur le Golgotha, en hébreu « le mont du crâne », traduit par Calvaire (du latin, *calvaria*, « le crâne ») à l'endroit précis où avait été enterré Adam, de telle sorte que le sang du Rédempteur baptisa le premier homme, le purifiant du péché originel, et en sa personne l'humanité tout entière ainsi rédimée. Le Golgotha devint le « nombril du monde », ou plus exactement le redevint, car y fut replanté l'Arbre cosmique, l'Arbre de

Vie de l'Éden, qui, grâce au sacrifice de la victime expiatoire, le Fils de Dieu lui-même, put enfin procurer aux
hommes « de bonne volonté » la vie éternelle, permettre
leur retour, après la mort, dans le Paradis, non plus terrestre, mais céleste.

L'histoire du bois de la Croix ne s'arrête pourtant pas
là. Lorsque l'empereur Constantin eut obtenu la victoire,
après avoir aperçu dans le ciel une croix lumineuse, au-
dessous de laquelle était écrit en lettres d'or « Par ce
signe, tu vaincras », et qu'il se fut converti, il envoya à
Jérusalem Hélène, sa mère, pour y retrouver la Sainte
Croix. Arrivée dans la Ville sainte, l'impératrice fit man-
der devant elle tous les savants juifs. Ceux-ci s'inquiétant
du motif de cette convocation, « l'un d'eux nommé Judas
prit la parole : – Je sais qu'elle veut apprendre de nous où
se trouve le bois de la Croix sur laquelle a été crucifié
Jésus. Or mon aïeul Zachée a dit à mon père, qui me l'a
répété en mourant : – Mon fils, quand on t'interrogera sur
la croix de Jésus, ne manque pas de révéler où elle se
trouve, faute de quoi on te fera subir mille tourments; et
cependant ce jour-là sera la fin du règne des Juifs, et
ceux-là régneront désormais qui adoreront la croix, car
l'homme qu'on a crucifié était le Fils de Dieu ». Les autres
savants dirent : « Jamais nous n'avons entendu rien de
pareil » et refusèrent de renseigner Hélène, « si bien
qu'elle ordonna qu'ils fussent jetés au feu ». Alors, épou-
vantés, ils lui désignèrent Judas, mais celui-ci prétendit
ne pas savoir où se trouvait la Croix. L'impératrice le fit
précipiter dans un puits à sec et défendit qu'on lui donnât
aucune nourriture. Le septième jour, mort de faim, Judas
demanda à sortir du puits, promettant de révéler l'emplacement de la Croix. Comme il arrivait là, « il sentit dans
l'air un merveilleux parfum d'aromates; de telle sorte
que, stupéfait, il s'écria : "En vérité, Jésus, tu es le Sauveur du monde!" » Or, en ce temps-là, sur le Golgotha
s'élevait un temple qu'y avait fait construire l'empereur
Hadrien, de telle sorte que les chrétiens s'étaient depuis
longtemps détournés de ce lieu ». Hélène fit raser le
temple et, en fouillant le sol, on trouva, à vingt pas sous
terre, les trois croix. Mais laquelle était la bonne? Voyant
passer le cadavre d'un jeune homme que l'on allait enter-
rer, Judas arrêta le cortège et posa sur le corps l'une des

croix, puis une autre. Au contact de la troisième, le jeune homme ressuscita. Aussitôt après, sur les ordres de Constantin, on commença d'édifier la basilique du Saint-Sépulcre qui existe encore et renferme dans son périmètre tout le rocher du Golgotha. Judas se fit baptiser, prit le nom de Cyriaque et devint par la suite évêque de Jérusalem. Hélène revint vers son fils, lui apportant une partie de la croix, laissant le reste là où elle l'avait trouvée.

Divisé en fragments menus, ce morceau de la Vraie Croix se trouva bientôt dispersé dans toute la chrétienté, mais ces parcelles étaient si nombreuses qu'au XVIe siècle, Calvin, dans son *Traité des reliques*[25] soulignait à propos de celle-ci que « si l'on voulait ramasser tout ce qui s'en est trouvé, il y aurait la charge d'un bon gros bateau ». C'était là, bien entendu, une exagération polémique. L'inventaire préconisé par l'illustre réformateur a été réalisé. « Chaque éclat, chaque copeau, partout où on les vénère, a été patiemment mesuré, et le volume total de ces reliques est encore bien inférieur à celui d'une croix[26] ».

Depuis les Pères de l'Église jusqu'aux mystiques modernes, Croix et Arbre de Vie sont considérés comme ne faisant qu'un. Dès le IIe siècle, Irénée écrivait : Le Christ « est devenu chair et il a été accroché à la Croix de façon à y résumer en lui l'univers[27] ». C'est en effet sur le monde entier que Jésus étend ses bras, comme le proclame au IVe siècle Cyrille de Jérusalem : « Dieu a ouvert ses mains sur la Croix pour embrasser les limites de l'Œcumené et c'est pourquoi le mont Golgotha est le pôle du monde[28] », et Lactance : « Dieu, dans sa souffrance, ouvrit les bras, embrassant le cercle de la Terre[29] ». Au XIIIe siècle, saint Bonaventure assimile plus directement Croix du Christ et Arbre de Vie : « La Croix est un arbre de beauté ; sacré par le sang du Christ, il est plein de tous les fruits[30] ».

Ce n'est pas seulement dans les croyances chrétiennes qu'est affirmée l'identité de la Croix et de l'Arbre cosmique[31], on la retrouve jusque dans les représentations mexicaines antérieures à la conquête espagnole. L'Arbre originel est figuré dans les Codex ou sur les bas-reliefs en forme de croix aux extrémités ramifiées et feuillues[32], celle-ci représente la totalité de l'espace, l'univers lui-même.

Il est un arbre beaucoup plus mystérieux qui fut honoré, de loin, par les chrétiens du Moyen Age. C'est l' « Arbre sec » ou « Arbre seul » que l'on situait à la frontière du monde connu, à la limite qui séparait l'ici-bas de l'au-delà. Seth l'avait aperçu dans le Jardin d'Éden. Marco Polo qui le décrit l'avait vu au nord-est de l'Iran [33], mais, un peu plus tard, Oderic de Pordenone prétendit qu'il s'élevait près de Tauris, au nord-ouest de l'Iran, non loin du mont Ararat, où s'échoua l'arche de Noé. Cet arbre desséché, la chrétienté médiévale en marche pour reconquérir le Saint Sépulcre dont les infidèles s'étaient emparés en trouvait l'origine dans le *Livre de Daniel*, le dernier livre de l'Ancien Testament, composé au temps des luttes qui opposaient les Maccabées révoltés aux rois païens de Syrie, les Séleucides, successeurs d'Alexandre le Grand. Le *Livre de Daniel*, étant donné son contexte historique, avait un caractère nettement apocalyptique; il connut à l'époque des Croisades, une extrême popularité, car on y voyait des applications précises à la situation présente, la nécessaire reconquête des Lieux Saints. Or ce Livre rapportait le songe de Nabuchodonosor, qui préfigurait la mainmise d'un monarque païen sur Israël. « J'ai eu un rêve, dit le roi au prophète Daniel, et il m'a épouvanté... Voici, au centre de la Terre se dressait un arbre géant. Il grandissait et devenait puissant, sa hauteur atteignait le Ciel, sa vue les confins de la Terre. Son feuillage était beau, et abondant son fruit... et toute chair se nourrissait de lui... Mais voici un vigilant, un saint du Ciel descend : à pleine voix, il crie: "Abattez l'arbre, brisez ses branches, arrachez ses feuilles, jetez son fruit... Mais que restent en terre le tronc et les racines; et liez-les avec des chaînes de fer et d'airain parmi les herbes des champs... Son cœur d'homme lui sera ôté, et un cœur de bête lui sera donné, et sept temps passeront sur lui." Daniel qui avait compris le sens de ce songe, fut effrayé, mais Nabuchodonosor lui commanda de parler. Alors, il dit: "Cet arbre que tu as vu... c'est toi, ô roi, qui es devenu grand et puissant... Mais tu seras chassé d'entre les hommes... tu te nourriras d'herbe comme les bœufs... Sept temps passeront sur toi, jusqu'à ce que tu aies appris que le Très Haut a suzeraineté sur le royaume des hommes et le donne à qui lui plaît " [34]. » Plus loin, dans le même Livre, il est dit que le « Fils de l'Homme » chassera les ennemis jusqu'aux confins de la Terre.

Cet arbre, desséché suivant l'ordre divin et enchaîné par les anges, se trouvait situé au bout du monde, il marquait la limite entre l'Occident et l'Orient et cette prophétie contenait pour le peuple élu une promesse : Jésus protégerait les Croisés, il combattrait à leur tête, afin que lui revienne ce qui lui appartenait. Après quoi, l' « Arbre sec » reverdirait.

L'Arbre de Jessé

Un troisième arbre, lié à la Rédemption, connaîtra une grande fortune dans l'iconographie médiévale. On le représentera souvent dans les manuscrits et sur les vitraux, surtout à partir du XIIIᵉ siècle, sous l'influence des Cisterciens animés d'une dévotion particulière pour la Vierge. Cet « Arbre de Jessé » a lui aussi son origine dans l'Ancien Testament, au *Livre d'Isaïe*. Ici encore, il est question d'un arbre châtié par Dieu, mais qui reverdit; seulement, il ne s'agit plus d'un roi païen, mais de la lignée de David, dont Jessé, autrement dit Isaïe, est le père. « Voici, le Seigneur, l'Éternel des armées, brise ses rameaux avec violence, les plus grands sont coupés, les plus élevés sont abattus. Il renverse avec le fer les taillis de la forêt. Et le Liban tombe sous le Puissant. Puis un rameau sortira de la tige de Jessé et un rejeton naîtra de ses racines. L'esprit de l'Éternel reposera sur lui, l'esprit de sagesse et d'intelligence, l'esprit de conseil et de force, l'esprit de connaissance et de piété; l'esprit de la crainte de Dieu le remplira [35]. »

Pour les chrétiens, il ne pouvait y avoir aucun doute, la tige de Jessé était Marie, descendante de David, et le rejeton était le Christ. L'Arbre de Jessé devint à lui seul « un faisceau de symboles dans la mystique chrétienne ». On faisait évidemment le rapprochement avec la vision qu'avait eue Seth de l'Arbre de Vie, portant à sa cime Jésus et sa mère. La Vierge était la « nouvelle Ève » et Abel, victime de son frère, comme des siens Joseph, fils de Jacob, vendu par eux, comme Jésus, le « Fils de l'Homme », livré à ses ennemis par Judas son disciple. L'arbre représentait aussi l'Église universelle, née du sacrifice de Jésus, et, bien entendu, le Paradis. Il évoquait encore l'échelle de Jacob, l'échelle de flamme de saint Jean, unissant le ciel et la terre. L'iconographie représentait Jessé, le patriarche, couché sur le sol, dormant et rêvant, une lampe allumée posée près de lui. De son nombril ou de sa bouche sortait le tronc, aux branches étaient figurés les rois de Juda, ou les prophètes qui d'âge en âge avaient annoncé la venue du « rejeton de David », le futur Messie. Tout en haut, telle une fleur géante apparaissait la Vierge, tenant sur son bras droit l'Enfant et de la main gauche lui tendant une fleur.

Cet arbre exemplaire est à l'origine de l'« arbre généalogique », tableau de la filiation avec ses différentes branches, qui donna naissance, au xixᵉ siècle, à l'« arbre de l'Évolution », sur lequel sont représentées les espèces, se divisant en « embranchements », comme si elles descendaient les unes des autres, formant une seule immense famille.

L'aubépine de Joseph d'Arimathie

Membre du Sanhédrin et pourtant disciple de Jésus, Joseph d'Arimathie eut l'honneur insigne de pourvoir à son ensevelissement. « Le soir étant venu, arriva un homme d'Arimathie, nommé Joseph... Il se rendit vers Pilate et demanda le corps de Jésus. Pilate ordonna de le lui remettre. Joseph prit le corps, l'enveloppa d'un linceul blanc et le disposa dans un sépulcre neuf qu'il s'était fait tailler dans le roc. Puis il roula une grande pierre à l'entrée du sépulcre[36]. » Cet acte courageux valut à Joseph l'inimitié des Juifs. Selon l'apocryphe *Évangile de Nicodème*, ils l'enfermèrent dans un cachot sans fenêtre et soigneusement scellé, avec l'intention de le mettre à mort après le Sabbat. Mais Jésus, la nuit même de sa Résurrection, lui apparut, fit enlever par des anges les murs de la maison où il était détenu, lui donna un baiser et, l'emmenant avec lui, le reconduisit dans sa demeure d'Arimathie en Judée. A ce sujet, on racontait aussi une autre histoire. Lorsque Titus s'empara de Jérusalem, trente-sept ans après la mort du Christ, il remarqua qu'une des murailles de la ville était plus épaisse que les autres. Il y fit pratiquer une ouverture et l'on vit apparaître « un vieillard d'aspect vénérable qui, aux questions qu'on lui posa, répondit qu'il s'appelait Joseph, qu'il était de la ville d'Arimathie, et que les Juifs l'avaient enfermé et muré, parce qu'il avait enseveli le corps du Christ. Il ajouta que depuis lors il avait été soutenu et nourri par des anges descendus du ciel ». L'auteur de la *Légende dorée*, pour concilier les deux traditions, ajoute : « Rien n'empêche d'admettre que, revenu à Arimathie [après avoir été libéré par Jésus ressuscité], Joseph ait continué à prêcher le Christ et ait été muré par les Juifs une seconde fois [37]. »

La prise de Jérusalem par Titus eut lieu en 69. Or, d'après une troisième histoire, mais celle-ci celtique, en 63, « trente et un ans après la Passion et quinze ans après l'Assomption », Joseph d'Arimathie, mandaté par l'apôtre Philippe, débarqua en Grande-Bretagne, et, s'étant rendu à Glastonbury dans le Somerset, y construisit, pour exécuter un ordre divin transmis par l'archange Gabriel, une église en claies, la première d'Angleterre.

Or, en 1184, le vaste monastère de Glastonbury qui, lieu de pèlerinage fort réputé, vivait des offrandes des dévots, fut détruit par un incendie. Par une étrange coïncidence, juste après ce désastre, les moines ramenèrent au jour un cercueil de chêne, enfoui à seize pieds sous terre et contenant une croix de plomb sur laquelle on pouvait lire : « Ci-gît enterré le célèbre Arthur avec sa seconde femme Guenièvre dans l'île d'Avallon. » Cette découverte valut un nouveau renom à l'abbaye. Par la suite, on déterra deux burettes contenant la sueur et le sang du Christ, qui auraient été apportées de Jérusalem par Joseph d'Arimathie. Cette trouvaille remplaçait en quelque sorte le Saint Graal la coupe dans laquelle le vin était devenu le sang du Christ lors de la Cène. Joseph d'Arimathie y aurait recueilli le sang qui coula du flanc de Jésus crucifié, après qu'il eut reçu le coup de lance de Longin. Il l'avait apporté dans l'île de Bretagne et légué à ses souverains qui le conservèrent longtemps. Perdu ensuite, le Saint Graal, devint l'objet de la quête du roi

Arthur et de ses chevaliers de la Table Ronde. Pour faire bonne mesure et associer plus étroitement Joseph et le roi Arthur, les moines de Glastonbury racontèrent que Joseph avait épousé la fille de Longin, lequel n'était autre que le fils naturel de Jules César, qui, on le sait, débarqua aussi en Bretagne. De ce mariage, descendait la mère du roi Arthur, Ingerne de Cornouailles.

Du séjour de Joseph d'Arimathie, on montrait une autre preuve incontestable, l'aubépine miraculeuse qui croissait à Weary-all Hill, juste au-dessus de Glastonbury. C'était le bâton qu'il avait planté en terre et qui fleurissait ponctuellement tous les ans, la veille du jour de la naissance du Christ. Jusqu'au temps de Charles Ier, on apportait solennellement au roi d'Angleterre un rameau fleuri de l'aubépine, le jour de Noël. Mais, en 1649, Charles Ier fut décapité et l'aubépine coupée par les Puritains de Cromwell. L'emplacement en est aujourd'hui marqué d'une pierre. Mais les rejets de l'arbuste fleurissent encore et la tradition veut que l'on en présente toujours un rameau au souverain pour Noël.

Une chronique locale rapporte qu'en 1753, à Quainton dans le Buckinghamshire, l'Aubépine de Noël ne fleurit pas à sa date habituelle, aussi les festivités furent-elles reportées jusqu'à l'accomplissement du miracle, qui n'eut lieu que le 5 janvier, jour où l'on célébrait la fête de Noël suivant l'ancien calendrier [38]. L'aubépine de Noël ne fleurissait pas seulement à Glastonbury, il s'agissait en fait d'une variété de l'épine blanche, connue depuis 1562 en Angleterre et appelé « Biflora », car elle fleurit deux fois au cours de l'année, la première aux environs de Noël, lorsque l'hiver est doux, et la seconde au mois de mai. L'aubépine avait été l'objet d'un culte bien avant la prétendue arrivée de Joseph d'Arimathie, c'était chez les Celtes, comme chez les Grecs et les Romains, un arbuste sacré [39].

Conclusion

Ainsi donc, après le triomphe de l'Église, il n'y eut plus qu'un seul arbre que l'on pût vénérer, celui, équarri, sur lequel mourut le Rédempteur. Tous les autres cultes étaient prohibés, et l'on a vu le zèle que mirent à les extirper les évangélisateurs. A un système cosmique complexe et articulé, fondé sur la diversité, la complémentarité mutuelle, qui avait été celui du «paganisme», succéda un monothéisme dogmatique, intolérant et manichéen. Au nom de la distinction du Bien et du Mal, et par réaction contre l'ancien état d'esprit, l'âme fut séparée du corps et l'homme de la nature. L'âme appartenant de droit à Dieu, la nature comme le corps s'en trouvèrent nécessairement réprouvés. Puisqu'ils incitaient à la tentation, ils ne pouvaient être que les instruments du diable, l'antique Serpent de l'arbre de la connaissance, responsable de l'expulsion de l'Éden.

Avec une admirable profondeur, Claude Lévi-Strauss a défini cette position qui est encore, souvent à notre insu, la nôtre : « Malgré les nuages d'encre projetés par la tradition judéo-chrétienne pour la masquer, aucune situation ne paraît plus tragique, plus offensante pour le cœur et l'esprit, que celle d'une humanité qui coexiste avec d'autres espèces sur une terre dont elles partagent la jouissance, et avec lesquelles elle ne peut communiquer. On comprend que les mythes refusent de tenir cette tare de la création pour originelle, qu'ils voient dans son apparition l'événement inaugural de la condition humaine et de l'infirmité de celle-ci [1]. »

Ainsi, en effet, se trouva rompu un équilibre vital, fondé sur la communion de tous les êtres vivants; de cette rupture, nous subissons aujourd'hui les ultimes conséquences. D'ouverte qu'elle était jadis, l'humanité s'est de plus en plus refermée sur elle-même. Cet anthropocentrisme absolu ne peut plus voir, hors de l'homme, que des objets. La nature tout entière s'en trouve dévaluée. Autrefois, en elle tout était signe, elle-même avait une signification que chacun, en son for intérieur, ressentait. Parce qu'il l'a perdue, l'homme aujourd'hui la détruit et par là se condamne.

1. Claude Lévi-Strauss et Didier Eribon, *De près et de loin*, Éditions Odile Jacob, Paris, 1988, p. 193.

Notes

CHAPITRE PREMIER : AU CENTRE DE LA TERRE

1. Régis, Boyer, *Les Religions de l'Europe du Nord*, Paris, 1974, p. 373.
2. J. Markale, *Le Druidisme*, Paris, 1985, p. 26.
3. Régis Boyer, *op. cit.*, p. 471 sq.
4. J. Boulnois, *Le caducée et la symbolique dravidienne indo-méditerranéenne de l'arbre, de la pierre, du serpent et de la déesse-mère*, Paris, 1939.
5. Jean-Paul Roux, *Faune et Flore sacrées dans les sociétés altaïques*, Paris, 1966.
6. Jean Servier, *Tradition et civilisation berbères*, Paris, 1985, p. 15.
7. Sir Arthur Evans, « Mycenean tree and pilar cult », in *Journal of Hellenic Studies*, t. XXI, pp. 99-204, London, 1901.
8. Tacite, *De origine et situ Germaniae*, XXXIX.
9. *Ynglinga Saga* (Saga des Ynglingar, qui évoque les origines mythiques du pouvoir royal), 29 – *Heimskringla* (Orbe du monde), trad. S. Laing, I, p. 239 sq. – Cf. H.M. Chadwick, *The Cult of Othin*, London, 1899 – H.R. Ellis Davidson, *Gods and Myths of Northern Europe*, London, 1964.
10. Saxo Grammaticus (mort en 1206), *Historia Danica (Gesta Danorum)*, III, édit. O. Elton, London, 1894, pp. 129-131.
11. Huit ans révolus, suivant la manière de compter.
12. V. chap. 3.
13. Paul Faure, *La Vie quotidienne en Crète au temps de Minos (1 500 av. J.-C.)*, Paris, 1973, p. 265.
14. Rappelons qu'il ne s'agissait pas d'un individu, mais d'une dynastie.
15. *Odyssée*, XIX, 179.
16. G. Glotz, *La Civilisation égéenne*, Paris, 1937, p. 173.
17. R. Graves, *Les Mythes grecs*, Paris, 1967, p. 41.
18. Eschyle, *Prométhée*, v. 936.
19. Pindare, frag. 98 – Platon, *Menon*.
20. Plutarque, *Œuvres morales*, quaest. graec., 12 – Strabon, IX, 3, 12.

21. Pausanias, *Périégèse*, IX, 10, 4.

22. Frazer, *Le Rameau d'or*, II, 62 – P. Faure, *op. cit.*, pp. 266-267.

23. De nombreux rapprochements pourraient être faits dans le temps et l'espace; le plus frappant d'entre eux concerne les empereurs de Chine qui conservèrent, pendant des millénaires, les traits du souverain archaïque.

24. V. Le Frêne, dans *Les Arbres de France*, du même auteur, pp. 87-92. Le frêne peut donc dépasser le chêne qui ne monte pas à plus de 40 m. C'est, avec le hêtre, un des arbres les plus élevés de nos climats, dépassé seulement par le sapin qui peut culminer à 60 m.

25. R. Graves, *La Déesse blanche*, trad. fr., Paris, 1979, p. 234.

26. *Théogonie*, 455 sq.

27. *Théogonie*, 456. Le Kien-mou chinois, qui était peut-être un frêne, correspond au trigramme du *Yi-king* signifiant l'«Ébranlement».

28. Louis Séchan, «Mythologie et religion», in *Dictionnaire grec-français* d'A. Bailly, 16ᵉ édit., Paris, 1950, p. 2228.

29. Pausanias, 8, 8, 2.

30. Le mois attique consacré à Poséidon était celui des tempêtes hivernales.

31. Plutarque, *Œuvres morales*, 406 f.

32. Dans l'*Iliade*, XXI, 441 sq., Poséidon rappelle à Phoibos comment il a construit les remparts de Troie.

33. Platon, *Critias*, 119 d-120 c.

34. *Les Travaux et les Jours*, 145-155.

35. Donc, ils ne cultivaient pas encore les céréales et utilisaient à leur place les fruits des arbres, en particulier les glands.

36. Autrement dit, la seconde vague des envahisseurs hellènes ne connaissait pas le fer.

37. «Avant tout, les arbres font défaut. Le sycomore (figuier sauvage) est, avec l'acacia, le seul arbre à feuillage (caduque) qui se rencontre assez souvent, encore ne pousse-t-il qu'à l'état isolé.» A. Ermann et H. Ranke, *La Civilisation égyptienne*, trad. fr., Paris, 1952, p. 26.

38. Le sycomore égyptien est un figuier *(Ficus sycomorus)* dont les fruits, pour les Grecs, ressemblaient à la fois aux figues *(sykè)* et aux mûres du mûrier *(moros)*. Ces fruits avaient dû jouer à l'époque préhistorique un rôle important dans l'alimentation humaine; c'est en effet le seul arbre sauvage à fruits comestibles d'un pays où le bois est rare.

39. K. Sethe, *Die altägyptischen Pyramidentexte*, Leipzig, 1910, II, 1216.

40. E. Dhorme, *Choix de textes religieux assyro-babyloniens*, Paris, 1910, p. 98.

41. Nous retrouverons tout au long des chapitres suivants ce couple primordial, formé de la Mère divine et de son fils, sorti d'elle comme l'arbre de la Terre.

42. Nell Parrot, *Les Représentations de l'arbre sacré sur les monuments de Mésopotamie et d'Elam*, Paris, 1937.

43. Mircea Éliade, *Traité d'histoire des religions*, Paris, 1953, pp. 238-239.

44. M. Granet, *La Pensée chinoise*, Paris, 1934, pp. 324-325 et 346.

45. Jacques Soustelle, *La Pensée cosmologique des anciens Mexicains*, Paris, 1940, pp. 67, 86, 88.

46. W. Krickeberg, in W. Krickeberg, H. Trimborn, W. Müller et O. Zerries, *Les Religions amérindiennes*, trad. fr., Paris, 1953.
47. M. Eliade, *Le Sacré et le profane*, Paris, 1965, p. 127.
48. Nell Parrot, *op. cit.*, p. 19.
49. Hélène Danthine, *Le Palmier-dattier et les arbres sacrés dans l'iconographie de l'Asie occidentale*, Paris, 1937, pp. 163-164.
50. M. Eliade, *Traité d'histoire des religions*, *op. cit.*, p. 235.
51. V. en particulier Pline, *Histoire naturelle*, XVI, 15.
52. R.M. Rilke, *Fragments en prose*, trad. fr., Paris, 1942, pp. 109-110.
53. G. Bachelard, commentant le texte de Rilke dans *L'Air et les songes*, Paris, 1943, p. 237.
54. V. du même auteur, *La Magie des plantes*, Paris, 1979.

CHAPITRE 2 : L'ÉCHELLE MYSTIQUE

1. Mircea Eliade, *Le Chamanisme et les techniques archaïques de l'extase*, Paris, 1951.
2. Nous retrouverons ce démembrement et la cuisson du corps tronçonné à propos du Zeus crétois et de Dionysos. V. chapitre 4, p. 115 sqq.
3. Il est aussi question dans la *Völuspa* (v. 46) et dans l'*Yinglinga Saga* IV de divination grâce à la tête momifiée de Mimir. V. Hilda R. Ellis, *The Road to Hel. A study of the conception of the dead in old Norse Literature*, Cambridge, 1942.
4. *De origine et situ Germaniae*, XLIII.
5. D'après Saxo Grammaticus (*Gesta Danorum*, 3, IV, 9-13), si Odin dut s'exiler, c'est qu'il fut accusé *d'ergi*, c'est-à-dire de pratique homosexuelle passive, objet de honte. Son épouse Frigg aurait eu un amant qui remplaça Odin sur le trône.
6. M. Eliade, *Méphistophélès et l'Androgyne*, Paris, 1962, p. 144.
7. H. Jeanmaire, *Couroi et courètes*, Lille, 1939.
8. Jean Przyluski, *La Grande Déesse*, Paris, 1950, p. 183.
9. Jean Libis, *Le Mythe de l'Androgyne*, Paris, 1980 – Marie Delcourt, *Hermaphrodite*, Paris, 1958.
10. Il est à noter que les populations du nord de l'Eurasie n'ont jamais été isolées les unes des autres. « De la péninsule scandinave au nord-est de la Sibérie, des relations que nul obstacle naturel n'entravait ont dû exister pendant des siècles, sinon des millénaires. » (*Les Peuples de la Sibérie* par Évelyne Lot-Falck, in *Les Religions de l'Europe du Nord*, Paris, 1974.)
11. Le sapin est le plus haut de tous les arbres d'Europe; en son grand âge, il atteint jusqu'à 60 m.
12. Uno Holmberg-Halva, *Der Baum des Lebens*, Helsinki, 1922-23, p. 52.
13. Cf. le sycomore sacré égyptien, p. 27.
14. Cette association du cheval divin et de l'Arbre cosmique, que nous avons mentionnée à propos d'Odin et de Poséidon au chapitre premier, se retrouve aussi dans la Chine archaïque (Hentze, *Frühchinesische Bronzen*, pp. 123-130, cité par M. Eliade, *Le Chamanisme*, *op. cit.*, p. 245, note 2).
15. Jean-Paul Roux, *Faune et Flore sacrées dans les sociétés altaïques*, Paris, 1966, pp. 374-376.
16. V. chapitre 3.

17. Cité par M. Eliade, *Le Chamanisme, op. cit.*, pp. 50-53.
18. *Ibid.*, pp. 116-122.
19. *Ibid.*, p. 298.
20. *Dictionnaire des symboles*, publié sous la direction de J. Chevalier et A. Gheerbrandt, Paris, 1969, article « Neuf ».
21. Sur le lien entre le cheval et l'Arbre cosmique, v. Odin, p. 15 et Poséidon, p. 25.
22. Ce qu'est proprement l'ex-stase, la sortie hors de soi.
23. R. Cook, *L'Arbre de vie, image du cosmos*, trad. fr., Paris, 1975, p. 16-17.
24. Robert Graves, *La Déesse blanche, op. cit.*, p. 190.
25. Frazer, *Le Rameau d'or, op. cit.*, I, p. 310.
26. *Ibid.*, I, pp. 398-399. – J. Markale, *Le Christianisme celtique et ses survivances populaires*, Paris, 1983, pp. 35-39.
27. V. Le Bouleau, dans *Les Arbres de France*, pp. 33-36.
28. En 1862. Cité par A. De Gubernatis, *La Mythologie des plantes*, 2 vol., Paris, 1878. Réimpression, Milan, 1976.
29. Il est singulier que les auteurs qui ont étudié le chamanisme ne mentionnent à peu près jamais le rôle joué par l'amanite tue-mouche dans les transes des chamans. Ce fait, pourtant essentiel, avait échappé aux anciens observateurs, les populations auprès desquelles ils menaient leurs enquêtes ayant jugé inutile de le leur signaler, soit parce qu'elles le considéraient comme tellement évident qu'il ne pouvait être ignoré, soit plutôt qu'elles aient préféré, par prudence, le tenir secret. De plus, « le délire chamanique... fut d'abord attribué à un état pathologique proche de la schizophrénie. Pourtant tous les spécialistes s'accordent pour reconnaître la parfaite intégrité psychique du chaman en dehors de la cérémonie, et donc le caractère momentané du phénomène hallucinatoire dont il est l'objet durant l'extase. C'est ainsi qu'on en vint à suspecter le rôle de la drogue dans le déclenchement de la crise. » (Jean-Marie Pelt, *Drogues et plantes magiques*, Paris, 1971, p. 51.)
30. Jean-Marie Pelt, *Drogues et plantes magiques, op. cit.*, pp. 50-51.
31. *Ibid.*, p. 50.
32. *Siberian Mythology*, in *The Mythologie of all races*, vol. IV, Boston, 1927.
33. R. Gordon Wasson, « Qu'était le Soma des Aryens ? », in *La Chair des dieux*, textes réunis par Peter T. Furst, trad. fr., Paris, 1974.
34. J. Gonda, *Les religions de l'Inde*, I – *Védisme et Hindouisme ancien*, trad. fr., Paris, 1962, p. 84.
35. Ce vers pourrait s'appliquer à l'ascension chamanique.
36. *Le Véda*, présenté par J. Varenne (traductions de J. Varenne, Louis Renou, etc.), Paris, 1967.
37. Tel Donar-Thor, dieu du bouleau chez les Germains.
38. J. Gonda, *op. cit.*, p. 81.
39. R. Gordon Wasson, *op. cit.*, p. 205.
40. J. Gonda, *op. cit.*, p. 84.
41. *Ibid.*, p. 184.
42. R. Gordon Wasson, *op. cit.*, p. 207.
43. Evelyne Lot-Falck, *Textes eurasiens*, Introduction, in *Religions de l'Europe du Nord, op. cit.*, p. 616.

44. *Ibid.*, p. 618.
45. Le moine bouddhiste, en tête des quatre vœux qu'il prononce quotidiennement, récite : «Aussi nombreux que soient les êtres, je fais le vœu de les sauver tous. »
46. M. Eliade, *Le Chamanisme, op. cit.*, p. 388.
47. G. Tucci, *Tibet, pays des neiges*, Paris, 1969, p. 20 sq.
48. M. Eliade, *Le Chamanisme, op. cit.*, p. 386.
49. R. Bleichsteiner, *L'Église jaune*, trad. fr., Paris. Ainsi, les chamans se servent des ossements de leurs prédécesseurs.
50. Alexandra David-Néel, *Mystiques et magiciens du Tibet*, Paris, 1929, pp. 126 sq.
51. *Le Livre tibétain des morts – Bardo-Tödol*, trad. fr., Paris, 1980.
52. M. Eliade, *Le Chamanisme*, p. 386.
53. *Buddha-carita-kayya*, v. 1551 sq.
54. A. Foucher, *La Vie du Bouddha d'après les textes et les monuments de l'Inde*, Paris, 1949, pp. 154-155.
55. *The Jâtaka or Stories of the Buddha's former births*, translated from the pali, under the direction of E.B. Cowell, 6 vol., Cambridge, 1895-1907.
56. Comme sait si bien les représenter l'art tibétain. Ce tableau, pour des Occidentaux, évoque aussi la «Tentation de saint Antoine», telle que la peignit l'initié Jérôme Bosch.
57. A. Foucher, *op. cit.*, p. 146.
58. A. De Gubernatis, *La Mythologie des plantes, op. cit.*, tome I, p. 84, note 1.
59. Roger Cook, *L'Arbre de vie, op. cit.*, p. 22.
60. Martin Hürlimann, *India*, London, 1967.
61. Hiuan-tsang, *Si-yu-ki*, traduit par Stanislas Julien, *Mémoires sur les contrées occidentales*, 2 vol., Paris, 1857-1858. – S. Peal, *Buddhist Records of the Western World*, London, 1885. – René Grousset, *Sur les traces du Bouddha*, Paris, 1957.
62. Le *Lalitavistara*, trad. par Foucaux, Paris, 1884-1892. Réimpression, 1988.
63. *Majjhimanikâya*, III, 123, trad. en anglais in J.B. Horner, *The Middle Length Sayings*, 3 vol., London, réédition, 1967. Traduction franç. partielle, 1988.
64. Le *Chamanisme, op. cit.*, p. 364.
65. E. Sénart, *Essai sur la légende du Bouddha*, 2ᵉ édition, Paris, 1882.
66. Le nom de cette ville signifie probablement «cité de l'herbe *kusa*», l'herbe du sacrifice dont le Bodhisattva garnit son siège sous l'arbre de la Bodhi.
67. André Bareau, *Recherches sur la biographie du Bouddha*, tome II, Paris, 1971.
68. *Çatapatha Brâhmana*, VIII, 7, 4, 6 – V. Sylvain Lévi, *La Doctrine du sacrifice dans les Brâhmanas*, Paris, 1898, pp. 87 sq.
69. *Çatapatha Brâhmana*, III, 7, 1, 14.
70. *Taittirîya Samhitâ*, I, 7, 9, 2.
71. M. Eliade, *Le Chamanisme, op. cit.*, p. 363.
72. *Rig-Veda*, I, 24, 7.
73. *Katha Upanishad*, liane VI, 1. *L'Hindouisme. Textes et traditions sacrés*, Paris, 1972, p. 73.
74. *Maitri Upanishad*, VI, 7.

75. *L'Hindouisme, op. cit.*, p. 665.
76. *Baghavad-Gîtâ*, XV, 1-3; trad. E. Sénart.
77. *Açvamedha Parva*, cité par A. Coomaraswamy, dans son étude *The inverted Tree*, Bangalore, 1938.
78. M. Eliade, *Traité d'Histoire des religions*, Paris, 1953, pp. 239-241.
79. Gilbert Durand, *Les Structures anthropologiques de l'imaginaire*, Paris, 1960, p. 371.
80. M. Eliade, *Traité, op. cit.*, pp. 230-241. – *Religions australiennes*, Paris, 1972, p. 61.
81. *In questa quinta soglia*
Dell'albero che vive della cima
E fruta sempre, a mai non perde foglia.
Paradiso, XVIII, 28 sq.
82. Selon une tradition sabéenne, rapportée par Masûdi, Platon aurait écrit que l'homme est une plante renversée, dont les racines s'étendent vers le ciel et les branches vers la terre (Uno Holmberg-Halva, *Der Baum des Lebens, op. cit.*, p. 54.)
83. Robert Weil, «Les origines de la Kabbale», in *Encyclopédie des mystiques*, Paris, 1972, t. I, pp. 99-109.
84. Z'ev ben Shimon Halevi, *L'Arbre de vie. Introduction à la Cabale*, préfacé et traduit par V. Bardet et Z. Bianu, Paris, 1985, pp. 15-17.
85. *Exode*, 25, 31-40.
86. *Zacharie*, 4. V. chapitre 8.

CHAPITRE 3 : LE CHÊNE ORACULAIRE

1. L'*Iliade*, XVI.
2. Sophocle, *Les Trachiniennes*, 169, 821, 1164.
3. Platon, *Phèdre*, 244 a.
4. Hérodote, II, 54-57.
5. Pausanias, *Périégèse*, X, 12, 10.
6. *L'Enquête*, II, 55.
7. *L'Enquête*, II, 57.
8. Le lever des Pléiades correspond aussi au beau temps favorable à la navigation, d'où l'une des étymologies de ce mot, de *plein*, «naviguer».
9. Elles firent de même plus tard sur le mont Nyssa avec Dionysos, qui est parfois donné comme le fils de Dioné et vint consulter l'oracle de Dodone.
10. Sophocle, *Trachiniennes*, 169 sq., 1166.
11. Il n'est dit nulle part que les chaudrons étaient suspendus à ses branches, leur bruit eût couvert celui, ténu, fait par le feuillage, et empêché la dendromancie.
12. Robert Graves, *Les Mythes grecs*, pp. 29 et 573.
13. Platon, *Cratyle*, 402 b.
14. Homère mentionne également Okéanos et Thétys comme les auteurs des dieux et des êtres.
15. *Iliade*, V, 370-381 – *Hymnes homériques*, Hymne à Apollon, 93.
16. Théocrite, 7, 116.
17. Dans le temple de Madurai, au sud de l'Inde, Shiva a sup-

planté Shurasneswar, le dieu parèdre de la déesse locale Meenakshi.
18. Maïa était le nom d'une des Pléiades ou Péléiades.
19. *Le Rameau d'or*, I, p. 475.
20. *De la fortune des Romains*, 9. Le nom d'Égérie, écrit parfois Ægeria, a la même racine qu'*aigilôps*, le « chêne à glands comestibles » en grec.
21. Mais également épancher, répandre, et Égérie est aussi une source.
22. *Le Rameau d'or*, I, p. 363.
23. *Histoire romaine*, I, XIX.
24. La peau d'Amalthée devint l'égide, l'une de ses cornes la corne d'abondance.
25. R. Graves, *Les Mythes grecs, op. cit.*, p. 41.
26. En Égypte, le hiéroglyphe représentant l'abeille est accompagné du signe de la foudre. Les abeilles sont naturellement en rapport avec l'orage, car c'est par temps orageux qu'elles essaiment.
27. Depuis l'antique Chaldée jusqu'à la royauté mérovingienne et à l'Empire français.
28. R. Graves, *Mythes grecs, op. cit.*, p. 41.
29. Cette thèse, abondamment développée dans *le Rameau d'or*, demeure la « partie vivante » de l'œuvre de Frazer, même aux yeux de l'école anthropologique actuelle, pourtant très critique à son égard. V. Introduction au *Rameau d'or* par Nicole Belmont, édit. de 1981.
30. Velkhanos avait pour emblème le coq.
31. F. Guirand et A.-V. Pierre, « Mythologie romaine », in *Mythologie générale*, Paris, 1935.
32. Ch. Picard, *Les Religions préhelléniques*, Paris, 1948, p. 137.
33. Dans ses *Religions préhelléniques*, pp. 117-121, Ch. Picard a rassemblé tous les éléments permettant de définir le Zeus crétois par rapport au Zeus olympien, et montré ses survivances dans les figures et les manifestations de nombreux dieux locaux du monde grec.
34. Paul Faure, *La Vie quotidienne en Crète au temps de Minos*, Paris, 1973, p. 302. Le coq était parfois associé à Yggdrasill.
35. V. Peuplier blanc et Peuplier noir, dans *Les Arbres de France*, pp. 153-157.
36. Ce platane, appartenant à une sous-espèce propre à la Crète, n'y est plus représenté que par vingt-neuf exemplaires. Pour les anciens, il aurait conservé ses feuilles à la suite de cette union divine, mais pour les modernes à cause d'une mutation naturelle. V. Hellmut Baumann, *Le Bouquet d'Athéna. Les Plantes de la mythologie et de l'art grecs*, trad. fr., Paris, 1986.
37. Dans ce contexte, on peut penser que le mot *Naios*, épithète de Zeus à Dodone dont l'étymologie demeure incertaine, était peutêtre tout simplement une déformation de *neos*, le « nouveau », le « jeune », désignant en particulier un jeune garçon.
38. H. Jeanmaire, *Couroi et Courètes*, Lille, 1939.
39. Martin P. Nilsson, *Geschichte der griechischen Religion*, 1941, p. 546 sq. – Ch. Picard, *op. cit.*, pp. 114 et 116.
40. Ch. Picard, *op. cit.*, p. 76.
41. Ce phénomène est courant lors de la naissance des héros ou des demi-dieux, tel Dionysos, tel, en Inde, le Bouddha Çakyamuni.

42. *Théogonie*, 56.

43. Fragment orphique, 58, cité par R. Graves, *op. cit.*, p. 575.

44. Cf. l'hymne homérique : « Je chanterai Gaea, mère de l'univers, aux solides assises, la plus antique des divinités. » Les Olympiens eux-mêmes l'invoquaient dans leurs serments, ainsi Héra dans l'*Iliade*.

45. S'il s'agit de Rhéa, ce serait donc une union incestueuse ; dans la légende du Zeus Crétagénès, celui-ci s'unit à sa mère.

46. Frazer, *op. cit.*, t. 1, p. 458.

47. *Ibid.*, I, 345.

48. *Périégèse*, IX, 3.

49. Diodore de Sicile, *Bibliothèque historique*, IV, LXXII – Apollodore, III, 12, 6.

50. Hygin, *Fables*, 52 – Ovide, *Métamorphoses*, VII, 520-660.

51. Diodore de Sicile, *op. cit.*, IV, LXI, 1.

52. Pour les Latins *æsculus*, qui s'écrivait aussi *esculus* venait d'*esca*, « aliment ».

53. H. de Witt, *Les Plantes du monde*, trad. fr., Paris, 1963, t. I, p. 189.

54. R. Graves, *Mythes grecs, op. cit.*, pp. 78 et 81.

55. Ce qui n'a rien pour surprendre. Nous promenant un peu à l'écart autour du site de Knossos, en Crète, nous fûmes comme submergés, S.J. et moi, par le vrombissement de milliers de cigales qui couvraient les troncs des arbres. Envoûtés, nous avions le sentiment obscur que tout un peuple était là, racontant interminablement d'antiques exploits.

56. *Histoire des plantes*, 3, 7, 5.

57. *Histoire naturelle*, XVI, XI.

58. *Dictionnaire des symboles, op. cit.*, pp. 1-2.

59. *Histoire naturelle*, X, XVIII.

60. Pline, *Histoire naturelle*, X, XVIII.

61. *Métamorphoses*, XIV, 320-435.

62. Paul Géroudet, *Les Passereaux*, t. 1, pp. 100-104 et 72.

63. V. 480.

64. *Lexique*, article « Picos ».

65. *Histoire des plantes*, 3, 7, 4-5.

66. *Histoire naturelle*, XVI, XI.

67. *Énéide*, VIII, 314-318 et 347-354.

68. Tite-Live, *Histoire romaine*, 10, 4 sq.

69. Frazer, *Le Rameau d'or*, I, 365-366.

70. *Satyricon*, 44. Pétrone ne précise pas qu'il s'agit du Capitole, mais un passage de l'*Apologétique* (40) de Tertullien permet d'identifier la colline dont il parle.

71. Varron, *De lingua latina*, v. 49.

72. Un monument découvert à Rome montrait Jupiter près d'un chêne, avec l'inscription : *Jovi Caelio*.

73. Ovide, *Fastes*, III.

74. *Histoire naturelle*, XVI, II.

75. Les Chauques, peuple riverain de la Baltique en Germanie occidentale, habitaient entre l'*Amisia* (l'Ems) et l'*Albis* (l'Elbe). Pline, qui avait fait partie de l'expédition dirigée contre ce peuple par Corbulon en 47, parle ici en témoin oculaire.

76. *Hercynia sylva* désignait l'immense étendue de monts boisés de la Germanie occidentale. *Hercynia* dérive du nom indo-européen du chêne * *perkʷ*.

77. *Descriptio insularum Aquilonis, op. cit.*, 26.
78. Mannhardt, *Lettische Sonnenmythen.*
79. Fr. Kreutzwald et H. Neus, *Mythische und magische Lieder der Ehsten*, Saint-Petersbourg, 1854, cité par Frazer, *le Rameau d'or*, I, p. 883.
80. Procope de Césarée, *Histoire des guerres faictes par l'empereur Justinien contre les Vandales et les Goths...* trad. franç., Sournius, 1587.
81. Extraits sur les ambassades, in *Excerpta historica.*
82. *Dissertationes*, VIII, 8, édit. Masson et Besson.
83. *De Bello Gallico*, VI, 17-18.
84. *Pharsale*, I, 444-446.
85. Actuellement au musée de Cluny à Paris.
86. P.M. Duval, *Les Dieux de la Gaule, op. cit.*, p. 30. – J. de Vries, *La Religion des Celtes, op. cit.*, trad. fr., Paris, 1963, pp. 105-108.
87. *Geographica*, XII, 5, 1.
88. *Panégyrique de Stilicon*, I, 288.
89. *Histoire naturelle*, XVI, XCV.
90. Donc pas seulement le gui, mais aussi les glands et les autres productions propres au chêne.
91. Ce jour est la veille de la pleine lune.
92. Il s'agit de taureaux sauvages, d'aurochs. Pour les dompter, on liait leurs cornes avec une corde de chanvre.
93. Livre XXIV, VI, 12.
94. J. Pokorny, *Der Gral in Irland und die mythischen Grundlagen der Gralsage*, 1912, cité par de Vries, *op. cit.*, p. 198.
95. Article «Druide», dans le *Dictionnaire des Symboles, op. cit.*, p. 302.
96. L'auteur anonyme de l'article «Rameau d'or» dans le *Dictionnaire des Symboles, op. cit.*, p. 639.
97. *De divinatione*, I, 41, 90.
98. *Géographie*, IV, 4, 4.
99. *Ère celtique de la Saintonge*, p. 78.
100. Cité dans le *Magasin pittoresque*, année 1858, p. 166.
101. J. de Voragine, *La Légende dorée, op. cit.*, LXXXII.
102. Dr. G. Debaigne, *Larousse des plantes qui guérissent*, Paris, 1974.
103. P. Schauenberg et F. Paris, *Guide des plantes médicinales*, Neuchâtel, 1969.
104. *Énéide*, chant VI, traduction d'A. Bellessort. Il s'agit ici du *Loranthus* dont les baies sont en effet jaunes.
105. Voir L'Yeuse, dans *les Arbres de France*, p. 215-218.
106. J. Beaujeu, J. Defradas et H. Le Bonniec, *Les Grecs et les Romains*, Paris, 1967.
107. *Gylfaginning*, chap. 48, traduit par Régis Boyer, *Les Religions de l'Europe du Nord, op. cit.*, pp. 443-445.
108. R. Boyer, *op. cit.*, p. 443.
109. *Gylfaginning*, chap. 52, trad. par R. Boyer, *op. cit.*, p. 449.

CHAPITRE 4: LA MAGIE DES SÈVES

1. G. Glotz, *Civilisation égéenne*, pp. 275 et 293.
2. Reproduction dans Glotz, *op. cit.*, p. 293.

3. Voir la danse rituelle représentée sur une bague d'or d'Isopata, in Glotz, *op. cit.*, p. 287.

4. Cf. les Nornes arrosant le pied d'Yggdrasill, chap. premier, p. 13.

5. Glotz, *op. cit.*, p. 276.

6. Ch. Picard, *Religions préhelléniques*, *op. cit.*, p. 152.

7. Ch. Picard, *op. cit.*, p. 152.

8. Selon Evans, cité par Ch. Picard.

9. Ch. Picard, *op. cit.*, p. 186.

10. *Le Rameau d'or*, 12 volumes, édit. définitive 1911-1915, version française en 4 volumes, Paris, 1981-1985, publiée avec d'importantes introductions et mises à jour par Nicole Belmont et Michel Izard. Du même auteur, v. *Pausanias's Description of Greece*, London, 1898, 6 volumes. Bien que les théories, et surtout l'attitude de Frazer qui considère les faits archaïques étudiés par lui comme de simples superstitions, soient aujourd'hui périmées, le *Rameau d'or* constitue un *corpus* qui n'a jamais été remplacé. Aussi ne peut-on que le consulter encore, à condition d'utiliser seulement les faits recensés et non les interprétations tendancieuses que peut en donner Frazer; ce que nous ferons au cours de ce travail, ne mentionnant celles-ci, lorsque cela sera nécessaire, qu'en les accompagnant des mises au point critiques récentes.

11. Robert Graves, *Les Mythes grecs*, *op. cit.*, et *La Déesse blanche*, *op. cit.* Chez cet auteur, les références aux cultes archaïques des arbres sont à la fois fréquentes et documentées, mais, comme ce propos n'est chez Graves qu'accessoire, elles se trouvent noyées dans les notes qui accompagnent le texte, sont souvent confuses et parfois critiquables.

12. Dans les mythologies des Indiens d'Amérique, analysées de manière exemplaire par Claude Lévi-Strauss en particulier dans les *Mythologiques*, plusieurs mythes étudiés dans *Mythologiques* I, *Le Cru et le Cuit*, pp. 173-177, rendent compte de ce passage de l'arbre aux plantes cultivées dans l'alimentation humaine. Ils font intervenir entre le bois putréfié et les champignons des arbres, première nourriture des Indiens, et le maïs, un « arbre à maïs », essence imaginaire, qui n'a manifestement pour objet que de servir de transition, l'arbre étant considéré comme le père – ou la mère – des céréales.

13. Paul Faure, *La Vie quotidienne en Crète au temps de Minos*, *op. cit.*, en particulier pp. 57-61.

14. Le mot Ida signifie « mont boisé ».

15. Cf. L'Hymne homérique, v. chap., note 44.

16. V. Ch. Picard, *op. cit.* « Zeus apparentés, peut-être plus ou moins dérivés du dieu préhellénique de Crète », p. 137.

17. Gernet et Boulanger, *Le Génie grec dans la religion*, Paris, réédit. 1969, p. 103.

18. H. Jeanmaire, *Dionysos, histoire du culte de Bacchus*, Paris, 1951.

19. Walter F. Otto, *Dionysos. Le Mythe et le Culte*, trad. fr., Paris, 1969. V. aussi la mise à jour de la question dans Mircea Eliade, *Histoire des croyances et des idées religieuses*, t. I, notes pp. 476-478.

20. Héraclite d'Éphèse l'assimilait même à Hadès dont Zagreus était en effet le pourvoyeur.

21. *Les Mythes grecs*, p. 101.

22. Astrologiquement, le signe du Taureau correspond au mois de mai, c'est-à-dire à l'apogée printanière du règne végétal.
23. Le Zeus Crétagénès, divinité de l'Arbre et de la fécondité de la terre, était, lui aussi, un dieu taureau.
24. Épithète de Dionysos attestée par Sophocle et Aristophane.
25. Ce qu'avait déjà remarqué, avec une stupéfaction scandalisée, Frazer : « Nous sommes donc en face de l'étrange spectacle d'un dieu sacrifié à lui-même... Et comme un dieu est censé manger sa part de la victime qu'on lui offre, il en résulte que, quand la victime est l'ex-dieu en personne, cet être suprême absorbe sa propre chair. »
26. Dans le sacrifice minoen, il s'agit du remplacement par une victime du roi lui-même, qui aurait dû être mis à mort au terme d'une période donnée, thème caractéristique du roi de l'arbre sacré.
27. Dans l'*Iliade*, Dryas est le père de Lycurgue.
28. Ces pratiques perdurèrent fort longtemps. Dans certaines régions reculées de l'Arcadie, on sacrifiait et on mangeait de jeunes enfants jusqu'à l'époque chrétienne.
29. Qui, en conséquence, firent venir Dionysos de Thrace.
30. Aristophane le mentionne en tant que tel dans les *Guêpes* (423 av. J.-C.).
31. Dans un passage célèbre du *Sur la couronne*.
32. Diodore de Sicile l'appelle *zythus*, ce qui montre qu'il s'agissait d'une boisson à la fois étrangère et archaïque.
33. *Liber* est à l'origine du mot « livre », parce que l'on a écrit autrefois sur cette pellicule située entre l'écorce et le bois.
34. W.F. Otto, *op. cit.*, p. 12.
35. H. Jeanmaire, *op. cit.*, p. 17.
36. Chap. « Dionysos » dans « Les Esprits des blés et des bois » in Frazer, *Le Rameau d'or*.
37. Jeanmaire, *op. cit.*, p. 63.
38. Ses sœurs se nommaient Macris, Erato, Bromie et Bacché. Si Macris semble signifier « la Haute » (*macros* s'appliquait aux montagnes et aux arbres), Erato veut dire « la Charmante », en Bromie, il faut reconnaître Dionysos Bromios, « le Frémissant », ce qui fait allusion au feuillage oraculaire; quant à Bacché, c'est la Bacchante, la prêtresse de Bacchos, en tant que dieu du vin. Si Nysa veut bien dire « arbre », avec l'Hélicon, « montagne du Lierre », nous tenons peut-être le mot de l'énigme.
39. Il s'agissait d'espèces américaines, autrement dénommées tupélos, qui venaient d'être découvertes par les botanistes européens. Si Gronovius écrit Nyssa avec deux *s*, c'est probablement afin que l'on ne prononce pas Nyza.
40. Dont les conclusions ont été acceptées par Nilsson dans *The Minoan-Mycenean Religion*, Lund, 1927, et par Willamowitz (*Der Glaube der Helenen*, 1926).
41. Le nom réapparaît dans le slave *zemljia*, la « terre » et dans *Zemyna*, le nom lituanien de la déesse chtonienne.
42. Pindare, *Pythiques*, IV, 25.
43. H. Jeanmaire, *op. cit.*, p. 346.
44. *Bibliothèque* dite l'Apollodore, III, 28.
45. Eschyle, fragment 61.
46. *Les Bacchantes*, 353.

47. On nommait couramment ses « nourrices » les femmes qui s'ébattaient en compagnie du dieu adulte.

48. Ce qu'attestent et les *Bacchantes* d'Euripide et les peintures de vase sur lesquelles les Ménades repoussent rudement les satyres avec des torches et des serpents. Selon Nonnos, elles portaient sous leurs vêtements enroulés autour de leur corps un serpent qui les protégeait contre les convoitises masculines. – Cf. W.F. Otto, *op. cit.*, p. 185-186.

49. Le dieu avait précédemment fait don d'un plant de vigne au Crétois Œnée; *oiné*, qui désigne la vigne en grec, est un mot d'origine crétoise. La culture de la vigne a donc probablement été introduite en Grèce depuis la Crète.

50. Cf. l'article « balançoire » dans le *Dictionnaire des Symboles, op. cit.*

51. Ch. Picard, *op. cit.*, p. 187.

52. W.F. Otto, *op. cit.*, p. 192.

53. Ceux-ci n'ont pas été aussi rares qu'on pourrait le penser. Ils existaient dans l'Amérique précolombienne, chez les Mayas, par exemple.

54. Oswald Wirth, *Le Tarot des imagiers du Moyen Âge*, Paris, 1966, XXI, Le Pendu, pp. 181-186.

55. Marguerite Chevalier, article « Pendu », in *Dictionnaire des Symboles, op. cit.*

56. W.F. Otto, *op. cit.*, p. 162.

57. Laquelle symboliquement représente la permanence de la vie à travers les fluctuations du changement.

58. Nonnos (ve siècle), auteur du poème épique, les *Dionysiaques*, ultime version de la légende du dieu.

59. Plutarque, *Les Symposiaques*, I, 3;

60. *Id.*, *Questions romaines*, n° 112.

61. *Id.*, *Les Symposiaques*, III, 2.

62. Rapporté par De Gubernatis, *op. cit.*, II, p. 198.

63. « C'est comme symbole de la volupté, selon Eustache, que le lierre était consacré à Bacchus. » De Gubernatis, *op. cit.*, II, p. 197.

64. J.M. Pelt, *Drogues et plantes magiques*, Paris, 1971, p. 156 sq.

65. Th. Narbutt, *Histoire ancienne du peuple lithuanien*, Vilna, 1835, t. I.

66. De Gubernatis, *op. cit.*, II, p. 197.

67. R. Graves, *op. cit.*, p. 93.

68. W.F. Otto, *op. cit.*, p. 103.

69. Le lierre semble avoir perdu cette réputation. Cependant, des observations modernes ont en partie confirmé qu'elle n'était point fausse. Cf. Hegi, *Illustrierte Flora von Mitteleuropa*, Munich, 1936, vol. V, 2, pp. 924 sq.

70. Euripide, *Les Bacchantes*, 298 sq.

71. Plutarque, *Les Symposiaques*, 7, 10, 2.

72. *L'Enquête*, 7, 111.

73. Tite-Live, 39, 13, 12.

74. Plutarque, *Questions romaines*, n° 112.

75. W.F. Otto, *op. cit.*, pp. 81 et 152.

76. V. chap. 2, p. 81 sq.

77. H. Jeanmaire, *op. cit.*, p. 24.

78. W.F. Otto, *op. cit.*, p. 156.

79. L. Séchan, *op. cit.*, p. 2221.

80. Phalès comme Ampelos, la «vigne» et Staphylos, la «grappe», était nommé seulement comme un compagnon du dieu.
81. Tradition qui s'est conservée jusqu'à maintenant; le 2 novembre est encore le Jour des Morts.
82. Sans doute par opposition aux Grandes Dionysies, célébrées en mars-avril, fête officielle de la cité, qui avait un caractère plus profane, moins archaïque en tout cas.
83. L. Séchan, article «Dionysos», *op. cit.*, p. 2221.
84. V. l'Aubépine, dans *Les Arbres de France*, pp. 23-27.
85. H. Jeanmaire, *Dionysos*, p. 52.
86. Dans un passage cité par saint Augustin, in *La Cité de Dieu*, 7, 21.
87. Firmicus Maternus, *De errore profanarum religionum*, 6, 5.
88. Le verbe *tragydzô* (de *tragos*, le «bouc») qui s'appliquait aux jeunes garçons, signifiait «sentir le bouc», et aussi «muer, devenir pubère».
89. Pausanias, *Périégèse*, 6, 26, 1 et 2.
90. W.F. Otto, *op. cit.*, chapitre 8.
91. M. Eliade, *Histoire des croyances, op. cit.*, I, p. 385.
92. Gernet et Boulanger, *op. cit.*, pp. 99-104.
93. M. Eliade, *Histoire des croyances*, I, p. 381.

CHAPITRE 5: MORT ET RENAISSANCE DE L'ARBRE DIEU

1. Les sources écrites ont été recueillies, publiées et commentées par H. Hepding, *Attis, seine Mythen und sein Kult*, Giessen, 1903, et H. Graillot, *Le Culte de Cybèle, Mère des Dieux à Rome et dans l'Empire romain*, Paris, 1912. Voir aussi J. Vermaseren, *The Legend of Attis, in Greek and Roman Art*, Leyde, 1966, et surtout *Cybele and Attis. The Myth and the Cult*, Londres, 1977.
2. Clément d'Alexandrie, *Protreptique*, II, 15, et Firmicus Maternus, *De errore profanarum religionum*, 18.
3. Le taureau était parfois remplacé par un bélier, le *taurobolium* devenait alors *criobolium*.
4. *Taurobolio criobolioque in aeternum renatus*, selon une inscription citée par Hepding, *op. cit.*, p. 89.
5. Selon Hepding, *op. cit.*, pp. 190 sq. et Loisy, *Mystères païens*, pp. 109 sq.
6. Ce rite de la nouvelle naissance était célébré à Rome surtout dans le sanctuaire de la déesse qui s'élevait sur la colline du Vatican, à l'endroit où se trouve aujourd'hui la basilique Saint-Pierre.
7. J. Toutain, *Les Cultes païens dans l'Empire romain*, Paris, 1911, pp. 73 sq. et 103 sq.
8. C'est d'ailleurs par les auteurs chrétiens soucieux de trouver des ressemblances entre le sacrifice d'Attis et celui de Jésus, qui se situaient à la même époque de l'année, ainsi qu'entre la communion et le repas rituel des initiés, que nous connaissons le mieux les fêtes de Cybèle et d'Attis.
9. *La Cité de Dieu*, VII, 26.
10. C'est en partie à cause de lui que les Grecs, plus raffinés que les Romains, ne subirent guère l'influence du culte de Cybèle et d'Attis.
11. *Livre des Rois*, I, XV et II, XXIII.

12. Elle est exposée en particulier par Pausanias, *Périégèse*, VII, 17, 10-12.

13. Ce petit doigt, seul vivant dans un corps inanimé, laisse rêveur, car si les cheveux sont évidemment les feuilles du pin, que peut symboliser cet auriculaire, ainsi nommé, parce qu'étant le plus petit, il peut s'introduire dans l'oreille (et même lui confier un secret : « C'est mon petit doigt qui me l'a dit »), sinon le sexe enfantin qu'Attis aurait malgré tout conservé, puisque lui au moins était sans danger?

14. Lequel la tenait d'un poète élégiaque du IVᵉ siècle av. J.-C., Hermésianax.

15. Le trépas inévitable de cet Attis fait évidemment penser à la mise à mort du fils du roi, qui rendait à celui-ci un sang renouvelé, donc l'énergie nécessaire pour continuer à régner.

16. « Avant tout fut Chaos, puis Gaea au large sein, résidence à jamais inébranlable de tous les êtres et Amour, le plus beau des dieux immortels... » Hésiode, *Théogonie*, 116-120.

17. Hésiode, *op. cit.*, 126 sq.

18. Ainsi en a-t-il été par exemple de Dioné, la déesse du chêne oraculaire de Dodone.

19. M. Eliade, *Histoire des croyances, op. cit.*, p. 274.

20. Marie-Madeleine Davy, article « Pierre », in *Dictionnaire des Symboles, op. cit.*

21. Dans la mythologie germano-scandinave, le règne des Géants précède aussi l'apparition des hommes.

22. C'est en lui offrant un pépin de grenade qu'Hadès séduisit Perséphone et l'obligea à demeurer dans son royaume.

23. Entre autres, Arnobe (IIIᵉ-IVᵉ siècles) dans son *Adversus nationes*, V, 5 sq.

24. Rappelons que le mot Ida signifie « montagne boisée ». L'Ida de Crète tirait peut-être son nom de l'Ida d'Asie Mineure, d'où les envahisseurs de la Crète l'auraient exporté.

25. Selon les entomologistes, ce mode de fécondation aurait constitué pour les Anciens une énigme. Elle n'aurait été résolue qu'à la fin du XVIIIᵉ siècle par le savant genevois aveugle Pierre Huber. Mais l'on a vite fait, dans les milieux scientifiques, de taxer les « Anciens » d'ignorance. L'identification de Cybèle avec la reine des abeilles indiquerait que, à tout le moins, ils soupçonnaient la vérité.

26. Graves, *Mythes grecs*, p. 99. Le même auteur donne pour étymologie du nom de Ganymède : *ganuesthai* et *media*, « qui apprécie la virilité » ; à vrai dire, il faudrait traduire plus littéralement, et plus brutalement : « celui que le membre viril rend joyeux » (*media* est un ancien mot ionien qui a ce sens).

27. Marie Delcourt, *Hermaphrodite. Mythes et rites de la bisexualité dans l'Antiquité classique*, Paris, 1958, p. 30.

28. Cf. ce que nous avons dit plus haut d'Ariane suicidée par pendaison à un arbre (chapitre 4, p. 122).

29. Ainsi Ariane ne peut-elle s'unir à Dionysos qu'une fois ressuscitée, devenue comme son époux immortelle.

30. *Histoire naturelle*, XVI, XLIV.

31. Pausanias, X, 30, 9.

32. Chez Hérodote (VII, 26), ce fleuve porte le nom de Cataractès, qui exprime bien son caractère.

33. Xénophon, *Anabase*, I, 2, 8 – Tite-Live, XXXVIII, 13, 6.
34. Selon Hippolyte de Rome, *Refutatio omnium haeresium*, V, 9.
35. *Le Rameau d'or*, II, p. 396.
36. Mots soulignés dans le texte. Walter Krickeberg, *Les Religions des peuples civilisés de Méso-Amérique*, in W. Krickeberg, H. Trimborn, W. Müller et O. Zerrier, *Les Religions amérindiennes*, trad. fr. Paris, 1962, p. 74.
37. W. Krickeberg, *op. cit.*, pp. 67-68.
38. Selon Nonnos, Ladôn était aussi le père de Daphné, nymphe qui fut également métamorphosée, mais Daphné est donnée par la plupart des auteurs comme la fille du fleuve thessalien Pénée.
39. V. l'Aulne, dans *Les Arbres de France*, pp. 29-31.
40. La conduite d'Apollon vis-à-vis d'Orphée est donc l'inverse de celle qu'il adopta à l'égard de Marsyas et de Pan.
41. R. Graves, *Mythes grecs*, p. 97.
42. Rappelons qu'Orphée exerçait sur les arbres un pouvoir certain. Selon Ovide, ils se mirent en marche afin de l'écouter.
43. Il ne s'agissait pas de la part des Grecs d'un malentendu, comme l'écrit Frazer dans *Adonis*, (*Le Rameau d'or*, II, p. 213), mais du résultat d'un interdit. Les Phéniciens s'abstenaient de prononcer le nom de leur dieu devant des étrangers qui auraient pu en abuser, ils l'appelaient *Adon*, «Seigneur».
44. C'est en grec le même mot, la différence n'est que dialectale.
45. Traduction donnée par M. Detienne, dans *Les Jardins d'Adonis*, Paris, 1972, p. 11, légèrement modifiée.
46. Apollodore, *Bibliothèque*, III, 14, 3-4 – Hygin, *Les Astronomiques*, II, 7 et *Fables*, 58, 164 et 251 – Servius, *Commentaire sur Virgile*, Eglogues, X, 18 – Antonius Liberalis, *Métamorphoses*, 34 – Ovide, *Métamorphoses*, X, 300-560 et 710-740. V.W. Atallah, *Adonis dans la littérature et l'art grecs*, Paris, 1966.
47. Ovide, *Métamorphoses*, X, 500-501.
48. Ovide, *Métamorphoses*, X, 524-525.
49. Apollodore, III, 14 – Hygin, *Fables*.
50. Dont Servius, Eglogues, X, 18.
51. Voir p. 163.
52. Eusèbe, *Vita Constantini*, III, 55.
53. Lucien, *Sur la déesse syrienne*, 8 – Théocrite, *Idylle*, XV.
54. Lucien, *id.*, 6. A l'époque de Lucien, on savait qu'il s'agissait d'un phénomène naturel : «Le Liban est composé d'une terre extrêmement rouge. Des vents violents qui s'élèvent à jour fixe transportent dans le fleuve cette terre chargée de vermillon et c'est elle qui donne à l'eau la couleur du sang.»
55. Il précise même qu'il s'est fait initier à ces orgies en l'honneur d'Adonis.
56. P. 224 dans l'édition citée.
57. Tel est encore le point de vue adopté récemment par W. Atallah, *op. cit.*, note 46.
58. Introduction de J.-P. Vernant aux *Jardins d'Adonis* de M. Detienne.
59. Cette excitation paroxystique des femmes lors de la canicule est un thème courant dans la littérature grecque. Déjà, Hésiode, dans *Les Travaux et les Jours* (586-587), écrivait : «Les femmes sont alors les plus lascives et les hommes plus mous. Sirius leur brûle la tête et les genoux, la chaleur leur sèche la peau.» Ce contraste

entre les dispositions de l'homme et de la femme reposait sur le raisonnement suivant : étant donné que l'homme est naturellement
sec et chaud, la surabondance de chaleur en été l'affaiblit par
excès, tandis qu'elle vient équilibrer la nature humide et froide des
êtres féminins. Cette vue rejoint celle de la philosophie chinoise : le
surplus de Yang (masculin) profite au Yin, mais ruine le Yang lui-
même.

60. M. Detienne, *op. cit.*, p. 214.
61. Oribase, III, p. 165, cité par M. Detienne, p. 221, note 3.
62. Aristote, *De la génération des animaux*, II, 7, 746 b 29.
63. *Erotikos*, 756 c.
64. M. Detienne, *op. cit.*, pp. 225-226.
65. *Ibid.*, chap. V « La semence d'Adonis ».
66. *Ibid.*, p. 237.
67. Ovide, *Métamorphoses*, X.
68. Detienne, *op. cit.*, chap. I, « Les parfums de l'Arabie ».
69. *Ibid.*, p. 59.
70. *Dictionnaire des Symboles*, *op. cit.* article « Phénix », p. 597.
71. Les Chinois connaissent le Phénix, l'oiseau de cinabre *(tan-niao)*, donc rouge, le cinabre étant le sulfure rouge du mercure. Ils
le considéraient comme androgyne; chez eux, aussi, il correspon-
dait emblématiquement au Sud, à l'été, au feu et à la couleur
rouge.
72. Les dattes consommées en Grèce venaient de Phénicie.
73. Il n'est pas sûr que le dattier soit originaire du Moyen-Orient,
où on ne le trouve plus à l'état sauvage. Selon certains botanistes, il
se peut qu'il soit venu de l'Inde. Ce serait la forme cultivée de *Phoenix silvestris*, qui est lui certainement spontané. Cependant, la présence du dattier dans la zone qu'il occupe actuellement est probable dès le début de l'ère quaternaire.
74. A. Chevalier et J.F. Leroy, *Les Fruits exotiques*, Paris, 1946.
75. *Géographie*, XVI, I, 14.
76. *Les Symposiaques*, VIII, 4, 5.
77. *Histoire naturelle*, XVI, LXXXIX.
78. *Ibid.*, XIII, VII, 34-35; phrase soulignée par nous.
79. A. Chevalier et J.F. Leroy, *op. cit.*, p. 42.
80. *Histoire des plantes*, II, 6, 11.
81. *Anabase*, II, 3, 16.
82. *Histoire naturelle*, XIII, IX, 39.
83. *Hymne homérique à Apollon*.
84. Parthénios de Nicée, écrivain grec du Iᵉʳ siècle av. J.-C., *Sur
les infortunes amoureuses*, 33.
85. *Le Rameau d'or*, édit. citée, II, p. 411.
86. Sur Isis et Osiris, in *Œuvres morales*, édit. V. Bétolaud, Paris,
1870, t. II, pp. 222-300.
87. L. Speleers, *Les Textes des Pyramides égyptiennes*, Bruxelles,
1923.
88. De même la première divinité, donc hermaphrodite, qui
émerge du chaos primordial, est en Grèce féminine, Gaea et en
Égypte masculine, Atoum.
89. H. Frankfort, *La Royauté et les dieux*, trad. fr., Paris, 1951,
p. 250 et 253.
90. Plutarque, *Sur Isis et Osiris*, 12.
91. Ce qu'Osiris proclame lui-même dans les « disputes d'Horus

et de Seth». V. Alan H. Gardiner, *Papyrus Chester Beatty* n° 1, Londres, 1931.

92. J. Vandier, *La Religion égyptienne*, Paris, 1944, p. 56 sq.

93. H. Frankfort, *op. cit.*, p. 276.

94. Des historiens de la religion égyptienne – en particulier F. Daumas dans ses *Dieux de l'Égypte* (3ᵉ édit., Paris, 1977) – font valoir que certains détails de la légende montrent « que les théologiens ont eu de la peine à faire entrer Horus dans le cycle osirien ». Pour eux, le personnage d'Horus, très ancien dieu du Ciel (c'était un dieu faucon, patron de la royauté depuis la préhistoire), « Seigneur du pays noir, la fertile vallée du Nil », et ses luttes contre « Seth, le stérile, dieu du pays rose », le désert, sont antérieurs à l'avènement d'Osiris, le roi ressuscité grâce au « remède d'immortalité » d'Isis, la magicienne qui a inventé toute vie. L'histoire d'Osiris suscita donc un immense espoir dont bénéficièrent d'abord les souverains, les « Horus », puis par la suite tous les Égyptiens, et ce d'autant plus facilement que la légende faisait d'Osiris un « dieu de la végétation qui meurt durant la saison sèche ». Seth est alors vainqueur, « mais Isis ressuscite son époux et de nouveau, la terre fait germer les plantes ». Selon cette théorie, l'ordre est inversé : c'est parce qu'il était un dieu de la crue du Nil et de la renaissance de la végétation qu'Osiris est devenu un dieu des morts.

95. H. Frankfort, *op. cit.*, p. 276.

96. *Ibid.*, p. 256.

97. Dans les *Zeitschrift für ägyptische Sprache und Altertumskunde*, 45 (1908), cités par J. Vandier, *op. cit.*, p. 51, note 1.

98. Reproduit dans G. Lefebvre, *Romans et contes égyptiens de l'époque pharaonique*, Paris, 1949.

99. Il existait même au Liban une localité portant le nom de Val du Cèdre ou Val du Pin parasol.

100. *De errore profanarum religionum*, 27.

101. Frazer, *op. cit.*, II, p. 467.

102. V. note 94.

103. Frazer, *op. cit.*, p. 457.

104. Le Perséa ou Persica des auteurs grecs et latins, Théophraste et Pline en particulier, est difficile à identifier. Il ne peut s'agir de l'actuel *Persea gratissima*, l'avocatier, qui est d'origine américaine. Peut-être est-ce le sébestier (genre *Cordia*), espèce dont le fruit était consommé par les Égyptiens.

105. J. Vandier, *op. cit.*, p. 56, note 4.

106. Frankfort, *op. cit.*, p. 248.

107. Ce qui serait une indication de plus qu'il s'agissait au départ d'un arbre qui ne se trouvait pas en Égypte et dont le pilier *djed* aurait été le simulacre.

108. Ce qui ne va pas sans rappeler les yeux qui décorent certains stupas népalais et manifestent la présence du Bouddha dont les stupas sont censés contenir les restes.

109. De même, dans le *Livre des morts tibétain (Bardo Thödol)*, le défunt risque de se retrouver dans le sein maternel, où il se réincarnera, mais ici c'est justement ce qu'il faut éviter, si l'on veut se libérer du cycle des naissances et des morts.

110. Frankfort, *op. cit.*, pp. 246-247.

111. Ce qui est peut-être la conclusion du mythe d'Attis.

112. Frankfort, *op. cit.*, p. 249.

113. P. Barguet, *Le Livre des morts des anciens Égyptiens*, Paris, 1967, pp. 182 et 248.

114. V. A. Champdor, *Le Livre des morts*, Paris, 1963.

115. Par exemple, sur un sarcophage du Nouvel Empire au Musée de Leyde. V. Frankfort, *op. cit.*, fig. 39, p. 247.

116. V. chap. 1, p. 4. Il est curieux que l'Inde, le pays de la « kundalini », soit aussi celui de la Vache sacrée.

117. C'est, semble-t-il, ce que croyaient les Anciens; la découverte du processus destiné à empêcher l'auto-fécondation est relativement récente.

CHAPITRE 6 : LE BOIS SACRÉ ET LES ÂMES DES ARBRES

1. Claude Lévi-Strauss, *La Pensée sauvage*, Paris, 1962.

2. Sir Jagadis Chandra Bose, *The Physiology of Photosynthesis*, New York, 1924 – *The Physiology of the Ascent of Sap*, New York, 1923.

3. J. Chandra Bose, *The Nervous Mecanism of Plant*, New York, 1926.

4. V. P. Tomkins et C. Bird, *La Vie secrète des plantes*, trad. fr., Paris, 1975.

5. Ces données sont utilisées en climatologie; elles permettent de remonter très haut dans le temps, grâce aux arbres fossilisés. V. du même auteur, *La Magie des plantes*, Paris, 1979.

6. Cette identification par des signes considérés comme surnaturels a survécu au paganisme. On en trouve la trace aux temps chrétiens, alors que les cultes de la nature étaient depuis longtemps prohibés, dans la consécration à la Vierge et aux saints de certains arbres désignés par eux.

7. V. chap. 1, p. 19 et suiv.

8. V. chap. 2, p. 55.

9. V. chap. 3, p. 85.

10. Caton, *De Agricultura*, 139 – Pline, *Histoire naturelle*, XVII, 267.

11. P. Faure, *La Vie quotidienne en Crète*, *op. cit.*, p. 58.

12. G. Glotz, *Histoire grecque*, I, p. 497 – *Odyssée*, VI, 291; IX, 200; XX, 278.

13. *Iliade*, II, 506. Cf. Le Platane, dans *les Arbres de France*, pp. 168-169.

14. J. Markale, *Merlin l'Enchanteur*, Paris, 1981.

15. « L'actuelle Clermont-Ferrand s'appelait *Augustonemetum* et Nanterre *Nemetodurum*. Une ville des Atrébates portait le nom de *Nemetacum*; en Grande-Bretagne, on connaît un *Vernemetum* dans le Nottinghamshire et un *Medionemetum* dans le sud de l'Écosse. Il faut y ajouter la ville de *Nemetobriga* en Galicie. » (De Vries, *La Religion des Celtes*, p. 197.)

16. Markale, *op. cit.*, p. 144.

17. Selon la *Chorographie* de Pomponius Mela (Ier siècle ap. J.-C.).

18. *De bello gallico*, VI, 14.

19. Lucain, *La Pharsale*, III, 399-428.

20. Dion Cassius, *Histoire romaine*, LXII, 6, 7.

21. *Annales*, XIV, XXX.

22. *De origine et situ Germaniae*, XXXIX.

23. Jean Servier, *Tradition et civilisation berbères*, Paris, 1985, pp. 17-18.

24. Émile Mâle, *La Fin du paganisme en Gaule*, Paris, 1950, pp. 54-60.

25. A. De Gubernatis, *Mythologie des plantes*, I, p. 274, citant Du Cange (xviiie siècle).

26. Sulpice Sévère, *Vie de saint Martin*, 13.

27. Saint Magnobold, *Vie de saint Maurilius*.

28. Étienne, *Vie de saint Amator*.

29. *De bello gallico*, VI, 13, 10.

30. De Vries, *op. cit.*, p. 123.

31. A. Maury, *Les Forêts de la France dans l'Antiquité et au Moyen Âge*, Paris, 1856.

32. Rappelons que nous avons étudié le même processus en ce qui concerne les envahisseurs hellènes.

33. Anatole Le Braz, Introduction au Guide bleu *Bretagne*, Paris, 1962.

34. Jean Markale, *Le Christianisme celtique et ses survivances populaires*, Paris, 1983, p. 137 sq. – V. aussi du même auteur, *Le Druidisme*, Paris, 1985.

35. De Vries, *op. cit.*, p. 112.

36. P.-M. Duval, *Les Dieux de la Gaule, op. cit.*, p. 34.

37. De Vries, *op. cit.*, p. 114.

38. Yannick Pelletier, *Les Enclos paroissiaux*, Rennes, 1981.

39. M. Dilasser, *Locronan*, Rennes, 1981.

40. *Souvenirs d'enfance et de jeunesse*, Paris, 1883.

41. John Sharkey, *Mystères celtes*, trad. fr., Paris, 1985, pp. 23-24 – *Dictionnaire des saints*, Paris, 1975 article «Columba ou Columcelle».

42. V. en particulier l'ouvrage du celtisant Jean Markale, *Merlin l'Enchanteur*, Paris, 1981, auquel nous avons emprunté la plupart des développements suivants.

43. J. Markale, *op. cit.*, pp. 123-124, les mots soulignés le sont par cet auteur.

44. *Ogam. Tradition celtique*, Rennes, 1948, 16, 253-256.

45. Ce jeu de mots a été fait par les auteurs médiévaux.

46. J. Markale, *Merlin*, p. 165.

47. V. «Le vrai Gargantua», in Markale, *Merlin*, p. 37.

48. John Michell, *L'Esprit de la Terre ou le génie du lieu*, trad. fr., Paris, 1975.

49. Selon le chroniqueur carolingien Ermold le Noir, *Poème sur Louis le Pieux*, v. 1301, édit. par E. Faral, Paris, 1932.

50. J. Markale, *Merlin*, p. 138.

51. Des légendes médiévales racontent encore comment à la suite d'une apparition ou d'un rêve un arbre fut consacré à la Vierge ou à un saint. Souvent, il ne s'agissait que d'une nouvelle appropriation, le même arbre ayant fait précédemment l'objet d'un culte païen.

52. G. Lafaye, *Les Métamorphoses d'Ovide et leurs modèles grecs*, Paris, 1904.

53. Aria est donné par Théophraste (*Histoire des plantes*, 4, 4, 12) comme une espèce propre à cette contrée, le nom grec habituel du chêne-liège est *phellodrus*. Le mot *Aria* restait donc disponible lorsque Linné établit la nomenclature botanique et il l'attribua à

une toute autre espèce sans rapport avec le chêne-liège, l'alisier blanc (*Aria nivea* ou *Sorbus Aria*), ainsi la nymphe Aria subit-elle une nouvelle métamorphose.

54. Apollodore, *Bibliothèque*, I, 7, 6; II, 3-4 et III, 10, 3 – Pausanias, *Périégèse*, X, 17, 3.
55. Antoninus Liberalis, *Recueil des métamorphoses*, 32.
56. Ovide, *Métamorphoses*, I, vers 555-560.
57. Pseudo-Apollodore, *Bibliothèque*, I, 7, 9 – Hygin, *Fables*, 203 – Pausanias, *Périégèse*, VII, 20, 2 et X, 5, 3 – Parthénios, *Sur les Infortunes amoureuses*, 15.
58. Une trace de cette version subsiste dans la vulgate d'Ovide, I, vers 546.
59. Nonnos de Panopolis, *Les Dionysiaques*, *op. cit.*, 14, 80.
60. R. Graves, *Mythes grecs*, p. 71, note 6.
61. *Agis*, 9.
62. Strabon, *Géographie*, VIII, 3, 14 – Servius, *Commentaire sur les Églogues de Virgile*, VII, 61.
63. V. Peuplier blanc et Peuplier noir, dans *Les Arbres de France*, pp. 153-157.
64. Hygin, *Fables*, 138 – Apollonios de Rhodes, *Argonautiques*, II, 1231-1241.
65. V. Le Tilleul, dans *Les Arbres de France*.
66. V. *Les Arbres de France*, pp. 7-10.
67. Cette légende est, on s'en doute, d'origine grecque. Elle aurait été mentionnée par l'historien Timée (IVe-IIIe s. av. J.-C.).
68. *Iliade*, 23, 79 sq.
69. V. Le Noyer, dans *Les Arbres de France*, pp. 135-138.
70. *Œdipe-Roi*, 472.
71. Lucien, *De la Danse*, 40 – Hygin, *Fables*, 59 – Servius, *Commentaire sur Virgile*, Églogues V, 10. – V. l'Amandier dans *Les Arbres de France*, pp. 19-22.
72. *Métamorphoses*, X, 106-143.
73. Chez les Grecs, puis chez les Latins, le Cyprès était voué à la mort et aux divinités infernales. V. Le Cyprès, dans *Les Arbres de France*, pp. 71-74.
74. Ovide, *Métamorphoses*, IV, 55-166.
75. *Ibid.*, VIII, 611-724, trad. fr. de Georges Lafaye, Paris, 1928, 3e tirage 1976.
76. *Transactions of the Gaelic Society*, 1805, p. 133, citées par A. Le Braz.
77. Anatole Le Braz, *La Légende de la Mort chez les Bretons armoricains*, Paris, 1922, t. 2, pp. 46-55.
78. IX, 324-393.
79. Néanmoins, Ovide n'est sans doute pas l'inventeur de cette fable; il a dû l'emprunter aux *Métamorphoses* de Nicandre de Colophon, auteur grec bien antérieur; en Grèce, le jujubier était cultivé depuis plus longtemps.
80. *Métamorphoses*, XIV, 512-526.
81. *Id.*, XI, 67-84.
82. *Philoctète*, 725.
83. Ovide, *Métamorphoses*, II, 333-366.
84. Paul Sébillot, *Légendes locales...*, t. I, p. 137.
85. *La Bohême galante*, pp. 102-105.
86. Comtesse d'Auneuil, *Cabinet des fées*, t V.

87. Rapportée entre autres par Grégoire de Tours, *Histoire ecclésiastique des Francs*, II, 1.
88. Dr Fouquet, *Légendes du Morbihan*, Vannes, 1857, p. 83.
89. Alfred Maury, *Essai sur les légendes pieuses du Moyen Age*, 1843.
90. A. Le Braz, *op. cit.*, I, XLVII-L.
91. V. L'If, dans *Les Arbres de France*, pp. 105-109. – A. Le Braz, *op. cit.*, I, pp. 301-302.
92. M.A. Courtney, *Cornish Folklore*, The Folklore Journal, t. V. p. 218.
93. F.M. Luzel, *Légendes chrétiennes de basse Bretagne*, Paris, 1881, t. II, p. 189.
94. P. Sébillot, *Légendes chrétiennes*, Vannes, 1892.
95. « Le mort dans l'arbre », conté par Pierre Le Goff d'Argol, in A. Le Braz, *op. cit.*, I, pp. 227-229.
96. Abbé Y. Lucas, in *Revue historique de l'Ouest*, 1892, p. 793.
97. Queruau-Lamerie, in *Revue des Traditions populaires*, t. XIV, p. 277.
98. Paul Pionis, in *Revue des provinces de l'Ouest*, janvier 1890.
99. Robert Graves, *La Déesse blanche*, op. cit. V. le texte intégral du *Câd Goddeu* traduit par J. Markale, dans *Les Celtes*, pp. 87-88 et 111-113.
100. J. Markale, *l'Épopée celtique d'Irlande*, p. 133, et *Merlin, op. cit.*, pp. 74-75.
101. F.M. Luzel, *Légendes chrétiennes*, t. I, p. 216 et 225.
102. Paul Sébillot, *Le Folklore de France*, t. III, pp. 423-424.

CHAPITRE 7 : LA FORÊT HANTÉE

1. Jacques de Voragine, *La Légende dorée*, trad. fr. par T. de Wyzewa, Paris, 1913, XVIII, Saint Paul ermite.
2. Grillot de Givry, *Le Musée des sorciers, mages et alchimistes*, Paris, 1929, p. 35.
3. Article « Pan », in *Dictionnaire des symboles*, op. cit., p. 578.
4. P. Grimal, *Dictionnaire de la mythologie grecque et romaine*, op. cit., p. 342.
5. Alfred Rambaud, *Français et Russes, Moscou et Sébastopol*, Paris, 1877, p. 105.
6. *Mont-Athos, presqu'île sacrée*, trad. fr., Paris, 1981.
7. Grassi, *op. cit.*, pp. 125 et 131.
8. *Légende dorée*, op. cit., CXVIII, Saint Bernard, docteur.
9. J. Loth, *Mabinogion*, édit. de 1979, p. 169.
10. *Yvain*, v. 287 sq.
11. Traduction J. Boulanger, p. 29.
12. Henri Dontenville, *Les Dits et récits de mythologie française*, Paris, 1950, pp. 11-37, « La chasse Arthur ».
13. Albert Meyrac, *Traditions, coutumes, légendes et contes des Ardennes*, 1890.
14. Dontenville, *op. cit.*, p. 16.
15. Dontenville, *op. cit.*, p. 35.
16. O. Bloch et W. von Wartburg, *Dictionnaire étymologique de la langue française*, Paris, 1950.
17. *La Légende dorée*, CXXXVII, Saint Eustache, martyr.

18. *Dictionnaire des saints*, sous la direction de John Coulson, trad. fr., Paris, 1964, art. « saint Hubert ».

19. Édit. Folio, pp. 118-119.

20. *Contes de Grimm*, choix, traduction et préface de Marthe Robert, Paris, 1964.

21. *Vita s. Marcelli, parisiensis episcopi*, dédiée à Germain, son successeur sur le trône épiscopal de Paris, que Fortunat avait bien connu.

22. *Dictionnaire des symboles*, op. cit., art. « ogre », p. 555.

23. Il semble que les folkloristes ne se soient guère donné de peine pour en déterminer un plus grand nombre, ce qui est peut-être dommage.

24. Les anciens dieux étaient devenus inoffensifs, ainsi miniaturisés.

25. Paris, 1882.

26. H. Dontenville, *La Mythologie française*, Paris, 1948, p. 180.

27. Une étymologie plus sûre fait venir huguenot du suisse alémanique *Eidgenosse*, « confédéré ».

28. L. Léger, *La Mythologie slave*, Paris, 1901, et surtout E. Anilkov, *Le Paganisme et la Russie ancienne*, Saint-Pétersbourg, 1914.

29. Rappelons que le personnage de la *Roussalka* est resté très populaire dans les pays slaves, où poèmes et opéras lui furent consacrés. Les plus connus sont l'opéra d'Anton Dvořák (1901) et surtout l'œuvre inachevée de Pouchkine (1837) qui a fourni à Alexandre Dargomyžskij le livret d'un opéra (1856), devenu un grand classique.

30. Appartenant à Artémis, l'absinthe *(Artemisia absinthium)* était utilisée comme emménagogue, elle provoquait les règles, lorsque celles-ci se faisaient attendre, et servait donc d'abortif.

31. H. Dontenville, *Les Dits et récits*, op. cit., chap. 10 « Farfadets ».

32. Émile Souvestre, *Les Derniers Bretons*, Paris, 1836.

33. P.-Y. Sébillot, *Le Folklore de Bretagne*, op. cit., p. 63.

34. P.-Y. Sébillot, op. cit., p. 56.

35. Paul Sébillot, dans *Traditions et superstitions de la haute Bretagne*, Paris, 1883, rapporte une enquête qu'il a menée à une époque où nombre de vieillards racontaient encore que leurs parents ou grands-parents avaient rencontré des fées. Une femme de quatre-vingt-huit ans se souvenait même les avoir vues dans son enfance, donc à la fin du XVIIe siècle. L'opinion commune était alors que les fées avaient disparu au début du XIXe siècle.

36. P. Grimal, *Dictionnaire de la mythologie*, op. cit.

37. J. de Vries, *La Religion des Celtes*, op. cit., p. 128 sq.

38. De Vries, op. cit., p. 87.

39. P.-Y. Sébillot, *Le Folklore de Bretagne*, op. cit., p. 66.

40. Tacite, *Annales*, XIV, 30.

41. *Géographie*, IV, 4, 6.

42. Alfred Maury, *Les Fées au Moyen Age*, Paris, 1843.

43. Ainsi qu'en témoigne le petit nombre – une quarantaine environ – de rochers ou de lieux-dits dont le nom les mentionne, même en Bretagne.

44. Michel Le Nobletz, *Vie de M. Le N., missionnaire en Bretagne*, 1637, cité par P.-Y. Sébillot.

45. Homère, *Odyssée*, X, 133-574.

46. Le sceptre, symbole du pouvoir absolu, est de ce fait baguette magique.

47. L. Séchan et P. Lévêque, *Les Grandes Divinités de la Grèce*, Paris, 1966, p. 136.

48. La déesse de l'île d'Aea, a-t-elle été, comme tant d'autres, convertie au christianisme? Il existe, tout près de chez moi, dans la Sarthe, à quelques kilomètres du Grand-Lucé, un lieu-dit consacré à sainte Circé, laquelle ne figure dans aucun des ouvrages spécialisés que j'ai consultés et ne peut pas être la déformation du nom d'une autre sainte. Or sainte Circé se trouve dans un canton renommé encore aujourd'hui pour ses cas de sorcellerie, et où l'on pratique en grand l'élevage des porcs qui fournissent la rillette du Mans. Non loin de là, un village se nomme Sainte-Cérotte, sainte tout aussi introuvable dans les catalogues des saints. Il est vrai qu'au milieu du VIIIe siècle, on vénérait déjà en France plus de 1 300 saints. L'examen de ce que les textes rapportent d'eux réserverait certainement bien des surprises.

49. Le nom de cette divinité, dont les anciens auteurs disent seulement qu'elle était fille d'Atlas et de Pleioné, signifie simplement « mère » et était employé pour désigner une femme âgée. Il est tentant de la rapprocher de la Mâyâ hindou, la puissance du monde illusoire dans lequel nous vivons, et qui occulte pour nous la Réalité; ce qui correspond en somme assez bien au personnage d'Hermès, l'illusionniste par excellence, le Bateleur du tarot.

50. V. chap. 4, 152 sq. et chap. 5, p. 202 sq.

51. *Hymne homérique à Hermès* (trad. J. Humbert, Paris, 1936) V, 572, où Apollon le reconnaît en tant que tel.

52. *Hymne homérique à Hermès*, *op. cit.* V, 529-532.

53. V. Arthur Avallon, *La Puissance du Serpent*, trad. fr., Paris, s.d., de *The Serpent Power*, Londres, 1918.

54. Lors de la rencontre d'Apollon et d'Hermès, les Olympiens n'étaient encore que onze. Hermès, ayant sacrifié deux bêtes du troupeau volé, les divisa en douze parts, Apollon s'en étonna, mais le fils de Maïa répondit que le douzième, c'était lui.

55. Pseudo-Apollodore, *Bibliothèque*, III, 10, 2 – Diodore de Sicile, *Bibliothèque historique*, I, 16; IV, 84; V, 75. – Hygin, *Fables*, 277.

56. Pseudo-Apollodore, *Bibliothèque*, III, 10, 3-4 – Hygin, *Fables*, 49, 202 – Pausanias, *Périégèse*, II, 26, 4-6; III, 14, 7; VIII, 25, 6; IX, 36, 1. – Ovide, *Métamorphoses*, II, 630 sq.

57. Macrobe, *Saturnales*.

58. Alain Daniélou, *Le Polythéisme hindou*, Paris, 1960, pp. 59-64.

59. Cette mantique est encore courante dans nos campagnes. En certaines régions, aucun puisatier ne creusera un puits avant d'avoir consulté un sourcier. Je l'ai constaté moi-même, il y a quinze ans dans la Sarthe, où j'ai dû en faire creuser un nouveau. J'ai assisté à la consultation et entendu, non sans scepticisme, les instructions extrêmement précises du sourcier; mais, au cours des travaux, elles se révélèrent d'une exactitude tout à fait surprenante.

60. V. Le Coudrier, dans *Les Arbres de France*, pp. 69-70.

61. *Dictionnaire historique des institutions, des mœurs et coutumes de France* (1855). C'est bien ainsi que j'ai pu procéder de sourcier sarthois cité dans la note 59.

62. *Exode*, 16, 1-7.

63. *Exode*, 7, 8-12.

64. En latin, le balai se dit *scopa*, mot qui vient de la même racine que le grec *skêptomai*, s'appuyer sur, et *skêptron*, bâton, puis sceptre.

65. Balai vient du gaulois *banatto*, qui a donné *banadl*, en gallois, « genêt » et *benel, bonal*, en breton, devenu par métathèse *balatno*.

66. Jean Servier, *Tradition et civilisation berbères*, Paris, 1985, p. 327.

67. Collin de Plancy, *Dictionnaire infernal*, Paris, 1863, p. 76.

68. L. Séchan et P. Lévêque, *Les Grandes Divinités de la Grèce*, *op. cit.*, p. 278.

69. J. Boulnois, *Le caducée et la symbolique dravidienne, indo-méditerranéenne de l'arbre, de la pierre, du serpent et de la déesse-mère*, Paris, 1939, p. 166.

70. V. du même auteur, *Les Tours du monde des explorateurs, Les grands voyages maritimes, 1764-1843*, Paris, 1983.

71. *Lettre de Commerson à l'astronome Lalande*, publiée en 1769.

72. *Voyage de La Pérouse autour du monde pendant les années 1785, 1786, 1787 et 1788*. Édit. du Club des Libraires de France, Paris, 1965, p. 360. Passage souligné par nous.

73. F. Péron et L. Cl. de Freycinet, *Voyage de découverte aux Terres australes exécuté sur les corvettes le Géographe, le Naturaliste... Historique* par Péron, vol. 1.

74. Conan Doyle, *Le Monde perdu, Œuvres complètes*, trad. fr., Paris, 1958.

75. Alexandre de Humboldt, *Relation historique du voyage aux régions équinoxiales du Nouveau Continent*, Paris, 1814-1825. Édit. partielle, Paris, 1961, pp. 195-197.

76. Hérodote, *L'Enquête*, III, 37; II, 32; IV, 43.

77. Aristote, *Histoire des animaux*, 8, 12, 3.

78. *Le Livre blanc des Indiens d'Amérique du Sud*.

79. Marco Polo, *Le Devisement du monde*, version française de Louis Hambis, Paris, 1980, pp. 416-419, 444.

80. Marco Polo, *op. cit.*, p. 110.

81. V. Le Pommier, dans *Les Arbres de France*, pp. 175-180.

82. Comme les Pygmées de la littérature grecque.

83. *Les Voyages en Asie, au xive.*, *du bienheureux Oderic de Pordenone*, par H. Cordier, Paris, 1891.

84. A. David-Néel, *Mystiques et magiciens du Tibet*, Paris, p. 119.

85. Quelques années plus tard, Linné donna au genre le nom de son découvreur, *Adansonia*.

86. Perrottet, Guillemin et A. Richard, *Florae Senegambiae Tentamen*, Paris, 1830-1833.

87. En réalité, les Baobabs ne dépassent pas de beaucoup 2 000 ans.

88. Contrairement au dragonnier de l'Orotava depuis longtemps disparu, le cyprès d'Oaxaca vit toujours. Je l'ai vu en 1978, il mesure plus de 40 m de haut, son tronc énorme a plus de 42 m de circonférence.

89. Elle fut appelée par Cook *Botany Bay* afin de commémorer les découvertes qu'y avaient faites les naturalistes de l'expédition.

90. J. Banks, *Illustrations of the Botany of capt. Cook's Voyage round the World in H.M.S. Endeavour*, 2 vol., gr. in f°, Londres, 1900. – *Journal of sir Joseph Banks during captain Cook's first voyage*, Londres, 1890.

91. G. Vancouver, *A Voyage of Discovery to the North Pacific Ocean and round the World*, 3 vol. Londres, 1798.

92. W. Wilks, *Journal kept by David Douglas during his Travel in North America, 1823-1827*, Londres, 1914.

93. Dallimore Jackson, *A Handbook of Coniferae and Ginkgoaceae*, 4ᵉ édit., Londres, 1966, pp. 575-582.

94. D. Jackson, *op. cit.*, pp. 229-233.

95. D. Jackson, *op. cit.*, pp. 317-319.

96. Les navigateurs qui, à la suite de Cook, découvrirent les archipels de la Mélanésie et de la Polynésie, s'émerveillaient à la même époque du parti que les indigènes tiraient de l'écorce d'un mûrier qui, une fois battue et rouïe, formait une sorte d'étoffe, le *tapa*, dont ils confectionnaient leurs tentures, leurs nattes et leurs pagnes.

97. A. de Humboldt, *L'Orénoque*, Paris, 1961, pp. 56-57.

98. *Voyage dans l'intérieur de l'Afrique, fait en 1795, 1796 et 1797* par M. *Mungo Park*, trad. fr., Paris, An VIII; rééd. Paris, 1980, p. 212.

99. *Dictionnaire d'Histoire Naturelle*, dirigé par M. Charles d'Orbigny, Paris, 1844, article « Artocarpe », rédigé par Spach.

CHAPITRE 8 : LES FRUITS, LES MYTHES ET L'HISTOIRE

1. *Géorgiques*, I, v. 147-149.

2. *De agricultura*.

3. *De re rustica*.

4. *De re rustica*, trad. fr. Pankoucke, Paris, 1844-1845.

5. *Histoire naturelle*, livre XV.

6. G. Glotz, *La Civilisation égéenne*, Paris, 1937, p. 188.

7. Cette huile, râclée du corps des vigoureux athlètes, devait de ce fait passer pour favoriser la santé; les gymnasiarques la vendaient aux médecins (Dioscoride, *Sur la matière médicale*, 1, 30, 6, et Pline, XXVIII, L.

8. P. Faure, *La Vie quotidienne en Grèce au temps de la guerre de Troie, 1250 av. J.-C.*, Paris, 1975, p. 194.

9. *Ibid.*, *op. cit.*, p. 151-152.

10. Celle que l'on nomme aujourd'hui encore l'huile vierge.

11. *Genèse*, 8, 10-11.

12. V. Marc Bloch, *Les Rois thaumaturges*, Paris, 1924, rééd. 1983.

13. Abbé J.-P. Migne, *Encyclopédie théologique*, en 52 volumes, tome huitième, *Liturgie*, 1844, p. 426, 2ᵉ col.

14. Migne, *op. cit.*, art. « Extrême-Onction », pp. 594-599.

15. *L'Office divin, Missel, Vespéral et Rituel*, Tours, 1935, p. 1385.

16. E. Westermarck, *Ritual and Belief in Marocco*, 2 vol. Londres, 1926.

17. Coran, XXIV, 35, trad. fr. par le cheikh Si Boubakeur Hamza, Paris, 1972, t. II, p. 729.

18. Coran, édit. cit. t. II, p. 730.

19. *Martyros* signifie originellement « témoin ».

20. Ce nom fut par la suite donné au temple d'Athéna, la déesse aux yeux brillants de chouette.

21. Le mot semble venir d'*ereikè*, qui désigne la bruyère arborescente *(Erica arborea)*, du verbe *ereikein*, briser, déchirer, réduire

en poussière; Graves donne pour le nom d'Erechthée le sens : « qui s'affaire au-dessus de la bruyère ».

22. G. Glotz, *Histoire grecque, op. cit.*, tome I, p. 388.
23. M. Collignon, *Le Parthénon*, Paris, 1914.
24. R. Graves, *Mythes grecs, op. cit.*, p. 56.
25. Hérodote serait le premier auteur connu à parler de cette lutte. *L'Enquête*, VIII, 55.
26. Pausanias, *Périégèse*, I, ch. 26-27.
27. Environ 0,45 m.
28. Hérodote, v. note 25.
29. *Histoire naturelle*, XV, 1.
30. Webb et Berthelot, *Histoire naturelle des îles Canaries*, 1836-1850.
31. A. L. Guyot, *Origine des plantes cultivées, op. cit.*, p. 106.
32. Pline, *Histoire naturelle*, XV, XX – Plutarque, *Caton*, 27.
33. On a trouvé sur les documents de Knossos des idéogrammes représentant le figuier et l'olivier.
34. *Dictionnaire grec français* d'A. Bailly, édit. revue et complétée par L. Séchan et P. Chantraine, Paris, 1950, p. 1371.
35. *Histoire naturelle*, XV, XXI.
36. Les naturalistes de l'antiquité croyaient à la génération spontanée.
37. *Causes des plantes*, 2, 9, 5 sq.
38. Palladius, *De opus agriculturae*, 4, 10, 28.
39. Jean Servier, *Tradition et civilisation berbères, op. cit.*, p. 401.
40. Aujourd'hui en Afrique du Nord la variété la plus productive peut fournir jusqu'à 500 kg de figues fraîches, ce qui donne de 100 à 150 kg de fruits séchés. Joseph Piton de Tournefort, *Voyage d'un botaniste*, édit., Paris, 1982. T. I. *L'Archipel grec*.
41. En ancien français, *fi* voulait encore dire « verrue » et foie se disait *fie*.
42. Le mot cholestérol vient du grec *kholê*, « bile ».
43. Robert Flacelière, *La Vie quotidienne au siècle de Périclès*, Paris, 1959, pp. 280 sq.
44. Bailly, *Dictionnaire grec français, op. cit.*, p. 1817.
45. Plutarque, *De cup. div.*, 8 – V. chap. 4, p. 137.
46. Henzen, *Acta fratrum Arvalium*, p. 141.
47. A. de Gubernatis, *Mythologie des plantes, op. cit.*, I, p. 142.
48. Macrobe, *Saturnales*, II, 16.
49. Lucien, *Alexandre*, 47.
50. Plutarque, *Les Symposiaques*, VI, X.
51. Plutarque, *Vies des Hommes illustres, Antoine*, XCI, trad. d'Amyot.
52. *Géographie*, XIV, 1, 27.
53. Saturne-Cronos passait pour avoir créé le figuier.
54. Pline, *Histoire naturelle*, XV, XX.
55. Tite-Live, *Histoire romaine*, 7, 6, 5. – Valère Maxime, *Faits et dits mémorables*, 5, 6, 2.
56. Macrobe, *Saturnales*, 3, 20, 2.
57. Pline croyait que le figuier Ruminal était passé de lui-même du Lupercal au Comitium sous les auspices d'Attus Navius, lequel était un augure contemporain de Tarquin l'Ancien. Il s'agissait donc d'une translation magique. Selon Pausanias (*Périégèse*, 7, 44; 8, 23; 9, 22), le figuier du Comitium serait né d'une bouture de

l'arbre du Lupercal. V. J. Carcopino, *La Louve du Capitole*, Paris, 1925.

En janvier 1988, j'ai eu la surprise de trouver sur le Comitium un jeune figuier, planté là depuis peu, en compagnie d'un olivier, comme si l'on avait voulu célébrer dans le même lieu à la fois la naissance de Rome et celle d'Athènes.
58. V. chap. 3. pp. 91-93.
59. Tite-Live, *Histoire romaine*, I, IV – Plutarque, *Vies des hommes illustres*, *Romulus*, V sq. – Ovide, *Fastes*, 2, 412.
60. Pline, *op. cit.*, XV, 77.
61. Pline, *op. cit.*, XV, 82.
62. Plutarque, *Romulus*, III, trad. J. Amyot.
63. Tite-Live, *Histoire romaine*, Livre I, III.
64. V. Le Cornouiller, dans *Les Arbres de France*, pp. 65-67.
65. *Annales*, XIII, LVII.
66. W. F. Otto, *Dionysos, op. cit.*, p. 167.
67. H. Jeanmaire, *Dionysos, op. cit.*, pp. 459-469.
68. Plutarque, *Isis et Osiris*, 36.
69. Plutarque, *Symposiaques*, Livre VI, question X.
70. Pausanias, *Périégèse*, 4, 20, 2.
71. Frazer, *op. cit.*, édit. abrég. p. 542.
72. J. Servier, *Tradition et civilisation berbères, op. cit.*, pp. 205, 228, 412.
73. *Histoire naturelle*, XV, 47-52.
74. Ovide, *Métamorphoses*, IV, 630-640.
75. D'après la *Théogonie*, les Hespérides furent conçues par la Nuit, « sans qu'elle se soit unie à personne », en même temps que les Parques, les Kères, « ces impitoyables bourreaux » et Némésis, « ce fléau des mortels ». Elles apparaissent donc dans Hésiode comme des divinités néfastes, caractère qu'elles semblent avoir perdu par la suite.
76. Le fleuve d'Arcadie, père de Syrinx, portait le même nom (v. chap. 5, p. 154).
77. Apollodore, *op. cit.*, 11, 5, 11 et Hygin, *op. cit.*, II, 15.
78. *Théogonie*, v. 335.
79. Ne serait-ce que par la charmeuse parodie d'Offenbach, *La Belle Hélène*.
80. Pausanias, *op. cit.*, IX, 12, 1-2.
81. D'où l'étymologie populaire de son nom, qui n'était point grec, mais que l'on prétendait venu d'*aphros*, l'écume de la mer.
82. *Hymne homérique à Aphrodite*, I.
83. *Mythes grecs, op. cit.*, p. 64.
84. Ce qu'atteste Servius dans ses *Commentaires sur Virgile*.
85. V. *Les Arbres de France*, L'Olivier, pp. 139-145; Le Figuier, pp. 81-87; Le Pommier, pp. 175-181.

CHAPITRE 9 : DU JARDIN D'ÉDEN AU BOIS DE LA CROIX

1. *Genèse*, 6, 1-5.
2. *Genèse*, 4, 25-26.
3. Il existe, au Louvre, un bien curieux dessin de Michel-Ange représentant Adam. Son phallus y est figuré sous la forme d'un serpent entre deux figues.
4. *Genèse*, 2, 8, citation d'après la traduction de R. de Vaux dans

l'édition de *La Sainte Bible* par l'École biblique de Jérusalem, Paris, 1951.

5. V. Paul Humbert, *Études sur le récit du Paradis et de la chute dans la Genèse*, Neuchâtel, 1940.

6. *Genèse*, 3, 22-23.

7. P. Humbert, *op. cit.* Mircea Eliade, *Traité d'histoire des religions*, *op. cit.*, pp. 249-253.

8. Adam vient d'*adamah*, le « sol ».

9. Philon d'Alexandrie, *Commentaire allégorique des saintes lois*, trad. fr., Paris, 1909.

10. *Genèse*, 2, 16-17.

11. Ce qui peut d'ailleurs signifier qu'il s'agit d'un emprunt à une tradition polythéiste antérieure.

12. Passage assurément embarrassant pour les exégètes qui traduisent, en dépit du sens clairement exprimé : « Il créa l'homme et la femme ».

13. *Tao tö king*, trad. Liou Kia-Hway, Paris, 1967, I, 4.

14. Dans le *Tao tö king*, il est dit : « Sans nom (le Tao) représente l'origine de l'univers. Avec un nom, il constitue la Mère de tous les êtres.» La première manifestation créatrice est le Verbe, la Parole qui sort de Dieu et, une fois émise, se détache de lui. V. L'arbre des Sephiroth, pp. 68-70.

15. Jean Libis, *Le Mythe de l'Androgyne*, Paris, 1980, p. 49, citant G.G. Scholem, *La Kabbale et sa symbolique*, Paris, 1966.

16. *Genèse*, 3, 17-24.

17. *Ézéchiel*, 47, 12.

18. *Proverbes*, 3, 18.

19. *Apocalypse*, 22, 2.

20. Ses différentes versions, mises en rapport avec les antiques mythologies orientales et les écrits apocalyptiques hébraïques, ont été minutieusement étudiées par E.C. Quinn, *The Queen of Seth*, Chicago, 1962. Voir aussi Arturo Graf, *Miti, leggende e superstitione del Medio Evo*, Torino, 1925, et *Leggenda di Adamo e Eva*, texte du xive siècle, publié par D'Ancona, Bologne, 1870. Ces légendes ont donné lieu à une abondante iconographie. Voir en particulier les très beaux bois gravés reproduits dans John Ashton, *Illustrations from the Legendary History of the Cross... from a Dutch Book, published by Velderner*, Londres, 1937.

21. Ainsi se trouve repris le thème de l'Arbre cosmique et des colombes que nous avons mentionné à propos du chêne oraculaire de Dodone (chap. 3, p. 72).

22. Il y a là un illogisme, puisque Moïse ne put découvrir ces arbres magiques qu'après avoir passé la mer Rouge et être parvenu près de la vallée de l'Hébron, à 30 km de Jérusalem, que selon la Bible il n'atteignit jamais. On trouvera dans cet exposé, remarquons-le une fois pour toutes, bien d'autres incohérences. Mais la logique du mythe n'a rien à voir avec notre rationalisme.

23. J. de Voragine, *La Légende dorée*, *op. cit.*, LXVI, « L'Invention de la Sainte Croix ».

24. V. Le Cèdre, p. 41 et Le Cyprès, p. 71. L'Olivier, p. 139, dans *Les Arbres de France*.

25. Le titre exact de ce court traité est *Advertissement très utile du grand proffit qui reviendrait à la chrétienté s'il se faisoit inventaire de tous les corps saints et reliques qui sont tant en Italie qu'en*

France, Allemaigne, Espaigne et autres royaumes et pays, Genève, 1543.

26. *Dictionnaire historique des saints*, Paris, 1964, article « Hélène ».

27. *Adversus haereses*, 5, 18, 3.

28. *Catechesis*, 13, 28.

29. *Divinae Institutiones*, 4, 26, 36.

30. Cité par Rémy de Gourmont, *Le Latin mystique*, Paris, 1913.

31. V. René Guénon, *Le Symbolisme de la Croix*, Paris, 1931.

32. H. B. Alexander, *Le Cercle du monde*, trad. fr., Paris, 1962.

33. V. chap. 7, p. 260.

34. *Daniel*, 4, 10-28.

35. *Isaïe*, 10, 33-34; 11, 163.

36. *Matthieu*, XXVIII, 37. Voir aussi *Marc*, XV, 43 et *Luc*, XXIII, 51.

37. J. de Voragine, *op. cit.*, LV, « Saint Jacques le Mineur ».

38. R. Graves, *La Déesse blanche, op. cit.*, p. 202. – John Michell, *The Earth Spirit. Its Ways, Shrines and Mysteries*, London, 1975.

39. V. L'Aubépine, dans *Les Arbres de France*, pp. 23-27.

Index des arbres

Index des dieux,
des héros et des saints

Table des matières

Cet ouvrage a été réalisé sur
Système Cameron
par la SOCIÉTÉ NOUVELLE FIRMIN-DIDOT
Mesnil-sur-l'Estrée
pour le compte des Éditions Plon
le 26 juin 1990

Imprimé en France
Dépôt légal : mars 1989
N° d'édition : 11936 − N° d'impression : 15140